CB060492

CRÔNICAS DA CONVERGÊNCIA

Ensaios sobre temas já não tão polêmicos

Gustavo H. B. Franco

CRÔNICAS DA CONVERGÊNCIA
Ensaios sobre temas já não tão polêmicos

2ª edição

Bolsa de Mercadorias & Futuros

TOPBOOKS

Copyright © 2006 Gustavo H. B. Franco

Direitos de edição da obra em língua portuguesa no Brasil adquiridos pela TOPBOOKS EDITORA. Todos os direitos reservados. Nenhuma parte desta obra pode ser apropriada e estocada em sistema de banco de dados ou processo similar, em qualquer forma ou meio, seja eletrônico, de fotocópia, gravação etc., sem a permissão do detentor do copyright.

Editor
José Mario Pereira

Editora-assistente
Christine Ajuz

Revisão
Clara Diament

Capa
Julio Moreira

Diagramação
Arte das Letras

TODOS OS DIREITOS RESERVADOS POR
Topbooks Editora e Distribuidora de Livros Ltda.
Rua Visconde de Inhaúma, 58 / gr. 203 – Centro
Rio de Janeiro – CEP: 20091-000
Telefax: (21) 2233-8718 e 2283-1039
E-mail: topbooks@topbooks.com.br

Visite o site da editora para mais informações
www.topbooks.com.br

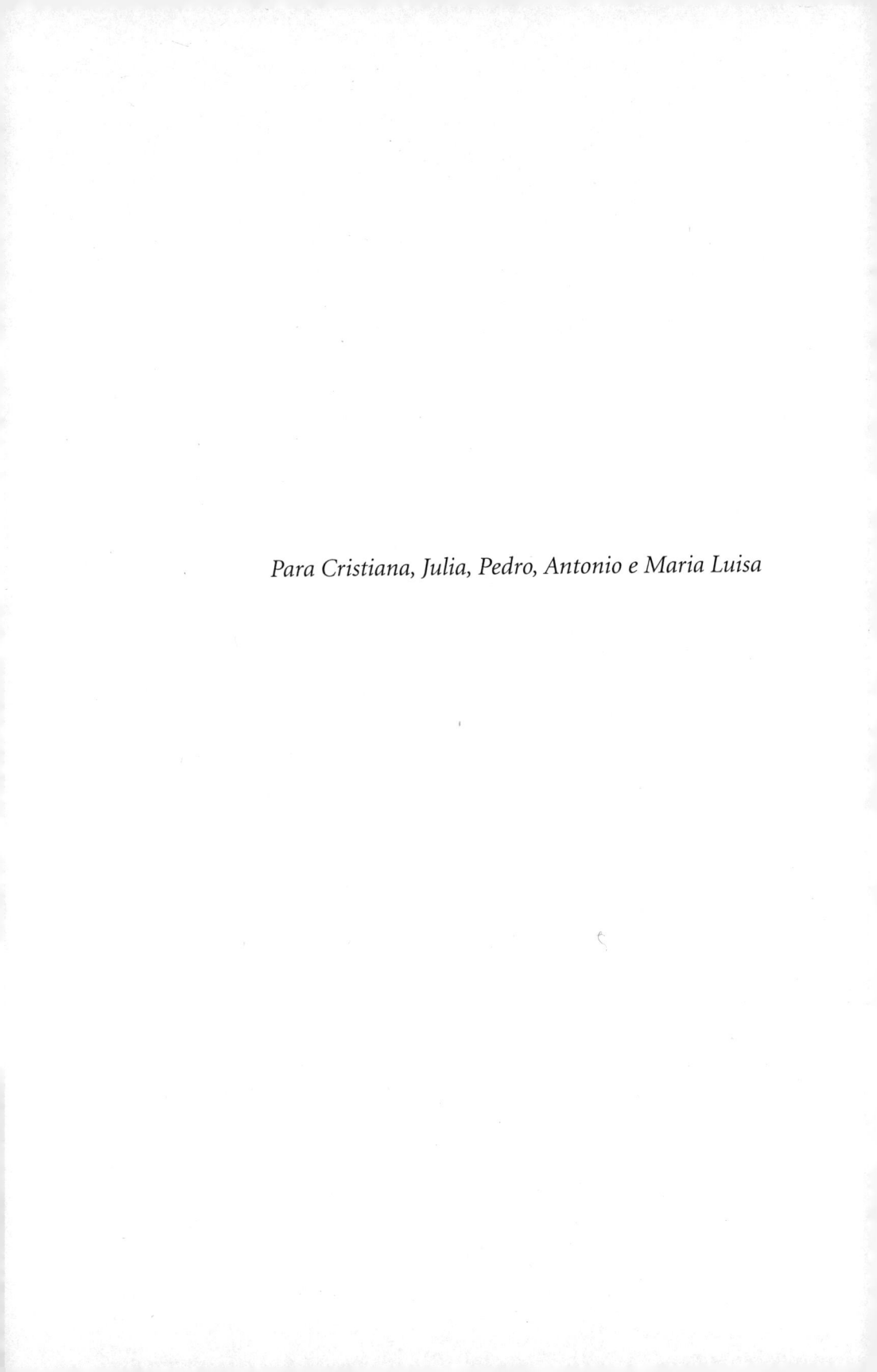

Para Cristiana, Julia, Pedro, Antonio e Maria Luisa

Sumário

Prefácio – Miriam Leitão 19
Introdução 23

Depois do plano real
  Inflação: o crime perfeito 31
  Oito anos de Plano Real: quando a oposição aceitou 33
  Nove anos do Real: chega de heróis humilhados 35
  Dez anos da URV-Real: a maioridade 38
  Inflacionismo não tem cura 40
  A nova inflação e a velha política monetária 43

O crescimento: modelos, consensos,
  reformas e novos termos
  Seis propostas para o próximo milênio 49
  Fórmulas para o crescimento 51
  O consenso de Aracaju 54
  A década pela metade 56
  Eu quero ser Juscelino Kubitschek 58
  O desenvolvimentismo do século XXI 61
  O capitalismo envergonhado 62

A ilusão heterodoxa: alternativos,
  parnasianos e charlatães
  Literatura e economia 67
  O populismo e o *kitsch* 69
  Melancolia 72

    Reformas: os perdedores querem indenização 74
    Matemática e neoliberalismo 75
    Existem mesmo escolas de pensamento? 77
    A transformação petista 80

A MACROECONOMIA DO GOVERNO LULA: A INCOERÊNCIA FESTEJADA
    Convergência 85
    Eu quero acreditar 87
    Santa incoerência 89
    A métrica do sucesso 91
    Idéias do senhor Vice-Presidente 94
    2003: o ano do fim das ilusões 96
    De novo, está chovendo dólar 98
    Verdades reveladas em 2004 100
    Se for sincero, funciona melhor 102

O DINHEIRO DA VIÚVA: DÉFICIT, ORÇAMENTO E RESPONSABILIDADE FISCAL
    A repressão fiscal 107
    Uma emenda de orçamento equilibrado 110
    As causas secretas da inflação 112
    A revolução fiscal está apenas começando 115
    Déficit público e camarão ao champanhe 118
    A viúva precisa de uma bancada 120
    As contas públicas e o investimento 122

IMPOSTOS, O TAMANHO DO ESTADO E A INFORMALIDADE
    A segunda revolta 127
    Precariedade tributária 129
    Favela e informalidade 131
    Por que sobem os impostos 133
    O subdesenvolvimento e a jabuticaba 135

Dívida pública, "esqueletos" e o respeito à palavra empenhada

Pelo fim dos "esqueletos" 141
Fantasia de "esqueleto" 143
Dívida pública e fumaça verde 147
O respeito aos contratos 149
Dívida pública: a herança maldita 151

O problema com a previdência, os fundos de pensão e o FGTS

Fundos de pensão estaduais: armadilhas a evitar 157
Previdência: a verdadeira reforma 161
O socialismo brasileiro 164
O FGTS e o saneamento 166
Uma reforma para o FGTS 168
O maior dos "esqueletos" 171
Neoliberais naturalizados 173

Privatização: velhas polêmicas e as PPSs

Privatização: as novas fronteiras? 179
A Cedae, um drama carioca 182
Mané Garrincha e a privatização 184
Palavras com P 186
Parcerias complicadas 188

Universidades, reforma agrária, tarifas, serviço público e o Judiciário

Reforma agrária: novos caminhos 193
O ensino pago e o bom governo 197
Capital humano e universidade pública 199
O indesejável poder de aumentar a gasolina 201
O pior emprego do mundo 204
O Judiciário e a economia 206

SALÁRIO MÍNIMO E O IMPOSTO SOBRE O EMPREGO
  Um mínimo de racionalidade 215
  A verdade sobre o salário mínimo em 1940 218
  Pela redução do "imposto sobre o emprego" 220
  Um novo contrato social 222

POLÍTICA, ELEIÇÕES, MERCADOS E O POLITICAMENTE CORRETO
  As patrulhas do "social" 227
  Sempre para o "próximo governo" 229
  O grande eleitor 232
  Medidas provisórias e permanentes 234
  Democracia, ditadura e abertura 236
  José Serra: O candidato da continuidade 239
  John Nash e o terrorismo eleitoral 241
  Saudades de Fernando Henrique 244
  O choque de realidade do PSDB (e do PT) 246
  O ocaso do esquerdismo 248

CORRUPÇÃO, PATRIMONIALISMO, *RENT SEEKING* E TEMAS AFINS
  Contingenciamento, corrupção e reforma fiscal 253
  Corrupção e lubrificação 256
  Resistências ao combate à corrupção 258
  O vazio ético 260
  A sociedade do privilégio 262
  Rendas de privilégio, doença nacional 264

COISAS DE BANCO CENTRAL
  O Copom e suas manifestações 269
  O BC não contratará marxistas 271
  O BC está inocente, ou quase 274
  A liturgia dos bancos centrais 276
  Uma longa história 278

A INDEPENDÊNCIA DO BANCO CENTRAL E O ARTIGO 192
  A sinuca do 192 283
  Independência: uma fórmula simples 285
  Regras e mandatos 288
  Ainda sobre o Artigo 192 290

JUROS E A POLÍTICA MONETÁRIA
  Política monetária e dívida pública 295
  Juros de um dígito? 298
  O papel da crise 300
  Taxas de juros: por que tão altas? 302
  Metas para a inflação 305
  Metas de inflação e a maldição das cartas de intenção 307
  Fausto e a política monetária 309
  Como no tempo da hiperinflação 312
  O crédito público e os juros 314

CÂMBIO, BALANÇO DE PAGAMENTOS, CAPITAIS ESPECULATIVOS
  Jornadas cliométricas 319
  O que move a taxa de câmbio? 321
  Você acredita em teoria econômica? 324
  O déficit, as empresas, e o contrato 327
  Ciclos: verões e invernos sem meia estação 329
  De volta ao bananal 332
  Um câmbio de esquerda 333

A POLÍTICA CAMBIAL, A CONTROVÉRSIA SOBRE OS
REGIMES E SOBRE AS INTERVENÇÕES COM DERIVATIVOS
  Velhos e novos amigos da desvalorização 339
  A favor da mestiçagem 342
  Uma flutuação já não muito pura 345
  O bebê de Rosemary 348
  Dois anos de flutuação 350

O problema do *hedge* 352
Na quarta casa decimal: equívocos sobre transparência 355
Sobre câmbio, dogmatismo e mestiçagem 358
Derivativos e risco sistêmico 361

REGULAMENTAÇÃO CAMBIAL, CONTROLES, O *BLACK* E AS CC5
A conversibilidade da conta corrente 367
Pequena história do câmbio no Brasil (1) 371
Pequena história do câmbio no Brasil (2) 374
Controles cambiais (1): o poder discricionário do Banco Central 377
Controles cambiais (2): por dentro do Banco Central 379
Desregulamentação cambial e a conta de capitais 382
As contas CC5 385
O oficial e o paralelo 388
O falso debate sobre o câmbio 390

BANCOS, SUPERVISÃO BANCÁRIA, A GRANDE CRISE QUE NÃO HOUVE, O *SPREAD* E OUTROS TEMAS REGULATÓRIOS
Bamerindus: quanto custou? 395
Fundos e bancos 399
O Banco Central e a supervisão bancária 402
Idéias para a extinção dos bancos estaduais 405
A cunha prudencial 409
Bancos estrangeiros e crise bancária 410
Bancos estaduais e federais 414
O gigantesco custo do crédito 415
Onde estão os juros? 418

MERCADO DE CAPITAIS, *CROWDING IN* E O VALOR DAS EMPRESAS BRASILEIRAS
Uma nova existência para as bolsas 423
O mercado de capitais e o superávit primário 426
Por que as empresas brasileiras são tão baratas? 429
O nacional-empreendedorismo 432

POLÍTICA INDUSTRIAL E A CONCORRÊNCIA: VELHAS
FALÁCIAS E NOVOS DESAFIOS
   Cade: seu foco e seu lugar 437
   Política industrial 439
   Por uma política não-industrial 441

GLOBALIZAÇÃO: DESLUMBRAMENTO E CATÁSTROFE
   Globalização: a mudança e a preguiça mental 447
   A globalização é um boi voador 449
   Capitais de motel 451
   Mundo vasto mundo 453
   Conseqüências econômicas do 11 de Setembro 455
   A economia global e o Brasil 462

MULTINACIONAIS
   Capital estrangeiro e a economia nacional 467
   Muito mais que apenas dólares 469
   O segundo Censo do Capital Estrangeiro no Brasil 472
   Multinacionais, globalização e exportações 475
   Multinacionais brasileiras 477
   Globalização e poder 481

EUROPA E ESTADOS UNIDOS
   A federação européia e a nossa 487
   O Euro e o Esperanto 490
   O novo protecionismo americano 493
   As causas da riqueza ibérica 495
   Keynes e o os gastos com a "Nova Guerra" 498
   O exemplo do Plano Marshall 500

A MOVIMENTAÇÃO ANTIGLOBALIZAÇÃO: ESQUISITICE,
BAGUNÇA E TERROR
    A batalha de Seattle 505
    O general Ludd e seus imitadores 507
    Praga sitiada 509
    Por um mundo melhor: Davos, Porto Alegre e o *Rock in Rio* 513
    Davos em Nova Iorque: tolerância zero 515
    O feijão e o sonho 518

O RISCO BRASIL
    O risco Brasil e seus avaliadores 523
    O risco Brasil: por que tão alto? 526
    Os malditos relatórios 529
    O olhar distante 531

FMI – ACORDOS E DESACORDOS
    Memórias da dívida externa 537
    Os "programas preventivos" 540
    Faz sentido renovar o acordo com o FMI? 543
    FMI, eleições e os interesses nacionais 546
    Chega de FMI 548
    Um acordo singular 550

NACIONALISMO E PROTECIONISMO: O ATRASO RECICLADO
    Abertura: ainda falta muito 555
    Sururu na Tailândia e rapadura na Bélgica 558
    Franceses, chineses e brasileiros 560
    Fragmentos de um discurso nacionalista 563
    O menino e a dívida 566
    Alca: uma maravilhosa oportunidade perdida 568

ARGENTINA: VARIAÇÕES SOBRE O QUE PODERIA
TER OCORRIDO CONOSCO
Como terminam os *currency boards* 573
Como sair de um *currency board*? 576
O "Patacão" e a conversibilidade 578
Lições da experiência argentina 581
Argentinos e cretenses 584
Argentina, Rússia, Ucrânia... 587

ÍNDICE ONOMÁSTICO.. 591
O AUTOR 597

Prefácio

Miriam Leitão

É difícil não começar este prefácio com um detalhe que talvez os leitores considerem secundário, mas que, na escala de valores dos jornalistas, é importantíssimo: os artigos que compõem este livro são muito bem escritos. Um texto claro, elegante, irônico e leve. A qualidade do texto não me surpreende mais, desde que, nos anos 80, pedi ao professor da PUC que escrevesse textos para publicar no jornal em que eu trabalhava. Os textos vieram cheios de inteligentes jogos de palavras e, ao mesmo tempo, claros e profundos. Gustavo Franco não é o único economista a escrever bem, mas eles – devo dizer – não formam uma comunidade numerosa. Normalmente, jornalistas de economia têm de se armar de paciência para atravessar a aridez dos artigos escritos pelos economistas, mesmo quando são textos para serem lidos pelo público leigo.

Ao longo das últimas décadas tenho vivido do lado de cá o que o autor viveu do lado de lá: a relação entre jornalistas e economistas. Foi proveitosa para ambos. Os jornalistas querem que haja cada vez mais produtos, perecíveis ou não, nas prateleiras dos supermercados das idéias. Estão particularmente atentos à embalagem porque querem seduzir o consumidor de informação. Os economistas eram inicialmente resistentes ao que consideravam – muitos ainda consideram – uma pressão por simplificação de idéias complexas. Os que não resistiram à nossa oferta de palavras mais simples conquistaram mais leitores para os seus textos. Os jornalistas que se esforçaram para entender os economistas aumentaram a densidade da sua compreensão dos fatos cotidianos. Sou uma particular devedora da paciência dos economistas em explicar complexidades econômicas. Lembro do dia em que, na PUC do Rio, em meados dos anos 80, perguntei quem entendia de hiperinflação. Apontaram-me a sala de Gustavo Franco, onde, por três horas, tive uma aula exclusiva sobre história econômica, que começava na Alemanha de 22 e desembarcava no Brasil daquele início do nosso pior pesadelo. Aquela conversa foi fundamental para entender os anos seguintes. Nesse diálogo entre profissionais dos dois lados, os economistas doaram muito de seu tempo, em longas aulas gratuitas, e os jornalistas exibiram as virtudes de certas palavras do nosso vernáculo, que, com boa vontade, poderiam substituir as impenetráveis expressões do dialeto adotado pelos economistas.

Os artigos deste livro são cento e oitenta e nove. Juntos, contam uma única história. A história que temos vivido no Brasil, do período que encerra a grande inflação até a surpreendente manutenção, pelo governo Lula, dos mesmos pressupostos da política econômica do governo anterior, apesar de ter investido duas décadas no mercado futuro da mudança de "tudo isso que está aí".

A crônica dessa convergência de idéias não é simples, nem está encerrada, e, portanto, aqui vai uma divergência com o autor. O subtítulo do livro é "Ensaios sobre temas já não tão polêmicos". Certos temas, no entanto, ainda permanecem polêmicos no Brasil, certas questões que pensamos fechadas ainda estão abertas. Uma velha idéia, que tem tudo para estar sepultada no Brasil, como a defesa de um "pouquinho" mais de inflação, reaparece de vez em quando, rondando o debate brasileiro. Fica-se com a impressão de que estamos naquele jogo infantil, no qual qualquer descuido ou má sorte leva-nos de volta à casa um. Também por isso, os textos aqui publicados são uma contribuição. Ajudam a confirmar o terreno já conquistado, nessa caminhada em que o Brasil busca o seu futuro.

A primeira casa desse jogo nos remete a um número inaceitável e que está em um dos artigos: 20 trilhões. Vinte trilhões por cento! Esse é o número da inflação brasileira entre 1980 e 1995. Quem quiser conhecê-lo em todos os seus decimais vai encontrar aqui, logo no primeiro bloco de textos, inúmeros elementos sobre a época em que o Brasil cometeu tal desatino.

Uma coletânea é mais valiosa se permite, ao rever o passado com os olhos de hoje, ampliar o entendimento do presente. Foi isso que o autor fez ao atualizar vários pontos e reorganizar os textos, para publicá-los de uma forma que os torna mais compreensíveis e mais fáceis de ler. Pode-se começar de qualquer ponto, indo diretamente à área de atenção no momento: a inflação, os desafios do crescimento, o problema fiscal, a dívida pública, a previdência, o câmbio, o Banco Central, entre vários outros temas contemporâneos. Certas questões atualíssimas estão tratadas, como, por exemplo: por que são tão altos os juros no Brasil?

Os artigos são como instantâneos de um mesmo filme sobre os avanços do Brasil. Um filme ainda não terminado. O leitor poderá verificar: o Brasil mudou muito em pouco tempo. Como o processo de transformação está no meio, ocorre ao cidadão às vezes uma sensação de que estamos patinando. Em várias áreas, estamos.

Ainda não sabemos como crescer de forma sustentada. Muitos ainda pensam que a superinflação brasileira foi neutra do ponto de vista distributivo, ou seus efeitos perversos foram diluídos no *boom* do consumo que se seguiu à estabilização. Ainda ocupa-se o noticiário com acusações maniqueístas contra o Banco Central, como se ele subisse os juros por uma intrínseca natureza malévola. Continua tendo defensores a idéia de que uma política industrial, em que governo escolhe os grupos que vão receber mais subsídios, é a melhor forma de crescer. Há os que continuam sonhando com um atalho na redução da nossa dívida pública. Ainda se diz que a abertura comercial foi drástica e a privatização, selvagem, quando computadores são barrados com alíquotas que chegam a 40% e o governo federal ainda tem cinco bancos federais, todo o petróleo e 70% da geração de energia.

Muitos ainda pensam que globalização é uma questão de escolha e não uma determinação do avanço tecnológico das comunicações que derrubou, irreversivelmente, os muros do mundo, ampliando os riscos de quem resiste, agarrado à idéia de inventar uma roda *made in Brazil*, ainda que seja uma roda digital. O mundo, mundo, vasto mundo também está presente nos textos.

O mais interessante do livro, que certamente vai captar a atenção do leitor, como despertou a minha, é a constatação de que a economia somos nós mesmos e não uma abstração que segue fórmulas matemáticas construídas em teses acadêmicas. Ou, como disse, com propriedade, Gustavo Franco, "a economia não é formada de um agregado inerte de agentes obedientes às políticas e orientações de Brasília. A economia é composta de gente que pensa, faz conta e lê jornal". Gente como você que, neste momento, lê este livro.

Novembro de 2005

Introdução

Este volume é uma coletânea de exatos 189 artigos tópicos, fáceis, rápidos, e preparados para públicos não-especializados. Como são muitos, quase como verbetes de um dicionário cobrindo muitos dos assuntos macroeconômicos polêmicos e recorrentes dos últimos anos, o volume está organizado em trinta capítulos temáticos, a fim de facilitar a consulta específica. O leitor pode começar pelo capítulo ou pelo tema que bem entender sem prejuízo da seqüência cronológica.

Quase todos os artigos foram escritos durante o período que vai de meados de 1999 a meados de 2005, e publicados, no todo ou em parte, em veículos como *O Estado de São Paulo, Jornal do Brasil* e principalmente *Veja*, onde mantive colunas regulares. Os artigos estão aqui republicados com pequenas mas importantes modificações, primeiro, com vistas a retirar o que é excessivamente conjuntural sem, todavia, se perder a perspectiva do momento ou da seqüência de eventos desses anos. Segundo, para se retirar o que me pareceu demasiado repetitivo, pois, originalmente, os artigos não foram cocebidos para serem dispostos em seqüência num mesmo volume. Alguma "consolidação" teve de ser feita, e algumas poucas tabelas foram introduzidas, para imenso benefício da fluência do texto.

Na verdade, a grande novidade que esta coletânea veio a trazer foi justamente a descoberta de que o agrupamento desse extenso conjunto de pequenas fotografias de nossa vida econômica formou uma extraordinária composição, tal como um conjunto de polaróides de um mesmo objeto visto de vários ângulos e pilhado em um momento especialmente interessante, em que fazia um movimento que o título deste volume procura sintetizar com a palavra "convergência". Com efeito, no período compreendido entre o início de 1999 e meados de 2005, o leitor é testemunha, em primeiro lugar, do fortalecimento da "esquerda" do PSDB, representada pelo ministro da Saúde e posteriormente candidato presidencial José Serra, e em segundo lugar, da primeira metade da administração do presidente Luiz Inácio Lula da Silva, nosso primeiro governo de esquerda desde João Goulart.

Seria legítimo e lógico que se esperasse mudança, ou ao menos um recuo das reformas e políticas macroeconômicas convencionais da primeira administração do presidente Fernando Henrique, especialmente à luz do que se dizia ser a mensagem das urnas na campanha de 2002. Qual nada! Muito ao contrário, observa-se uma pragmática rendição, às vezes conformada, às vezes mal-humorada, mas de toda maneira incondicional, às políticas econômicas e agendas reformistas alinhadas com os consensos internacionais que foram introduzidos no Brasil junto com o Plano Real em meio a formidáveis doses de controvérsia e também de gás lacrimogêneo. A ninguém escapou, contudo, o extraordinário contraste, anos depois, entre a práxis da administração petista e a virulência dos ataques a tudo o que se fazia no governo anterior. Que impressionante metamorfose!

Mais interessante, todavia, que apontar e aplaudir a incoerência – sem esquecer de notar que as críticas ao Plano Real pertenciam ao terreno da encenação e da hipocrisia – é compreender a convergência. O fato indiscutível é que os consensos internacionais reformistas ganharam a parada, uma vitória acachapante tida e havida no contexto de uma Democracia Midiática em que a opinião pública, manifestada através desta *polis* virtual conhecida como o "mercado", interfere cotidianamente nos desígnios dos governantes, tal qual tivéssemos eleições diretas temáticas em tempo real, algo como as consultas populares, ou referendos sobre tudo o que o governo faz. Essa "hiperdemocracia" própria dos tempos da globalização introduziu uma nova dinâmica nas relações entre os governantes e a economia, pois, gostemos ou não, os mercados "votam", e com muito peso, sempre de forma decisiva. A economia não é formada de um agregado inerte de agentes obedientes às políticas e orientações de Brasília. A economia é composta de gente que pensa, faz contas e lê jornal. A economia tem opinião, e a expressa de forma muito clara dentro dos quadrantes institucionais de suas decisões de negócio, muitas das quais com impacto imediato nos mercados financeiros. É claro que nestas novas circunstâncias é a economia que comanda a política econômica e não o contrário, como é que os políticos não perceberam?

O fato é que, especialmente no período 1999-2005, o modelo econômico do esquerdismo nacionalista jurássico, se não desapareceu como alternativa viável no domínio das políticas macroeconômicas, ficou reduzido a um punhado de radicais que deixaram o Partido dos Trabalhadores a bordo de uma melancólica Kombi cor de sangue. Muitas das polêmicas, algumas mesmo transformadas indevidamente (e até mesmo covardemente) em acusações pessoais, contra os "neoliberais" e "burgueses", derreteram-se em pó, em razão da evidente inconsistência da crítica, do colapso moral do crítico, ou de sua incompetência executiva em implementar algo diferente do objeto que criticava. O fato é que, especialmente após os escândalos de corrupção envolvendo o PT, descobertos em 2005, é possível assinalar, agora em definitivo, uma espécie de "queda do muro", que vinha ocorrendo de forma menos contundente, mas consistente e substancial, durante todos esses anos.

O "muro", deve-se reconhecer, existia também no PSDB, e com duplo significado: não apenas como expressão da crença na existência de uma suposta "alternativa", mas também como eloqüente símbolo da indecisão entre os ideais estatistas – intervencionistas e os ventos pró-mercado. A hesitação era o predomínio de preguiça, ou da falsa segurança proporcionada pelo passado, sobre o desafio de enfrentar um futuro inquietante e perturbador. O desabamento começa com o Plano Real, que leva FHC ao poder de forma consagradora, e prossegue com o desenrolar das reformas e o apoio continuado do mercado, sempre decisivo para a direção da "opinião pública". Com efeito, o mercado parece caminhar na frente dos políticos, estes sempre aferrados a compromissos e paradigmas do passado, e contrariados com o que julgam ser uma interferência indevida em suas atividades e agendas, ou com uma realidade que teima um mudar justamente quando chega o seu momento. Mas se no PSDB o muro caiu por gravidade, resolvendo, desta forma, as dúvidas existenciais do partido, no PT, a queda do muro foi uma catarse, um desmoronamento que desmanchou inclusive os princípios éticos de que, por delegação autoconferida, ou apropriação indébita mesmo, o PT se julgava proprietário monopolista.

Tal como ocorre sempre com o Brasil quando se trata da Marcha da História, chegamos atrasados. O muro caiu, no Brasil, em definitivo, apenas com Delúbio e Marcos Valério em 2005, embora já tivesse sido bastante enfraquecido durante o tucanato e também pelas políticas ortodoxas do ministro Antonio Palocci. A crônica desse percurso, cujos momentos críticos se observam exatamente de 1999 em diante, é o objeto desta coletânea, que captura esse importante momento de nossa História, a nossa *glasnost* ou *perestroika*, de muitas formas diferentes, no contexto de vários tipos de polêmicas que o tempo pareceu resolver naturalmente. Ao final, o país parece mais leve para procurar redescobrir o seu futuro, não porque tenha se livrado de seus sonhos, mas porque abandonou ilusões e empulhações.

* * *

Já faz muito tempo que escrevo para jornais e revistas de grande circulação, assim invadindo, sempre mediante convite, é claro, o espaço antes privativo do jornalista: comecei uma coluna de opinião econômica na *Folha de São Paulo* em 1991, interrompida em 1993 quando fui trabalhar com o recém-nomeado ministro da Fazenda, Fernando Henrique Cardoso. A essa altura, tinha apenas um vislumbre das dificuldades para se falar de economia para públicos amplos, não-especializados, nem sempre interessados e invariavelmente desconfiados. E no serviço público só fiz aprender mais e mais sobre o dever de explicar, e em formatos que o cidadão comum entenda, opine, participe e colabore. Ao passar pela monumental experiência de tocar um "pacote econômico", daqueles que mexem com cada um dos aspectos da vida econômica das pessoas, aprendi que o Graal, a suprema conquista da política econômica, a saber, a credibilidade, resulta muito simplesmente da capacidade das autoridades para justificar e explicar as suas ações, por pensamentos, palavras e obras escritas faladas e televisadas. O telespectador deveria olhar para nós e exclamar: ele fala a nossa língua.

Logo adiante, de volta à vida privada, em 1999, iniciei uma coluna semanal em *O Estado de São Paulo*, por algum tempo também reproduzida no *Jornal do Brasil*, interrompida em 2003, e outra na *Veja*, encerrada em meados de 2005. Foram mais de 300 artigos durante um período de cerca de seis anos, uma parcela desses aqui reproduzida ou, em alguns casos, recondicionada.

Essa experiência apenas reforçou minha convicção de que não só é desejável mas muito possível tratar dos temas complexos e usar raciocínios econômicas sofisticados com vistas a oferecer um contraponto à pseudociência e curandeirismo, sem que seja necessário importunar ou afastar o leitor com matemática, argumentos de autoridade e notas de rodapé. Existe enorme demanda por explicação. É absolutamente necessário participar, o cidadão economista não deve esconder-se no aconchego da torre de marfim, ainda mais quando os debates de assuntos importantes se encontram dominados por vulgarizações ou malversações da teoria econômica, percepções amadoras e improvisadas e libelos e interesses especiais, "explicadores" que servem para confundir, os piores de todos, os economistas "alternativos", "heterodoxos", "místicos" e charlatães opinando despudoradamente sobre tudo, alguns com alguma reputação e tribos de fiéis seguidores à beira do suicídio intelectual coletivo.

Nada contra a livre manifestação de quem quer que seja sobre os temas econômicos do nosso dia-a-dia. Pelo contrário, as idéias, principalmente as erradas, devem ser obrigadas a comparecer ao púlpito a fim de submeterem-se ao teste proporcionado pela exposição. Faz bem a imprensa em adotar uma generosidade gregária quanto a qualquer tipo de idéia. Os jornais não parecem procurar a Verdade, mas as verdades de cada um, os vários lados da questão, o lado minoritário, as espécies em extinção e, inclusive, o lado errado, tudo com vistas a permitir que o leitor, esse sim, forme sua opinião. Ao fim das contas, são raras as bobagens econômicas que sobrevivem aos ventos proporcionados pelo debate, e em particular ao julgamento prático do mercado, pois o mercado, graças ao trabalho da imprensa, "vota", sempre bem-informado.

O fato é que o crescimento da presença dos economistas na mídia, agora falando um idioma inteligível para o cidadão comum, combinado com a revolução temática trazida pelo Plano Real, ou seja, o fim da era da hiperinflação e dos "pacotões", elevou o nível de curiosidade (o que viria depois da vertigem inflacionária?), diversificou as opiniões e os temas, tornou os veículos mais analíticos, e se por um lado aproximou economistas e jornalistas, por outro criou tensões entre esses profissionais. Tensões boas, na maior parte dos casos, pois ficavam evidentes as diferenças de perspectiva e de abordagem para um mesmo problema. A oposição corporativa à presença dos economistas nos espaços dos jornalistas desapareceu por completo, e o que temos diante de nós é um grande supermercado de idéias, em que as melhores vão ser mais populares, aliás, como deve ser, e este livro é parte desse jogo, o leitor que não se engane, só não encontrará aqui o proselitismo.

Depois do Plano Real

INFLAÇÃO: O CRIME PERFEITO

Durante o período que vai do fracasso do Plano Cruzado, em fins de 1986, até o início do Plano Real, em 1994, vivemos um das mais destrutivas e perversas patologias econômicas que se conhece, a hiperinflação. O mesmo furacão que devastou vários países europeus nos anos 1920, com catastróficas conseqüências. Todavia, aqui no Brasil, terra da jabuticaba e de Macunaíma, prevalece uma versão bastante condescendente do se passou. De um lado a hiperinflação não é tomada como desastre, pois, segundo se diz, não vivemos o caos que se observou (?) na Europa. De outro, a postura predominante era de quem observava uma manifestação meteorológica, um acidente, algo impossível de ter lugar num país abençoado pela ausência de terremotos e vulcões e que desapareceria tão misteriosamente quanto surgiu.

Depois da introdução da URV e de sua mudança de nome para Real, a anomalia desapareceu e o tempo passou muito rápido. O distanciamento conceitual que todos adotamos com relação ao mundo anterior a julho de 1994 se tornou tão grande que parece que tudo se passou há muitas décadas, e não há poucos anos. Tanta coisa aconteceu desde 1994, que mal lembramos do tempo em que as pessoas de posses compravam linhas telefônicas por cinco mil dólares para se proteger da inflação "galopante".

Com efeito, a memória coletiva da hiperinflação não registra culpados, e os telejornais enfrentam dificuldades para obter uma imagem, ou um rosto, para representá-la. A hiperinflação não tem alguém como o juiz Lalau, ou PC Farias, um responsável, um inimigo público número um. O máximo que se consegue é um personagem de um pacote fracassado, ou seja, alguém que tombou combatendo a inflação. A falta de um vilão com nome e endereço apenas reforça a idéia de não houve um crime ou um roubo pelo qual alguém tenha de pagar.

Mas afinal o que foi roubado? Como dizer que houve crime se não há clareza sobre o que foi surrupiado e de quem?

Lembro-me de que, certa vez, depois de um pronunciamento como presidente do Banco Central alertando contra a iniqüidade do "imposto inflacionário", recebi com satisfação um ofício de um ministro do Tribunal de Contas da União pedindo esclarecimentos sobre esse imposto, que não constava do Orçamento da República e cujas receitas o ministro não conseguira entender para onde estavam indo.* Dúvida muito legítima a do ministro, tanto que o BC respondeu em detalhes explicando como os governos auferem "receitas" por conta de seu monopólio do poder de emitir dinheiro e como a emissão adicional de dinheiro funcionava como um imposto. Explicamos que a inflação transferia renda de pobres para ricos e, portanto, podia ser interpretada como um mecanismo semelhante ao de um "imposto único contra o pobre".

As explicações devem ter sido satisfatórias, pois o TCU não iniciou nenhuma auditoria sobre o "imposto inflacionário". Foi clarividente o ministro ao levantar o assunto; muito mais complexo seria indicar com precisão as responsabilidades. O fato é que déficit público chegou a 50% do PIB em 1992-94, no "conceito nominal" ou seja, abstraídos quaisquer "ajustes metodológicos". O Ministério Público não abriu inquéritos, nem os políticos se esforçaram para estabelecer uma CPI da hiperinflação ou do déficit fiscal. O brasileiro é fatalista. Aceitou a hiperinflação como se fosse destino, ou castigo, e não a obra de gente que talvez devesse estar presa.

---
* Ministro Luciano Brandão Alves de Souza.

O processo de "tributação do pobre" através da inflação no Brasil ocorreu ao longo de várias décadas e apenas nos últimos sete anos antes de 1994 atingiu níveis críticos. Se perguntarmos às pessoas por que a distribuição de renda é ruim no Brasil, muita gente vai dizer que é porque o governo gasta pouco no social, o que não apenas é falso como inverte os termos do problema, que é com o excesso, e não com a escassez de gasto público. Está aí o crime perfeito e sem cadáver: a hiperinflação não é tida como obra de políticos irresponsáveis apoiados por economistas heterodoxos que mantiveram déficits inomináveis durante décadas e sob os mais variados pretextos. Foi como um terremoto que, como sabemos, não ocorre no Brasil e quando ocorre não é obra humana.

(*Veja*, 28.03.2001)

OITO ANOS DE PLANO REAL: QUANDO A OPOSIÇÃO ACEITOU

Segunda feira, dia 1º de julho de 2002, faz oito anos das primeiras emissões do Real, a moeda brasileira criada em 28 de fevereiro de 1994 com o nome de URV (Unidade Real de Valor). Nada mau para a moeda que o presidente do PT e seu séquito de barbudinhos zangados de linguagem parnasiana, até recentemente, insistiam ser um embuste com objetivos eleitorais. Nada mau para uma moeda a que o porta-bandeira honorário do Parque Jurássico, o deputado Delfim Netto, deu quatro meses de vida.

Rigorosamente falando, o Plano Real estava concluído ao final de 1996 quando a inflação brasileira atingiu "níveis internacionais". Em cerca de dois anos, portanto, a inflação foi reduzida de 50% mensais para zero, ou mais precisamente para o mesmo nível dos EUA (menos de 2% nos IPCs, ligeira deflação para o IPA), sem congelamento ou controle de preços, sem prefixações, truques, mágicas, confiscos e interferências em contratos, e principalmente, sem recessão.

Pelo menos dois elementos foram cruciais para esse extraordinário resultado. De um lado, a consciência de que reformas deviam ser feitas, ao longo de vários anos, a fim de se construir os chamados "fundamentos macroeconômicos" para que a estabilização se tornasse uma conquista permanente. Como o "mercado" e também o eleitorado acreditaram que as reformas andariam, e se encantaram com o projeto, os efeitos das reformas foram "antecipados", numa espécie de círculo virtuoso.

De outro, os mercados internacionais de capitais se encontravam em um estado de grande abundância, o que nos permitiu conduzir uma política cambial sem a qual a estabilização não teria sido alcançada com tanta facilidade. Pouca gente lembra que o Real começou sua existência num regime de flutuação cambial exatamente como o de hoje. Em tempos de abundância, todavia, a flutuação produziu valorização até em excesso, o que nos levou às bandas cambiais, que nos serviram muito bem até a violenta mudança climática ocorrida em meados de 1998.

Em fins de 1997, a Crise da Ásia começava a indicar uma mudança para pior na conjuntura internacional, que, todavia, apenas se tornaria clara e dramática com a Crise da Rússia, em meados de 1998. Essas difíceis e inesperadas circunstâncias demandaram uma elevação do ritmo, e da urgência, das reformas, de seus resultados no plano fiscal, e também uma mudança no regime cambial. O acordo com o FMI nos deu o apoio necessário para essas mudanças, mas, a despeito dos melhores resultados na área fiscal nos anos subseqüentes, o ímpeto reformador restou consideravelmente diminuído. O governo perdeu um tanto de sua convicção e, dividido, jogou na defesa durante todo o segundo mandato do presidente FHC.

Mas o grande teste vem agora, quando a eleição presidencial de 2002 nos apresenta quatro candidatos, todos com a mesma retórica de oposição. É, portanto, genuína a possibilidade de mudança e o mercado tem uma igualmente genuína dúvida sobre a direção. O que a oposição vai fazer com o Real?

É verdade que já de algum tempo a oposição dá sinais de que quer desligar-se da postura peçonhenta que sempre adotou com relação ao Real. Mais recentemente, e em resposta ao justificado nervosismo do mercado financeiro, já é bastante evidente a transmutação dos barbudinhos em bons rapazes que visitam empresas e bancos com conversas amenas e ponderadas, falando na estabilidade como valor indiscutível e outras coisas que apenas fazem crer que, finalmente, a oposição aceitou o Real.

Com efeito, os exageros do mercado nos últimos tempos acabou tendo efeitos positivos, pois serviu para antecipar um choque de realidade positivo que fatalmente ocorreria quando os economistas de oposição fossem intimados a migrar do caminhão de som para a mesa de operações do Banco Central.

(*Veja*, 03.07.2002)

NOVE ANOS DO REAL: CHEGA DE HERÓIS HUMILHADOS

O Real completou nove anos, agora sob nova administração. Pouca gente atinou que, comparado aos oito padrões monetários que o Brasil teve desde 1942, o Real é a moeda mais bem-comportada que o Brasil já teve: acumulou 155% de inflação até março de 2004, apenas 0,8% mensais em média, como se vê na tabela abaixo:

Padrões monetários, 1942-2004

Padrão Monetário	Início	Fim	Duração (em meses)	Inflação Acumulada (%)	Inflação Média Mensal
1 Cruzeiro	nov/42	jan/67	292	31,191	1.99%
2 Cruzeiro Novo	fev/67	mai/70	40	90	1.61%
3 Cruzeiro	jun/70	fev/86	190	206,288	4.10%
4 Cruzado	mar/86	dez/88	35	5,699	12.30%
5 Cruzado Novo	jan/89	fev/90	15	5,937	31.44%
6 Cruzeiro	mar/90	jul/93	41	118,590	18.85%
7 Cruzeiro Real	ago/93	jun/94	11	2,396	33.97%
8 Real	jul/94	*	140	203	0.79%

* Até fevereiro de 2006. Fonte: Ministério da Fazenda.

O Cruzeiro foi instituído em 1942 e abolido em 1967, e durante seus 292 meses de existência acumulou pouco mais de 31 mil% de inflação, ou seja, uma média mensal de 1,99%. O Cruzeiro Novo, que lhe sucedeu, era um padrão transitório, um expediente para se cortar zeros. Durou 40 meses e a inflação mensal média durante sua vigência foi de 1,61%. Em maio de 1970 as cédulas de cruzeiros "velhos", dotadas de um carimbo dentro de um círculo, foram substituídas por cédulas inteiramente novas desenhadas por Aloísio Magalhães.

Mas como a inflação não recrudesceu logo foram emitidas cédulas de denominações maiores: uma de Cr$500, tendo como motivo "figuras representativas da formação étnica brasileira", trazendo um rosto por demais semelhante ao do mais célebre dos canastrões americanos, o ator Victor Mature. Em 1978 entrou em circulação a nota de Cr$1.000,00, o popular "Barão".

Nessa nova fase de sua existência (1970-1986) o Cruzeiro acumulou cerca de 206 mil% de inflação, ou 4,1% mensais em média ao longo de seus 190 meses de vida. Ironicamente, a última cédula emitida – a de Cr$100.000,00 – trazia a figura de JK: quem mais poderia ser o patrono dessa era do desenvolvimentismo inflacionista?

O Plano Cruzado novamente cortou três zeros da moeda e tascou carimbos tanto em JK, quanto em Oswaldo Cruz e também em Rui Barbosa. Villa-Lobos, Machado de Assis, Portinari e Carlos Chagas foram homenageados em novas cédulas sem carimbos. O Cruzado durou 35 meses, nos quais acumulou uma inflação de 5.700% ou 12,3% mensais em média.

O Cruzado foi substituído pelo Cruzado Novo, com outro corte de três zeros, no âmbito do chamado Plano Verão. Rui Barbosa, que já circulava sem carimbo, como Cz$1.000,00, ganhou um segundo carimbo, agora triangular, o mesmo dado a Portinari e Carlos Chagas. Dessa vez Carlos Drummond de Andrade, Cecília Meirelles a Augusto Ruschi foram homenageados em novas cédulas, e a de NCz$200,00 apareceu com a efígie da República (era 1889, o primeiro centenário) que depois seria a marca registrada das cédulas do Real. O Cruzado Novo durou 15 meses, com 5.930% de inflação, ou 31,4% mensais em média!

Em seqüência, o governo Collor reinventou o Cruzeiro, e nessa nova encarnação durou 41 meses, acumulando 118 mil% de inflação, ou 18,8% mensais em média. Drummond, Cecília Meirelles, Ruschi e a República ganharam carimbos retangulares. Rondon, Carlos Gomes, Vital Brasil, Câmara Cascudo e Mário de Andrade foram homenageados em novas cédulas. Nessa ocasião as famílias de nossos heróis nacionais se dividiam quanto à "homenagem": algumas insistiam em que o herói fosse "eternizado" numa cédula, afinal, eram muitas as vagas que se abriam, e outras proibiam o governo de avacalhar a imagem de seu parente ilustre.

Em meados de 1993 mais uma vez se fez um corte de zeros, e o padrão monetário passou a se chamar Cruzeiro Real, que durou 11 meses, com 2.400% de inflação acumulada, ou 34% mensais em média, a pior de todos. Cascudo e Mário de Andrade ganharam carimbos redondos, e Anísio Teixeira ganhou uma cédula nova, a última em que apareceu um brasileiro ilustre. O BC, nessa altura, já começara a usar motivos regionais a fim de evitar problemas com o excesso de candidaturas a heróis; as cédulas do Real trouxeram a efígie da República e animais variados no reverso.

Bem, o Real pôs fim a esse festival de humilhação dos símbolos nacionais, e especialmente de nossos heróis, e o fato mais marcante a assinalar em seu nono aniversário é que passou o tempo de remoer as polêmicas que cercaram o seu nascimento, e que a nossa moeda está muito bem cuidada. Só agora talvez seja possível dizer que o Real deixou de pertencer a um partido e a um presidente e passou, finalmente, a ser de todos nós.

(*Veja*, 09.07.2003)

Dez anos da URV-Real: a maioridade

No sábado, 28 de fevereiro de 2004, estaremos completando dez anos da publicação da Medida Provisória nº 434 (assinada na véspera, dia 27), que introduziu a URV – unidade real de valor –, uma formidável inovação, uma *segunda* moeda nacional, porém virtual, ou seja, "para servir exclusivamente como padrão de valor monetário".

A inflação beirava os 40% mensais, mas, em vista do modo como foi construída, a URV era uma "meia" moeda, porém estável, e por isso superior às outras em circulação ou em uso para indexar contratos, e assim, naturalmente, as substituiu. Teve início, desta forma, uma reação química em cadeia, uma metamorfose espontânea nas relações econômicas que trouxe a inflação no Brasil para níveis internacionais no início de 1997 sem sustos, confiscos nem recessão.

E pouca gente lembra que, na partida, em seu artigo 2º, a MP 434 determinava que, quando a URV fosse emitida em forma de cédulas e moedas, e assim passasse a circular *fisicamente,* e não apenas na esfera dos contratos, teria seu nome mudado para Real.

A URV, portanto, *era* o Real, que nasceu naquele momento, e quatro meses depois, em 1º de julho, teve a sua maioridade, ou a sua graduação bem-sucedida como *a única* moeda nacional, pois nesse momento o Cruzeiro Real seria extinto, tal como previsto na MP 434, e as novas cédulas e moedas do Real colocadas em circulação.

Faz sentido, portanto, celebrar o 28 de fevereiro, tanto quanto o 1º de julho. Ambas as datas são marcos fundamentais da redenção de um dos nossos mais maltratados símbolos nacionais: a moeda. Nem de longe a bandeira e o hino, e mesmo a presidência, foram tão enxovalhados.

A temporada de balanços, revisões e cadernos especiais começa agora, chegando ao clímax em 1º de julho. É verdade que, na altura do quinto ou sexto ano, os aniversários do Real tinham perdido a graça, pois, afinal, no fim do terceiro ano a estabilização, estritamente falando, já era amplamente vitoriosa. Com isso, as solenidades eram meio sem assunto e de pouco público, missas com a igreja vazia, apenas para meia dúzia de nostálgicos senhores ex-combatentes e portadores da sagrada missão de manter viva a memória da vitória contra a hiperinflação.

Porém, à diferença de outros aniversários no Plano Real, talvez possamos celebrar o fato de que faz dez anos que temos uma moeda digna desse nome sem que isso se transforme em evento político ou partidário, contra ou a favor. Após dez anos, podemos estipular que estão prescritos os dividendos políticos e também as críticas peçonhentas e artificiais que, inclusive, não combinam propriamente com o que vem fazendo o PT no governo. E assim podemos olhar com orgulho para o nosso passado, celebrar uma conquista maravilhosa, que é de todos, sem oportunismo nem recalques.

Nos primeiros anos do Real não tínhamos a cultura política dos "temas suprapartidários", coisa que os países do Norte aprenderam durante as guerras mundiais. Aqui, a despeito de estarmos vivendo uma hiperinflação, uma "urgência nacional" inequívoca, a oposição fazia o possível e o impossível, no Legislativo, na imprensa, nos bastidores e nos tribunais, para atrapalhar a estabilização. Era como se o país estivesse em guerra e a oposição votasse contra as verbas para as Forças Armadas.

Uma das lições que poderíamos tirar, dez anos depois, e num momento em que o governo precisa da ajuda da oposição, é a de que o primeiro capítulo da reforma política deveria ser o abandono da cultura do "não colocar azeitona na empada alheia mesmo quando for para o bem do país". Essa lógica apenas diminui a política e os políticos.

A passagem do tempo e a alternância no poder serviram para demonstrar que os programas do governo e da oposição são muito semelhantes, com imensas áreas de superposição, e, portanto, existem muitos temas "suprapartidários". Nesses, o país poderia caminhar mais depressa, pois os governos podem começar onde pararam os anteriores sem que se tente desfazer ou reinventar o passado.

Sim, os progressos da "era FHC" (estabilização, responsabilidade fiscal, privatização, abertura, saneamento do sistema bancário, reconhecimento de "esqueletos" etc.) tiveram raízes em governos anteriores, e os de agora apenas se tornam possíveis porque as encrencas precedentes puderam ser ultrapassadas. O noticiário escandaloso não deve ocultar o fato de que os progressos têm sido cumulativos, o crescimento está sendo construído e a democracia *funciona* para resolver problemas econômicos, embora pudesse funcionar mais rápido sem o problema, anteriormente aludido, da azeitona.

(*Veja*, 03.03.2004)

INFLACIONISMO NÃO TEM CURA*

A discussão recente sobre o aumento da meta de inflação para o ano que vem é surrealista. Tudo se passa como se os parentes de um ex-alcoólatra estivessem deliberando que uma tacinha de vinho, quem sabe duas, não faria mal nenhum. Essa gente não entende a tragédia do alcoolismo, ou do inflacionismo, e a importância da abstinência. Para entender, talvez seja bom recordar apenas um único número: 20.759.903.275.651%.

São vinte trilhões (!!!), setecentos e cinqüenta e nove bilhões, novecentos e três milhões, duzentos e setenta e cinco mil e seiscentos e cinqüenta e um por cento de inflação acumulada entre abril de 1980 e maio de 1995. São cerca de quinze anos. Abril de 1980 foi o primeiro mês em que a inflação, no acumulado de doze meses, superou 100%.

---

* Para o leitor interessado em aprofundar os temas deste artigo vale uma visita ao texto, mais acadêmico e rigoroso, "Auge e declínio do inflacionismo no Brasil" na coletânea organizada por Fábio Giambiagi et. al. *Economia brasileira contemporânea*, Rio de Janeiro: Editora Campus, 2005. Também disponível em www.econ.puc-rio.br/gfranco.

Maio de 1995, com pouco menos de um ano de Plano Real, foi o último. São 16% mensais em média durante mais de 15 anos!

São muitos os casos de hiperinflação neste planeta, 24 no total, sendo que é considerado "hiper" o episódio em que a inflação superou 50% mensais em pelo menos dois meses. Foram dezesseis casos nos anos 1990 (dos quais cinco na América Latina, um deles o Brasil, três na África, oito em repúblicas da ex-União Soviética), três depois da Segunda Guerra Mundial e cinco depois da Primeira Guerra Mundial.

Uma compilação recente comandada por Stanley Fischer, ex-gerente adjunto do FMI, registra exatos 45 casos de inflações que ele designa como "altas", definidas como aquelas em que foi ultrapassada a barreira dos 100% *anuais*, nos anos posteriores a 1956, portanto, sem incluir os 8 casos "clássicos" de grandes inflações posteriores às guerras mundiais. Alguns desses 45 casos tornaram-se hiperinflações, quando bateram os 50% *mensais*, mas muitos tocaram esta fronteira apenas de maneira efêmera, como o Brasil, que teve apenas 4 meses de "verdadeira" hiperinflação, logo antes do Plano Collor. Todavia, observando-se mais de perto os casos de inflações "altas" descritos por Fischer vemos que a Argentina é a campeã em matéria de inflação quando se trata da duração do episódio: 208 meses, iniciados em julho de 1974. O Brasil é o vice, com 182 meses iniciados em abril de 1980. Quando se trata, todavia, de inflação acumulada no período, somos os campeões, com os 20,7 trilhões já mencionados, a Argentina é vice, como 3,8 trilhões. O terceiro lugar vai para a Nicarágua, com 288 bilhões de inflação acumulada em 94 meses iniciados em maio de 1984.[1] É possível que alguma das hiperinflações anteriores a 1956, destacadamente as da China (pela longa duração) e Hungria (pela virulência, a pior de todas) nos anos 1940, possam superar a inflação brasileira, mas seria por pequena margem. Esta conta ainda precisa ser feita, e até que seja devidamente apresenta-

---

[1] O leitor interessado nesta triste arqueologia pode procurar o texto de Stanley Fischer, que se chama "Modern Hyper-and High Inflations" no *Journal of Economic Literature*, volume XL, número 3, de setembro de 2002.

da, podemos atribuir ao Brasil, ainda que provisoriamente, o título de pior inflação deste planeta.

Cada caso tem a sua história, são fascinantes as comparações. O nosso não é diferente dos outros em que a "hiper", ou o longo período sob inflação alta, foi uma tragédia distributiva. Mas aqui, em contraste com alguns outros casos, destacadamente o da Alemanha, existe uma postura de complacência com relação às conseqüências da inflação. Os alemães associam Hitler à "hiper", um tanto forçadamente, mas com horror. Aqui não temos um vilão desse calibre, a desafiar explicações. Mas temos vários menores, como o Dudu do Vidigal, o Beira-Mar e outros da espécie. Pelo mesmo raciocínio "alemão", eles podem ser vistos como filhos da "hiper".

Pode haver vida econômica inteligente num país com tanta inflação? Será que existe algum inocente que acha que o desastre representado pela nossa distribuição de renda *não* tem a ver com essa inflação toda e com o fato de que correção monetária sempre foi coisa de rico? Será que essa gente não entende a extensão da doença e das seqüelas que o vício deixou?

Nossa "memória coletiva" sobre esses anos loucos não registra o caos que se imagina ter ocorrido na Alemanha de 1923, ou na Sérvia de 1993, mas uma sensação de aparente e estranha normalidade. Graças à indexação, ficamos com a impressão de que a vida seguiu seu curso mais ou menos como se a inflação fosse uma névoa, um ruído que tornava as coisas mais confusas, mas não as modificava fundamentalmente.

Hoje sabemos, ou desconfiamos, que isso era apenas uma ilusão, na verdade parte da vertigem causada pelo consumo excessivo de álcool. O organismo teve sua saúde severamente debilitada, e de múltiplas formas, abrangendo, por exemplo, mas não exclusivamente, as nossas possibilidades de crescimento e a distribuição da renda. Só um "heterodoxo" bêbado para imaginar que 20 trilhões de inflação seriam "neutros".

A inflação é uma imoralidade, mas um mal do qual todo político é sempre capaz de se distanciar, com o argumento de que é um processo social, do qual cada um de nós é parte insignificante, mesmo quando no controle das políticas públicas. Quem propõe "um ajuste da meta", ou "uma mudança de critério" na contabilidade do déficit público para permitir mais gasto, provavelmente não percebe o estrago que faz. Da mesma forma como o usuário de drogas não percebe quanto contribui para a existência do crime organizado e da violência.

(*Veja*, 28.04.2004)

A NOVA INFLAÇÃO E A VELHA POLÍTICA MONETÁRIA

De 1999 a 2004, período em que implantamos as "metas de inflação" e a flutuação cambial, a inflação média anual pelo IPCA foi de 8,7%, e de 7,7% no ano passado. Pelo IGPM, os números são 14,5% e 11,9%, respectivamente. Raramente, nesses anos, conseguimos uma leitura abaixo de 6%.

Em 1998, último ano de vigência da "âncora cambial", a inflação medida pelo IPCA foi de 2,5%, e pelo IGPM, de 1,8%. Deu deflação de 1,8% no índice de custo de vida em São Paulo medido pela Fipe.

Note-se que durante o período da "âncora cambial", de 1995 até o fim de 1998, o câmbio sofria uma desvalorização anual de cerca de 8%. Já nos dois anos e pouco do governo Lula o câmbio só fez cair: fomos de 3,62 reais para 2,57, 29% de valorização nominal, com uma inflação acumulada na faixa de uns 20%. Um colosso em matéria de usar a velha medicação – "juro para cima & câmbio para baixo" –, porém, e inesperadamente, com muito pouco sucesso: a inflação tem revelado bastante resistência a cair para níveis internacionais. A grande pergunta é: por que a fórmula perdeu sua eficácia? Mudou a inflação ou mudou a política monetária? Ou ambas?

É interessante observar que parece mesmo existir algo de novo e ainda não devidamente compreendido na inflação posterior a 1999. Os economistas brasileiros se tornaram especialistas nas altas temperaturas, e não entendem muito bem esse tipo de inflação baixinha mas enjoada, movida por sutilezas e fatores que desprezávamos no tempo em que 99% dos problemas pareciam relacionados com indexação. Sem dúvida, essa nova inflação parece ter uma dinâmica um tanto diversa da anterior. Passamos muitos anos estudando mecânica celeste, e o problema agora é de mecânica quântica. Mudanças de preços relativos ou de produtividade (pequenos "choques de oferta"), volatilidade cambial (risco que se torna custo) e mesmo a taxa de juro (real) como elemento de custo são ingredientes novos que parecem relevantes nesse novo contexto, no qual a microeconomia da formação de preços se tornou diferente do que era antes. Podem estar aí algumas chaves importantes para o enigma de ineficácia da política monetária.

O problema com os chamados "preços administrados" é sério e o leitor deve ter claro que é diferente do que tínhamos antes. Esses preços parecem, regularmente, ir além da mera recomposição da inflação passada, ou seja, estão sendo usados para criar fundos nas concessionárias de serviços públicos – do ônibus à energia, passando pela telefonia – com vistas a programas de investimentos específicos (energia emergencial, por exemplo), subsídios cruzados impostos pelo regulador (universalização de serviços na telefonia, por exemplo), ou simplesmente para bancar "bondades" do prefeito (gratuidade para o idoso no ônibus, por exemplo). Como o dinheiro para "políticas públicas" está curto, o governo faz uso de seu papel como "regulador" para impingir políticas que deveriam estar no orçamento do governo aos concessionários de serviços públicos, que as financiam através de "adicionais" na tarifa que o distinto público nem sempre entende.

Esta é uma inflação inteiramente nova, e que tem a ver com o novo anbiente regulatório, ou com as tensões inerentes à redução do papel do Estado como investidor e operador de serviços públicos, e sua reclusão ao papel de regulador. O fenômeno que estamos assistindo é uma espécie de abuso do poder de regular, onde o Estado está, na verdade, criando impostos disfarçados nas tarifas públicas, ou seja, uma vez mais, imposto sem representação.

Mas isso é apenas metade da história. Há também problemas com respeito às instituições, práticas e instrumentos de política monetária, e pelo menos três bons motivos para explicar o que parecem ser alguns entupimentos nos chamados "canais de transmissão" da política monetária.

Primeiro, como tem sido observado pelas autoridades, a existência de "crédito direcionado" isola certos setores do aperto monetário e conseqüentemente reduz sua eficácia. O cliente do BNDES, do FGTS ou do crédito rural está "protegido" dos juros de mercado, à custa dos demais devedores condenados a pagar *spreads* absurdos. Com muitas "exceções", as regras perdem importância.

Em segundo lugar há o problema de os juros serem tão escandalosos no crédito pessoal, no cheque especial e mesmo no crédito ao consumidor que o devedor não faz conta (exceto talvez pelo número de prestações), de modo que 0,25% ou mesmo 1% a mais não faz a menor diferença. E, para piorar as coisas para a política monetária, que pretende derrubar o consumo, há o advento do crédito consignado, que permite ao endividado sair de dívidas que custam mais de 7% ao mês para outras de 3% ao mês. É claro que para quem faz esse movimento a sensação é de alívio, e se traduz mesmo em mais consumo.

E por fim há uma dificuldade muito conhecida: o porcentual elevado da dívida pública na forma de títulos indexados à taxa de juros do *overnight* permite que uma riqueza da ordem de 460 bilhões de reais permaneça totalmente protegida de variações nos juros. É curioso que se diga que o Tesouro não deve emitir títulos com correção cambial para não dar moleza a quem tem dívidas em dólar; a moleza para quem não quer correr risco de juros é total, irrestrita e gratuita.

(*Veja*, 02.03.2005)

O CRESCIMENTO: MODELOS, CONSENSOS, REFORMAS E NOVOS TERMOS

Seis propostas para o próximo milênio

Os admiradores do escritor italiano Italo Calvino, dentre os quais eu me incluo, vão certamente reconhecer esse título. Foi nesses termos que ele se apresentou, em junho de 1984, para um ciclo de seis conferências em Harvard, das quais completou apenas cinco. Existem apenas notas sobre a sexta, jamais feita.

A expectativa em Harvard era de que Calvino iria ensinar, modelar e prever os rumos futuros da literatura. Se conhecesse bem o Brasil, Brasília especialmente, teria adotado o nosso gingado e levado consigo um Plano Nacional de Desenvolvimento da Literatura (PNDL), ou o rascunho de uma Lei de Diretrizes e Bases da Literatura Universal (LDBLU), destinada a eleger prioridades de forma a alocar recursos para novos escritores. Em vez disso, todavia, sua idéia foi a de enunciar, conforme explicou sua mulher Esther, na publicação póstuma das cinco conferências, "valores literários que mereciam ser preservados no curso do próximo milênio". As melhores lições do milênio que passou, destiladas para o próximo.

Essa forma de reunir desejos para o futuro me parece especialmente propícia também para os debates sobre o desenvolvimento brasileiro ou, ao menos, muito mais útil que esses nossos PNDs e PPAs, que nada mais são que listas de rubricas orçamentárias do lado da despesa invariavelmente em valor muito superior ao das receitas disponíveis. Como se o irrealismo denotasse ambição e não irresponsabilidade.

Nos dias de hoje, o desenvolvimento econômico não apenas deixou de ser uma questão de gasto público como, pelo contrário, passou a depender de os governos obedecerem a determinados princípios limitadores, em cuja ausência sua atuação é basicamente negativa. Tendo em vista o objetivo maior de se produzir crescimento com Justiça Social, cinco princípios a que devem se subordinar as políticas públicas brasileiras no próximo milênio podem ser enunciados como se segue:

1. Extroversão. O desenvolvimento do país, da empresa e das pessoas dependerá fundamentalmente de se encontrar bons termos com o ambiente à nossa volta. A auto-suficiência é uma proposição fracassada e ultrapassada. Nenhum homem, empresa ou país é uma ilha em um mundo trespassado por fibras óticas. Felizes serão aqueles a maximizar seu intercâmbio, sujeitando-se a uma disciplina maior e integrando-se em grupos e redes cujo valor é um múltiplo de soma de seus membros.

2. Horizontalismo. O Estado deve corrigir as injustiças, é claro, mas deve evitar eleger favoritos e campeões. Deve promover a meritocracia, ensinar a pescar e não fornecer benesses de forma arbitrária, como ainda se faz em áreas "estratégicas", ou com problemas. Este é um país propenso a transformar todos os desfavorecidos em pensionistas do Estado, na forma de clientelas políticas. O Estado deve tratar a economia de forma horizontal, oferecendo oportunidades iguais a todos, portanto, deve preocupar-se com questões sistêmicas, holísticas e macroeconômicas.

3. Equilíbrio. Infeliz da Sociedade que impõe ao Estado deveres sob a forma de despesa, para os quais não lhe entrega, sob a forma de tributos, os recursos para executar. Ou que cria obrigações futuras (sob a forma de dívidas e pensões) que não economiza para depois cumprir. Quando a Sociedade condena o Estado ao desequilíbrio, as políticas públicas serão predatórias: vão tributar os pobres através da inflação ou penhorar o futuro com dívidas impagáveis. A responsabilidade fiscal há de entrar na lei penal.

4. *Leveza.* Cresceram em demasia as responsabilidades do Estado, que deve desembaraçar-se de todas as suas empresas a fim de concentrar-se no fornecimento, em níveis básicos, de bens públicos como educação e saúde, assim como pesquisa tecnológica e cultura. As burocracias dificilmente trabalham melhor que os mercados, que também não são perfeitos, mas certamente são mais baratos para o contribuinte.

5. *Transparência.* Os governos, no Brasil, raramente se exibem no que é importante. Você sabe qual o déficit do município onde mora? E o do Brasil? Sem leveza nem transparência, as políticas públicas exibirão doses preocupantes de corrupção, nepotismo, fisiologia, males que devemos nos mobilizar para combater. A internet vai ajudar a transformar a política, mas vai revelar que as maiorias são silenciosas por desinteresse, dado que a política é uma chatice mesmo.

O título da sexta conferência era "consistência", e as anotações de Calvino apontavam para o tema "começar e terminar". Vamos, então, terminar de forma simples: se os cinco princípios acima nomeados não entrarem para o mundo das leis e dos costumes, e não se transformarem em regras limitadoras de verdade, sua eficácia será muito pequena, como, aliás, costuma ser o caso de bons planos aplicados apenas de forma episódica. Consistência tem a ver com perseverar.

(*Veja*, 05.01.1999)

FÓRMULAS PARA O CRESCIMENTO

As fórmulas para o crescimento são muito variadas mas, *grosso modo*, podem ser divididas em duas modalidades básicas, não-excludentes: uma baseada em altos níveis de investimento (e poupança), outra, em crescimento da produtividade. A primeira enfatiza a formação de capital, suor e sacrifício (do consumo presente em prol do futuro, através da poupança), a segunda tem como eixo a inovação e a criatividade.

É claro que nada impede que um país consiga trabalhar bem nas duas áreas, futebol-força e futebol-arte, e quando consegue produz um desses "milagres econômicos". Mas também é verdade que isso não é comum. Com efeito, existem muitos casos de países que tiveram um crescimento muito elevado durante um certo tempo, mas que baseavam esse bom desempenho na mobilização forçada de recursos existentes, e por isso mesmo não conseguiram manter-se crescendo. O antigo mundo socialista oferece um exemplo fácil: as incríveis taxas de crescimento que eles exibiam nos anos 1960 podiam ser uma ficção estatística perpetrada em nome da Revolução. Mas, em geral, aceita-se que sacrifício e suor possam gerar crescimento vigoroso durante algum tempo, mas na ausência do segundo componente do crescimento auto-sustentado – a produtividade – o processo tem rendimentos decrescentes, tende a se esgotar e, com freqüência, termina em uma crise.

É um tanto mais controverso que esse mesmo figurino sirva para o Brasil, e em particular para a nossa experiência com o chamado "modelo de substituição de importações". É verdade que, tomando apenas o período do pós-guerra, nós não nos preocupamos nem um pouco com produtividade e competitividade. Mas a despeito dessa pouca ênfase, ainda assim os índices de produção física por hora trabalhada mostravam taxas de crescimento surpreendentemente altas: ligeiramente inferiores a 3% anuais para 1950-80. Mas a explicação podia ser encontrada em uma sólida correlação positiva entre investimento e produtividade: novas máquinas trazem "embutido" o progresso tecnológico de tal sorte que a sua simples entrada em operação resulta em um aumento "espontâneo" ou "importado" na produtividade.

Nos anos 1980, com o colapso do investimento, a taxa de crescimento da produtividade caiu a zero. Na ausência de novas máquinas, as empresas não enxergavam muitas razões para gastar dinheiro em tentar fazer crescer o produto por hora trabalhada. O mercado interno era fechado, e considerado parte do "Patrimônio Nacional", como dizia (e ainda diz) o artigo 219 da Constituição. Por que se preocupar com "luxos" como qualidade, produtividade, competitividade e satisfação do consumidor?

Tornou-se evidente, ao longo dos anos 1980 e 1990, a necessidade de se "mudar o modelo", especificamente reduzindo a importância *relativa* do componente "suor e sacrifício" em favor do componente "criatividade". Tratava-se aí de um novo desenho no qual não apenas o crescimento deveria ser auto-sustentado, mas também capaz de permitir a "divisão do bolo", o que apenas seria possível com um alto crescimento da produtividade.

Ocorre que essa reordenação não se faria através de uma "mudança de mentalidade". Na verdade, a única coisa que funciona para mudar a conduta das empresas é alterar o ambiente dentro da qual elas operam, vale dizer, o regime de competição. Nesse terreno, a abertura representou uma verdadeira revolução, que pode ser medida pelo crescimento da importância das importações na oferta total de produtos à disposição dos consumidores brasileiros. Essa proporção cresce de 6% em 1993 para 20% em 1998. E o resultado é um extraordinário desafio para as empresas brasileiras, que tiveram então motivos muito objetivos para mudar sua "mentalidade", e o fizeram de maneira brilhante: a taxa de crescimento média da produtividade do trabalho na década de 1990 foi superior a 7% anuais. Números que se tornam ainda mais extraordinários quando notamos que foram obtidos em um ambiente de baixo investimento. Taxas equivalentes a um terço desse valor, nos EUA, provocam animados debates sobre a existência de um novo paradigma tecnológico e coisas do gênero.

De todo jeito, as tais "reformas", principalmente a abertura, nos proporcionaram um componente fundamental do processo de crescimento acelerado – a criatividade – que nós não tínhamos. Em compensação, no outro requisito ("suor e sacrifício") a situação só fez piorar em função da deterioração das finanças públicas em todas as esferas de governo. Nessas condições, deve ser claro que a reconstrução do desenvolvimento deverá ter lugar a partir de fórmulas diferentes e ainda não inteiramente maduras.

(*OESP* e *JB*, 30.05.1999)

O CONSENSO DE ARACAJU

O final do século XX trouxe algumas duras e importantes lições sobre como as nações devem se conduzir no plano da política e da economia. Os valores da democracia liberal e o respeito aos direitos humanos, por exemplo, se tornaram consensos praticamente universais. A ponto de haver quem dissesse, especialmente após o colapso do mundo socialista, que essas posturas eram "finais", ou que a humanidade tinha chegado a "conclusões" nesses temas.

A idéia do "fim da história" pode ser atacada, como de fato tem sido, por muitos ângulos. Mas talvez seu lado mais robusto seja exatamente o que proclama a durabilidade, para não dizer a vitória, ou no mínimo a ascendência da democracia diante de qualquer outra forma de governo. São poucos os que dizem que esse consenso é de Washington e que não passa de uma conspiração dos americanos para subjugar as outras civilizações ou para minar o ideal de "nação" nas áreas periféricas. Não se vê gente dizendo que a soberania nacional deve ser preservada a ponto de que toda nação tenha o legítimo direito de praticar o genocídio, a ditadura e a tortura. Antes pelo contrário, hoje já se aceita pacificamente a violação da soberania nacional, por uma ou mais nações, com o propósito específico de evitar que os crimes acima mencionados sejam perpetrados. Não é outro o objetivo das tropas das Nações Unidas na Bósnia, no Timor ou no Haiti.

Mas e no plano da economia, será que o fim do século também consolidou princípios, práticas e instituições das quais não faz muito sentido divergir? Será que a experiência de desenvolvimento econômico das últimas décadas também não nos trouxe lições claras sobre o que funciona e sobretudo sobre o que não funciona mais?

Não faz mais que uma década que um pacato pesquisador do Institute of International Economics (IIE), o professor John Williamson, cunhou a expressão "o Consenso de Washington" para resumir o que tinha ouvido de representantes de diversos países ditos "emergentes" sobre as reformas tendo lugar em suas respectivas nações. A expressão era um achado, e rapidamente foi consagrada. Mas deve-se, em primeira instância, a um pequeno e importante detalhe geográfico acaciano: a reunião teve lugar em Washington. Reuniões desse tipo, quando chegam a conclusões assim tão firmes, com freqüência geram coisas como "o Compromisso de Roma", "o Tratado de Viena" ou a "Carta de Aracaju". Se o IIE tivesse feito o seminário em Abidjan ou em Timbuctu, o Consenso teria outro nome e, por razões óbvias, o "Consenso de Timbuctu", como o de Aracaju, não estaria sendo criticado como o de Washington.

Uma segunda consideração sobre a (im)popularidade da expressão "Consenso de Washington" é que o seminário teve lugar na presença de inúmeros representantes de organizações internacionais, como o FMI, o BID e o Banco Mundial. Para esse povo nada pode ser mais apropriado que a consagração de um conjunto de princípios cuja disseminação se torna instantaneamente uma razão para a existência dessas organizações, sempre à procura de um motivo a mais para justificar suas atividades e seus gordos orçamentos. Os técnicos dessas instituições, depois do seminário do professor Williamson, se tornaram proprietários de um Evangelho. Que mais poderiam querer além da existência de um Consenso assim meio religioso, e além do mais de Washington, parecendo que foi idéia deles? Um "Consenso de Aracaju" bastaria, mas não seria coisa "deles" do mesmo jeito que um de Washington.

Mas, no mérito, o que parece cada vez mais evidente é que existem sim práticas e instituições no terreno da economia sobre as quais é muito difícil discrepar. Orçamentos e sistemas previdenciários relativamente equilibrados, tributação progressiva, abertura, mercados como instituições centrais de vida econômica, agências reguladoras que protegem a competição e o consumidor, liberdade de empreender, governos leves e fomentadores, há muitos princípios econômicos quase que universalmente aceitos, como há padrões em contabilidade "geralmente" aceitos, porque fazem sentido, mas não impostos por ninguém.

Diferentemente dos consensos políticos acima mencionados, ainda é muito difícil que um país seja advertido de que o seu déficit fiscal é irresponsavelmente grande ou de que o excesso de regulação atrapalha o funcionamento eficiente dos mercados. Pelo menos sem que isso seja interpretado como uma impertinência e uma invasão à soberania. Parece prevalecer uma postura de que todo país é livre para fazer a confusão que bem entender na sua própria economia. De acordo com essa lógica, a adesão a princípios geralmente aceitos para a boa política econômica é considerada uma abdicação do ideal de "nação", a submissão ao "modelo neoliberal" preconizado pelo maldito "Consenso de Washington". Como se fosse sagrado o direito a fazer bobagem em política econômica.

Talvez o problema seja mesmo de terminologia, pois o tal consenso é de Washington. Se fosse de Aracaju, tudo seria muito mais fácil.

(*OESP* e *JB*, 06.08.2000)

A DÉCADA PELA METADE

Em maio de 1993, o recém-nomeado ministro da Fazenda, hoje presidente da República, podia ver da janela espelhada de seu gabinete o piquete dos auditores do Tesouro em greve e ter, como todos nós, na sala ao lado, a sensação de ar rarefeito, causada pela inflação que já se aproximava de 30% mensais. Depois de perguntar sobre o que fazer a seus economistas, alguns dos quais pacoteiros experientes, veteranos do Plano Cruzado, ouviu um diagnóstico frio e cortante: estávamos vivendo uma patologia séria, originada da falência de um modelo de desenvolvimento, e cuja expressão mais visível era a hiperinflação. Alguém foi mais além e disse que seriam necessários uns dez anos de reformas para arrumar a casa e preparar o Brasil para um novo ciclo de crescimento. Todos acharam graça, pois nenhum de nós pensava que pudéssemos durar mais de dez semanas naqueles cargos, ainda mais com essas ambiciosas intenções.

Pois bem, cinco anos depois, já tínhamos um cartel de realizações impensável em 1993: ao trazer a inflação para níveis internacionais, tiramos 7,5 milhões de pessoas da linha de pobreza, reinventamos a moeda nacional, privatizamos mais de 100 empresas, elevamos o investimento direto estrangeiro de 1 para 30 bilhões de dólares anuais, avançamos com a abertura, com isso fazendo a produtividade do trabalho na indústria crescer 7,5% anuais em média para os anos 90, para não falar em revoluções setoriais como em telecomunicações, siderurgia, bancos, portos, petróleo e outros. O Brasil havia se transformado, em cinco anos, numa velocidade e profundidade difíceis de encontrar paralelo.

Difícil era também convencer as pessoas dentro do governo de que isso era *apenas metade do caminho* e de que estava faltando um outro naco de mudanças revolucionárias na economia sem as quais passaríamos do ataque à defesa. Tratava-se aí das reformas previdenciária, tributária, trabalhista e nas leis necessárias para o bom funcionamento do mercado de capitais. Também estavam incompletos alguns processos como o de privatização, no setor elétrico e no saneamento, por exemplo. Faltava avançar bem mais na moralização do orçamento público de sorte a se consolidar o equilíbrio fiscal como cláusula pétrea da boa gestão econômica, em conseqüência do que o Brasil poderia melhorar seu *rating*, reduzir os juros a níveis de primeiro mundo, ter um mercado de capitais profundo e preparar-se para fazer a transição de emergente para desenvolvido.

Esta era a segunda metade da década das reformas que nunca aconteceu, lamentavelmente.

Com efeito, no quinto ano verificou-se, no plano político, uma certa fadiga de materiais em muito relacionada com as supostas "vítimas" do processo. Reformas beneficiam maiorias mudas em detrimento de minorias privilegiadas. Estas, e por bons motivos, se tornam inimigas, e passam a dedicar sua existência a machucar a liderança que os expropriou de suas prebendas. Com o tempo, a liderança deixa de ser uma unanimidade e passa a sofrer desgaste, desconforto e sentimento de culpa. Uns vivem melhor que outros com essa carga. Levado ao limite, o processo consome a liderança, bem como os soldados das reformas.

O fato é que, enquanto a população que reelegeu o presidente esperava "mais da mesma coisa", cresceu dentro do governo o movimento no sentido de se tornar mais leve o relacionamento com o Congresso. O "destravamento das âncoras" era tolamente visto como a salvação da lavoura, como se o câmbio flutuante, e não os cinco anos restantes de reformas, fosse nos levar ao crescimento sustentado. A ilusão durou pouco tempo. Sem as reformas que faltavam, a taxa de investimento no Brasil continuou medíocre, abaixo de 20% do PIB, o que não nos permite um crescimento muito melhor do que já tivemos. Como não teremos mais reformas de verdade por ora, a década das reformas parece terminada, não perdida, mas infelizmente, pela metade.

(*Veja*, 20.06.2001)

Eu quero ser Juscelino Kubitschek

Ouvindo os nossos políticos e empresários falando de "política industrial", "substituição de importações", tudo em função de perigos vindos do exterior, e da necessidade de grandes investimentos públicos, a impressão é a de que todos repetem uma fórmula, um paradigma de político vitorioso, um herói: JK, que governou o país de 1956 a 1961.

Um extraordinário pequeno livro *Feliz 1958 – O ano que não devia terminar*, de Joaquim Ferreira dos Santos, oferece um lindo retrato desses anos dourados. JK empenhava-se numa grande obra, Brasília, com o propósito de "liquidar a sonolência de uma sociedade que parasitava em torno das praias, como caranguejos ou como se quisesse ir embora". Do déficit público só falavam uns chatos, e já se brigava com o FMI, para o deleite das massas. A seleção brasileira ganhou nossa primeira Copa do Mundo e o futuro era brilhante, pois Pelé tinha apenas 17 anos.

Eram tempos da bossa nova, mas também das chanchadas e macacas de auditório. Nas praias brilhavam os maiôs Catalina, mas também as bóias de pneu. As crianças brincavam de bambolê e com a espada do Falcão Negro, cujo *long-play* vendia como os *videogames* de hoje. Os carros americanos importados na farra do pós-guerra tinham virado táxis pretos caindo aos pedaços e nas ruas circulavam DKW-Vemags, Romi-Isetas e fuscas feitos no Brasil. A inflação estava começando a doer, a pobreza era como hoje, mas dizem que o crime era menor. O progresso criava tensões, mas éramos um país de bom humor, que estava sendo inundado pelo capital estrangeiro.

No dia 12 de setembro de 2002 completou-se o centenário de JK, e sua fórmula continua dominante. Nenhum político parece capaz de entrar numa eleição sem estar fantasiado de JK. Todos os presidentes que se seguiram adotaram o ideal nacionalista da auto-suficiência, expresso em algum Plano Nacional de Desenvolvimento, cheio de "ativismo estatal esclarecido" e de grandes investimentos públicos de "alto interesse estratégico ou social", do general Geisel a João Goulart, praticamente sem exceção.

O fenômeno se parece com o que se passa no filme *Quero Ser John Malkovich*, de Spike Jonze, em que um especialista em manipulação de marionetes descobre em um edifício de estranha arquitetura um portal que leva diretamente ao cérebro de John Malkovich, um dos mais admirados atores americanos. O portal se torna um sucesso de bilheteria, filas enormes se formam com pessoas querendo ser John Malkovich, US$ 200 por 15 minutos.

Sempre me ocorre, chegando a Brasília e transitando pelos longos corredores do aeroporto, ou pelos enormes túneis do Congresso Nacional, que as pessoas estão percorrendo o portal que os leva ao cérebro de Juscelino Kubitschek. Alguns por 15 minutos, outros com a intenção de não sair nunca mais.

Mas o fato é que o paradigma parece ter mudado, como o próprio país, depois que começamos a ter eleições diretas de verdade, em 1989, e de a inflação ter ultrapassado 80% mensais. Em todas as três eleições que tivemos desde então, ganharam candidatos com programas refratários à fórmula de JK. Collor e mais claramente FHC propunham programas ortodoxos de combate à inflação, baseados em corte de gasto, aumento de impostos, privatização, abertura, desregulamentação, reformas de cunho liberal e antiestatizante e com o apoio do FMI. Em comum com JK apenas a atitude amistosa diante do investimento estrangeiro direto.

Poucos atinaram para a importância desta mensagem enviada por sua excelência o eleitor: que não quer mais saber de inflação, de governos "realizadores" mas despreocupados em pagar as contas que ficam. Aliás, o povo disse bem claro que não gosta muito de governo em geral, de impostos e de políticos em particular, e votou muito claramente em quem propôs, mesmo sem o dizer, reduzir o tamanho ou a importância dessas entidades. A fórmula mudou, mas ninguém ainda encarnou essa nova combinação de vontades; não apareceu ainda o JK do século XXI.

(*Veja*, 24.04.2002)

O DESENVOLVIMENTISMO DO SÉCULO XXI

Durante o período que vai dos anos de ouro do desenvolvimentismo ao fim da Era dos Generais, época tão bem descrita nas obras clássicas de Maria da Conceição Tavares e Celso Furtado, o crescimento era liderado pelos investimentos do Estado, o foco era a substituição de importações e havia um descaso, às vezes juvenil, às vezes mal-intencionado mesmo, com a inflação e com a desigualdade.

A tributação forçada, via inflação ou através de mecanismos como o FGTS, combinada a um nível baixo de gastos públicos no social, fez do Estado um grande poupador, e, em razão disso, o maior dos investidores. Tal como nos regimes socialistas, a bem-sucedida marcha forçada na direção da industrialização suplantou qualquer outra prioridade, inclusive a social.

Desde meados dos anos 1980, todavia, a Democracia feriu de morte esse modelo. Cresceram o gasto social, que é custeio, e também a intolerância da Sociedade com respeito à inflação, à desigualdade e ao privilégio. A "poupança pública" se tornou negativa, os déficits e a dívida pública explodiram, e chegamos à hiperinflação.

O Estado não podia, ao mesmo tempo, ser o comandante dos investimentos em infra-estrutura e um "Estado do Bem-Estar Social" (*Welfare State*). A soma desses desejos não cabia em nossa carga tributária, de modo que se estabeleceu um impasse que por um bom tempo foi resolvido pela inflação.

Superada essa forma de solução do problema, a partir do Plano Real, o problema de identidade acima enunciado se resolveu através de uma combinação de: (i) aumento na dívida pública; (ii) compressão de investimentos públicos ou transferência dessas responsabilidades para o setor privado via privatização ou venda de concessões; e (iii) elevação da carga tributária.

Mais adiante, limites são encontrados nessas três alternativas, ficando evidente que a capacidade de investimento do setor público está praticamente esgotada e que, em absoluto contraste com a civilização dos anos 1950, a liderança do processo de crescimento passou para as mãos do setor privado. E é aqui que começa a revolução.

Pouco se nota o quanto isso é estranho às embocaduras mentais dos anos 50: o investimento público é comandado por "vontade política", como demonstrado por alguns exemplos célebres, como JK e o general Geisel.

Todavia, num mundo em que predomina o investimento privado, dosagens meio centímetro erradas de "vontade política" só fazem atrapalhar. O investimento privado precisa de outro tipo de incentivo: uma atmosfera positiva, em que os horizontes são claros, a carga tributária moderada, o custo do capital razoável, a macroeconomia previsível, o marco regulatório consolidado, o mercado de capitais profundo, os investidores institucionais prestigiados, o empreendedorismo celebrado e a chance de intervenções discricionárias de autoridades de vezo redentor desprezível. Esse conjunto de premissas ainda carece de um invólucro ideológico, um "novo desenvolvimentismo", que melhor articule seus componentes e melhor o propague.

Com efeito, as ações de governo que podem acordar o investimento privado, para o espanto e a irritação de muitas cabeças formadas com cânones da civilização dos anos 1950, nada têm que ver com o ativismo daquele tempo. É o velho desenvolvimentismo de pernas para o ar. Como esperar que não haja tanta resistência aos novos conceitos?

(*Veja*, 19.03.2003)

O CAPITALISMO ENVERGONHADO

Já observamos anteriormente que o Consenso de Washington foi um erro, não pelas idéias que sintetizava, mas apenas pela referência geográfica: é fácil acusar alguém de "entreguismo", ou de "neoliberalismo", por defender políticas de um consenso observado em Washington. Se o consenso fosse de Aracaju, como proposto, a conversa seria outra.

Mas o tempo passou, preconceitos foram ficando para trás, e as reformas foram acontecendo, pois, afinal, eram consenso mesmo. Até as pedras atiradas por manifestantes antiglobalização nos vidros do Banco Mundial sabiam que a cartilha do Consenso não esgotava as agendas nacionais de desenvolvimento, apenas alinhava o que pareciam ser as urgências macroeconômicas de um dado momento.

A experiência veio mostrar que as coisas eram muito mais difíceis, pois tudo o que se sabia sobre economias emergentes teve de ser repensado à luz da singularidade e abrangência do que acontecia no Leste da Europa, com os países que tentavam se reinventar depois do pesadelo comunista. A reflexão sobre reformas teve de descer vários andares para localizar-se no terreno das fundações e, curiosamente, essa agenda mais básica, institucional e regulatória, acabou conhecida como "reformas de segunda geração", quando na verdade deveria ter sido prévia, ou simultânea, às de "primeira geração".

No Leste da Europa, não existiam mercados nem preços, prevaleciam o escambo, a informalidade, a inadimplência generalizada e em cadeia, a apropriação de "bens públicos" por quadrilhas, bem como dúvidas sobre quem é dono do quê, e sobre a validade dos contratos e das leis (algumas "não pegam", vejam só), para não falar em corrupção endêmica. As reformas necessárias para reorganizar essas economias seguramente iam bem além da cartilha macro do professor John Williamson, *mas na mesma direção*, contrariamente ao que dizem os críticos do Consenso de Washington.

Não deve haver dúvida de que, na América Latina, também temos um flanco "ex-comunista". Sofremos ilusões e decepções muito semelhantes. Nos quesitos informalidade e corrupção, bem como em alguns *rankings* internacionais de "liberdade econômica", "competitividade", ou "globalização", para não falar do já consagrado "risco país", estamos no mesmo barco, ou pior.

Temos outros problemas mais caracteristicamente tropicais, como a "precariedade tributária", conceito que também se estende às relações trabalhistas e previdenciárias, segundo o qual as regras são tão complexas que é difícil encontrar alguma empresa, principalmente pequena, sem um "puxadinho" em qualquer desses terrenos.

O Banco Mundial publica anualmente um relatório – *Doing Business* ("Fazendo Negócios") sobre problemas ditos "microeconômicos" enfrentados pelas empresas em diversos países. Nossa posição no contexto mundial é péssima: parecemos viver com meio corpo dentro do mundo virtuoso da Bélgica e outro tanto não propriamente dentro da Índia, mas de uma outra realidade mais típica da Rússia, da Ucrânia ou do Cazaquistão. Ou seja, evoluímos de Belíndia para Belússia, ou pior, talvez, para um Belindistão.

O Brasil precisa sepultar de vez essa sua "porção ex-comunista", embriagada de sentimento de culpa, avessa à economia de mercado por razões históricas, ou por pirraça mesmo. A economia privada é nossa única salvação, mas, talvez pela falta de reconhecimento dessa realidade, o mundo privado desconfia do governo, e a esmagadora maioria das nossas empresas prefere viver na "informalidade", ou como "excluídas", por se recusar a aceitar "regras" (tributárias, trabalhistas etc.) tidas como proibitivas para seus negócios. Um capitalismo pela metade, assombrado pelo "politicamente correto", não pode deixar de ter um desempenho duvidoso.

(*Veja*, 17.03.2004)

A ilusão heterodoxa: alternativos, parnasianos e charlatães

Literatura e economia

A crise da Ásia parece ter aberto a temporada para as grandes narrativas sobre vias alternativas para o Brasil. Dos diversos títulos recentes nessa veia destacam-se, inclusive pela qualidade literária, dois de apelo ao futuro (*A Segunda Via* de Mangabeira Unger e *A Opção Brasileira*, de diversos autores vinculados aos chamados "movimentos sociais"). Existem muitos outros, bem menos interessantes, com ênfase na zanga e na denúncia.

A estética, aliás, é um dos aspectos mais salientes da literatura antiglobalização hospedada principalmente na França. O *Horror Econômico*, de Vivienne Forrester, tem qualidades indisputadas: é uma extraordinária mistura de Rimbaud com Euclides da Cunha (da primeira metade de *Os Sertões*), de grande impacto sobre o leitor. Mas no domínio do conteúdo estritamente econômico, o que temos é muito pouco: uma pregação protecionista contra as importações vindas de países emergentes (como o nosso!) que (supostamente) usam trabalho infantil, degradam seu meio ambiente e não dispõem de leis trabalhistas "modernas".

O mesmo vale para o belo texto do professor Unger, quando despido dos enfeites da boa escrita. A parte mais picante do texto, a renegociação forçada da dívida pública, é descrita em detalhes dignos de um especialista em Max Weber. Nada de se estranhar nesse ramo. Alguns anos atrás, num texto que ficaria famoso, um economista da Universidade de Iowa, Donald McCloskey, argumentaria que a economia estava condenada a um vaticínio comum às outras ciências: a necessidade de persuadir. E por isso mesmo, dizia ele, o discurso econômico jamais será apenas conteúdo, por mais matemático que seja, pois sempre terá de utilizar os meios e os berloques da linguagem. Ou seja, a retórica era um componente fundamental de um empreendimento intelectual cujo objetivo não era o Conhecimento mas o Convencimento.

Podia ser preocupante imaginar que, no domínio da economia, a retórica pudesse adquirir dominância sobre o conteúdo, mas aqui no Brasil muita gente sempre gostou de pensar que devemos praticar uma "economia política", que deve servir às boas causas. Esses economistas funcionam como advogados, no terreno da interpretação, ou da ambigüidade, na defesa de suas teses. Outros acreditam, talvez ingenuamente, em objetividade científica e numa disciplina despida de ornamentos retóricos e em que a matemática previne raciocínios errados. O fato é que o divórcio entre esses grupos parece cada vez mais litigioso. Os primeiros isolam-se na academia, numa linguagem impenetrável e na busca de uma ciência quase abstrata, enquanto os outros, dado que inteiramente dedicados à persuasão, terminam também perdendo contato com o seu objeto de estudo.

O mesmo litígio avança em outras áreas de formas bem mais estridentes. Um já famoso "golpe baixo" foi desferido por um professor de física da Universidade de Nova Iorque, Alan Sokal, que teve aceito e publicado um artigo em uma revista acadêmica de vanguarda (chamada *Social Text*). O artigo chamava-se "Transgredindo as fronteiras: na direção de uma hermenêutica transformativa da gravidade quântica" e era uma colagem de citações verdadeiras e falsas formando um texto deliberadamente sem conteúdo. Uma fraude bem-urdida que, para alguns, era o triunfo definitivo da retórica sobre a razão.

Mais interessante ainda, nessa mesma linha, é o site "Gerador de pós-modernismo" (www.csse.monash.edu.au/other/postmodern.html), em que, através de um programa semelhante aos utilizados em traduções (chamado "Sobre a simulação do pós-modernismo e debilidade mental usando redes de transição recursivas") e acessível no site, é possível gerar de forma aleatória e destituída de qualquer sentido um ensaio sobre um tema "pós-moderno" mais ou menos como o de Sokal: de umas 15 páginas e com umas 50 referências bibliográficas, algumas das quais de verdade. Experimentando, obtive, numa primeira tentativa, o fascinante "Surrealismo e o discurso habermasiano". Numa segunda, "A hermenêutica da dialética: realismo, socialismo e a narrativa neocapitalista". Tente você mesmo, e tenha sua própria senha para a pós-modernidade, o seu próprio exemplo de retórica cativante e sem conteúdo. Veja como é fácil. A experiência não chega a ser muito transformadora, mas termina nos fazendo todos mais cuidadosos com o palavreado altissonante de algumas narrativas sobre o futuro do Brasil.

(*Veja*, 03.11.1999)

O POPULISMO E O *KITSCH*

O populismo econômico está em toda parte. Mesmo os melhores governos têm lá suas inclinações. O populismo seria, talvez, o lado *kitsch* da política econômica. É uma deturpação, que tem a sua lógica e o seu encanto. Muita gente resiste a tomar o *kitsch* como um estilo. Mas certamente não é meramente o descaso ou a ausência de estética. Está mais para o exagero, que, por sua vez, resulta em uma deformação da estética de características muito singulares. O *kitsch* é espalhafatoso, sentimentalista e *over*. É o que as mulheres que são designadas como peruas exibem com bastante nitidez. José Guilherme Merquior forneceu uma definição mais abrangente, e que serve bem à economia: é o "agradável que não reclama raciocínio".

O populismo econômico tem essas mesmas características. É o exagero apelativo, a exacerbação do que a economia tem de intuitivo e simplório, mas é a negação da teoria posta em prática como desafio aos perversos limites impostos pelos insensíveis tecnocratas. É uma espécie de vingança do político, uma revolta contra os impedimentos que os economistas alardeiam, o almoço grátis que dizem não existir, o bem comum que sustentam ser impossível obter.

Ninguém deve duvidar da popularidade do *kitsch*, que não é necessariamente "material artístico de má qualidade", como define o Aurélio. Há gosto para tudo. Que o digam *E o Vento Levou...*, *Titanic*, *Meu Pé de Laranja Lima*, *A Cabana do Pai Tomás*, os concursos de Miss Universo, o Cadillac rabo-de-peixe, a calça boca-de-sino, o verde-cheguei com rosa-choque, o estilo Versace e tantos outros ícones da nossa cultura. O bom *kitsch* é quase sempre um sucesso de público, especialmente quando o sentimentalismo é bem urdido, espontâneo e bem ornamentado. E, da mesma forma, quase todo sucesso de público parece ter um pezinho no *kitsch*, algo de apelativo ou comovente.

O populismo econômico pode ser relativamente inofensivo, um molho histriônico, como a volta do Fusca, o presidente andar de *jet ski* ou cometer um pecadilho contra a economia de mercado como proibir o *self-service* nos postos de gasolina, ou a venda de remédios em supermercados. Mas pode ser um desastre, nunca evidente ou imediato, pois sempre parece coisa boa, especialmente quando observada na ausência de raciocínio. É o caso do combate aos preços abusivos cobrados pelos oligopólios, que tem grande apelo popular, mas tende a criar controles de preço e sérias distorções no funcionamento de certos mercados. O congelamento de preços é um apogeu populista, um exagero, especialmente quando comandado por líderes dignos de repúblicas bananeiras bradando contra as forças ocultas e os inimigos do povo. Numa primeira aparição, pelo menos, é o agradável que não reclama raciocínio. Numa segunda, ou quando as distorções se avolumam, a mágica já não é a mesma. O fim é conhecido, e o herói morre no fim, de forma nem ao menos trágica, mas torpe e merecida, pois nada tinha de bom, era uma fraude.

Menos escrachado, mas muito mais danoso e duradouro, é o populismo clientelista praticado com o uso da despesa pública. Parece redentor, pois é a cidadania conferida a excluídos mediante a inclusão no Orçamento de um benefício, direito ou garantia. É a acumulação desmesurada de todos os desejos, de todas as boas causas, num documento de intenções e compromissos do Estado. É a exacerbação absoluta da vontade de fazer o bem, que os políticos resistem a acreditar que possa levar ao mal, como alegam os economistas. Mas, infelizmente, é exatamente isso que se passa, como bem atesta nossa impetuosa e exagerada Constituição de 1988, cuja característica mais proeminente é consagrar uma multiplicidade de conquistas, todas meritórias, porém totalmente inconsistentes com o que a Sociedade quer pagar ao Estado a título de impostos. É puro *kitsch*.

É também *kitsch*, além de repetitiva, a efervescência recente, patrocinada por alguns setores do Executivo e do Legislativo, em torno dos "aumentos abusivos" de alguns medicamentos. A República de Juiz de Fora não faria melhor. Depois de uma "maxi", e de aumentos na gasolina e eletricidade (abusivos, esses?), o que se poderia esperar de gente que trabalha com insumos importados? Mas pouco importam a lógica econômica e a provável necessidade de desregulamentar a indústria farmacêutica, se é que estamos tratando do bem do consumidor. O setor foi, e sempre será, um alvo fácil para os populistas de plantão, pois também o é nas regiões desenvolvidas de clima temperado, onde reina, nesse mesmo domínio, o politicamente correto. O roteiro aqui é previsível e popular como o desenrolar de uma novela mexicana: preços abusivos, falsificação de remédios, visitas de autoridades a hospitais, com cenas de piedade e emoção, à la Evita Perón, ou de revolta pelo descaso e insensibilidade dos responsáveis. Em manifestações *kitsch*, todavia, o sentimentalismo autêntico, ainda que enfeitado, funciona, dá Ibope. A imitação e a *performance* deliberada são tomadas como falsificações. É brincar com os sentimentos do povo. É quando o populismo colapsa, quando o *kitsch* é cafona mesmo.

(*OESP* e *JB*, 23.01.2000)

Melancolia

A impressão que se tem, observando-se os escritos dessa tribo denominada "economistas de oposição", inclusive os que estão no governo, é que não se tem propriamente um pensamento econômico alternativo, ou alguma contraproposta organizada e factível ao consenso profissional que se formou depois do colapso do mundo socialista e das hiperinflações latino-americanas.

Tem-se apenas melancolia.

Em alguns casos manifestada por meio de lamentação e ressentimento, e em outros casos, na forma de um jacobinismo rancoroso e denuncista. A zanga, todavia, é invariavelmente sem imaginação. Não há outro projeto, terceira via, nada disso. Mas a direção a seguir é essa mesmo que estamos vendo. O mundo está cheio de governantes de "centro-esquerda", com um passado de lutas pelas causas sociais, que, uma vez no poder, colocam em operação as políticas que antes chamavam pejorativamente de "neoliberais" ou coisa pior. A realidade da globalização tem sido muito dura com as utopias em geral e com os economistas "alternativos" em particular.

No Brasil especificamente, há pouco mais de um ano, havia uma esperança, uma poção mágica, que a oposição oferecia como solução para todos os males da economia: a desvalorização da moeda. Hoje em dia, depois de a poeira baixar, verificamos que os problemas continuam mais ou menos iguais e que, mesmo com com o Real fortemente subvalorizado, não se pode escapar das soluções que o governo tem procurado corretamente reconstruir: equilíbrio fiscal e reformas liberalizantes.

A melancolia é compreensível, mas não há para onde fugir.

As pessoas de certa idade que se interessam pelos assuntos da economia se acostumaram a ouvir que o desenvolvimento se confunde com a despesa pública, e que a independência econômica era sinônimo de autarquia (auto-suficiência) comercial. E subitamente nove entre dez economistas, esses seres desprezíveis sempre fornecendo explicações para o inexplicável, dizem que tudo mudou e que esses mandamentos devem ser lidos ao contrário. Ou seja, a despesa pública é inflacionária, portanto socialmente injusta e prejudicial ao desenvolvimento, e a auto-suficiência significa dinheiro jogado fora em investimentos antieconômicos, mediocridade tecnológica e consumidores insatisfeitos.

Como não se irritar com a obsolescência de idéias por tantos anos propagadas como verdades indiscutíveis, como teoremas basilares dessa nossa teoria econômica tropical estruturalista formulada diante da singularidade desse nosso capitalismo tardio, dependente e cordial? Assim como o computador revolucionou tantas atividades, e irritou tantas pessoas que tiveram de se adaptar a uma nova maneira de fazer o que sempre fizeram, terá a globalização modificado fundamentalmente as fórmulas do crescimento econômico? E as pessoas que construíram seus negócios, suas carreiras e suas idéias a partir das fórmulas antigas? O que será dessa gente? Não será natural imaginar um compromisso entre essas novas idéias e as velhas?

Todo o problema é que o sincretismo entre abertura e fechadura, ou entre ajuste e desajuste fiscal, é a hesitação. Ou bem vamos ter um governo no velho figurino, com todos os vícios de antigamente, para escancarar as contradições e produzir logo uma grande decepção que nos levará a uma crise que nos trará, ao final, conforme profetizou Roberto DaMatta, a um liberalismo bem-comportado tipo chileno. Ou vamos direto encarar a globalização sem falsos temores e com redobrado bom senso, assim queimando etapas.

Com efeito, diante de um mundo em rápida transformação, o uso continuado do bom senso cura qualquer esquisitice. E pode regenerar muitas mentes acostumadas com idéias obsoletas. No caminho, todavia, a melancolia parece inevitável. Há que conviver com ela. Quando passiva e contemplativa, não atrapalha o curso da história. Mas quando armada, recalcada, deságua em iniciativas eclético-geriátricas como a que busca impedir o capital estrangeiro de adquirir bancos estaduais.

(*OESP* e *JB*, 06.02.2000)

Reformas: os perdedores querem indenização

"Destruição criadora" foi um termo cunhado pelo mestre Joseph Schumpeter para descrever os surtos de progresso, mudança e redefinição de vocações, desencadeados por inovações revolucionárias na economia, institucionais, organizacionais e tecnológicas. Não estaremos longe da verdade em alegar que algo assim se passou no Brasil se notarmos que o fim súbito da hiperinflação nos fez experimentar, simultaneamente, as novas realidades da globalização e da estabilização, cujos efeitos foram ainda mais amplificados por programas como a privatização e a abertura.

Numa terra que não conhece vulcões e terremotos, e cujas revoluções são bem menos freqüentes e sangrentas que nos países vizinhos, um episódio de destruição criadora como o que se observou, especialmente no primeiro mandato do presidente Fernando Henrique, não poderia deixar de produzir enormes ressentimentos.

Como amiúde acontece nesses processos, os perdedores apenas enxergam o lado "destruição" e nada concedem à "criação". Ademais, como é próprio do Brasil, a responsabilidade pelos danos é sempre do governo, pois nada acontece ou deixa de acontecer se não for pela vontade do governo, fonte de todos os vícios e virtudes nesta terra onde o Estado acha que é maior que a Sociedade. Tivemos, na visão dos perdedores, uma conspiração: um governo que os atacou *pesso-*

almente ao permitir que forças malignas do exterior aqui aportassem para extraviar nossas riquezas e destruir nosso futuro.

A noção de que a competição nos mercados pode produzir perdedores ainda é estranha aos hábitos locais.

Há, com efeito, enorme valor simbólico em atribuir nossos problemas a idiossincrasias do governo e não aos movimentos impessoais da economia global.

É desse caldeirão de inquietações que nascem idéias curiosas, que parecem combinar um nacionalismo mercantilista e utilitário, construído de forma oportunista a partir das feridas dos perdedores, e um ativismo iluminado a partir do desencanto com as políticas públicas dos últimos anos e da ilusão de que existem heróis que podem usar a máquina do Estado para a redenção do país. Na verdade, não temos aí projeto algum senão os perdedores da modernização buscando sua indenização.

(*Veja*, 30.01.2002)

MATEMÁTICA E NEOLIBERALISMO

A matemática é apenas um idioma, mas é certo que multiplica a inteligência humana. Graças a ela, observa o historiador britânico Eric Hobsbawm, foi extraordinário o desenvolvimento científico no século XX, e mais, ele observa, a matemática assinalou o divórcio entre a Ciência e o Senso Comum. Ou seja, muitas leis da Natureza apenas puderam ser "vistas" ou "descobertas" quando o mundo pôde ser descrito em equações, ou no idioma das letras gregas.

O leitor pode observar facilmente a Lei da Gravidade em funcionamento, ou a Lei da Oferta e da Procura, mas terá dificuldades com a Mecânica Quântica, com a Relatividade e, também, com muitas das mais importantes leis da economia.

Mas a despeito de sua indisputada serventia, a introdução da matemática no ensino e pesquisa de economia no Brasil foi lenta e tormentosa. Como é próprio desta terra repleta de preconceitos e privilégios, foi vista como uma "americanização" da disciplina e também, pasmem, como uma "invasão do paradigma neoliberal". Coisas do Brasil.

Essas alegações tinham ao menos duas motivações escusas. De um lado, a tentativa de enquadrar a Ciência como um sistema de crenças, tão bom quanto qualquer outro, de tal sorte que a matemática devia ser vista como uma desidratação maldosa e ideologicamente enviesada do pensamento dos economistas ditos "clássicos", os que escreveram nos séculos XVIII e XIX, Marx e seus seguidores aí incluídos.

Sim, a matemática permitia que centenas de páginas de pensamentos e reflexões dos "clássicos" fossem traduzidas para a linguagem do pensamento científico do século XX, ou seja, em equações. E na tradução muita coisa se perde, de bom e de ruim, o que para muitos era intolerável.

A segunda motivação era mais rasteira: economistas que não sabem matemática combinados com o alunato refratário ao cálculo diferencial desenvolveram enormes resistências corporativas às letras gregas, e criaram poderosos enclaves em que se permanecia cultivando "paradigmas alternativos" ou se tratando de economia como se fosse gênero literário. Quem gostasse de números que fosse fazer engenharia.

Essa realidade mudou lentamente, mas pode-se dizer que ganhou velocidade com a política do governo brasileiro de enviar bolsistas para o exterior com vistas à pós-graduação nas melhores escolas do planeta. Política esta também criticada por favorecer o "paradigma neoliberal", uma vez que mandava mais gente para Princeton e Harvard do que para a Universidade Patrice Lumumba em Moscou.

Essa primeira geração de bolsistas formou novos centros de pós-graduação brasileiros, em padrões acadêmicos semelhantes aos das melhores escolas do exterior, assim fomentando a produção local de economistas que sabem fazer conta. Mais e mais se isolaram os "paradigmas alternativos", cultivados apenas por um ou outro Antônio Conselheiro, cada vez mais zangado, em uns poucos arraiais no interior.

Com a vitória do PT, muitos desses "alternativos" puseram suas melhores gravatas e esperaram o chamado do Destino. Falou-se na decadência das escolas que investiram em excelência acadêmica, e em matemática. Mas o que se apresentou foi uma surpresa. O novo governo buscou quadros para a área econômica nas melhores escolas, e não acolheu "visões alternativas" sobre economia em nenhuma política pública relevante.

Venceu o bom senso, valeu a meritocracia e perdeu, por ora, a turma que não sabe ou não gosta de números. Na visão destes, venceram o "neoliberalismo" e esta odiosa urdidura do imperialismo, a matemática.

(*Veja*, 30.04.2003)

Existem mesmo escolas de pensamento?

Discussão nunca faltou entre economistas, principalmente quando se trata das grandes questões econômicas da atualidade, e sempre se pensou que a tribo dos economistas está dividida em inúmeras escolas de pensamento antagônicas e irreconciliáveis como torcidas organizadas.

O que estamos observando no novo governo petista, todavia, contradiz essa percepção e parece apoiar a hipótese de que houve uma espécie de convergência de pensamento, e que, abstraídos os temperamentos, patotas, ressentimentos e rivalidades, e afastados os radicais, os economistas parecem mesmo todos iguais.

Ou será que o leitor está sentindo uma diferença muito grande entre os ministros Malan e Palocci, que nem economista é?

O fato é que, se o leitor se debruçar sobre a identificação e classificação das criaturas que habitam a floresta acadêmica, facilmente se deixará levar pela impressão de que o Brasil está dividido entre "liberais", "desenvolvimentistas", "estruturalistas", "monetaristas", "marxistas", "keynesianos", "alunos da professora Conceição", "discípulos do

Simonsen" e mais umas espécies mais raras: sabe-se da existência de ao menos um "sraffiano", de alguns "regulacionistas franceses", uns "institucionalistas" e de alguns outros tipos mais exóticos, a maioria em extinção, cada qual com as variantes definidas pelos prefixos "neo", "pós", "social", "proto" ou "cripto", e em embalagens "moderadas", "radicais", "diet", "orto" ou "heterodoxo".

A diversidade é enorme, ao menos na aparência, havendo muitas controvérsias, boa parte em torno de estilo, linguagem e pontuação. E principalmente em torno da disputa sobre financiamento para pesquisa. Na verdade, com o tempo, o fenômeno "escolas de pensamento" no mundo acadêmico tem se tornado cada vez menos nítido, a despeito de um acirramento de ânimos no "mundo lá fora".

A convergência na academia foi tendo lugar talvez principalmente em razão da progressiva penetração da matemática na disciplina. E também em razão da uniformização curricular, da adoção generalizada dos cânones meritocráticos na progressão profissional, sendo os méritos aferidos por publicações em revistas acadêmicas com conselhos editoriais, avaliadores anônimos e mecanismos como "índices de citações", sendo que as próprias universidades e publicações passaram a ser classificadas e ordenadas por seus pares conforme a qualidade de sua produção.

O leitor que não se engane, esse movimento pela qualidade acadêmica, que se tornou dominante, enfrentou enormes resistências no Brasil, onde se dizia que tudo isso era uma "artimanha neoliberal" com vistas a solapar a "postura crítica" que todo acadêmico deveria ter.

A economia está ficando mais parecida com a física do que com a filosofia. Cada vez mais se torna uma obra coletiva, uma grande síntese, em que as influências anteriores estão todas, ou quase todas, incorporadas nos modelos mais recentes. As descobertas são cada vez menos revolucionárias e mais incrementais, adicionando apenas pequenos progressos ao que existe.

Vale notar, adicionalmente, que os avanços instrumentais, na modelagem matemática, estatística e computacional, foram extraordinários, à luz dos quais muitos autores do passado, por exemplo, pioneiros do estudo do desenvolvimento, cujas idéias instigantes não tinham uma expressão muito objetiva, puderam ganhar nova vida.

A respeito da economia do desenvolvimento, uma especialidade que por muitos anos ficou meio isolada em escolas alternativas, Paul Krugman observou recentemente que muitos dos temas tratados pelos pioneiros do desenvolvimento não tinham tratamento matemático, por deficiência de ferramental, e terminavam fora das correntes majoritárias de pensamento econômico. Os "heterodoxos" de várias linhagens se queixavam do "irrealismo" dos modelos matemáticos de desenvolvimento e crescimento, tendo em vista a incapacidade desses modelos de tratar temas como competição imperfeita, externalidades, retornos crescentes de escala, dentre outros.

Hoje em dia pode-se dizer que essas deficiências instrumentais foram sanadas e que tudo que se acreditava que faltava nos modelos matemáticos de crescimento dos anos 1960 já foi incorporado em modelos de safras mais recentes. A "postura crítica" baseada no irrealismo das hipóteses dos modelos econômicos perdeu sua razão de ser, embora muitos "professores" de desenvolvimento econômico, que não têm o treinamento em matemática para ler esses novos modelos, ainda persistam em sua "postura crítica" às correntes majoritárias do pensamento econômico (dos anos 1960).

Trocando em miúdos, eu tenho dificuldades para entender propriamente o que vem a ser um "desenvolvimentista" no Brasil de nossos dias, tanto quanto em identificar um "neoliberal", pois seguramente a diferença entre um e o outro não é a cotação do dólar que cada parte acredita ser a correta.

Na verdade, com relação ao debate em torno do novo modelo de desenvolvimento no Brasil, o governo Lula nos faz mais céticos com relação à existência de escolas de pensamento rivais.

(*OESP*, 18.05.2003)

A TRANSFORMAÇÃO PETISTA

A política econômica do governo Lula é muito parecida com a do governo anterior, nunca é demais repetir, pois a memória para os temas da economia é muito seletiva, e o passado freqüentemente se transforma quando visto sob novas luzes.

O governo efetivamente se orgulha das políticas macroeconômicas que vem praticando, e o fato de essas mesmas políticas terem sido desancadas impiedosamente no passado, quando o atual governo era a oposição, tem sido minimizado, mas não ignorado. É paradoxal, mas muito positivo, que, na hora de governar, o PT tenha recorrido ao saber convencional em economia e tenha isolado os seus "heterodoxos" em alguns "redutos" onde podem fazer algum barulho, mas não apitam nada em macroeconomia.

A "transformação" experimentada pelo PT é fascinante para os atingidos pelas suas críticas no passado, pois, em princípio, as desqualifica. Arrependimento ou hipocrisia, pouco importa. Foi para o lixo a tese defendida, entre outros, pelo professor Carlos Lessa, segunda a qual esse governo se constrói a partir do suposto "fracasso" das políticas neoliberais do governo passado (!?).

Mais sério é o problema de mérito, dificílimo e ainda sem solução, de acordar o crescimento. A "carência" oferecida pelo primeiro ano está terminando e a situação econômica não está "resolvida", longe disso. Foi ótimo superar a crise provocada pelo pavor de que Lula e o PT fossem os mesmos de 1989, mas, ao final, estamos com níveis de risco Brasil semelhantes aos da Crise da Ásia, juros reais de dois dígitos e taxas de investimento vergonhosamente baixas. O país continua a ter sérios problemas para reconstrução do crescimento, e o governo, que é ótimo em atividades próprias de ONGs, ainda precisa demonstrar que sabe funcionar como OG ("O Governo") e que possui uma estratégia para as reformas conducentes ao crescimento.

De certa maneira, as perguntas são as mesmas do governo passado, em cujo interior havia uma "escola de pensamento" (talvez, melhor dizendo, alguns pensamentos à procura de uma escola, ou em fase préescolar), cuja tese era a de que não havia nada de muito errado com o Brasil, que o problema fiscal era contábil e menos sério do que se dizia, e que a hiperinflação tinha sido uma fatalidade, uma vez que a inflação era "apenas inercial", fácil de lidar, e que com duas ou três reformas, aparando excessos de 1988, tudo se encaixava, bastando reduzir os juros e acertar o câmbio que o Milagre Econômico estaria de volta.

Esse fenômeno, a que podemos denominar a "falácia desenvolvimentista", não era privativo do PSDB, pois estamos assistindo ao mesmo filme com os "inquietos" do PT. Novamente, prevalece uma ilusão de que existe um "depois das reformas" em que, livre das "imposições do mercado" e com dinheiro no bolso, o governo se entregará a "megaprojetos estruturantes" e programas sociais redentores. Pura ilusão, governar é fazer reformas, e não mais construir estradas, inclusive porque acabou o dinheiro.

O crescimento sustentado não virá por gravidade, mesmo com a valiosa contribuição da política monetária, pois dependerá de um ator fundamental cujo papel tem sido sistematicamente subestimado: o setor privado. Com a macroeconomia no lugar, o governo tem diante de si uma infinidade de agendas setoriais de grande complexidade, em que terá de fazer curvas tão fechadas e perigosas como as que o levaram à racionalidade no terreno da macroeconomia.

(*Veja*, 26.11.2003)

A MACROECONOMIA DO GOVERNO LULA:
A INCOERÊNCIA FESTEJADA

Convergência

No meio político todos dizem que é prematuro definir candidaturas, programas e alianças para 2002, estamos, afinal, no começo de 2001! Mas no mercado financeiro a eleição esquentou nesta semana, quando o Tesouro vendeu títulos com vencimento no quarto mês *dentro* do próximo governo. Consultores e oráculos debruçaram-se sobre diferentes cenários, e o que mais surpreendeu foi a descrença em mudanças radicais na economia no caso de uma vitória da oposição. Essa percepção baseia-se na dificuldade prática, para não falar da inconveniência política, de se reverter, ainda que parcialmente, as principais reformas do período FHC: estabilização, abertura, privatização e responsabilidade fiscal.

Mudou o mercado ou a oposição? Faria sentido para o novo governo de oposição abster-se de desfazer o que combateu durante oito anos?

O mercado acha que sim, e por vários motivos. Para começar, um novo governo dizendo-se *mais* preocupado com "o social" teria imensa dificuldade de mostrar-se leniente com a inflação. O brasileiro conheceu as dores da hiperinflação, sabe que estamos tratando de uma espécie de imposto sobre o pobre e que a estabilização, conforme revela o IBGE, colocou sete milhões de brasileiros acima da linha de pobreza. Seria um enorme contra-senso usar a inflação para financiar políticas de combate à pobreza, pois a própria inflação recria a pobreza que se quer eliminar.

Portanto, é de se duvidar que tenhamos políticas abertamente inflacionistas e que o Banco Central seja radicalmente modificado, ou transformado em um banco de fomento, como sugere o tom raivoso das críticas da oposição à idéia de se conceder mandatos aos dirigentes do BC. Otimista, mas não ingênuo, o mercado parece conceder à oposição o benefício de uma dúvida: as políticas econômicas de um governo de esquerda não precisam estar contaminadas pela irresponsabilidade fiscal. É claro, todavia, que essa é uma proposição ainda à procura de sustentação empírica e que pode ser destroçada facilmente pelos candidatos durante a campanha.

A mesma benevolência pragmática prevalece com relação à abertura, cujo impacto foi semelhante ao da estabilização, ao beneficiar maiorias desorganizadas (consumidores) em detrimento de minorias privilegiadas. Assim foi percebida e acolhida pela população, de tal sorte que uma escalada protecionista com vistas a proteger pesadamente a "indústria nacional" prejudicando o "consumidor nacional" não seria propriamente popular.

No que tange à privatização, o mercado parece adotar o preceito indisputável de que é difícil transformar presunto de volta em porco. Se o novo governo quiser reestatizar alguma empresa uma alternativa seria expropriá-la, o que não se concebe no século em que estamos. Outra seria comprá-la de volta. Mas com que dinheiro? Um governo de esquerda gastaria três ou quatro bilhões para comprar de volta o controle de uma companhia de mineração, podendo usar esse dinheiro em programas sociais? Que sentido faria recomprar, qualquer que fosse o preço, a rede ferroviária ou os terminais portuários? O novo governador de São Paulo compraria de volta o Banespa por R$7 bilhões?

O fato é que muita gente insuspeita de simpatias à esquerda acredita que a oposição faria uma enorme tolice em reabrir a agenda de reformas de "primeira geração" executada em boa medida pelo presidente Fernando Henrique. O melhor mesmo é deixar como está e chatear com uma CPI ou duas, apenas para marcar posição. Há muito mais o que fazer, e o país precisa avançar em outros temas. Existe um vasto conjunto de reformas de "segunda geração" cuja natureza é diversificada e essencialmente microeconômica, e que está sendo objeto de atenção tanto em Davos quanto em Porto Alegre. Ao leitor atento não terá escapado que os temas de ambos os convescotes, contrariamente à propaganda, são muito mais complementares que substitutos. O mercado acha que a oposição vai olhar para o futuro, para esses temas, e não para o passado. Mas não tem certeza, e sabe que pode sempre se enganar.

(*Veja*, 31.01.2001)

Eu quero acreditar

O título em epígrafe é uma espécie de mantra de uma comunidade da qual faz parte o agente Mulder, personagem do seriado *Arquivo X*. Diz respeito a discos voadores. O crente não se importa com a ausência de qualquer peça de evidência empírica que longinquamente possa apoiar a hipótese de vida extraterrestre, ou de que existem dinossauros vivos, ou bruxas voando em vassouras. O indivíduo quer acreditar. Conforme uma pesquisa conduzida pela revista *Time* e pela CNN, 80% dos americanos acreditam que o governo americano encobre evidência de vida extraterrestre. Os céticos são minoria!

As declarações do ministro Palocci, a escolha do doutor Meirelles para o Banco Central, e tudo que eles e outros expoentes do novo governo dizem sobre política econômica, fazem tanto sentido, e têm feito tanto bem à economia, que todos querem acreditar. Todos querem que o Brasil dê certo. O novo governo demonstra enorme bom senso e racionalidade, e com isso alegra os mercados e as empresas. Apenas uma envergonhada minoria de céticos, e de radicais do PT – vamos chamá-los de "autênticos", à semelhança de uma famosa ala do antigo MDB –, lembra de compromissos passados e pontos de vista que esses economistas "autênticos" do PT, PDT e mesmo do PMDB tão sanguineamente defendiam.

Com efeito, as manifestações econômicas do novo governo têm sido absoluta e surpreendentemente idênticas às das autoridades econômicas do governo velho, especialmente nos assuntos monetários, cambiais e fiscais. Tudo em total consonância com a tese adrede e amiúde defendida pelos economistas do governo velho de que a saúde da moeda e a responsabilidade fiscal não são temas políticos ou ideológicos. Tese que os "autênticos" negavam firmemente, pois eram contra o "pensamento único", repudiavam a "interdição do debate" e defendiam um "novo modelo econômico".

Aparentemente, estamos assistindo a uma histórica mudança de opinião, uma daquelas revisões dignas das transições de liderança na velha União Soviética ou na China, quando décadas de História eram reescritas. As escolhas de Palocci e Meirelles, e principalmente o que dizem, sepultam a idéia de "ruptura", ou de um "novo modelo econômico". Para o bem do Povo, o BC do PT parece indistinguível do BC do FHC, o mesmo valendo, por ora, para a política fiscal. Para a felicidade geral da Nação, as idéias heterodoxas sobre temas monetários e fiscais retornaram ao submundo de onde nunca deviam ter sido retiradas.

Isso sendo verdade, e todos queremos acreditar, estamos todos de parabéns, a começar pelo presidente eleito, que deixa para trás o dogmatismo, e descarta ou reduz a pequenas responsabilidades os radicais e os "autênticos". Quanto mais bom senso, mais caem o dólar, os juros e a inflação. Mais sobem a bolsa e o bom humor das empresas. Um círculo virtuoso começa a ter lugar, e a desacreditar a teoria conspiratória segundo a qual tudo isso é uma farsa, ou uma primeira fase de aterrissagem, e que o PT "autêntico" vai assumir o controle das coisas tão logo todos nós estejamos em nossos assentos com os cintos afivelados.

Eu quero acreditar que, ao fim das contas, houve mesmo uma convergência no tocante a assuntos monetários e fiscais, e que há muito mais concordância e espaço para diálogo entre gente que gosta do Brasil do que sempre se imaginou. Eu quero acreditar que a racionalidade não é monopólio de nenhum partido, e que existe vida econômica inteligente em todas as correntes políticas. Todos querem acreditar.

(*OESP*, 22.12.2002)

Santa incoerência

Passados os mágicos 100 dias, é curioso observar que a maior vitória da nova administração, a julgar pelo pronunciamento do presidente, foi a de fazer derreterem o "Risco Brasil" e a taxa de câmbio. Recuperou-se, ao menos em parte, "o crédito externo", e foi afastada a atmosfera de crise que se havia instalado no Brasil há meses.

A fala do presidente deixa claro que os parâmetros com os quais a economia é avaliada, nesse governo como no anterior, e também no próximo, têm que ver com as percepções sobre o futuro, as quais são formadas no âmbito desta entidade, antes odiosa, conhecida como "o mercado".

O presidente, menos que outras autoridades, fala em uma "herança pesada", mas nem sempre se esclarece, ainda que óbvio, que a histeria que se estabeleceu nos mercados desde meados do ano passado tinha que ver com o medo de "rupturas", propostas pelo próprio Lula e não propriamente com as políticas do governo anterior. Por isso mesmo, o sucesso da nova administração se deve exclusivamente ao abandono de suas convicções revolucionárias anteriores e, em conseqüência, à continuidade das políticas, fiscal e monetária em particular, da administração anterior.

Para quem foi vítima da crítica raivosa e farsante que vicejou na Oposição durante o governo FHC, é curioso observar, por exemplo no senador Aloísio Mercadante, a transfiguração do crítico no objeto que criticava, acompanhada de seguidas confissões de erro. Essa magnífica metamorfose não merece senão aplausos, pois deixa claro, ainda que *a posteriori*, onde estava a verdade sobre a política econômica.

Portanto, vamos ter clareza sobre o seguinte: o que deu certo no novo governo, em seus primeiros 100 dias, foi o que não mudou. Mudança inesperada, além de rapidíssima, se observou foi no PT, que, uma vez eleito, e comprometido com a mudança, nada mudou na macroeconomia, muito pelo contrário, e estamos todos felizes com essa maravilhosa incoerência.

Talvez tenham errado aqueles que interpretaram a vitória do Lula moderado e pacificado que logramos eleger como uma espécie de revolução destinada a depor a "nova ordem neoliberal", a globalização e "tudo o que aí está". Hoje se vê que a revolução foi no sentido exatamente oposto: foi o PT que se subjugou e se adaptou aos novos tempos. Exatamente como ocorreu com o PSDB no passado.

Com razão, os radicais sinceros do PT vêm dizendo que o partido se aburguesou, ou que adotou o "neoliberalismo". Certo. Errado foi, no passado, classificar o bom senso em matéria de políticas públicas como o resultado de posturas ideológicas e utilizar o epíteto "neoliberalismo" como xingamento genérico para tudo o que o resto do mundo pratica no terreno de políticas macroeconômicas e que o PT teria certamente que praticar caso fosse governo. Ou será que alguém acreditava, e ainda acredita seriamente, que existem políticas "alternativas" no terreno macroeconômico?

O fato é que o PT no poder teve que se render ao que satanizou de forma injustificada e virulenta, e, assim, tornou-se vítima de seu próprio veneno. Está fazendo as mesmas coisas que dizia beneficiar os banqueiros e o capital especulativo em detrimento da produção. Ou será que não era bem isso?

O leitor poderá pensar que houve certa encenação, inclusive um tanto de estelionato, e que o PT foi eleito porque o povo queria "mudar o modelo econômico" e que não é nada disso o que está fazendo. Se fosse verdade, o povo deveria estar zangado, mas não está. Zangada está a professora Maria da Conceição, o que não é novidade. Como dizer com certeza o que os brasileiros tinham em mente quando elegeram Lula?

Possivelmente, para a maioria dos brasileiros, não se tratava de jogar no lixo tudo o que se fez antes, mas de recuperar a capacidade de avançar na mesma agenda, coisa que o próprio FHC havia perdido em seu segundo mandato. Ao deslocar-se para o centro e absorver a agenda preexistente de forma mais convincente que o próprio candidato do governo, o novo PT melhor interpretou os desejos do povo, que nada tinham que ver com ruptura, mas com evolução.

(*OESP*, 22.12.2002)

A MÉTRICA DO SUCESSO

Um dos clichês em que o PT sempre insistia, em sua encarnação anterior, era o da demonização do "Mercado", o qual, segundo diziam, era um agrupamento de predadores financeiros sem alma e racionalidade. Diziam que FHC governava para o "Mercado", e não de forma a atender os "Interesses Maiores do Povo Brasileiro", dos quais o PT se julgava representante exclusivo.

Ao leitor atento, e que teve o privilégio de assistir ao presidente da República, em seus pronunciamentos no Primeiro de Maio, regozijar-se da avaliação generosa do Mercado quanto a seus primeiros meses de governo, não terá escapado a impressão de que toda essa xaropada antimercado foi abandonada como se nunca tivesse existido.

É interessante e simbólico que, no Primeiro de Maio, em vez da lenga-lenga anticapitalista em que o PT esteve envolvido nos últimos anos, o que vimos foi o presidente admitir que está fazendo políticas com o propósito de alegrar o Mercado, está sendo bem-sucedido em agradar, e está abundantemente satisfeito com o sucesso que vem fazendo.

Com efeito, a entidade demoníaca tornou-se a métrica do sucesso. O presidente festeja a queda do dólar e do Risco Brasil, ou seja, exalta a reação favorável do Mercado às ações do seu governo como indicações definitivas de que está no caminho certo.

O aplauso embriagante do Mercado soterrou vários anos de preconceito, ou de hipocrisia sobre os "Interesses Maiores do Povo Brasileiro". Mudou o PT, é claro, e para melhor, e espera-se que não seja fingimento ou oportunismo. Isso tem de ser exaltado, inclusive e principalmente, para prevenir o retrocesso do qual são representantes os radicais do PT e seus zangados representantes.

Sabemos que o preconceito e a ignorância são criaturas difíceis de morrer. Tal como o Conde Drácula, é preciso estaca no coração, cortar fora a cabeça, tocar fogo, colocar no sol e jogar água benta em cima. E mesmo com todo esse cerimonial, em dezenas de filmes posteriores à suposta morte do vampiro, verificamos que três gotas do sangue de uma virgem derramado sobre o pó que restou da velha criatura são suficientes para ressuscitar a velha maldição.

Assim sendo, tendo em vista o nobre propósito de ajudar a sepultar velhos preconceitos bobos, e interpretações guerrilheiras sobre o que vem a ser o Mercado, gostaria de enunciar quatro preceitos a propósito do papel do Mercado no mundo moderno, e no Brasil do século XXI em particular.

1. O Mercado é uma feira de idéias. O Mercado é mais que tudo um lócus de confluência de informação e formação de opinião através da definição dos preços para coisas que ocorrem no futuro. O futuro, dirá, o *trader*, está no preço, o sumário de tudo o que se sabe. Tal como nas feiras medievais, o Mercado é um lugar onde as pessoas se reúnem para trocar idéias e informações, onde tudo o que se sabe sobre a economia é exibido e avaliado por profissionais, inclusive visões sobre o comportamento coletivo dos participantes do jogo econômico. Graças aos avanços nas comunicações, o Mercado é um fenômeno de mídia, um "local virtual" de dimensões globais, onde toda a informação se encontra disponível e onde se molda a essência da opinião pública especializada.

2. O Mercado faz a média e, na média, acerta. A opinião pública especializada, ainda que dada a exageros ocasionais, é perfeitamente racional e, na média, está correta em seu aplauso e em suas vaias. Toda vez que o Mercado parece excessivamente eufórico, ou pessimista, a "correção" é gestada internamente na medida em que as opiniões precisam ser continuamente confirmadas por investimentos, e defendidas dos "ataques" de quem desinveste. O Mercado não é apenas um exercício intelectual, é um jogo em que as opiniões são "bancadas" por investidores num contínuo embate entre comprados e vendidos. A opinião da "maioria", a que tem mais peso econômico, sempre prevalece.

3. O Mercado é um juiz implacável das políticas públicas. Nos dias de hoje, com os avanços em matéria de comunicação e conectividade, essas avaliações são instantâneas, aí se incluindo sentença e punição, ou aplauso. Heterodoxias vivem apenas efemeramente e não mais durante muitos anos, como na época do ministro Delfim, decano da feitiçaria econômica nacional. Os heterodoxos do PT, por exemplo, desapareceram como que por encanto, ou foram trancados no armário. Os "moderados", ou "convertidos", passam boa parte do seu tempo conversando com o Mercado a fim de melhorar a avaliação que este tem para o Governo. Não há um centavo de dúvida em que a métrica do sucesso do Governo mudou completamente e que o PT se submeteu às regras do mundo globalizado.

4. A Democracia é mais rica numa economia de mercado, pois, graças a ele, todo dia tem eleição. Por último, é obviamente errado que o PT, e tampouco o PSDB ou o PFL, seja proprietário exclusivo dos "Interesses Maiores do Povo Brasileiro". Numa economia de mercado moderna, como a nossa, todo dia tem eleição, pois todo dia o Governo é avaliado por especialistas, analistas, jornalistas, empresários, investidores, trabalhadores, e o resultado desse julgamento é sintetizado no câmbio, no Risco Brasil e na Bolsa. Essas avaliações impessoais valem muito mais do que o delírio individual de um político, quem quer que seja, que por delegação autoconferida se autoproclame intérprete exclusivo dos "Interesses Maiores do Povo Brasileiro".

(*OESP*, 04.05.2003)

Idéias do senhor Vice-Presidente

A máxima segundo a qual inexiste "almoço grátis" fornece uma síntese intuitiva e poderosa do que as faculdades de economia ensinam aos profissionais que formam. Como não é possível ficar com o almoço e com o dinheiro simultaneamente, o sujeito precisa escolher, os recursos são limitados e a fome é sempre muito grande. Vista nesse ângulo, a economia é assunto muito simples.

Não obstante, os economistas são mesmo diferentes dos outros seres: quando enxergam notas de 100 dólares no chão, recusam-se a pegar, sob a alegação de se fossem verdadeiras alguém já as teria levado. E geralmente não acreditam em curas milagrosas e discos voadores, e não costumam contar com muita popularidade em geral, e entre os políticos em particular, e especialmente entre vice-presidentes (Marco Maciel é uma brilhante exceção a esta regra).

Nesta momentosa controvérsia recorrente, entre o senhor vice-presidente José de Alencar e a turma da área econômica, o leitor pode ver-se instado a indagar o que é mais relevante para o progresso do Brasil: os economistas ou os vice-presidentes. Estes, na medida em que dispõem de moradia (no Palácio Jaburu), comida e roupa lavada por conta do contribuinte, podem desenvolver uma tendência a discordar dos economistas no quesito refeições gratuitas.

O fato é que aos economistas cabe a ingrata tarefa de informar aos políticos o que eles não podem fazer, coisas como almoçar e não pagar a conta, entre outras piores. São incontáveis os economistas no governo que ganharam o mesmo apelido: "O satânico Dr. No."

No mérito, é preciso dizer que os economistas não fazem por mal, não mantêm os juros elevados por vilania ou sadismo; diversas pessoas de bom coração já passaram pelo BC, e os juros estão altos há muitos anos. Existem razões práticas e condições objetivas que não nos deixam alternativa: baixar os juros não é um ato de vontade de um político audaz. Os que tentaram fracassaram e foram para casa tendo prejudicado as pessoas que gostariam de agradar.

Alguns séculos de estudo dessa ingrata disciplina nos ensinaram que existe uma relação positiva entre crescimento e inflação, que os juros altos reduzem o crescimento, mas também a inflação, e que a desvalorização cambial melhora o superávit comercial, mas simultaneamente reduz o poder de compra dos salários e provoca inflação.

O leitor que, como eu, gostaria de ver uma fórmula simples de câmbio e juros que produzisse crescimento sem inflação, com aumento de salário, melhoria na distribuição da renda e mega superávits comerciais, tudo ao mesmo tempo, pode perfeitamente entender, diante das premissas restritivas acima, as razões pelas quais os profissionais desses assuntos dizem que não é possível almoçar sem pagar.

Mais recentemente falharam as tentativas de glamourizar um suposto debate, em cujo âmbito do qual haveria teorias e fórmulas "alternativas", conhecidas dos economistas do PT, para romper esses dilemas, sendo que os governos "neoliberais" estariam "interditando o debate" e impondo um "pensamento único" e errado. Bobagem. Mais ou menos como o governo americano que, supostamente, esconde evidência de vida extraterrestre.

Hoje o PT é governo, e onde estão as idéias alternativas? E os discos voadores escondidos? Tudo o que se vê é uma reafirmação bem-comportada de que não existe refeição gratuita e de que as escolhas são mesmo difíceis.

Interessante hoje é notar que o ataque às leis econômicas despiu-se de qualquer disfarce ideológico: o senhor vice-presidente não tem um programa macroeconômico alternativo, e o que contesta é o julgamento de profissionais que estudaram o assunto por muitos anos e estão na área econômica a exercer a profissão para a qual foram treinados a vida inteira nas melhores escolas. Em princípio, todos estão bem-intencionados e querem o bem do Brasil, mas a experiência mostra que os debates públicos entre membros do governo sobre juros e câmbio costumam gerar decisões inconsistentes e crises desnecessárias.

(*Veja*, 11.06.2003)

2003: O ANO DO FIM DAS ILUSÕES

O ano de 2003 foi de enlouquecer os que vivem de fazer previsões. Há paradoxos, surpresas e desafios de interpretação por toda a sua superfície. Foi horrível em matéria de crescimento, talvez mesmo negativo, mas termina com um aroma de otimismo meio inexplicável, talvez cansaço, ou torcida, não tanto por indicadores objetivos. E o que vale mesmo é a sensação, não a estatística.

A balança comercial foi o espetáculo, e graças à impressionante, e não menos preocupante, desvalorização cambial ocorrida a partir de meados do ano passado. Sim, é bom ter superávit comercial quando a conta de capitais parece um deserto, mas não esquecer que, em dosagens maiores que a ideal, a desvalorização é recessiva, comprime os salários, piora a distribuição de renda e enfraquece os incentivos empresariais para a busca de maior produtividade, pois seus efeitos são em tudo idênticos aos de uma tarifa protecionista.

A explosão do câmbio não foi obra do acaso, tampouco do Banco Central: teve que ver com uma espécie de "bolha negativa" que se armava em meados de 2002 em razão das terríveis expectativas que existiam sobre o que seria a política econômica do PT. Essa "bolha" começou a inchar meses antes de abertas as urnas, e atingiu o seu ápice no colo de FHC, que nada podia fazer, pois todo o problema era o medo de piruetas heterodoxas por parte do PT. Só mesmo o próprio PT para furar essa "bolha", o que acabou sendo feito de forma diligente e determinada a partir do acordo com o FMI em 2002, e ao longo de 2003 através da adoção surpreendentemente convicta do que os radicais do PSDB (para não falar dos petistas) chamavam de "fernando-malanismo". Quem poderia esperar que o ex-prefeito de Ribeirão Preto, médico de profissão, formasse uma equipe tão "ortodoxa" e estranha ao PT?

O fato é que o ano de 2003 termina com o governo embriagado com o aplauso do mercado à manutenção de políticas de responsabilidade fiscal e disciplina monetária que, como bem sabemos, foram depredadas de forma impiedosa e oportunista pelos economistas do PT nos últimos anos. Quem se importa? O presidente repete orgulhoso que a inflação foi dominada, o Risco Brasil caiu de 24% para 5%, e as linhas comerciais externas voltaram. É verdade, mas seria hipócrita (melhor dizendo, imbecil mesmo) dizer que essas vitórias têm a ver com idéias petistas, ou com "mudanças" introduzidas pelo novo governo diante da falência do anterior. Antes pelo contrário, os mercados foram pacificados porque o PT se despiu de seu passado, abandonou sua coerência e renegou tudo o que disse da política econômica do governo passado.

Foi um ano de ouro para o mercado financeiro, inclusive e principalmente porque ninguém esperava. Os C-Bonds quase dobraram de preço, beirando o seu valor de face, e a Bolsa triplicou de valor em dólares. É verdade que as condições internacionais favoreceram essa volta à normalidade para os preços dos ativos brasileiros, mas papel fundamental coube à surpreendente continuidade de políticas macroeconômicas convencionais e ao também inesperado avanço das mesmas reformas que o PT combateu tenazmente nos últimos anos.

Em 2004 os desafios são ainda mais formidáveis. Se em 2003 o governo enfrentou a senadora Heloisa Helena, em 2004 é a vez da professora Maria da Conceição Tavares. Em 2004 o crescimento só virá se for cumprida uma extensa agenda que tem sido chamada de "microeconômica". Trocando em miúdos, como não há dinheiro para investimentos públicos, o crescimento vai depender do investimento privado; trata-se, portanto, de praticar políticas pró-iniciativa privada no varejo, em todos os setores e esferas regulatórias. Se queremos formação de capital, temos de agradar ao capital, um desafio monumental para um partido de embocadura estatista, avessa ao mercado e à globalização. Será, como em 2003, mudar ou perder o trem, deixar-se atropelar pela decepção dos mercados, que pode ser tão devastadora quanto foi irresistível a aclamação em 2003.

(*Veja*, 07.01.2004)

DE NOVO, ESTÁ CHOVENDO DÓLAR

A entrada de capitais no Brasil exibe um padrão cíclico que desafia explicações, mas que nos permite aprender com a História. Com efeito, o que se passa do final de 2002 até agora em muito se parece com o que vivemos dez anos atrás, do início de 1993 a meados de 1994. Em ambos os casos passamos da condição de párias do mercado internacional de capitais para a situação oposta, em que o Brasil parecia o grande "Eldorado" do mundo capitalista.

Em 1994, no ciclo anterior, a euforia já vinha de algum tempo, mas só pudemos tomar o trem quando vencemos a hiperinflação. Da mesma forma, hoje, somente nos credenciamos a participar da imensa abundância de liquidez que o mundo experimenta quando demonstramos aos mercados que idéias heterodoxas e radicais em matéria de economia vão ficar circunscritas ao circuito universitário alternativo. É preciso estar com a casa minimamente em ordem, e com a atitude correta, para participar dos ciclos de prosperidade do mundo globalizado.

Pois bem, se a cada dez anos começa uma euforia desse tipo, que pode nos servir de muitas maneiras conforme as necessidades do momento, a pergunta a ser respondida é como tirar proveito dessa situação tendo em mente que os ciclos econômicos são inescapáveis, ou seja, em algum momento a euforia vai se reverter; que demoram o tempo (in)certo para ficarmos na dúvida se eles existem mesmo; e que nunca se sabe o momento exato em que começam e quando terminam.

No ciclo anterior, a abundância de capitais nos permitiu vencer a hiperinflação sem o ajuste fiscal, graças à chamada "âncora cambial" e à política monetária, o que seria impossível em outra circunstância. Ganhamos tempo para fazer reformas, arrumar as contas públicas, o que serviu para prolongar a abundância de capitais, pois atendia os desejos dos mercados. Muitos problemas foram resolvidos: privatização, abertura, saneamento do sistema bancário, renegociação de dívidas federais, reconhecimento de esqueletos, agendas cumpridas que o novo governo não precisa e nem pretende revisitar. São outras as prioridades hoje, e a pergunta, agora que temos diante de nós outro momento de bonança externa, é como o governo vai lidar com esse cavalo selado que passa a cada dez anos trazendo um passaporte para a História.

Faz pouco sentido deixar o câmbio valorizar-se muito em termos nominais, pois não há mais hiperinflação e tampouco a necessidade de "âncora" cambial. O governo dá sinais, contudo, de que quer trabalhar com o câmbio real em que está, ou mais para cima, ou seja, num nível muito competitivo (desvalorizado), na medida em que não for atentatório à moral e aos bons costumes da flutuação cambial. Para tanto, tendo em vista que vultosas entradas de capital estão jogando o câmbio morro abaixo, a necessidade de o Banco Central intervir séria e sistematicamente no mercado de câmbio vai se tornar cada vez mais evidente, como ocorreu no segundo semestre de 1994. Fixar, ou estabilizar, ou estipular um "piso" para o câmbio real vai ser difícil de evitar se o mundo continuar assim tão animado com o Brasil.

Nesse contexto, faz todo sentido comprar dólares para a recomposição das reservas, inclusive porque melhora os indicadores de endividamento relevantes para o cálculo do Risco Brasil. Não estou certo de se é o caso de se reduzir muito agressivamente a dívida interna indexada ao câmbio, pois a alternativa é o papel prefixado, o que não é tão bom para o Tesouro num contexto de queda agressiva, esta, sim, das taxas de juros. Na verdade, é nos juros, e nos compulsórios, que está a grande oportunidade de se mudar o paradigma do mercado de capitais e do crescimento brasileiro. É claro que a oportunidade é também um risco: se mal feita, ou se desarrumar o equilíbrio fiscal, e não trouxer consigo os marcos regulatórios que favorecem o investimento, o movimento gerará energia que vai se dispersar em consumismo, especulação financeira e inflação. O cavalo está selado, mas não é muito fácil de ser conduzido.

(*Veja*, 21.01.2004)

Verdades reveladas em 2004

O ano de 2004, em matéria de economia, trouxe lições importantes, embora não muito evidentes. Os números foram muito bons, melhores do que se esperava, o que serviu para confundir ainda mais o já proverbial conflito de personalidades no interior do PT.

O leitor bem sabe que o ano de 2003 foi dedicado aos esforços bem-sucedidos para conjurar uma crise em nada relacionada ao governo anterior, mas provocada pelo medo de que a metade errada do PT viesse a ser dominante no governo. Compromissos com o bom senso em política econômica foram fundamentais para fechar a caixa de Pandora que a eleição de Lula parecia ter aberto. Em conseqüência, o PT teve de alterar sua identidade e afastar ou esconder seus radicais nos fundos da casa. O fato é que, desde então, a política econômica do PT se tornou indistinguível da anterior.

Todavia, uma vez passada a fase aguda de dúvidas, com os ânimos serenados, a luta interna dentro do governo continuou mais encarniçada do que nunca. Sem crise, no decorrer de 2004, a tentação de abandonar a medicina convencional parecia maior e mais perigosa. Ao fim do ano, contudo, e à luz dos bons resultados na economia, o tema principal de qualquer retrospectiva econômica não pode ser outro: novamente, e agora de forma acachapante, Dr. Jeckill predominou sobre Mr. Hyde.

A novela clássica de Robert Louis Stevenson, que o leitor conhece também do cinema, é um paradigma sobre recantos desconhecidos da personalidade e mais especificamente sobre a presença de um "outro" dentro de cada um de nós, uma "persona" totalmente diferente, destituída de qualquer moral, um cruel assassino que, na história, levou a polícia a pensar que ele morava nos fundos do consultório de um pacato doutor.

A trama se desloca para o terror quando se descobre que o mal não é externo ao indivíduo, mas parte dele, e que assume o controle através de chaves comportamentais incompreensíveis e fortuitas. O terror é o mal destituído de razão, e, no governo Lula, Mr. Hyde é a designação que cabe a um delírio autoritário, volta e meia latente, fundado numa suposta superioridade moral autoconferida e inexistente, em nome da qual não se reconhecem limites nem escrúpulos, e se pretende patrulhar o cinema, os jornalistas, a cultura e os estrangeirismos. Esse é o PT da intolerância e do aparelhismo, que judicializa as políticas públicas e manipula CPIs com vistas a denegrir pessoas que pensam diferente dele (como este que vos fala), usando técnicas próprias do macarthismo.

A novela de Stevenson é de 1886, o mesmo ano da publicação de *Para Além do Bem e do Mal*, de Nietzsche, talvez o mais importante ideólogo do nazifascismo. "A vida", diz ele, "é essencialmente apropriação, dano, subjugação do que é alheio e mais fraco, supressão, dureza, imposição de nossas próprias formas." Nietzsche celebra o triunfo de Hyde sobre Jeckill e propugna a morte da democracia. Não há dúvida de que, em certos momentos, o PT está mais para Nietzsche que para Marx.

Pois a boa notícia foi que em 2004 a democracia brasileira mostrou extraordinária vitalidade, impondo limites tanto ao "jogo pesado" na política quanto às esquisitices econômicas. As instituições políticas mostraram que têm os próprios filtros e contrapesos, de modo que foram frustradas, em boa medida, as iniciativas patrulhantes e também o denuncismo de resultados. [Quem poderia imaginar o que teria lugar em 2005 a partir das revelações do deputado Roberto Jefferson?]

Em paralelo, os mercados continuaram maltratando os "heterodoxos" de linguagem parnasiana e patrocinando sua devolução às cátedras universitárias. Em 2004 ficou muito claro que a construção do Brasil não começou em 2002 e que o bom desempenho da economia tem bases associadas às reformas da última década. A simples verdade é que a herança era benigna; maligno é o que está escondido nos fundos da casa.

(*Veja*, 05.01.2005)

SE FOR SINCERO, FUNCIONA MELHOR

Já parecem superadas quaisquer dúvidas sobre o fato de que a política macroeconômica desse governo é idêntica à do anterior. Para muitos, isso é motivo de festejo, para outros, de decepção. O fato é que esse debate parece esgotado e a convergência, completa. O interessante, todavia, é que os *efeitos* das mesmas políticas parecem diferentes quando conduzidas pelo PT, e que o problema tem a ver com credibilidade. Há três eixos de explicação:

Em primeiro lugar, há o problema de praticar políticas monetária (metas de inflação) e cambial (livre flutuação) extremamente convencionais em uma situação de déficit de credibilidade. Em muito maior escala, o BC do PT enfrenta um problema que também existia no governo anterior, a saber, a forte oposição de alguns setores e figuras influentes do governo às políticas praticadas. Nesse contexto, o mercado não tem restrições aos dirigentes do BC nem à consistência de suas visões e políticas, mas tem todo o medo do mundo quando o "verdadeiro PT" ameaça se intrometer na política monetária. A credibilidade, portanto, depende de fatores alheios ao BC, os quais, nesse governo, têm sido matéria de constante apreensão.

Assim, tudo se passa como se, ao subir os juros, o BC ganhasse credibilidade ao demonstrar desprendimento. E, sempre que baixa os juros, a percepção é que o faz por pressão de diáfanas "figuras palacianas", ou mesmo do presidente, conforme vazamentos credenciados. Cria-se, dessa forma, uma espécie de "viés político de alta", diretamente proporcional à divisão no governo e à falta de independência do BC. É possível que o problema possa ser diminuído com avanços institucionais concretos no terreno do fortalecimento institucional do BC. A conferir.

Em segundo lugar, parece se manter uma tendência dos últimos anos de aumento simultâneo do gasto público e da carga tributária. Nos primeiros anos da estabilização, a "carta branca" dada à Receita tinha a ver com a perda das "receitas" decorrentes da pintura de papel-moeda: era preciso transformar essas "receitas", conhecidas como "imposto inflacionário", em impostos convencionais. Desde então, a Receita ganhou uma autoridade que só fez crescer. De outro lado, para cada novo recorde de arrecadação a despesa parece sempre crescer na mesma proporção ou mais.

Depois do acordo com o FMI, as coisas se arrumaram um pouco, mas a tendência prossegue: parece que estamos nos encaixando num padrão internacional segundo o qual a esquerda aumenta gastos e impostos, a direita gostaria de diminuir os impostos, enquanto o bom senso apontaria no sentido de diminuir os dois. Infelizmente, não existe no país um partido político comprometido muito fortemente com essa terceira alternativa, e por isso não se vislumbra nenhum sinal de alteração nessa tendência.

Uma terceira área de problemas engloba um conjunto de temas geralmente designados sob a rubrica da "incerteza regulatória". Na verdade, não é bem isso, mas muito mais. Muitas iniciativas regulatórias, boas e ruins, já foram deflagradas, o novo modelo elétrico está no lugar e as PPPs foram aprovadas, mas o investimento em infraestrutura não se moveu significativamente. Há enorme cautela no ar, pois parece bastante evidente que o PT é absolutamente novato em entender a lógica do investimento privado de longo prazo. Para os acostumados com a "liderança do Estado" no processo de investimento, o problema é de vontade política, e portanto de convocar o empresariado a cumprir seu dever. Isso não funciona mais. O conjunto de atores envolvidos no processo de investimento obedece a fatores intangíveis, como a confiança, e seu julgamento sobre as reais convicções do governo, todos muito difíceis de manobrar. Os efeitos de uma melhoria no marco regulatório, por exemplo, podem ser destruídos por uma nomeação política numa agência reguladora.

A conclusão é curiosa: o PT tem pouca credibilidade ao praticar políticas convencionais, pois sempre as criticou e parece estar apenas fingindo acreditar nelas. Essas políticas são muito mais eficientes e imaginativas quando praticadas por um governo que, unido, genuinamente acredita nelas. O mescado, com razão, não gosta muito de whisky que não seja escocês.

(*Veja*, 02.02.2005)

O dinheiro da Viúva: déficit, orçamento e responsabilidade fiscal

A REPRESSÃO FISCAL

O fracasso do esforço fiscal empreendido em fins de 1997 (o "Pacote 51") teve conseqüências desastrosas para a nossa economia, e o seu aspecto mais perturbador é que não se tem uma explicação clara para o que ocorreu. Como é que uma "melhoria" nas contas públicas na forma de 51 medidas representando, na ponta do lápis, uma economia de 2,5% do PIB se tornou uma "piora" maior que a melhoria proposta? Como pode ser?

O interesse na pergunta não é apenas acadêmico, pois o mesmo vírus que corroeu aquele esforço pode vir a operar no futuro e prejudicar novos programas fiscais. Na verdade, alguns sintomas desse mesmo vírus foram detectados posteriormente, quando foram observadas manifestações de parlamentares, especialmente depois alguma votação de medida fiscal importante e impopular, observado que "agora o ajuste fiscal acabou", ou "está feito". Foi exatamente assim que começou a ruína do pacote fiscal de 1997.

O pacote de 1997 falhou porque nossas instituições e práticas ligadas à confecção e execução do orçamento público, nas três esferas de governo, são primitivas, profundamente inadequadas ao nosso tempo, e trazem vieses no sentido do déficit muito difíceis de serem evitados. Pacotes feitos dentro desse quadro institucional terão sempre poucas chances de funcionar. Nossa disciplina orçamentária é a Lei 4.320, feita em 1964, quando a contabilidade pública não era bem desenvolvida como disciplina e os efeitos da inflação sobre as contas públicas eram incompreensíveis. Ademais, a Lei 4.320/64 foi feita por contabilistas que, por decoro profissional, apenas sabem fazer orçamentos equilibrados, mesmo que para isso tenham de definir o endividamento público, ou as emissões de moeda, como "receitas de capital".

As distorções da Lei 4.320/64, que foram muito agravadas pela inflação, contribuíram muito para que os orçamentos no Brasil deixassem de ser instrumentos de política fiscal e se tornassem conjuntos idiossincráticos de procedimentos burocráticos, sem lógica econômica, destinados a regrar o modo de se executar o gasto público. Há muitos anos que os orçamentos públicos são irreais e, mais grave, são instrumentos do inimigo, ou seja, oferecem armas para acentuar o descontrole fiscal. Depois da estabilização nós ganhamos em transparência, mas não conseguimos avançar no sentido de tornar os orçamentos instrumentos de controle fiscal.

Esta deve ser a tarefa básica da Lei de Responsabilidade Fiscal, ora em preparação.

Historicamente, o fato de os orçamentos serem leis que autorizam gastos (mas sem garantir que os mesmos sejam executados) resultou em um incentivo poderoso para o inchaço do lado da despesa. Afinal, se é apenas uma autorização, e se a execução vai depender mesmo é do Decreto de Programação Financeira, ou da caneta do secretário do Tesouro, por que não colocar no Orçamento a *opção* de executar se o governo assim o desejar? Como negar ao governo este poder? E como negar espaço às emendas dos senhores parlamentares se eles sabem que o Orçamento que já vem do Executivo é inflado, e que boa parte do que não é despesa de pessoal e juros tem reduzidas chances de ser executada? Por que não acomodar mais um bilhão ou dois de emendas para acalmar a "base", mesmo sem promessa alguma quanto à execução?

Diante dessa situação, o Tesouro não tem muita alternativa: o orçamento que tem diante de si traz embutido um déficit inadministrável, e nessas condições, de fato, faz o possível para não iniciar nada novo, se já começou, não continua, se continuou não termina, e quando termina não paga. A isso dá-se o nome de *repressão fiscal*, ou, no idioma burocratês, *contingenciamento*. Sua característica básica é a compressão de um gasto que já nasceu, já existe na lei, já tem parentes, amigos e interesses associados, já está pela metade em muitos casos e tem pernas para correr atrás do secretário do Tesouro aonde quer que ele vá.

Num sistema em que o instrumento básico de política fiscal é a repressão fiscal, qualquer aumento de receita eleva a capacidade de se atender a essas obrigações reprimidas e destrói a única boa desculpa de todo tesoureiro diante de uma obrigação líquida e certa: não há dinheiro. Como o dinheiro apareceu, os pedidos se avolumam, os pleitos são legítimos e regulares, e os atrasados, às vezes, são vergonhosos. O dinheiro acaba desaparecendo como gota d'água na panela quente.

A lição do "Pacote 51" é simples e dura: no atual regime fiscal, é alta a probabilidade de novos impostos gerarem despesa em igual montante, quem sabe até mais. Como o pacote "resolveu" o problema, então podemos relaxar e, quem sabe, liberar outras tantas coisas, ou criar novos programas e relaxar ainda mais os controles agora que tudo está "em ordem". A Nação deve se preocupar quando ouve dizer que "o ajuste fiscal está completo", ou que o superávit primário está "em nível adequado". O ajuste fiscal é uma disciplina para o resto da vida. Deve ser permanente e institucionalizado, seus desvios corrigidos por mecanismos automáticos, e os responsáveis pelos desvios tratados como inimigos da Pátria. O desajuste fiscal significa a cobrança de um imposto: ou sobre o pobre através da inflação, ou sobre as futuras gerações através da dívida pública.

(*OESP*, 04.04.1999)

Uma emenda de orçamento equilibrado

Desde a sua criação, muitos governadores e prefeitos pretendem a extinção da DRU (Desvinculação de Receitas Orçamentárias), antigo FEF (Fundo de Estabilização Fiscal), este, por sua vez, a nova denominação do FSE (Fundo Social de Emergência), a única emenda constitucional importante aprovada na Revisão Constitucional no início de 1994. Não teria havido Plano Real sem o FSE: alguma medida de emergência era necessária para sairmos do caos fiscal em que nos encontrávamos.

É interessante ter claro que o FEF não é propriamente um fundo, mas um expediente para lidar com uma praga que vem há tempos corrompendo as finanças públicas, a vinculação de receitas. O que é isso? Uma explicação simples seria a de imaginar um indivíduo que tem três ex-mulheres e está obrigado a pagar, a título de pensão, 35% de sua renda para cada uma.

A vinculação é a determinação de se "reservar" uma receita, ou parcela desta, para um único e exclusivo fim ou destinatário. Exemplo: a Constituição determina que nunca menos de 18% da receita de impostos (25% para estados e municípios) deve ser aplicada em educação (Art. 212). Outro exemplo: as várias percentagens de receitas de impostos entregues a estados e municípios (Arts. 158 e 159). É curioso que a Constituição trate esses dois casos como "ressalvas" a uma vedação genérica a vinculações de impostos (Art. 167, IV). Aparentemente trata-se de evitar outras vinculações competitivas, que poderiam exaurir a receita. Note-se, todavia, que não há vedação às vinculações de contribuições e taxas (que os juristas entendem que não são impostos!), e foi por aí que a praga se alastrou. As taxas e contribuições cresceram em todas as direções, de tal sorte que respondem, hoje em dia, por uma parcela provavelmente superior à metade das receitas totais do Estado. É a Cofins, a CSLL (contribuição social sobre o lucro) e o PIS, por exemplo, todas associadas a causas inatacáveis, como a Previdência, o seguro-desemprego e o BNDES.

Por que cresceram tanto essas receitas? Simples. Porque todo mundo queria se defender da crise fiscal e garantir que suas dotações orçamentárias fossem alimentadas por verbas, ou melhor, que não fossem vitimadas pela repressão fiscal. Em 1992, por exemplo, a distância entre a dotação orçamentária e a disponibilidade de dinheiro era tão grande que não mais da metade dos valores orçados para custeio (fora salários e juros) foi de fato executada, e não mais que 20% dos investimentos. Nessas condições, a única maneira de garantir recursos e escapar do contingenciamento era conseguir uma vinculação, o que dava ao órgão o controle direto do dinheiro e criava, na verdade, um suborçamento dentro do orçamento.

O fato é que apareceram tantas vinculações, tantos casos especiais, que não sobrou nenhum cidadão comum para contar a história. Uma estimativa de 1993 mostrava que, para a União, as receitas não-vinculadas não chegavam a 8% do total. Era isso que sobrava para a defesa, para a reforma agrária, para as estradas, para a cultura e outras tantas áreas importantes não aquinhoadas pela bênção de uma vinculação.

Qual a solução?

O FSE (FEF, agora a DRU) representa a tentativa de reverter a pilhagem e desvincular parcelas específicas de receita vinculada, criando um "fundo" com receitas livres. A experiência parece mostrar que as áreas afetadas (governadores e prefeitos) vão reclamar para o resto da vida como se tivessem tido violado um direito inalienável. Ao mesmo tempo, há limites óbvios para o processo, pois ninguém tem coragem de atacar de frente as vinculações da previdência e da educação.

Uma outra via, e aqui vai uma proposta, é fazer o caminho inverso: em vez de desvincular receitas pontualmente, conseguindo pequenos ganhos no total de receitas não-vinculadas, propõe-se vincular tudo. Fica estabelecido o princípio de que todos os setores privilegiados são igualmente especiais diante da lei, reescreve-se o Art. 167, IV, e tudo aquilo que é meritório passa a ter o direito a uma parcela mínima do conjunto das receitas do Estado. Assim, cada Ministério passa a ter a sua vinculação, como se uma espécie de "orçamento ideal" fosse criada pela Constituição. Com isso, consegue-se transformar todas as vinculações em alocações orçamentárias simples. Se todos são especiais, ninguém é.

O problema é que, uma vez estabelecidos esses percentuais mínimos, vai se verificar que a soma dessas percentagens será maior que um. Isso nada mais é que o reconhecimento de que existe um "déficit estrutural" decorrente do fato de o Estado estar obrigado a dar à Sociedade, através de despesa pública, mais recursos do que esta lhe paga na forma de tributos. Pois bem, com isso, cria-se um mecanismo que, diante da arrecadação efetivamente observada (de tributos), reduz automaticamente *todas* as vinculações na mesma proporção de modo que os percentuais somem 100%. Como todos os Ministérios são especiais e dotados de vinculações, todos são iguais e sofrem reduções na mesma medida.

Em tese, o déficit desaparece, mas não é tão simples. O mecanismo acima proposto poderia determinar a redução de alocações para juros, para salários ou para a Previdência, que são despesas que não podem deixar de ser cumpridas integralmente. Ou seja, a redução da vinculação pode não extinguir a obrigação de fazer a despesa. São esses os casos em que se permite a emissão de títulos para cobrir o "déficit" que aí aparece de forma flagrante.

O segredo das emendas bem-sucedidas de orçamento equilibrado, como a dos senadores norte-americanos Gramm e Rudman, é simples: dá-se tamanha visibilidade ao déficit que fica criado um imperativo político para a sua correção, que acaba ocorrendo por conta de iniciativas alheias à própria emenda.

(*OESP* e *JB*, 18.07.1999)

As causas secretas da inflação

Uma história curiosa e verídica vem sendo repetida há anos por velhos funcionários do Banco Central. Conta-se que, quando a nossa

Casa da Moeda aceitava encomendas do exterior, certa vez apareceu um alto dignitário de um país do Oriente Médio com um pedido de um lote grande de cédulas de forma a substituir a íntegra do meio circulante, ou seja, todo o dinheiro em circulação em seu país. O interessante, todavia, era que a solicitação era para duas séries de cédulas, ou seja, exatamente o dobro do necessário.

Intrigados e curiosos, os nossos técnicos pediram explicações e acabaram ouvindo algo totalmente inesperado. O cliente explicou que a "segunda série" seria utilizada apenas pela autoridade máxima do país, exclusivamente em projetos do mais alto interesse nacional, e, mais importante que tudo, sua utilização seria mantida no mais absoluto segredo.

Os técnicos não deixaram de informar ao cliente que o procedimento era altamente inflacionário, mesmo com o segredo, é claro, mas o cidadão, já meio contrariado, disse que inflação ocorreria apenas se alguém ali resolvesse dar com a língua nos dentes. E assim nos tornamos cúmplices silenciosos de um processo inflacionário no outro lado do mundo.

Qual a moral da história?

Há várias. A mais rasteira seria algo como a insignificância (quem sabe a petulância) do homem diante das leis da economia. Ou ainda a idéia segundo a qual os "fatos sociais" e as leis que governam os movimentos das sociedades não dependem das iniciativas e consciências individuais dos envolvidos, conforme ensinam os sociólogos desde Émile Durkheim. Há, portanto várias maneiras de mostrar que o segredo não tinha a menor importância para a ocorrência da inflação, exceto talvez pela identificação dos responsáveis.

Com efeito, nossos clientes nada tinham de ingênuos: é muito importante manter em segredo as verdadeiras origens da inflação, pois do contrário a população, que sofre com ela, vai arrumar um jeito de terminar com o processo. Portanto, se é para preservar a iniciativa e a capacidade do Estado de gastar mais dinheiro do que a Sociedade lhe fornece a título de impostos, qualquer que seja o motivo, o melhor a fazer é certamente confundir o adversário. O segredo, portanto, passa a ser importante, e consiste em tornar nebulosas as ligações entre o déficit público, a emissão de moeda e a inflação. Nessa direção sempre trabalharam intensamente os nossos economistas da variedade heterodoxa ou alternativa, os preferidos dos políticos populistas há muitos anos.

Na mesma linha, a confusão conceitual sobre qual é realmente o tamanho do déficit público no Brasil é fundamental para criar ambigüidades. Ao final da década de 1980 o déficit (no chamado conceito nominal, o mais simples, sem truque nenhum) parecia ultrapassar 30% do PIB, um número alucinante, mas tínhamos um superávit "no conceito operacional", o que, aos olhos de muita gente, queria dizer que não havia propriamente um problema fiscal, ou, ao menos, que sua magnitude era muito menor do que se poderia imaginar.

Em nossos dias, também vivemos com uma diferença entre o déficit "nominal", que deverá chegar a 9% ou 10% do PIB ao fim do ano de 1999, e o chamado "déficit primário", que na verdade é superávit, e chegará a 3% do PIB. Continuam as dúvidas sobre o real significado dos números e qual o verdadeiro tamanho do problema.

As pessoas que ouvem que há "superávit primário" ficam confusas. "Superávit primário" é algo que tem sinal positivo. Parece indicar que está sobrando dinheiro, quando não é nada disso.

A despeito de muitos esforços de vários funcionários públicos dedicados à causa da moralização das contas públicas, a capacidade de confundir continua grande e perigosa. Ou seja, continua a haver certo "segredo" nesse assunto, o que apenas oferece ajuda ao esforço de ocultar os responsáveis.

(*Veja*, 06.10.1999)

A REVOLUÇÃO FISCAL ESTÁ APENAS COMEÇANDO

A Lei de Responsabilidade Fiscal (LRF) era para ser uma revolução. Seria a "mudança no regime fiscal" capaz de reverter algumas décadas de negligência e de deterioração nas instituições e práticas ligadas às contas públicas. Com essa revolução, seríamos também capazes de tornar possível e sustentável a estabilidade da moeda.

Alguns dos membros da equipe original do Real tinham convicção de que essa lei devia ser o nosso primeiro esforço (depois de aprovado o Fundo Social de Emergência em 1994), pois, afinal, era o coração do problema. A nossa Constituição previa, de fato, uma Lei Complementar de Finanças Públicas para regular os artigos 163 (incisos I a IV), 165 parágrafo 9 e 169, e, enquanto isso não fosse feito, permanecia em vigor, "recepcionada" como lei complementar, a Lei 4320/64, obsoleta e amistosa ao processo inflacionário, como acima argumentamos.

Mas outros membros da equipe achavam que o esforço era prematuro, e que tantos eram os "esqueletos", "ralos" e "bombas-relógio" tanto na União quanto nos Estados e municípios, e todos "anteriores" à feitura do Orçamento, que de nada adiantaria uma lei de orçamento equilibrado quando as finanças públicas eram *constitucionalmente* desequilibradas. Uma Lei de Finanças Públicas, como viria a ser a LRF, ao menos em parte, era, naquele momento, inviável, ou condenada a "não pegar".

Em retrospecto, e tendo em vista os debates recentes em torno da LRF, minha sensação é que a verdade estava no meio. Demoramos, de fato, a deflagrar a revolução fiscal, mas, provavelmente, não teríamos conseguido sequer iniciá-la antes das alterações feitas na Constituição e das outras reformas que tiveram lugar ao longo do primeiro mandato do presidente Fernando Henrique. E mesmo com esses preparativos todos e com todas as inovações que acabou trazendo, é certo que a LRF é apenas o começo.

Não pode ser perdido de vista que a sua redação acabou tremendamente prejudicada pelo trabalho do relator do projeto na Câmara. O projeto original passou por uma longa reflexão e por um produtivo processo de discussão em audiência pública, que produziu uma peça de 110 artigos e 500 dispositivos. O relator, desancando o FMI e identificando ofensas ao Pacto Federativo e à independência dos Poderes, "resumiu" o projeto original em 77 artigos, assim retirando-lhe boa parte do seu espírito e algumas de suas melhores passagens. Por isso mesmo devemos ter clareza de que não será a revolução com que temos sonhado e nem me parece que mereça o pomposo título que acabou mantendo. Mas é um progresso e um excelente começo. Sua repercussão tem sido espetacular, mas infelizmente desproporcional ao conteúdo. Poderíamos ter ido muito mais longe, ou resistido mais ao "resumo" do relator, se soubéssemos que a reação da opinião pública ia ser tão boa. Com efeito, a idéia de Princípios de Responsabilidade que devem ser obedecidos pelos vinte e sete estados e seis mil e tantos municípios terminou dando uma abrangência ao problema do ajuste fiscal que jamais se conseguiu. Foi sempre um problema da União, que os outros entes federados fingiam que não lhes dizia respeito. Com a LRF o problema passa a ser de todos.

Mas afinal o que há de novo nessa nova lei?

Para começar, a lei traz enormes avanços em transparência, e muitos progressos que estão em diversos detalhes importantes da confecção e execução orçamentária, e que foram amadurecendo com o tempo, com a prática e em normas de hierarquia menor. Essa lei tem muito da "Lei Camata" (que limitava o pagamento de salários a um certo percentual da receita), que sempre padeceu de um mecanismo de sanção para o desenquadramento, e da Resolução 78, do Senado Federal, que limitava o endividamento público. É curioso que essa última, um marco na direção do saneamento das finanças públicas no Brasil, tenha sido aprovada em boa medida porque muitos aspirantes ao cargo de governador queriam travar os governadores no exercício da função e que vinham mantendo a velha tradição de quebrar os respectivos estados para eleger seu sucessor.

Da mesma forma, não fosse o interesse de cerca de 150 deputados candidatos a prefeito, o Executivo teria muito mais dificuldade de aprovar a LRF na Câmara.

Do lado negativo, destaque-se o fato de as sanções de ordem penal terem sido separadas da LRF e estarem tramitando num projeto de lei ordinária que tem encontrado muitos obstáculos. As sanções que estão na LRF, de ordem administrativa, são muito leves: a proibição para contratar operações de crédito e receber transferências voluntárias nos vários casos de desobediência.

No "resumo" do relator se perdeu o enunciado dos Princípios da Gestão Fiscal Responsável, sem o quais os Tribunais de Contas, nos três níveis, terão menos capacidade de interpretar o grau de responsabilidade fiscal dos respectivos Executivos. As disposições sobre o Banco Central estão entre a irrelevância e a tolice, como tem argumentado com propriedade o dr. Gustavo Loyola, e, pessoalmente, não enxergo com bons olhos os dispositivos para "valorizar o planejamento e o processo orçamentário". Acostumei-me a entender que isso não significa exatamente o que aparenta.

Mas a despeito de tudo isso a LRF é um extraordinário progresso, principalmente pela mobilização que está provocando. As pessoas sempre reagiam mal à noção de "ajuste fiscal"; mas ninguém pode ser contra a "responsabilidade fiscal". Isso me faz otimista quanto à continuidade do processo, ou seja, que novas leis venham a suprir as lacunas da LRF.

Deve-se reconhecer, com todo pragmatismo, que o enfraquecimento dos dispositivos do projeto original nada tem de acidental: assinala os limites do possível tendo em vista a precária situação dos estados e municípios. É tristemente verdadeira a alegação de que muitos entes federativos terão enormes dificuldades de se adaptar aos novos cânones, e se as dificuldades forem intransponíveis isso não será bom para a LRF. Por isso a União deve ajudar no enquadramento, onde houver "esqueletos" e "ralos" que se possa resolver com uma divisão de sacrifícios que faça sentido. Como no caso dos bancos estaduais. Pode custar algum dinheiro para fechar um "ralo" de uma vez por todas. Mas, em vista dos efeitos permanentes desse "investimento", faz todo o sentido.

(*OESP* e *JB*, 13.02.2000)

DÉFICIT PÚBLICO E CAMARÃO AO CHAMPANHE

O economista é um profissional com a alma dividida entre uma fascinação, que remonta a Adam Smith, com as situações em que indivíduos atuando de forma egoísta produzem o Bem Comum, e a irritação com as instâncias em que a prática da esperteza gera confusão mesmo. Não há nada mais velho em economia que o debate sobre a exata localização dessa fronteira. Ou seja, até onde os mercados "organizam" da melhor forma possível comportamentos individuais movidos por interesses individuais? Em quais situações exatamente o egoísmo praticado no âmbito de mercados falha em produzir o melhor resultado para certa coletividade?

O assunto aqui é antigo e facilmente pode se tornar dogmático e chato, de tal sorte que convém levar essa discussão para o terreno da vida cotidiana. Vamos a um exemplo simples de como coletividades desorganizadas podem se comportar de forma irracional.

O pessoal da empresa em que você trabalha organiza um jantar de fim de ano. Todos vão a uma churrascaria de rodízio e estão combinados que a conta será dividida em partes iguais. As pessoas começam a fazer suas escolhas, e logo se percebe que alguns estão pedindo camarão ao champanhe. Muito racional: é o prato mais caro do cardápio, e se apenas uns poucos pedirem vão diluir o custo pelo número de participantes. Só que, percebendo o que os espertos estão fazendo, o que fazem as outras pessoas? Todos pedem camarão ao champanhe e acabam irritados pagando uma conta muito mais alta do que seria razoável.

É claro que a conta pode ser cobrada individualmente, eliminando a distorção, mas isso nem sempre é possível, e pode não resolver o problema, como demonstra um outro exemplo fornecido por uma jovem leitora do Amazonas. Rafaela, de 18 anos, teve uma experiência reveladora como segunda tesoureira da comissão de formatura de sua turma do curso secundário. A festa ia ser cara, e os alunos resolveram estabelecer contribuições mensais a serem feitas durante um período de tempo, a fim de juntar o dinheiro. Exatamente como num esquema de poupança programada: um grupo de pessoas economiza em conjunto durante certo tempo para constituir um fundo que pode ser usado para fornecer aposentadorias ou para adquirir um bem, como num consórcio, que serve para automóveis, viagens e, por que não?, festas de formatura.

O esquema parecia simples até que começou a inadimplência. Como nenhum dos formandos poderia ser excluído da festa, muitos raciocinaram que ao deixar de contribuir alguém acabaria pagando pelos inadimplentes de forma a não prejudicar a realização do evento. Como a inadimplência cresceu demais, a nossa tesoureira teve de se aborrecer com seus colegas e forçá-los a fazer as contribuições devidas. A jovem tesoureira não sabia que estava diante do clássico problema do "bem público", extensamente estudado pelos economistas, a ponto de tornar-se uma disciplina em separado, a "Escolha Pública", que já produziu um par de Prêmios Nobel.

"Bem público" é aquele de cujo consumo ninguém pode ser excluído. Parques e praias são exemplos clássicos, mas a estabilidade de preços e um sistema previdenciário universal também cabem na mesma definição. Como o mundo é feito de espertos, ninguém quer pagar o preço para a manutenção desses "bens", pois sabem que não podem ser impedidos de consumi-los. O resultado é que muitos querem consumir sem pagar, ou deixar de contribuir para a manutenção, de modo que a oferta desses bens, ou sua qualidade, acaba menor que a ideal. Com isso a própria coletividade termina prejudicada, ou seja, agindo de forma "irracional" quando vista em seu conjunto.

Rafaela resolveu cursar economia ao perceber que o problema da festa de formatura tinha tudo que ver com o problema da Previdência, do déficit público e com tantas outras anomalias econômicas decorrentes de problemas de decisão coletiva. Problemas que os mercados não resolvem. Como vivemos num país com muita gente que gosta de levar vantagem em tudo, precisamos de mais gente que entenda os processos pelos quais as coletividades são prejudicadas pelo excesso de esperteza e, fundamentalmente, se irritam com isso.

(*Veja*, 25.04.2001)

A VIÚVA PRECISA DE UMA BANCADA

Ficou famoso o episódio em que o presidente Bill Clinton, em um dos piores momentos da crise associada às suas relações com uma de suas estagiárias, fez um pronunciamento grave chamando a atenção do povo americano para o fato de que, caso nada fosse feito, a Previdência Social americana começaria a ter déficits a partir de 2020. A fala presidencial teve alguma serventia política, na medida em que desviou as atenções para um problema visto como sério e que vinha sendo deixado num inexplicável segundo plano. Mas ele falava de 2020.

Enquanto isso, no Brasil, a Previdência já está em situação de déficit de caixa há três anos, e o governo encontra imensas dificuldades de alterar a legislação pertinente. Algumas mudanças foram conseguidas, com os custos que todos vimos, mas o problema persiste imenso e sem solução. Mesmo tendo em mente o extraordinário esforço que esse governo fez na direção do equilíbrio das contas públicas, nosso sistema previdenciário (federal, estadual e municipal) está seriamente encrencado, e em 1999 o déficit consolidado do setor público foi de 10% do PIB – uns R$100 bilhões. Uma vergonha. Por que será que o Brasil, em absoluto contraste com os nossos amigos mais ao Norte, e a despeito dos esforços de partes importantes do governo, parece não dar a mínima para o equilíbrio fiscal?

Há muitos anos a área econômica se desgasta numa luta tenaz e solitária para equilibrar as contas públicas e parece não encontrar apoio em lugar algum. Todos se queixam, dentro e fora do governo, resistem a reconhecer a falta de recursos, e quando aparece o déficit colocam a culpa em quem tentou combatê-lo, e não em quem vive dele. É certo que está cada vez mais difícil de encontrar um daqueles economistas que num passado ainda bem recente sustentavam que o Brasil não tinha um problema fiscal e que as alegações em contrário eram orquestrações ortodoxas vindas de Washington. Esse tipo de charlatanismo econômico foi duramente golpeado pelos fracassos dos choques econômicos anteriores ao Plano Real.

O fim da hiperinflação trouxe muito reforço para as posturas responsáveis para com a questão fiscal, mas é forçoso reconhecer que a noção de ajuste ou equilíbrio fiscal nunca encantou e ainda não capturou o coração dos políticos. Para a grande maioria deles, o déficit público é um problema psicanalítico dos economistas, como bem havia demonstrado JK, que fez tudo ao contrário e se tornou o grande paradigma de desenvolvimentismo que nove entre dez políticos desejam imitar. Portanto, a consolidação do equilíbrio fiscal no Brasil passa por uma transição cultural muito séria, que ainda parece engatinhar.

Talvez as coisas estejam maduras apenas quando tivermos no Congresso uma dessas bancadas informais – como os ruralistas, os evangélicos ou os do Banco do Brasil – cujo propósito seja defender o Erário. É fácil enxergar, nos dias de hoje, várias – bancadas – cuja atividade consiste em atacar os cofres públicos, sempre, é claro, a partir de causas nobres. Já a defesa do dinheiro público é uma responsabilidade do Executivo, e da área econômica em especial, a quem de direito restou a função de dizer "não" e dessa forma impedir que todas essas pessoas sensíveis possam fazer o Bem. A "estabilidade da moeda" é um desses "direitos difusos", que ninguém toma conta, exceto pelo Banco Central.

Faz tempo que a sociedade exibe uma aversão imensa à fisiologia, ao nepotismo, à corrupção e a toda e qualquer forma de apropriação privada de bens públicos, seja através das famosas emendas ao Orçamento, seja através de tarifas protecionistas ou favores regulatórios. Isso para não falar em corrupção mesmo. É impressionante, todavia, que esse sentimento não tenha sido apropriadamente canalizado contra a origem de todos esses vícios: a irresponsabilidade com o que é público. É o que os economistas chamam, há anos, de ajuste fiscal sem alcançar nenhum ibope. Responsabilidade fiscal é um conceito rico e interessante. Pode ser um conceito catalisador para a formação de uma bancada que o nosso Congresso nunca teve, a da Viúva.

(*Veja*, 10.05.2000)

As contas públicas e o investimento

Para que o cidadão comum entenda o problema das nossas contas públicas deveriam bastar uns poucos números: receita, despesa e o déficit. É simples: o governo coleta impostos, faz diversos tipos de gastos, e a diferença é "lucro" ou "prejuízo". Dar "lucro" não é propriamente o que os governos devem procurar, exceto, talvez, se estiverem muito, mas muito endividados.

Dar "prejuízo", por outro lado, implica o governo tomar dinheiro emprestado para fechar suas contas, e se isso se tornar um hábito facilmente se transforma em vício, gerando dependência progressiva e tudo o que acompanha esse ciclo degenerativo. Vivemos uma hiperinflação, sabemos que não há cura para alcoolismo, apenas abstinência.

Os números básicos acima mencionados, medidos como percentagens do PIB, são aproximadamente os seguintes: a despesa pública está na faixa de uns 35%, a receita (mais conhecida como "a carga tributária") em uns 31%, e a diferença entre os dois (mais conhecida como "o déficit público" ou ainda "o déficit nominal"), na faixa de 4%, sendo esse o acréscimo que a dívida pública sofre a cada ano.

Como é fácil de ver, o setor público está dando "prejuízo", pouco importa que dê "lucro" antes do pagamento dos juros. Fomos ensinados a chamar esse conceito de "lucro afora os juros" de "superávit primário". Quem não é do ramo, e ouve dizer que o governo tem um "superávit", ainda mais "primário", nem sempre se dá conta de que se trata apenas de uma definição contábil muito específica cujo uso disseminado tem como conseqüência, freqüentemente, dar a falsa impressão de que existe dinheiro sobrando no cofre do ministro da Fazenda.

E pior: é comum se ouvir dizer que o superávit primário é um "sacrifício", o que deve ser visto não como uma tolice inofensiva, daquelas repetidas por distração, mas como uma tolice de amplas e perigosas conseqüências, pois leva um desavisado a pensar que esse é um número que tem que ser menor, como o da inflação, quando, na verdade, precisa ser maior. É espantoso que as pessoas que criticam o governo em razão do crescimento da dívida pública são *as mesmas* que acham que superávit primário é "sacrifício" ou "arrocho". Isso vale para os economistas do PT, e também para os "desenvolvimentistas" dentro do governo. A inconsistência é evidente, pois se o "sacrifício" for reduzido, como a crítica parece propor, a dívida vai crescer ainda mais.

Um raciocínio mais sofisticado, mas também perigoso, é o de que a situação das nossas contas públicas não é periclitante porque, a despeito de a dívida pública aumentar constantemente em valor, a razão dívida pública/PIB mantém-se relativamente estável ou levemente cadente. Ou seja, o estabelecimento deve ao banco, mas o leitor deve ficar tranqüilo, pois a dívida se mantém estável, por exemplo, como percentagem do faturamento.

Se o leitor não gostar dessa explicação, estará em muito boa companhia, pois são muitos os economistas que acham que a situação das nossas contas públicas é não apenas ruim mas instável. Na verdade, é exatamente por isso, ou principalmente por isso, que é tão alto o chamado "Risco Brasil". Sendo este nada mais que uma medida da capacidade do Tesouro Nacional de cumprir seus compromissos, deve ser evidente que será tanto pior quanto maior, ou mais volátil, a razão dívida/PIB.

Pois bem, é neste momento delicado que se apresentam três tipos diferentes de riscos que o governo faria bem em afastar.

O primeiro é de que vai adotar truques contábeis para ocultar aumentos no déficit público. Um desses artifícios, muito falado ultimamente, é o de tirar do cálculo do "superávit primário" as despesas de investimento, como se fossem gratuitas ou pagas com dinheiro de mentirinha. Seria como inventar-se um "superávit secundário", ou seja, o resultado das contas do governo, deduzidos os juros, amortizações e investimentos.

O segundo é a perda de controle do processo de reforma tributária, gerando com isso redução de carga tributária (e não racionalização) combinada com aumento de despesa, o que inevitavelmente se segue de elevação nas transferências de receitas para estados e municípios.

O terceiro é repetir o desastre que ocorreu com os bancos estaduais, agora tendo como protagonistas os fundos de pensão, que não são instituições de fomento, tampouco "instrumentos" da política econômica do governo. Os fundos de pensão não podem gastar em fomento o dinheiro que vai gerar os recursos para as aposentadorias de seus participantes, da mesma forma que os bancos estaduais não podem fazer fomento com o dinheiro de seus depositantes.

A compreensível ansiedade do governo em acordar o investimento e, com isso, retomar o crescimento não pode gerar decisões que resultam em deteriorar as já combalidas contas do governo, pois assim estariam produzindo um efeito exatamente oposto ao pretendido: elevação do Risco Brasil e queda no investimento privado

(*Veja*, 20.08.2003)

Impostos, o tamanho do Estado e a informalidade

A SEGUNDA REVOLTA

O Brasil não teve propriamente a sua fundação associada a uma revolta de setores úteis e produtivos da sociedade contra impostos confiscatórios criados por colonizadores de mentalidade extrativista. No momento da nossa Independência, as elites estrangeiras foram substituídas pelas locais, sem transformação econômica relevante. Por isso a máxima dos revolucionários norte-americanos – "não à taxação sem representação" – não pertence à nossa cultura.

O tamanho do Estado, ou a carga tributária – entendidos como a despesa, ou a receita, do governo como percentagem do PIB –, cresceu continuamente no mundo inteiro, especialmente no século XX. Para um conjunto de dezessete países desenvolvidos, esse número passou de uma média de 12,7% do PIB em 1913 para 27,9% em 1960 e em seguida para 45,6% em 1996. O acréscimo no primeiro período pode ser atribuído às guerras e à Depressão. O do segundo reflete o fenômeno conhecido como o "Estado do Bem-Estar Social", ou a notável expansão dos gastos sociais, e conseqüentemente da carga tributária, especial mas não exclusivamente em países ricos.

Devemos ter cuidado com o mau uso desses números. A experiência dos ricos não deve comportar a leitura de que a carga tributária no

Brasil pode ser de 45,6%, bastando vontade política, como acreditam alguns tontos. Mais sensato é observar que, quando os países ricos tinham uma renda *per capita* do tamanho da nossa, sua carga tributária era muito menor, e provavelmente muito menor do que a nossa hoje, que está em cerca de 34% do PIB. Ou seja, existe uma relação positiva entre os impostos e a riqueza, mas o leitor deve refletir sobre o que vem primeiro.

É plausível supor que a disposição bem como a capacidade da Sociedade em pagar mais impostos cresçam com o nível de riqueza, e não o contrário. No Brasil parece haver gente que acha que quanto mais se paga de imposto, mais rico fica o país, bastando o governo gastar o dinheiro de forma correta no desenvolvimento e no social.

A experiência brasileira é meio singular nesse domínio, pois o desenvolvimento parece estacionar justamente quando se observa um aumento brutal na despesa pública, e na carga tributária, na segunda metade dos anos 1980. O leitor jamais deve esquecer que a inflação funciona como um imposto – o Estado aufere "receita" por abusar da capacidade de pintar pedaços de papel que passam a valer mais que o custo da pintura –, e foi essa a "carga tributária" que cresceu explosivamente nesse período até 1994.

Com efeito, a primeira e única revolta nacional contra impostos criados "sem representação" foi a mobilização da Sociedade contra a inflação, ou mais precisamente contra o "imposto inflacionário", para o qual, sem dúvida, jamais houve lei autorizativa. Mesmo assim, não foi exatamente uma revolução, inclusive porque até hoje não se sabe quem são os inimigos, os criadores de inflação, que tanto mal fizeram ao país e que jamais se sentaram numa CPI ou foram investigados pelo Ministério Público.

Passados alguns anos da estabilização, vê-se que o Governo conseguiu substituir o "imposto inflacionário" por impostos convencionais, aprovados pelo Congresso Nacional. Fica claro também que parece haver uma segunda revolta em gestação, pois há desconforto generalizado com o tamanho da carga tributária. Há irritação também com o cardápio de impostos que temos, muitas vezes chamado de "manicômio tributário", e mais ainda com a mentalidade dos políticos, que parecem achar que o dinheiro nas mãos do Estado é bem gasto, no social e no desenvolvimento, e que nas mãos do setor privado é invariavelmente mal utilizado, em consumo supérfluo e em importações.

Diria que é fortemente decrescente o número de pessoas que acham que o governo gasta dinheiro de forma mais produtiva, inteligente e socialmente útil que o setor privado. E que o país está pronto para acolher políticos que não apenas mostrem que sabem o que é "responsabilidade fiscal", descoberta recente para muitos, mas que também tenham a coragem de propor cortes em impostos e extinção simultânea de atividades, vale dizer, de despesas, do Estado. Talvez seja pedir demais à nossa classe política.

(*Veja*, 08.05.2002)

Precariedade tributária

Os economistas de esquerda usam muito a expressão "precariedade" para se referir às relações de trabalho que não estão totalmente de acordo com as leis trabalhistas: carteira assinada, encargos, benefícios, garantias e formalidades atendidas. À precariedade levada ao limite se dá o nome de "informalidade", uma distorção antiga e conhecida no mundo do trabalho e decorrente, como é bem sabido, do alto custo do emprego dito formal quando visto do ponto de vista dos empregadores.

Tenho certeza de que isso não é novidade para o leitor. O que é menos observado é que o mesmo fenômeno vem ocorrendo crescentemente no tocante a tributos.

Com a passagem do tempo, nosso sistema tributário adquiriu tal complexidade, e tamanho peso, especialmente quando se trata de impostos sobre o faturamento, que aumenta a cada "pacote" o tamanho da "precariedade" tributária. Mais e mais empresas, especialmente pequenas e médias, desistem ou não conseguem mais manter uma vida tributária livre de alguma "precariedade" e, em grau variável, experimentam o que já foi descrito pelo economista Pedro Bodin como uma "favelização tributária" ("Favelização da indústria", O Estado de S. Paulo, 2/5/03).

Tudo começa com uma empresa sem fôlego, ou iniciante, que faz um "puxadinho tributário" aqui, outro lá, seja porque errou, seja porque estava necessitada, seja porque um pacote tributário a pegou de través, e, como a concorrência faz igual ou pior, percebe que não há condição de competir e simultaneamente manter comportamento exemplar diante do Fisco. O casebre vira barraco, que logo traz outro e mais outro, e subitamente se criou uma favelinha, uma pequena comunidade "precária", na verdade muitas delas, em toda parte.

Parece reproduzir-se no mundo dos tributos o mesmo que se passa no mundo do trabalho: um setor "formal", integrado por poucas e grandes empresas com capacidade para viver em paz com o Fisco, pois tem a escala para suportar os custos fixos elevados de sua "administração tributária", e o resto, a imensa maioria, congregando empresas que, em grau variável, tem "pendências", dificuldades, má vontade, ou que, depois do primeiro erro, não consegue mais retornar à virtude em matéria de impostos.

O fato é que essa situação estaria a indicar que algo de muito errado se passa com nosso sistema tributário.

No mundo do trabalho, a precariedade é amplamente tolerada, inclusive admitida explicitamente em estatísticas do IBGE que nos dizem que mais de um terço do emprego é "informal" e outro tanto é "por conta própria", ou seja, uns 60% de "trabalho precário", proporção que é muito maior no setor de serviços, em que está a maior parte do emprego.

No mundo do trabalho, o poder público tem pouca capacidade de interferir quando as partes concordam em constituir uma relação de trabalho "precária". Ambas fazem economia, o trabalhador abre mão de direitos e recebe um emprego que de outra forma não existiria, e os encargos não são pagos. Se o governo interferir, vai multar a empresa, gerar um problema na Justiça do Trabalho e destruir postos de trabalho. Melhor não confundir informalidade com ilegalidade, sendo esse um pequeno tributo que o vício paga à virtude.

No mundo dos tributos, o poder público é bem mais diretamente prejudicado quando se constituem relações "precárias" no setor privado, pois a resultante é perda de arrecadação. O Fisco não pode deixar de interferir e, ao fazê-lo, praticamente extingue as empresas transgressoras. A pequena empresa informal e lucrativa precisa ficar "abaixo do radar" e está condenada a não crescer, porque se o fizer se tornará visível e vulnerável. Cresce a favela e desaparece a média empresa.

O sistema precisaria caminhar para uma simplificação não menos que brutal, mudar sua natureza, mas infelizmente não é essa a filosofia da chamada "reforma tributária", e menos ainda do "pacote" mais recente, que modificou a Cofins, que avança de forma notável no sentido de favelizar o setor de serviços, em que estão dois terços do emprego.

(*Veja*, 12.11.2003)

Favela e informalidade

Favela pode ter muitos significados. Um dos mais interessantes diz respeito à reação das pessoas e empresas diante de dificuldades, freqüentemente impostas pelo próprio poder público, para o desempenho de suas atividades, inclusive a de morar. Pode-se dizer, por exemplo, que nosso sistema tributário, bem como a legislação trabalhista, "faveliza" a economia, pois condena empresas e pessoas a permanecer à margem das regras. A "favela", nessa acepção, é a expressão espacial da "economia informal", que adquire, na Rocinha como em qualquer parte do Brasil, uma feição concreta, a de uma "cidade precária", sem leis nem direitos, sobreposta à cidade "formal".

A economia informal e a favela se confundem, ambas desenvolvendo uma relação de coexistência pacífica com a política, no âmbito da qual se formam certas reciprocidades. Sucessivas gerações de políticos, cariocas em especial, foram tornando a favela intocável, reforçando a identidade dessas "comunidades", as quais, tal como as empresas informais, passam a não funcionar pelas mesmas regras que valem para o resto da cidade. A começar pelo direito de propriedade, que permanece mal definido, e de propósito, para que o político "proteja" as comunidades. Estas, dessa forma, se vêem cercadas de um "muro" invisível, que impede a entrada do Estado, com seus atestados, impostos, posturas, serviços, inclusive o de polícia.

Esse "muro", todavia, é instável, como a dualidade entre o formal e o informal, e tende à degeneração. A favela e a cidade se repelem, embora dependam uma da outra. Na cidade há desconforto, para não falar de tentações, em perceber-se que na favela, ou na "informalidade", tudo é permitido, não há tributos, encargos trabalhistas, restrições ambientais, nada disso.

Na favela, por outro lado, a ausência de Estado resulta na ascensão de uma liderança "orgânica", capaz de exercer o chamado poder de polícia. Ou seja, em razão do "muro", cria-se a situação ideal para o crime organizado "governar", cooptar e transformar essas comunidades em reféns ou apêndices de atividades ilegais, porém muito rentáveis.

Na economia informal o processo é semelhante, também degenerativo, embora não tenha, por ora, no Brasil, alcançado os extremos a que chegou na Rússia, por exemplo. O sujeito pode começar meio inocente, abandonando certas regrinhas tributárias e trabalhistas, mas, com o crescimento do "caixa dois", aparece a necessidade de "lavar" dinheiro, ou de estreitar relacionamentos com fornecedores "ilegais", contrabandistas ou receptadores e transportadores ou distribuidores que podem se organizar como quadrilhas e que garantem vantagens comerciais, e assim, aos pouquinhos, a empresa vai se enredando com toda sorte de criminosos. Na Rússia, formaram-se gigantescos "grupos empresariais", associados a "máfias", que se embrenham nos mais variados setores em que, por motivos variados, prevalece a informalidade.

Na favela, o sujeito não investe no barraco porque a posse é duvidosa, daí o gasto em eletrodomésticos, antenas parabólicas e aparelhos de DVD, que se amontoam em barracos de péssima aparência. Nas empresas "informais", a "propriedade" também é controversa, em razão de contingências tributárias e inadimplências, e o empresário investe fora da empresa, que também tem péssima aparência quando observada através de sua contabilidade formal.

Não há dúvida de que, assim como a favela é o berço do traficante, a economia informal é a creche da corrupção, pública e privada. Sendo assim, é exasperante perceber que o poder público não reconhece a favela, ou a economia informal, como problema. Episodicamente reage com violência diante do que considera abuso ou provocação, o que apenas agrava as coisas. A atitude é semelhante à que prevalecia no tempo em que se achava que a inflação não era problema, e, quando se entendeu contrariamente, a primeira reação foi violenta e ineficaz: congelamentos e confiscos. Demoramos a compreender a abrangência do problema e a extensão do esforço intelectual e da mobilização para erradicá-lo. O mesmo deve ocorrer com a informalidade.

(*Veja*, 12.05.2004)

Por que sobem os impostos

Faz muito tempo que descrever nosso sistema tributário como um manicômio deixou de ter graça. O assunto se tornou inconveniente, como o da violência, pois adquire uma coloração diferente quando nos atinge, e nos dias de hoje não há quem não tenha uma história triste, ou trágica, para contar quando se trata de assaltos, ou de impostos, taxas, contribuições, livros e fiscalizações, federais, estaduais, municipais, previdenciárias ou trabalhistas.

A grande pergunta é por que tem de ser assim, ou o que foi que deu errado para que as distorções se tornassem tão avassaladoras.

Não pense o leitor que existe uma resposta fácil, talvez quem sabe relacionada com a nossa pervertida identidade nacional; mais útil é lembrar que nosso sistema tributário foi profundamente influenciado pela tragédia fiscal que experimentamos do lado da despesa no período em que vivemos sob hiperinflação: despesas de 65% do PIB com receitas de 25% do PIB e um "rombo" nas contas do governo na faixa de 40% do PIB em média para 1985-1994. E isso antes das reestruturações das dívidas de estados e municípios, da renegociação da dívida externa, das privatizações, reformas e reconhecimento de "esqueletos" que ocorreram no período posterior ao Plano Real.

É certo dizer que, à medida que a tragédia foi se consumando, a Secretaria de Receita Federal foi trabalhando patrioticamente, dentro de sua área de competência, no sentido de alcançar a despesa, especialmente depois de 1994, tal qual, por exemplo, a Petrobras buscava a meta também inicialmente impossível de auto-suficiência em petróleo.

A diferença talvez estivesse no fato de que o consumo nacional de petróleo tinha lógica e limite, enquanto o desejo de gastar dinheiro público era infinito e ilimitado, mas não em razão de nossa natureza pervertida, mas de nossas instituições orçamentárias. O fato é que a Receita, ao contrário da Petrobras, nunca conseguia reduzir a distância. A meta parecia se mover, não importava a sucessão de recordes de arrecadação, sempre aparecia mais e mais despesa no orçamento, de tal sorte que a urgência permanecia, tornava-se crônica.

No fim dos anos 90, a Lei de Responsabilidade Fiscal resolveu parte do problema na medida em que estabeleceu limites de endividamento e uma série de outros controles sobre a execução do orçamento, mas nada avançou sobre o orçamento em si, ou seja, nada foi feito com o intuito de disciplinar a formação da despesa pública: sonhar não foi considerado irresponsabilidade. Com efeito, sonhar é o que fazem a Lei Orçamentária e, especialmente, o Plano Plurianual (PPA). Lá são colocadas todas as despesas que se acha bonito fazer, pois, ao fim das contas, o Orçamento é nada mais que uma coleção de boas intenções. Não importa que apenas um percentual pequeno do que se autoriza acabe sendo executado, e pelos piores critérios que se pode imaginar. O desgaste político em fazer orçamentos e planos realistas sempre pareceu grande demais, de modo que se mantém a ficção, inclusive e principalmente, como instrumento de controle fisiológico do Congresso.

O problema é que a ficção não é inofensiva; enquanto perdurar esse sistema que incha a despesa de forma irreal, a Receita continuamente se manterá abaixo do "sonho", e os coletores de impostos vão se sentir investidos da autoridade para buscar os recursos para cumprir as metas de despesa, não importa de que forma. E, assim, nunca haverá "excesso de arrecadação", e para toda "bondade" farão sempre uma "maldade" compensatória, como temos visto recentemente.

No dia em que tivermos uma reforma de profundidade nos orçamentos públicos vai ser possível discutir simultaneamente a pertinência dos impostos e a das despesas. Só depois da reforma orçamentária é que poderemos falar a sério sobre reduzir a carga tributária.

(*Veja*, 19.01.2005)

O SUBDESENVOLVIMENTO E A JABUTICABA

O crescimento econômico não é um processo ordenado por um hormônio específico tratável com uma política focada. A economia se transforma, cresce, encolhe ou se deteriora como o resultado agregado de uma infinidade de processos descoordenados. Não se deve pensar no crescimento como um número, pois a economia se modifica de múltiplas formas, e o tamanho está longe de ser a única métrica.

O crescimento não obedece necessariamente à liderança em Brasília e pode acontecer sem que esta entenda muito bem seus motivos, especialmente no momento em que vivemos, no qual o setor privado comanda o processo e ventos internacionais favoráveis disseminam a enganosa sensação de que nosso destino está inteiramente sob nosso controle.

É claro que as limitações cada vez mais evidentes às ações dos governos não os condenam à inutilidade – por favor, não vamos chafurdar nesse velho e conhecido pântano. São os governos que conduzem mudanças paradigmáticas, como foi o fim da hiperinflação, uma condição necessária para o crescimento, mas não suficiente, o mesmo valendo para as outras reformas empreendidas nos últimos anos.

Dentre os obstáculos ao crescimento ainda existentes, talvez o mais importante esteja nas finanças públicas, área em que é especialmente forte a velha síndrome da jabuticaba, segundo a qual o Brasil não obedece às leis econômicas do Hemisfério Norte. Na verdade, o Fórum de Porto Alegre serviu para desmontar essa falácia por um ângulo novo: ficou demonstrada a existência de muitas variedades de jabuticaba por todo o Terceiro Mundo. Vale uma reflexão sobre a contribuição da jabuticaba para o subdesenvolvimento. A hipótese a testar é a de que todo país que acha que tem leis econômicas próprias é subdesenvolvido.

Mas vamos aos fatos: o sistema tributário brasileiro é uma tragédia, o nível de gasto público é alto demais, sufoca o setor privado via juros necessariamente elevadíssimos, e o governo precisa de inflação ou de acréscimos sucessivos à dívida pública para pagar suas contas. Nosso sistema orçamentário é primitivo, sujeito a influências espúrias, e reproduz continuamente o "rombo" e a pressão sobre a dívida, que já está grande demais. E, como a dívida de hoje é o imposto de amanhã, estamos tributando nossos filhos e netos, e iludidos ao achar que isso não tem efeito nos dias de hoje.

A aflição com esse estado de coisas se torna ainda maior quando se nota a força do ponto de vista segundo o qual esses fatos não são fatos, mas a expressão de uma "lógica neoliberal", ou do "financismorentismo", e que, de alguma forma que ainda precisa ser mais bem elaborada, a jabuticaba continua existindo no Brasil. Sim, o Fórum de Porto Alegre está correto em afirmar que "um outro mundo é possível", o Terceiro, o Quarto e o Quinto. Enquanto alimentarmos jabuticabas, vale dizer, idéias terceiro-mundistas exóticas sobre finanças públicas, vamos ter juros de Terceiro Mundo e nele vamos permanecer soberana e orgulhosamente.

É certo dizer que existem dois eixos de revolta contra a jabuticaba. O primeiro é o que se manifesta por meio da informalidade. É o indivíduo que se exclui do sistema, que se afasta do abuso e passa a ter uma existência paralela, contando que o flagelo nunca vai alcançá-lo. Não se discute a dimensão moral desse tipo de escolha. O fato que não podemos ignorar é que essa "desobediência civil tolerada", essa "resistência pela hipocrisia", está ficando grande demais e apenas será agravada com mais imposto e mais "administração tributária".

O segundo caminho é o das reformas, o da organização de forças políticas em torno do combate à jabuticaba e da reorganização das finanças públicas brasileiras em harmonia com os paradigmas internacionais. Os progressos existem, mas têm sido muito lentos. Tal como no caso da inflação, cujo desaparecimento poderia ter ocorrido muito antes, não há partido que adote o fim da jabuticaba no terreno das finanças públicas, o nosso maior desafio econômico, como o centro de seu programa.

(*Veja*, 16.02.2005)

Dívida pública, "esqueletos" e o respeito à palavra empenhada

Pelo fim dos "esqueletos"

Nos chamados meios forenses existe uma piada velha, mas que resiste ao tempo, e que caiu no gosto da equipe econômica, segundo a qual, no Brasil, não apenas o futuro é incerto, mas também o passado.

A origem da observação deve ser óbvia: foram incontáveis as vezes em que decisões judiciais reviraram o passado especialmente com o intuito de descobrir valores mirabolantes a serem pagos pelo governo. Sempre são problemas associados à correção monetária, de enorme complexidade técnica e que chegam aos tribunais anos depois, quando ninguém mais se lembra se a causa fazia sentido. Mas a postura era e continua sendo mais ou menos a mesma que rege as demandas na Justiça do Trabalho: não importa o mérito, quanto mais complicado melhor, peça um absurdo, pois alguma coisa você vai levar. Como é a Viúva quem paga, como o próprio governo tem sentimento de culpa com relação aos planos passados, e como as pessoas em geral se julgam credoras de indenizações pelos "choques heterodoxos", tudo conspira a favor de uma arqueologia utilitarista dos nossos planos do passado.

As causas podem ou não ter cabimento. Não vamos aqui discutir o mérito, o fato é que, ao longo dos anos, criamos uma lucrativa indústria de escavadores profissionais, hábeis não apenas em encontrar novos fósseis, mas também na curiosa engenharia genética de juntar partes de diferentes cadáveres e formar um organismo vivo. Esse ato de admirável transcendência, um fenômeno parapsicológico que desafia a lógica cartesiana, todavia, já se tornou banal como os exorcismos veiculados pelas TVs evangélicas todas as noites. Tão banal que a terminologia "esqueleto" já está consagrada, inclusive, porque temos uma rubrica orçamentária para esse pedágio que se paga ao Doutor Frankenstein: chama-se "ajuste patrimonial".

Pouca gente se dá conta do truque aí envolvido: os valores contabilizados como "ajuste patrimonial" não são incluídos como despesa para a apuração do déficit público, a despeito de representarem desembolso, ou emissão de títulos e, invariavelmente, acréscimo à dívida pública. O procedimento é justificado, em geral, com o argumento de que o "reconhecimento de um esqueleto", como se diz, é geralmente evento não-recorrente, e que não interfere na substância da política fiscal. O que estamos vendo, contudo, é que o fenômeno não é isolado, nem pequeno. E talvez por isso mesmo deva entrar nas contas para a apuração do déficit. Como existem metas para o déficit e parâmetros de responsabilidade fiscal cada vez mais restritivos, todo tribunal e todo governante que quisesse cometer um novo ato de transcendência teria clareza de que o restante do distinto público teria de pagar a conta na forma de novos impostos ou cortes de despesas. Do jeito que funciona hoje, os incentivos são perversos, ou seja, estamos livres para fazer feitiçaria, pois não conta para o déficit primário.

É claro que é preciso colocar um paradeiro nas escavações. Não é difícil perceber que uma decisão judicial sempre abre espaço para outra, e outra, continuamente reabrindo assuntos já deliberados nos domínios trabalhista, fiscal e previdenciário. E em todas essas áreas prevalece a lógica de que, quando é para desenterrar uma correção mal feita, é sempre contra a Viúva, jamais a favor. Vale para os credores do Estado, mas não para os devedores. Absurdo, não?

As escavações devem terminar porque o país sofre com isso. Quando se fez a anistia política, por exemplo, valeu para todos, ampla, total e irrestrita. O taxímetro zerou, e o país pôde recomeçar uma vida política saudável sem se dedicar a infindáveis ressentimentos, recriminações e indenizações. A Anistia foi feita com olhos no futuro e teve importância fundamental para a Democracia que, logo a seguir, conseguimos construir. De forma similar, seria extremamente útil para o futuro da nossa economia que pudéssemos fazer prescreverem todas as reclamações relativas à correção monetária em planos econômicos do passado. Com isso teríamos algumas certezas, pelo menos no tocante ao passado.

(*OESP* e *JB*, 13.09.2000)

Fantasia de "esqueleto"

Uma nova e perigosa assombração está a rondar as finanças públicas, desta vez tendo como origem o Tribunal Superior Eleitoral (TSE), que houve por bem conceder a seus funcionários um reajuste salarial de 12% e, possivelmente, retroativo a julho de 1994. Note o leitor que, espertamente, a prebenda não vem sob a vestimenta de um "auxílio-moradia" ou "auxílio-vestuário", pois essas formas espúrias de se elevar vencimentos despertaram a justa indignação da opinião pública. Baseando-se numa ameaça de greve justamente quando se realizavam eleições e aproveitando-se do episódio da ressurreição do gigantesco "esqueleto" do FGTS, os funcionários do TSE conseguiram que este, por ato administrativo, lhes concedesse o aumento como se fosse uma "devolução de parcela retirada de forma irregular" no momento da conversão em URV dos salários desses funcionários em julho de 1994.

O oportunismo é tacanho, a chantagem evidente e o fundamento absolutamente descabido. A nova assombração contém todos os elementos do ritual satânico que produziu "esqueletos" do mesmo jaez no passado, como discutido logo acima e em editorial de *O Estado de S. Paulo* em 05.10.00 ("Arqueologia Financeira"), sendo que, nesse caso, é apenas fantasia de esqueleto.

Novamente, trata-se de assunto complexo, apresentado anos depois, na esperança de que a memória sobre o fato tenha se dissipado, por uma categoria pouco numerosa que apresenta seu pleito isoladamente, fazendo crer que o impacto fiscal é restrito, para depois aparecerem outras, possivelmente a totalidade do funcionalismo. Um detalhe peculiar, mas nada incomum, é que o aumento é obtido numa extrapolação absolutamente indevida do Princípio da Independência dos Poderes: o TSE concedeu o aumento por ato administrativo ao arrepio da lei, que, a propósito, não concede ao Judiciário e ao Legislativo a autonomia para fixar seus vencimentos independentemente das regras que vigoram para os outros servidores públicos.

No caso em tela a iniciativa é ainda mais absurda quando se tem em conta que decisões de mérito de tribunais que se debruçaram sobre a matéria não reconheceram as alegadas "perdas". Ademais, a memória sobre o modo como foi feita a conversão desses vencimentos em URV permanece bem viva, como se demonstra a seguir.

Existe jurisprudência bastante firme em torno do fato de que uma mudança no padrão monetário representa uma "descontinuidade" nas obrigações pecuniárias denominadas no padrão monetário extinto, cabendo à lei que instituiu o novo padrão regular a conversão dessas obrigações sem nenhuma necessidade de agasalhar as regras (de indexação, por exemplo) que vigiam na situação anterior. Foi esse entendimento que permitiu a conversão pela média, e não pelo "pico" (quem não se lembra dessa pendenga?), de salários, aluguéis e contratos em geral, e também permitiu que o legislador suprimisse a indexação das obrigações de prazo inferior a um ano e anualizasse a indexação para as obrigações de prazo maior.

Seguindo, portanto, o princípio de que a moeda é uma criatura da lei, a Lei 8880/94 é clara ao determinar o modo como deveria ser feita a conversão em URV dos salários do funcionalismo público: tratava-se de apurar o valor desses vencimentos em URV nos últimos quatro meses e tirar a média. O detalhe a se ressaltar é que, para efeitos desse cálculo, a lei determinou que fosse usada a URV do último dia do mês de referência, e não a URV do dia do pagamento, como foi o caso dos salários no setor privado e dos contratos em geral. Esse detalhe é que está sendo utilizado pelos funcionários do TSE para tentar criar um novo esqueleto.

Existem dois bons motivos pelos quais o funcionalismo público, bem como os benefícios da Previdência, usou a URV do último dia do mês, e não a do dia do pagamento, na conversão em URV. A primeira é que a lei assim determinou, o que deveria ser suficiente em geral e nesse caso em particular em que se tratava de regular a mudança de padrão monetário e não de política salarial.

A segunda razão era a necessidade de restaurar o sagrado princípio da isonomia entre iguais dentro do serviço público, princípio este que vinha sendo vilipendiado pela inflação. Tomemos um exemplo simples: dois aposentados recebiam o mesmo provento porém em dias diferentes, o primeiro no último dia do mês de referência, o segundo, no décimo quinto dia do mês seguinte. Com a inflação correndo a 40% mensais, a diferença de quinze dias representava, na prática, que o segundo aposentado recebia um provento, em termos reais, cerca de 20% inferior ao do primeiro. A conversão dos dois proventos pela URV do dia do pagamento consagraria essa diferença criada pela inflação, quando o propósito do legislador era justamente o de promover a isonomia. E a única maneira de fazê-lo seria convertendo ambos os proventos pela URV de um mesmo dia, por exemplo, a do último dia do mês de referência. Nesse caso específico, inclusive, a conversão era mais vantajosa para o segundo aposentado que aquela feita usando a URV do dia do pagamento. Para o primeiro aposentado, os dois sistemas produziam efeitos idênticos.

Problema semelhante ocorria, por exemplo, entre funcionários do Legislativo, Judiciário e do Banco Central, que recebiam no dia 20 *dentro do mês de referência,* e funcionários públicos de funções semelhantes, que recebiam, digamos, no décimo dia do mês seguinte. Em tese, todos deveriam receber o mesmo, mas o primeiro grupo tinha o privilégio de receber *adiantado*, o que nada tinha de isonômico, especialmente sob inflação alta, como ilustra o exemplo anterior. A conversão pela URV do dia do pagamento consagraria a violação à isonomia, que apenas poderia ser evitada se os salários em URV *do restante* do funcionalismo fossem trazidos para os níveis do pessoal do dia 20. Nessa esdrúxula situação, o privilégio se tornaria regra, o que seria como "converter pelo pico" toda a folha salarial do funcionalismo público. Para evitar esse absurdo o legislador optou sabiamente pela conversão pela média, ou seja, usou a URV do último dia do mês para todos, assegurando a isonomia "pela média".

Mas se era justo esse método, por que não foi utilizado também para a conversão dos aluguéis, dos salários do setor privado e dos contratos em geral? A resposta é resumida em uma única palavra: negociação. No setor privado, a data do pagamento, especialmente num ambiente inflacionário, era um item da maior importância na definição das remunerações. Portanto, as violações à isonomia acima exemplificadas, quando existiam no setor privado, eram deliberadas e nada tinham de ilegais, pois a isonomia não é um princípio obrigatório para o setor privado.

Assim sendo, em conclusão, estamos assistindo a uma tentativa vergonhosa de disfarçar um aumento de salário espúrio e indevido sob o formato de uma "reparação de uma injustiça" que não existiu e que nenhum tribunal reconheceu. O aumento deve ser cancelado, pois é descabido e imoral. O esqueleto é pura fantasia.

(*OESP* e *JB*, 08.10.2000)

DÍVIDA PÚBLICA E FUMAÇA VERDE

Periodicamente, em anos eleitorais, discutem-se muito o tamanho, a origem, a sustentabilidade e as técnicas de rolagem da dívida pública. O assunto é complexo, e o leitor merece explicações.

Comecemos com os números básicos sobre tamanho e origem. Em 1993 a dívida pública total era de 33,1% do PIB, em 1998 chegou a 42,6% e ao final de 2001 atingiu 53,3%. É muito crescimento, mas bem longe dos números que o PT gosta de recitar. É preciso cuidado ao comparar números de 1993, quando a moeda era o Cruzeiro Real e a inflação de 3.000% anuais, com os de hoje.

Em 1993 a dívida interna era 18,6% do PIB e a externa, 14,5%, quase meio a meio. Em 1998 os números passam para 36% e 6,6% do PIB, respectivamente, e em 2001, para 42,7% e 10,5%. Portanto, de 1993 para 2001, diminuiu sensivelmente a dívida externa e aumentou a interna.

No período 1993-98, a dívida pública cresceu tanto quanto no período posterior, 1999-2001. No primeiro mandato de FHC tivemos mais reconhecimento de "esqueletos", mas também bem mais privatização. Os juros foram mais altos, mas a despesa é composta de muitas outras coisas, e, como dizia o saudoso professor Simonsen, "déficit não tem caráter": a dívida aumentou porque tivemos déficit, e déficit é receita menos despesa.

Nós ainda temos um déficit significativo: uns 3,5 ou 4% do PIB. Os americanos têm superávit, e o Tesouro deles paga 1,75% ao ano para tomar dinheiro emprestado. O nosso paga 18,5%, não por masoquismo, mas em razão da pouca disposição que nós poupadores brasileiros temos de emprestar ao governo, combinada com a insistência deste em gastar além do que arrecada. Com efeito, o crédito de uma nação é um de seus ativos intangíveis mais importantes; leva anos, talvez décadas, para se conquistar.

Bem, mas seria essa nossa combinação de déficit e dívida pública "insustentável"? Estaríamos com problemas de "rolagem"?

A "rolagem" é um processo complexo, que devemos observar com a reverência que dedicamos, por exemplo, a um gasômetro. Engenheiros especializados tomam conta dos controles, sempre atentos a mostradores e termômetros, tudo muito limpinho e arrumado. Um desavisado não se dá conta de que ali se manuseiam gases venenosos e explosivos, exceto quando começa a vazar uma fumaça verde, e os engenheiros apavorados começam a correr de um lado para o outro.

Os mercados financeiros que temos hoje, complexos e abertos como nunca, possuem essa mesma delicadeza. Há anos que os "engenheiros" do Banco Central administram a rolagem da dívida interna com imenso cuidado, sendo raros os problemas nessa área. Toda a arte reside em manter uma relação cooperativa, embora não subserviente, com a "clientela": os administradores da poupança financeira nacional.

Há tempos que subsiste uma espécie de "ciclo político" na administração da dívida pública. O mercado alonga a dívida interna de bom grado a partir do início de um governo que trata bem os seus credores e a encurta dramaticamente ao final. Em eleições apertadas o normal é que a dívida interna praticamente toda migre para o *overnight*, ou seja, se torne dívida de um dia de prazo. Os poupadores não querem correr riscos, o que é muito natural, e sempre foi assim. Ninguém no BC pode alegar que não sabia que o mercado ia querer encurtar os prazos durante os momentos mais críticos da eleição de 2002. A recusa do BC em encurtar os prazos neste momento especialmente delicado resultou em prejudicar aqueles que o apoiaram no passado concordando em alongar na expectativa de que, se quisessem encurtar, o BC os ajudaria. Como sempre fez. Mas o BC não apenas não encurtou sem perdas grandes como obrigou o reconhecimento das mesmas nos fundos mútuos, gerando enorme e compreensível mau humor. Assim foi a chamada "crise da marcação a mercado". Começou a sair fumaça verde, e os engenheiros começaram a bater cabeças. Um pequeno vazamento no gasômetro pode gerar uma imensa confusão.

(*Veja*, 19.06.2002)

O RESPEITO AOS CONTRATOS

Este assunto tem sido muito discutido nos últimos tempos, como em outras eleições, e sempre em conexão com dúvidas sobre se o próximo governo honrará as dívidas interna e externa, vale dizer, a palavra empenhada pelos governantes anteriores. Na verdade, é uma lástima que um princípio tão básico da ordem econômica e jurídica de qualquer economia de mercado, e de qualquer democracia, tenha que ser continuamente reafirmado.

É verdade que foram significativos os progressos nesse assunto, especialmente em razão dos efeitos do Plano Collor, e dos outros "planos heterodoxos", nos quais a intervenção do Estado no bolso do cidadão várias vezes atingiu níveis descritos como "violência". Nem sempre os Tribunais conseguiram deter, sanar ou ressarcir os danos causados pelo Estado nessas aventuras. Mas felizmente a Sociedade desenvolveu uma saudável aversão à intervenção discricionária do Estado no domínio econômico.

O Plano Real pôs fim a essa sucessão de ataques aos "contratos" e teve sucesso em boa medida porque adotou um entendimento amplo, bem amplo, sobre o que significa *o respeito aos contratos*. Na verdade, os formuladores do Real sempre tiveram clareza de que estavam oferecendo à Sociedade, através da URV, um "novo contrato". E também que, de ao definir novos rumos para a economia através da abertura, privatização, desregulamentação, responsabilidade fiscal, estavam criando compromissos, ou seja, contratos, envolvendo direitos e obrigações recíprocas entre Estado e Sociedade.

É preocupante que os políticos falem em "respeito aos contratos" sempre num sentido muito restrito, tendo em mente apenas e tãosomente a dívida pública, quando as implicações de tal princípio são muito maiores. A cautela com a dívida pública mobiliária nem sempre se observa, por exemplo, quando se trata de tarifas públicas, pedágio e preços de derivados de petróleo como se aí não estivessem envolvidas relações contratuais com base nas quais muitos investidores, nacionais e estrangeiros, trouxeram bilhões de dólares para o país e assumiram compromissos de longo prazo em setores essenciais da economia.

Infelizmente, contudo, esse debate não é apenas teórico. Já existem inúmeras queixas de empresas concessionárias de serviços públicos contra agências reguladoras que não autorizam reajustes de preços e outras ações previstas em contratos. Na prática, a força do Poder Concedente é tal que os concessionários se vêem impedidos ou "dissuadidos" de buscar seus direitos, de tal modo que praticamente não existem ações judiciais reclamando os danos provocados pelos reajustes não-concedidos.

Mas o fundamento para tais reclamações existe e já pode ter formado a nova geração de "esqueletos" a serem desenterrados no futuro. Em algum momento, as "quebras de contrato", até então toleradas pacificamente em vários serviços públicos dados em concessão, terão de ser compensadas ou resolvidas, por acordo ou pela via judicial. É preocupante o fato de nossas recém-criadas agências reguladoras estarem criando uma cultura de "administração" de direitos líquidos e certos a partir de critérios que não são transparentes ou de motivações de natureza política ou estranha aos termos dos contratos. Esse "populismo regulatório" era exatamente uma das distorções que a criação das agências reguladoras procurava eliminar. Agências independentes deveriam zelar pela estrita obediência dos contratos e não replicar o comportamento de autoridades "mercuriais" do passado.

Em resumo, fizemos progressos no sentido do respeito aos contratos, ou mais precisamente o respeito ao direito adquirido e ao ato jurídico perfeito, como preceitua a Constituição, especialmente no quesito dívida pública, em que o PT aparentemente abandonou as idéias incendiárias que tinha na eleição de 1989, bem como as conclusões do "Plebiscito da Dívida" e as propostas de "alongamento voluntário".

Mas o respeito aos contratos envolve muito mais do que simplesmente honrar a dívida pública. Numa economia em que o setor privado, e não mais o Estado, comanda o processo de investimento, o "respeito aos contratos" é a mesma coisa que a "estabilidade das regras", um elemento basilar da "boa atmosfera de investimento". Sem um entendimento amplo sobre o "respeito aos contratos", ou seja, "honrar a palavra empenhada", os governos vão sempre estar em hostilidade aberta com a economia privada, e assim não vai a lugar algum.

(*OESP*, 01.09.2002)

DÍVIDA PÚBLICA: A HERANÇA MALDITA

A Secretaria de Tesouro Nacional divulgou alguns números de importância transcendental para os debates sobre os rumos econômicos da Nação: são números para os fatores determinantes da dívida pública a partir de 1994 até dezembro de 2001. Com efeito, a dívida pública atingiu números extremamente elevados ao final desse período, fazendo surgir muitas teorias econômicas de pé quebrado, próprias para os palanques onde nasceram, sobre as razões do problema. Os números do Tesouro, resumidos na tabela adiante, servem para uma análise fria dessas teorias.

Os números parecem, de fato, constrangedores para um governo que, desde o início do Plano Real, fez do equilíbrio fiscal um de seus mais importantes objetivos e que demorou a assumir de peito aberto o conceito de "responsabilidade fiscal" em 1998-9, quando passou a estar sob a disciplina de um acordo com o FMI. Desta forma, é especialmente dolorido o ataque que a Oposição faz nesse terreno, pouco importando que a Oposição não acredite em disciplina fiscal e que a veja como parte dessa coisa que eles chamam de "modelo neoliberal". O fato é que sempre poderá ser dito que o governo falhou em seus próprios termos, ou será que não falhou?

Conforme nos informa o Tesouro Nacional, a dívida mobiliária saiu de R$61 bilhões em 1994 para R$623 bilhões em dezembro de 2001, um crescimento de mais de 10 vezes, e uma variação absoluta de R$562 bilhões. Excluído o valor que o Tesouro chama de "colchão", que se presume ser dívida em tesouraria, ou seja, emitida mas não em circulação, a variação teria sido de R$517 bilhões, 8,5 vezes o estoque original.

Numa primeira observação são, de fato, números devastadores; é preciso identificar as origens desse crescimento.

VARIAÇÃO DA DÍVIDA PÚBLICA, 1994-2001: PRINCIPAIS COMPONENTES

Rubrica	R$bilhões	% da Variação
Refinanciamento a estados	298	58%
"Esqueletos"	128	25%
Desvalorização cambial	73	14%
Juros nominais	109	21%
Privatizações	-59	-11%
Variação da dívida no período	518	100%

Valores passados são "inflacionados" para se tornarem Reais de dezembro de 2001.
Fonte: Ministério da Fazenda, Secretaria de Tesouro Nacional.

Conforme se vê na tabela, o que faz a dívida aumentar é o resultado primário (déficits ou superávits), os juros e a desvalorização cambial, e também o reconhecimento tardio, ou reestruturação, de dívidas que já existiam. A privatização, por outro lado, na medida em que produz receitas utilizadas para o cancelamento de dívidas, entra na tabela, como é de se esperar, com sinal negativo.

Note-se que a reestruturação, ou o refinanciamento das dívidas dos Estados, somada aos "rombos" dos bancos estaduais, chega a R$ 298 bilhões, ou seja, cerca de 58% da variação observada no período. Esse número é da maior importância, pois revela que a contribuição dos Estados e Municípios para a crise fiscal do país foi avassaladora.

Não seria um exagero descrever essa "crise sistêmica" dos Estados como "falência financeira do sistema federativo": todos os Estados quebraram, juntamente com seus bancos estaduais e a maior parte de suas empresas. O crime é perfeito, pois é universal; todos os Estados estavam quebrados, pois se todos têm problema, ninguém é diferente, alguma coisa está errada para todos quebrarem, portanto ninguém tem culpa, não há vilões. E na política é isso o que importa.

Se a esse inacreditável montante produzido pelos estados somarmos o correspondente aos "esqueletos" da União, vale dizer, ao reconhecimento de dívidas da União que já existiam (FGTS, FCVS, Sunamam, RFFSA, "rombos" dos bancos federais, Proer, etc.), são R$ 128 bilhões adicionais, dos quais o maior prejuízo vem dos bancos federais: R$48 bilhões.

Somando os prejuízos dos Estados com os "esqueletos" federais, chegamos a R$426 bilhões, ou 82% da variação na dívida mobiliária no período.

Isso quer dizer que 82% da variação na dívida mobiliária no período 1994-2001 corresponde a déficits do setor público *feitos no passado*, ou seja, de responsabilidade governos anteriores – federais, estaduais e municipais. São "bombas" deixadas no colo do governo Fernando Henrique por muitos ex-governadores, ex-prefeitos, ex-dirigentes de bancos de fomento federais e estaduais, que hoje estão por aí a criticar "o modelo econômico" ou o "neoliberalismo".

Note-se que se tais "heranças" não existissem as despesas acumuladas com juros nominais e desvalorização cambial de dívida denominada em dólares teriam somado R$182 bilhões (grande parte da qual gerada, evidentemente, pelas "bombas" acima referidas), ao passo que o resultado (superávit) primário acumulado somado às receitas acumuladas de privatizações cobriria cerca de metade dessa conta. Isso quer dizer que, afora os esqueletos, o déficit público acumulado, em dinheiro de dezembro de 2001, foi de cerca de R$150 bilhões, R$59 bilhões dos quais cobertos com receita de privatização.

Portanto, se é verdade que o governo FHC teve de assumir e pagar uma pesadíssima conta deixada por seus antecessores, também é verdade que o esforço fiscal nesses anos foi deficiente. Qual deveria ter sido o tamanho do superávit primário?

Para que a dívida pública permanecesse constante em termos nominais, tendo em mente as receitas de privatização e abstraídos os Estados e os "esqueletos", o superávit primário teria de ser maior em R$90 bilhões durante o período considerado. Talvez pouco menos da metade disso, se o objetivo fosse manter a dívida pública constante como percentagem do PIB, e se Papai Noel existisse, ou seja, se as "bombas" acima referidas não fossem produto da nossa imaginação.

Assim sendo, os números demonstram com clareza que a teoria segundo a qual a dívida interna cresce explosivamente em razão dos "juros estratosféricos mantidos a fim de sustentar a (antiga) política cambial" é totalmente errada, e que serve apenas e tão-somente para confundir as verdadeiras causas do problema.

(*OESP*, 15.09.2002)

O problema com a previdência, os fundos de pensão e o FGTS

Fundos de pensão estaduais: armadilhas a evitar

Muitas das dificuldades que a União resolveu enfrentar no tocante a seus aposentados existem também nos Estados, e numa escala ainda mais dramática. Diversos governadores, genuinamente preocupados com o tema, andam ativamente considerando a formação de fundos de previdência e também, embora com bem menos ímpeto, a revisão de seus sistemas de benefícios. Essas considerações estão associadas às dificuldades fiscais de alguns Estados e se manifestam exatamente quando a União se prepara para submeter ao Congresso a regulamentação das mudanças recentes na Constituição na área da previdência complementar. O assunto é delicado, e os erros que forem cometidos agora, nas novas leis e nas negociações com governadores, poderão custar muito caro ao contribuinte.

Este artigo procura chamar a atenção para quatro armadilhas que existem na montagem dos fundos estaduais de previdência, as quais, isoladamente ou em conjunto, podem produzir um desastre fiscal para os Estados.

A primeira é a idéia de separar os pagamentos dos inativos dos ativos para fins de aplicação dos limites da Lei Camata. Tem-se a impressão de que alguns governadores se encantaram com os fundos de previdência apenas porque, se eles assumissem os pagamentos dos inativos, uma "folga" seria aberta nos limites da Lei Camata. Tome-se como exemplo um Estado que tem 80% de sua receita comprometida com pessoal, metade com inativos. A transferência para o Fundo de Previdência da responsabilidade pelo pagamento dos inativos, e a exclusão desses pagamentos do limite da Lei Camata, faria com que o Estado pudesse dispor de 20% de sua receita para contratar mais gente, conforme já declararam alguns governadores, um novo espaço para "retomar os investimentos" (e o endividamento). É déficit primário na veia.

As recomendações a fazer aí são simples: a primeira é uma rigorosa revisão da legislação referente a benefícios, pois a criação de direitos a pensões patrocinadas pelos Estados, em especial pelas assembléias, atingiu níveis absurdos, e a segunda é a de que em hipótese nenhuma os gastos com inativos deixem de contar para os 60% da Lei Camata, pois as sanções a serem montadas para quem foi além do limite são o único mecanismo a limitar o populismo na concessão de benefícios.

Uma segunda armadilha reside na transformação dos regimes atuais de previdência de "bases correntes" (as contribuições dos ativos pagam as aposentadorias) para um "regime de capitalização", no qual a patrocinadora e o beneficiário poupam juntos, e na mesma proporção, para fazer frente à aposentadoria futura do indivíduo. Notem que não há tanto problema em se formar fundos de pensão para servidores que estão começando agora, e que vão poupar durante toda a sua vida ativa. O verdadeiro problema é a inclusão dos atuais servidores, pois estamos, nesse caso, montando um fundo sem poupança prévia, e já com aposentados cujas contribuições passadas (quando existiram) não foram capitalizadas. Essa transição apenas pode ser financiada com o aporte de ativos ao fundo de previdência, e, no caso dos Estados, os valores necessários são muito elevados e, em alguns casos, inviáveis. Nos casos viáveis o certo mesmo seria que os estados com bons ativos para privatizar vendessem essas empresas e usassem os recursos para comprar títulos federais com o exato perfil do passivo atuarial do fundo e tornassem esses títulos "imexíveis".

Infelizmente, todavia, não é isso o que estão pensando alguns governadores, que parecem seduzidos pela idéia de aportar ativos fictícios ou sobrevalorizados. Dois exemplos: aportar a Dívida Ativa pelo valor de face ou próprios do Estado a valores de aquisição atualizados. E o que dizer sobre os imóveis dos Estados, geralmente invadidos, abandonados e onerados por ações judiciais dos antigos donos, quando desapropriados, e sem liquidez?

Mas de todos os truques o mais comum é o de inventar um crédito contra a União e demandar pagamento à vista em dinheiro (ou em LFTs), que, por sua vez, é usado para o aporte. Em qualquer dessas modalidades que não envolvem privatização de ativos bons, o truque é o mesmo: formar fundos de vento. A recomendação a fazer, com o propósito de evitar a distorção, é apenas permitir o aporte em dinheiro e em títulos federais a mercado. No caso de ações, apenas aceitar quando a privatização for irreversível e os recursos ficarem amarrados para todo o sempre com as obrigações do fundo e, principalmente, fora do alcance do governador.

O leitor pode perguntar: mas se os fundos são formados com vento, como é que os pensionistas vão ser pagos? Resposta: do mesmo jeito que se faz hoje, pelo Estado, que, com isso, mantém a responsabilidade pelo pagamento dos benefícios. E é aí que está a terceira armadilha: fica muito natural, nesse contexto, a construção de fundos ditos de "benefício definido", ou seja, fundos nos quais a patrocinadora (o Estado) assume a obrigação de pagar os benefícios se o fundo for incapaz de fazê-lo. É assim que funcionam hoje, os fundos de pensão das empresas estatais federais: se faltar dinheiro no fundo, a estatal tem de aportar. A experiência mostra que, com isso, criam-se enormes pressões para se amplificar artificialmente as obrigações atuariais desses fundos, de forma a provocar aportes freqüentes da patrocinadora. Os fundos acabam ficando *overfunded* (com reservas maiores que obrigações) e se tornando gigantescos: o parasita termina se tornando maior que o hospedeiro.

A única maneira de evitar esse truque é a lei obrigar todos os fundos de pensão novos, com patrocinadoras públicas, que se constituam em uma outra modalidade chamada "contribuição definida". Nesse sistema, as partes (beneficiário e patrocinadora) comprometem-se com as contribuições, mas não com os benefícios. Se o dinheiro for mal administrado e resultar insuficiente para pagar os benefícios, pior para os aposentados, que deviam prestar atenção em quem eles escolhem para administrar o dinheiro, e que tipo de investimentos eles autorizaram seus fundos a fazer. É claro que seria muito bom que os fundos das estatais federais também fossem assim: eu desconfio que a qualidade dos investimentos deles poderia melhorar bastante.

A armadilha de número quatro tem que ver exatamente com esse delicado assunto da administração dos ativos dos fundos. A experiência dos fundos de empresas estatais não é boa. Minha experiência no BC – que está impedido de fiscalizar essas entidades por força de decisão judicial – é a de que em nove em cada dez trampolinagens de mercado descobertas pelo BC está envolvido ao menos um de dois personagens: um banco estadual e/ou um fundo de pensão de empresa estatal. Minha sugestão aqui é simples: piloto automático. Os ativos devem ser compostos de instrumentos simples, com perfil semelhante às obrigações atuariais dos fundos e de pouca movimentação. Quanto mais liberdade tiverem os administradores dos fundos para investimentos criativos, ou de interesse do Estado, maior o perigo de decisões infelizes, ao menos até que a Secretaria de Previdência Complementar seja muito, mas muito fortalecida e aparelhada para fiscalizar de verdade a sua clientela.

O acesso que um governador pode ter às reservas técnicas de um fundo de pensão é tão ou mais perigoso quanto a administração de um banco estadual, instituições que os Estados usaram e abusaram para atividades de fomento.

Agora que os bancos estaduais estão, felizmente, fadados a desaparecer e alguns estados estão interessados em abrir "agências de fomento" (instituições não-bancárias que vão operar com seu próprio dinheiro), é essencial que essas novas criaturas sejam expressamente afastadas da administração dos recursos dos fundos de previdência. Imaginem o que seria usar o dinheiro da capitalização das aposentadorias para fomentar as indústrias do Estado, a pequena empresa ou as manifestações culturais típicas da região.

Todas essas armadilhas, e mais algumas outras menos óbvias, têm estado presentes nas conversas sobre os problemas previdenciários dos Estados. Todos devem se empenhar para evitá-las, pois, entre União e estados, este é um jogo de soma zero, em que a conta, no caso de prejuízos, será do contribuinte, o qual, diga-se de passagem, anda correndo sérios riscos. Basta imaginar o seguinte cenário: a criação de fundos do tipo "benefício definido", para atender novos e velhos servidores, abrindo espaço nos limites da Lei Camata, permitindo assim a ampliação do déficit primário dos Estados e criando uma "conta em aberto" contra o Estado, que poderá ser ampliada em cada pequeno ato de bondade das Assembléias. Os fundos já nasceriam desequilibrados, e seus ativos, cuja qualidade já seria duvidosa (especialmente onde os governadores são avessos a privatização), seriam administrados por uma agência de fomento, que tenderia a destruí-los totalmente com o tempo. Um pesadelo como esse faria com que os R$100 bilhões que bancos estaduais já nos legaram de prejuízos parecessem uns meros trocados.

(*OESP*, 07.03.1999)

PREVIDÊNCIA: A VERDADEIRA REFORMA

A reforma da Previdência é um problema urgente. O INSS dá prejuízo, e grande. A previdência dos funcionários públicos da União tem um rombo ainda maior (para um número de beneficiários muitíssimo menor), e das previdências de estados e municípios pouco se sabe além da impressão que pode estar aí o maior dos rombos.

Como a urgência era de ordem fiscal, ou seja, sustar a sangria antes do desastre, pouco se discutiu dos aspectos conceituais do problema, e, em conseqüência, os esforços na direção da reforma foram bem sucedidos de apresentar o assunto como uma medida negativa, uma usurpação de direitos, uma judiação com os aposentados.

Ao governo faltou, como amiúde acontece, explicar. Todos os subsistemas previdenciários acima mencionados funcionam no regime conhecido como "bases correntes". É um sistema "da mão para a boca", em que os ativos pagam uma contribuição que serve para pagar os inativos.

Não existe poupança nesse sistema, que é mais ou menos como o Estado cobrar um imposto sobre o trabalhador com recursos vinculados para pagamentos de aposentadorias. Se o número de pessoas na ativa é muito grande relativamente aos aposentados, o sistema tem sobras de caixa, que geralmente tendem a produzir mais generosidade na concessão dos benefícios. Mas quando muda a pirâmide etária da população, e com isso fica menor o número de ativos (jovens) relativamente aos inativos (velhos), o sistema fica furado e o Estado tem de aumentar os impostos, ou reduzir benefícios, para cobrir o rombo, e todos ficam irritados.

Mas reforma mesmo não é reequilibrar o sistema de "bases correntes", mas reduzir seu escopo e importância, ou mesmo abandoná-lo em prol do sistema conhecido como de "capitalização". Nesse sistema as aposentadorias são o resultado da poupança capitalizada do próprio trabalhador, ajudado pelo seu empregador. Esse é um sistema cujo conceito central é o da poupança, diferentemente do outro, o vigente, em que há uma espécie de direito divino à aposentadoria que o Estado tem de pagar, seja de que jeito for.

Num sistema de capitalização, empregado e empregador contribuem regularmente para alguma instituição, que aplica os recursos da melhor maneira possível, seguindo, idealmente, recomendações do interessado, e a qualquer momento, depois de certo prazo, o indivíduo pode ter acesso ao dinheiro, ou a uma pensão vitalícia. Nesse sistema, o motor central do indivíduo que pensa no futuro é o interesse pelo que é feito com essa sua poupança.

Se ela for bem aplicada, sua aposentadoria pode ser melhor, e, portanto, o indivíduo poderia inclusive escolher administradores dentre os credenciados para tal fim. Muita gente pode preferir gestores profissionais privados, a entregar a administração do seu futuro aos administradores nomeados pelo governo. O direito a "privatizar" sua poupança deve ser dado ao dono do dinheiro.

É importante que os indivíduos tenham interesse e influência na administração da sua poupança, pois assim os administradores vão buscar os melhores investimentos, não vão fazer aplicações necessariamente em papéis do governo e não vão se deixar influenciar pelos interesses do governo em teleguiar investimentos. Para isso, o sistema previdenciário tem de ser de capitalização, mas também de "contribuição definida", ou seja, um sistema em que o benefício, ao final, não é definido a *priori*, mas dependendo da qualidade na administração dos recursos. É justamente esse tipo de incentivo que torna os indivíduos interessados no que fazem os fundos que cuidam do seu dinheiro. É exatamente essa energia que cria um mercado de capitais de verdade.

Não falta vontade ao governo, segundo meu próprio testemunho, de resolver o problema, e justamente por esse caminho. Mas o que assusta é a transição. Se um megafundo de pensão fosse criado amanhã para os funcionários da União, o problema todo seria com o passado, pois a poupança necessária não foi feita nem pelos funcionários públicos, nem pelo Estado. Assim, o problema seria resolvido com um mega-reconhecimento de dívida, ou aporte de ativos, por parte da União. Exatamente como está se exigindo dos Estados.

A União poderia, por exemplo, emitir um valor que dificilmente seria inferior a R$200 bilhões de títulos da dívida pública (é preciso fazer a conta) e depositá-los nesse megafundo para que os rendimentos desses papéis fossem suficientes para pagar os inativos e as pensões daqueles ainda na ativa mas que não fizeram contribuições suficientes para aposentar-se nas condições que se deseja.

É fácil se assustar com o valor, mas é preciso ter claro que essa megadívida já existe, pois o Estado já tem a obrigação de pagar essas aposentadorias. Transformar essa obrigação num título, a rigor, seria *reescrever uma dívida já existente* de uma outra forma, talvez mais controversa do ponto de vista, por exemplo, das estatísticas de dívida pública. Poderíamos fazer a dívida pública, como porcentagem do PIB, até dobrar, e para muitos isso pareceria assustador, embora seja nada mais que uma nova forma de contabilizar a mesma obrigação. Só é necessário, aliás essencial, explicar.

(*OESP* e *JB*, 05.03.2000)

O SOCIALISMO BRASILEIRO

Anos atrás, Peter Drucker, já um reputado guru na área de negócios, escandalizou diversas audiências norte-americanas ao observar que os Estados Unidos tinham se tornado um país socialista. Drucker não estava fazendo graça: os veículos de investimento da poupança dos trabalhadores, vale dizer, os fundos de pensão, tinham se tornado os acionistas dominantes na maior parte das grandes empresas americanas. Em conseqüência, a propriedade dos meios de produção tinha sido socializada, ou ao menos democratizada, sem que os comunistas americanos, de dentro de seu Kharman-Ghia, tivessem que fazer qualquer esforço.

Era uma bravata, é claro, e de grande impacto naqueles anos de Guerra Fria. Mas o argumento era cristalino. O mercado de capitais tinha adquirido tamanha profundidade e os chamados investidores institucionais, especialmente os fundos de pensão, tamanha importância, que o capital passou a ser dominado por condomínios de trabalhadores e poupadores que votavam em assembléias para eleger administradores que por sua vez escolhiam executivos para as empresas, todos na base da meritocracia. Tudo muito democrático.

As coisas poderiam ter evoluído de forma semelhante no Brasil, mas, infelizmente, o longo inverno inflacionário distorceu a percepção que a sociedade brasileira tem da idéia de poupança. Na velha e ainda viva cultura desenvolvimentista, o Estado não precisa poupar, pois pode fabricar dinheiro, ou se endividar, para pagar suas contas. E não precisa poupar para saldar suas dívidas, pois os juros são inconstitucionais e ilegítimos, e, portanto, dívida é para ser rolada, jamais paga.

Mas, como todos percebemos, o fim da inflação foi, além de tudo, um enorme choque cultural. Subitamente, os orçamentos começaram a ter de fechar, as dívidas passaram a aumentar quando a despesa era maior que a receita, e, para a surpresa de muita gente, o Brasil redescobriu a aritmética, e com ela a necessidade de poupar. Em conseqüência, começamos a ver florescerem as instituições que favorecem a poupança, na forma como descrita acima para os EUA. Já podemos, portanto, enxergar alguns sinais de "socialismo" à nossa volta.

Foi extraordinário, por exemplo, o crescimento da importância dos investidores institucionais, notadamente entidades de previdência privada fechada (fundos de pensão) e aberta. O patrimônio dessas instituições vem crescendo a taxas extraordinárias desde 1994.

A mudança qualitativa nos fundos de pensão também é extraordinária. Em 1994, apenas nove dos cinqüenta maiores fundos de pensão tinham patrocinadoras privadas; todos os outros eram ligados a empresas estatais. Em 2000, 24 dos cinqüenta maiores eram fundos patrocinados por empresas privadas, onze dos quais são de empresas que foram privatizadas. Dos 26 fundos patrocinados por estatais, seis são de empresas prestes a serem privatizadas.

É pouco notado, e importante de se enfatizar, que a privatização também transforma o fundo de pensão atrelado à empresa vendida. Em geral, os planos de benefícios são modificados e a gestão é profissionalizada. Ao mesmo tempo, o próprio processo de privatização proporcionou aos fundos a matéria-prima para que cumprissem o destino que Drucker havia lhes reservado: os fundos tiveram participação fundamental no processo de privatização, e com isso passaram à condição de importantes acionistas de muitas das maiores empresas brasileiras.

No futuro, a importância dos fundos apenas crescerá, pois a nossa incapacidade da salvar a previdência pública apenas ampliará os condomínios de pessoas com o propósito de poupar para a velhice através de veículos profissionais de investimento. Se é verdade o paradoxo de Drucker, ou seja, que foi nos EUA que o trabalho subjugou o capital através dos fundos de pensão, também será verdadeiro e paradoxal que, no Brasil, a privatização terá criado o caminho para o socialismo.

(*Veja*,17.08.2000)

O FGTS E O SANEAMENTO

O leitor não-familiarizado com a mecânica do FGTS deve ter clareza de que estamos tratando de um fundo contábil dito de "poupança compulsória", no qual são depositados recursos (por empregadores em contas a favor dos trabalhadores), geralmente em maior volume que os saques (que os trabalhadores podem fazer apenas em condições muito especiais). No FGTS existem passivos que são as contas individuais dos trabalhadores, e também disponibilidades em dinheiro e em títulos públicos (usadas em parte recentemente para adquirir ações da Petrobras) e ativos sob a forma de investimentos feitos com os recursos do fundo, geralmente em saneamento e em habitação. Se as exigibilidades do FGTS são aumentadas, as disponibilidades e, consequentemente, a capacidade de investimento poderão diminuir com rapidez. Os setores de habitação e saneamento ficarão prejudicados.

O FGTS, de fato, tem sido a principal fonte de recursos para o saneamento nos últimos anos, mas sua importância tem diminuído ao longo do tempo em face do progressivo aumento das exigibilidades e do lento e incerto retorno dos financiamentos passados. De outro lado, a Caixa Econômica Federal já não pode fazer tanta coisa com recursos que não são do FGTS, pois os empréstimos ao setor público estão contingenciados por razões de política fiscal, e, além disso, a própria Caixa tem contas a ajustar com o Banco Central.

Como Estados e Municípios não têm recursos próprios para obras de saneamento, e suas companhias geralmente não são exemplos de boa administração, nem de geração de caixa para investimento (com as exceções de praxe), a conclusão é que o modelo de investimento em saneamento no Brasil baseado em recursos públicos ou de poupança privada "forçada", como são os recursos do FGTS, tem fôlego curto.

Se tivéssemos um processo de privatização em andamento na área de saneamento, teríamos esperança de ver dinheiro novo vindo para o setor. Mas não temos. A privatização no setor está claudicante. Tivemos apenas casos isolados nos últimos anos, algumas histórias de sucesso, mas outras nem tanto. O que fazer?

Convém ilustrar o leitor sobre os problemas a enfrentar para que haja privatização e, portanto, investimento privado em saneamento no Brasil.

O primeiro problema é que se trata de serviço explorado geralmente em regime de concessão, em que o poder concedente pode ser um Estado ou um Município, havendo muitos casos de dúvidas e conflitos entre essas duas esferas sobre quem concede o serviço. Há contratos em vigor que podem ser questionados, concessões vencidas cuja renovação não se sabe como será, e, no plano jurídico, muitas dúvidas sobre o que a Constituição realmente diz. O Supremo poderia ter ajudado a dirimir essas dúvidas quando esteve para decidir sobre o caso da Cedae (a companhia de saneamento do Rio de Janeiro), mas preferiu silenciar. A Cedae acabou sem ser privatizada, todos os cariocas sentiram as conseqüências, e muita gente se arrependeu de ter atrapalhado o processo.

O segundo problema é que, como todas as outras privatizações, seria importante que os recursos fossem usados para amortizar dívidas e que existissem compromissos de melhoria nos serviços e universalização do atendimento. As companhias, e portanto as privatizações, são estaduais e municipais, de modo que estão fora da legislação que regula o Programa Nacional de Desestatização (PND) e fora da influência do BNDES. Na Caixa, não obstante, estados e municípios podem obter um adiantamento do produto da privatização desde que usem o dinheiro para formar fundos de pensão para lidar com o problema dos seus inativos. A Caixa está conduzindo esse programa de forma autônoma, e com grande competência, e deveria merecer mais apoio, especialmente quando se trata de salvaguardar o uso do dinheiro das pressões de governadores e prefeitos para que parcelas maiores do dinheiro obtido sejam utilizadas para obras, e não para capitalizar seus fundos de pensão.

E o terceiro é que as empresas de saneamento têm passivos ambientais gigantescos, além do fato de suas atividades terem enorme importância no plano da saúde pública. Onde existem esgotos a céu aberto, existem mais doenças infecciosas e mortalidade infantil. Como não se cansa de dizer o Ministério da Saúde, o investimento em saneamento reduz os gastos em saúde possivelmente numa proporção maior que um nos anos seguintes. Se assim é, a privatização pode reduzir a mortalidade infantil.

O que estamos esperando?

(*OESP* e *JB*, 03.09.2000)

Uma reforma para o FGTS

Antigamente se dizia do FGTS que se tratava de "poupança forçada". Estávamos no regime militar, e sempre que possível, punha-se ênfase no fato de que as coisas eram "forçadas". Afinal, o regime era de força e o FGTS uma de suas criaturas. Mas o tempo passou, e o FGTS acabou promovido a "patrimônio do trabalhador", inclusive com os sindicatos participando de sua gestão, e pouca gente se incomoda com o fato de que continuamos obrigados a colocar nosso dinheiro no FGTS.

Vale esclarecer algumas sutilezas próprias do funcionamento do FGTS: o empregador recolhe 8% do salário, em nome do empregado, a um fundo que, por sua vez, é administrado pela Caixa Econômica Federal, seguindo diretrizes de um Conselho Curador composto de representantes das centrais sindicais, das federações patronais e do governo. Este fundo usa os recursos para financiar habitação e saneamento, conforme observamos no artigo anterior, a juros subsidiados, o que não gera prejuízo ao fundo, pois este remunera as contas individuais a uma taxa fixa e muito modesta, de TR + 3%.

A existência de "subsídio" aqui é um tema delicadíssimo: o mecanismo acima descrito é o mesmo que funciona entre o BNDES e o FAT (Fundo de Amparo ao Trabalhador), que recebe o dinheiro recolhido pelas empresas por conta do PIS, mas se alguém disser que o dinheiro do BNDES é "subsidiado" vai arrumar uma encrenca com seus funcionários. Na CEF, em contraste, o pessoal está confortável em admitir que o dinheiro do FGTS é barato, ou subsidiado mesmo, e que serve a políticas públicas necessárias.

De todo jeito, o FGTS não deixou de ser "poupança compulsória" mas estaria mais em sintonia com os debates de hoje defini-lo como um "imposto envergonhado". O recolhimento continua sendo "forçado", e como a "poupança" assim constituída é remunerada bem abaixo do mercado, não seria incorreto dizer que o FGTS se assemelha a um empréstimo compulsório com correção monetária parcial. Portanto, é uma espécie de imposto disfarçado com receita vinculada. Mais fora de moda impossível.

Diante disso cabe perguntar: você leitor, que é o beneficiário desses 8%, se tivesse a opção, não preferia que o seu empregador lhe pagasse, digamos, 4% em dinheiro, aumentando seu salário, em vez de receber os 8%, mas magrinhos e depois de muitos anos? Pensando bem, você não preferia ter a liberdade de escolher *onde* vai poupar, ou mesmo se você *quer mesmo* poupar?

Do ponto de vista das empresas, os que desembolsam os 8%, é fácil ver que este e outros encargos sobre a folha de pagamentos, em conjunto, funcionam como "impostos sobre o emprego", que incentivam, de um lado a "informalidade", onde está mais da metade da força de trabalho no Brasil, e de outro, o uso de máquinas em vez de gente.

Como está, portanto, o FGTS não é propriamente um seguro desemprego, nem uma previdência complementar, e tampouco um instrumento lá muito efetivo de políticas públicas, embora tenha essas três missões. Será que não caberia repensar sua natureza, aproveitando, aliás, todos os avanços já alcançados no modo como a população enxerga os fundos de pensão e outros mecanismos de previdência aberta já bem conhecidos?

Primeiro, com vistas a evitar a superposição de funções entre o FAT e o FGTS, seria de todo racional deixar para o Seguro Desemprego, amparado pelo FAT o insubstituível papel de funcionar como seguro desemprego, e aproximar o FGTS, tanto quanto possível, de um PGBL (Plano Geral de Benefícios Livres), apenas reduzindo a "mordida" e melhorando a utilização dos recursos. Para quem não conhece, PGBLs são programas de poupança individuais nos quais os recursos são investidos onde o indivíduo determina, geralmente fundos mútuos administrados por instituições financeiras privadas, e com rentabilidade de mercado. Se o indivíduo não gosta do gestor, simplesmente troca de fundo ou de plano. Geralmente o indivíduo pode levantar os recursos a hora que quiser, mas perdendo, é claro, o direito à aposentadoria.

Neste espírito, um FGTS "novo", poderia, portanto, ser criado, através do qual a contribuição patronal seria menor, digamos 4%, mas com remuneração variável: o dinheiro seria transformado em cotas de novos fundos privados, dotado de portabilidade, ou seja, o titular poderia aplicar em qualquer outro fundo da espécie, se quisesse. As empresas ficariam desoneradas e estimuladas a aumentar o emprego, mas deve ser o trabalhador a optar pela migração para este FGTS-N, como no caso das ações da Petrobras.

Podia ser determinado que os fundos autorizados a gerir recursos no âmbito do FGTS-N fossem de um tipo especial, apenas voltados para determinados tipos de investimentos considerados de grande relevância para o país, como os na infra-estrutura do país, ou no mercado de capitais de forma geral, com vistas a incentivar gestores privados e a combinação desses recursos de "poupança compulsória" com as poupança voluntárias das pessoas físicas e jurídicas.

O sujeito poderia escolher entre o FGTS "novo" e o "velho", e este, não deixaria de existir, mas tenderia ficar com muitas de suas contas "inativas", assim murchando de vez. Na verdade, o que está em jogo é uma espécie de modernização do FGTS, que tenderia a se transformar (o velho) em algo assemelhado a um grande fundo de pensão, enquanto que o novo funcionaria mais como um incentivador para o mercado de capitais, para onde iriam seus recursos. O "velho" continuaria financiado o setor público, o "novo" focaria o investimento privado em infra-estrutura.

(*Veja*, 11.04.2001)

O MAIOR DOS "ESQUELETOS"

De acordo com os resultados preliminares do Censo de 2000, éramos cerca de 170 milhões, dos quais 8,6% idosos. Essa proporção dobrou de 1940 para 2000, e é de se esperar que continue a crescer nas próximas décadas. O IBGE tem projeções de longuíssimo prazo, segundo as quais, em 2050, seremos cerca de 238 milhões, dos quais 52 milhões (cerca de 22%) terão mais de 60 anos. Nessa ocasião o crescimento populacional terá praticamente estacionado, e a expectativa de vida será de 73,6 anos (contra 68,5 hoje).

As coisas podem acontecer mais rápido, nunca se sabe, mas mesmo se aceitarmos a conclusão de que a participação da população idosa sobre o total dobrará novamente em algumas décadas, o Brasil ainda seria uma nação relativamente jovem em meados do século XXI, quando comparada com o resto do mundo. Para a média dos países desenvolvidos, hoje, a população idosa já superou 20% do total, devendo chegar a 31% em 2030. Para esse universo de países já se falava em uma "crise" em decorrência do envelhecimento da população no começo dos anos 1990; foi essa a linguagem de um famosíssimo relatório do Banco Mundial de 1994, que previa o colapso para os sistemas de previdência social e saúde pública naqueles países. As nações "jovens", naquela altura, deviam se prevenir reformando seus sistemas antes que fosse tarde demais e as mudanças na demografia os destruíssem.

Com efeito, tentamos mitigar o problema durante os últimos anos, mas as resistências encontradas à idéia de se reformar a previdência foram imensas. Vejamos o tamanho do problema.

O INSS tem cerca de 33 milhões de contribuintes e cerca de 20 milhões de pensionistas. O total de benefícios pagos em 2000 atingiu R$77 bilhões, e o déficit foi da ordem de R$17 bilhões. Nos regimes previdenciários de funcionários públicos a despesa com benefícios para 2002 está sendo estimada em uns R$50 bilhões, dos quais as contribuições de participantes deverão cobrir uns 20%, deixando para o restante da sociedade um prejuízo de uns R$40 bilhões ou mais.

Segue-se desses números que o nosso sistema previdenciário pode até melhorar a vida dos idosos pobres em termos absolutos, mas quando considerados os funcionários públicos aposentados, e estamos falando das três esferas de governo, o que temos é uma extraordinária máquina de manutenção e mesmo ampliação da desigualdade: a relação entre os rendimentos do trabalhador no setor privado e o do setor público muito provavelmente piora após a aposentadoria.

É ingênuo atribuir esse estado de coisas à informalidade ou à sonegação. Vamos lembrar que tem gente acredita que para cada Real pago em impostos há outro sonegado, de tal sorte que a carga tributária no Brasil poderia ser de 68% do PIB, e não apenas de 34%, imaginem só. A realidade é que a informalidade é alta, com evidentes prejuízos para o INSS, porque os encargos não-previdenciários são muito altos, como o FGTS, as contribuições para o sistema "S" e o "custo Justiça do Trabalho". Digamos que a "base contributiva" para a formação de poupança para fins de previdência está sendo usada para outros fins, meritórios, vá lá, mas outros fins.

De toda maneira, nada disso explicaria o desequilíbrio que se observa na previdência do setor público. Nesse terreno não há nem informalidade, nem sonegação e tampouco explicações satisfatórias para o absurdo que vivemos. Numa conta aproximada, se tomarmos o prejuízo dos dois sistemas e perguntássemos a um atuário qual seria o custo de se transferir essas obrigações para um fundo de pensão, ou de quanto seria o aumento na dívida pública necessário para honrar essas obrigações, a resposta seria algo da ordem de um PIB inteiro (um trilhão de reais), quem sabe mais. Tecnicamente, portanto, nossa dívida pública, *latu sensu*, é o triplo ou mais do que hoje admitimos. E dívida hoje é imposto amanhã.

(*Veja*, 05.06.2002)

NEOLIBERAIS NATURALIZADOS

São irrepreensíveis as intenções do governo do PT quando o assunto é a reforma da previdência, ao menos em seu primeiro ano. A experiência internacional sugere caminhos mais ou menos conhecidos, e o que tem sido aventado pelo governo está mais ou menos em linha com essa sabedoria. Só não há mais clareza sobre a natureza exata da reforma que governo quer porque, de um lado, existe o desejo de se deflagrar algum processo amplo de consulta, cujo resultado é difícil de antever, e, de outro, os pontos de vista das lideranças do PT sobre o tema parecem estar ainda em transição.

Muitos países têm problemas com a previdência, quase todos em razão do envelhecimento da população. Não é bem o nosso caso ainda, como visto anteriormente. Nosso problema previdenciário não tem propriamente que ver com demografia, mas com sociologia, ou, mais precisamente, com privilégio. Ou melhor, tem a ver com a espantosa capacidade desta sociedade de conceder direitos a alguns cidadãos especiais e não a outros.

O INSS tem 20 milhões de pensionistas, e seu déficit é de R$17 bilhões. Os pensionistas do setor público não chegam a 2 milhões, e o déficit da previdência pública está perto de R$ 45 bilhões.

Esse absurdo distributivo vem sendo repetido há anos, e é um dos problemas que mais tempo e energia consumiu do governo FHC. Os progressos foram significativos, mas modestos diante do problema que ainda permanece e do desgaste que o assunto gerou.

O ministro da Previdência do governo Lula, Ricardo Berzoini, declarou que a reforma na previdência "não é só do governo Lula, mas dos governadores, dos prefeitos e do presidente a ser empossado em 2007" [*Exame*, edição 783, pág. 41]. Está correto o ministro, pois a situação está se agravando e as medidas corretivas, em vista de direitos adquiridos, levam tempo para se fazer sentir.

O presidente FHC dizia exatamente a mesma coisa, referindo-se ao presidente que seria empossado em 2003. Por ironia, esse presidente acabou sendo o líder do partido que mais trabalhou, inclusive na esfera judicial, contra essas mesmas reformas que agora apóia, e que, ademais, conclama o PFL e o PSDB a não transformar o problema, como diz o ministro Berzoini, "numa briga entre oposição e situação" (*sic*).

Tem razão novamente o ministro, o nosso parlamento devia eleger certos temas como suprapartidários, como amiúde ocorre no primeiro mundo. A pergunta é por que o PT, e o próprio ministro, um ativo parlamentar nessa última legislatura, não iniciou essa tradição quando teve a chance.

O fato é que, se o PT tivesse ajudado, os efeitos financeiros da reforma da previdência pública estariam se materializando de forma mais importante a partir de agora, de modo que o presidente eleito teria muito mais recursos, por exemplo, para o seu programa contra a fome. A miopia em prejudicar o governo FHC a qualquer custo acabou tendo efeitos perversos a médio prazo que atingiram o próprio míope, agora aparentemente curado por regressão espontânea da patologia.

De toda maneira, não vamos ser deselegantes em repisar esse passado que o PT quer que seja esquecido, pois não se deseja que o PT seja coerente, mas inteligente ou, ao menos, pragmático. Não se pretende enfraquecer, tampouco qualificar, as convicções do presidente eleito sobre a reforma da previdência. Estamos todos no mesmo barco. Para quem se incomoda, é interessante usar a imagem de um estrangeiro naturalizado que, simpaticamente, gosta de repetir que é mais brasileiro do que nós porque escolheu sua nacionalidade. De fato, que importa o sotaque se a gramática é perfeita?

(*Veja*, 22.02.2003)

Privatização: velhas polêmicas e as PPPs

Privatização: as novas fronteiras?

O programa de privatização completou nove anos em 1999, durante os quais foram vendidos ativos da ordem de R$71,2 bilhões e foram transferidas aos compradores dívidas de R$17,1 bilhões, perfazendo um impacto total sobre a dívida pública de R$88,3 bilhões. Esse programa, que já é o maior do mundo, nos ajudou um bocado a reduzir o déficit público e consolidar a estabilização, independentemente de seus efeitos setoriais.

As empresas estatais eram, e continuam sendo, uma influência perniciosa sobre as finanças públicas por quatro bons motivos: (i) em média, dão prejuízo e pagam poucos impostos; (ii) exigem aportes do Tesouro para fazerem investimentos, os quais, quase sempre, fazem pela metade; (iii) quando dão lucro, a taxa de retorno é pífia, especialmente se comparada ao custo dos recursos, ou seja, ao custo da dívida pública; e (iv) invariavelmente são focos de geração de obrigações previdenciárias e trabalhistas muito além do que conseguem custear a partir dos beneficiários, ou seja, estão repletas de passivos ocultos e "direitos" adquiridos pelas corporações.

Quando a privatização tem início, o primeiro efeito sobre as contas públicas é negativo: é preciso sanear a empresa, assumir dívidas e reconhecer passivos a fim de tornar positivo o patrimônio da empresa, que deve ficar num tamanho que guarde coerência com sua geração de caixa futura. Mas no momento seguinte os efeitos fiscais ficam positivos e fortes. Infelizmente, há poucos estudos sobre o "antes" e o "depois" da privatização. No tocante aos efeitos sobre as finanças públicas, um exemplo individual é bem ilustrativo: a Companhia Siderúrgica Nacional (CSN), privatizada em 1993 no governo Itamar Franco, investiu cerca de R$ 256 milhões anuais no período 1993-97, contra R$65 milhões em média por ano para o período anterior à privatização (1985-92). A empresa tinha um prejuízo médio anual de R$1,0 bilhão em 1985-92, a passou a ter um lucro anual médio de R$232 milhões. Pagava cerca de R$128 milhões anuais de impostos antes da privatização, passando a R$208 milhões anuais depois de privatizada. A CSN foi vendida por cerca de R$1,2 bilhão, provocando também cancelamento de dívidas nesse mesmo valor. O valor da venda corresponde a um pouco mais de 2% das receitas totais da privatização, de modo que, se imaginarmos que o restante das empresas privatizadas experimenta o mesmo tipo de reviravolta em seus resultados, os efeitos fiscais da privatização terão de ser muito significativos para as contas públicas nos próximos anos e em todas essas dimensões.

E a melhor notícia é que o processo está ainda pela metade. Na verdade, é possível dizer que a privatização entrou numa nova fase quando começou a trabalhar com serviços públicos, especialmente eletricidade, telecomunicações e saneamento. Nessas novas áreas é de se esperar que se observem os mesmos efeitos financeiros e fiscais acima aludidos, e se tenha em conta uma nova e importante prioridade: o consumidor. Por isso três tipos de providências têm sido tomadas: (i) o estabelecimento de compromissos explícitos das empresas no tocante a investimentos e atendimento ao público, mesmo que em detrimento da rentabilidade da companhia e, conseqüentemente, do preço de venda; (ii) a geração de competição entre os prestadores de serviços, notadamente na telefonia e na eletricidade; e (iii) as agências reguladoras destinadas a dar vazão à recém-descoberta disposição do consumidor para reclamar. Note-se que, antigamente, ninguém tinha disposição para se queixar dos serviços sabendo que, do outro lado da linha, estava um funcionário público sem recursos e sem paciência.

De toda maneira, o processo é mais complexo quando envolve serviços públicos, e será especialmente difícil quando envolver também questões ambientais, de saúde pública e de divergências quanto à identidade do poder concedente, como no caso do saneamento. O investimento em grande escala em saneamento, que apenas a privatização poderá permitir, além de melhorar as finanças públicas e melhor atender ao consumidor, como acima descrito, reduz a incidência de doenças provocadas pela péssima qualidade da água que entra em nossas casas. Melhora também, é claro, a administração dos recursos hídricos e do meio ambiente. Por que então essa hesitação toda nesse assunto? Por que é que políticos tidos como progressistas andam resistindo à privatização do saneamento?

O maior de todos os problemas, no saneamento como na eletricidade, é político. Na ausência de bancos estaduais e de recursos orçamentários, as autoridades estaduais e municipais (e não vamos excluir do problema os Ministérios setoriais federais) não mostram disposição para livrar-se de companhias que têm grande utilidade política: (i) como cabide de emprego e de preservação de corporações; (ii) como financiadora de seus controladores por meio de mecanismos nem sempre ortodoxos; (iii) como geradora de obras eleitoreiras e clientelismo eleitoral; (iv) como instrumento de demagogia no manejo das tarifas; e (v) como instrumento de chantagem política contra o governo federal.

Temos assistido a muitas resistências ao avanço da privatização, em casos como Furnas, Chesf e também no caso da Cedae, Sabesp e outras companhias de saneamento. É preciso ter clareza de que, diante dos resultados dos primeiros nove anos do programa de privatização é muito difícil dizer que não existem grandes vantagens financeiras para quem privatiza, para a saúde da empresa privatizada e para quem usa os serviços dessas empresas. No caso do saneamento, melhora também a saúde do usuário e do meio ambiente.

O que é que está pegando então?

(*OESP* e *JB*, 29.08.1999)

A Cedae, um drama carioca

O episódio recente de vazamento de óleo na baía de Guanabara reviveu um antigo e curioso problema de jurisdição para as bobagens da administração pública. A recuperação ambiental, de responsabilidade da Petrobras, se limita aos danos causados pelo óleo. Os coliformes fecais abundantes no local, de responsabilidade da companhia de saneamento do estado do Rio de Janeiro – a Cedae –, terão seus direitos adquiridos preservados.

É provável que os milhares de vazamentos de esgotos que há anos impiedosamente maltratam a baía de Guanabara já tenham causado mais estragos que as poucas horas de óleo que a Petrobras nos serviu. Mas como o dano desses esgotos é feito aos bocadinhos, e a responsável é uma empresa estadual falida, o nível de reclamação é pequeno. De que adianta reclamar ou mesmo processar? Mesmo depois do estouro do emissário submarino em Ipanema, e da mortandade de peixes na Lagoa Rodrigo de Freitas, e das algas venenosas na Lagoa de Marapendi, o povo carioca exibe para com a Cedae, responsável por tudo isso, uma tolerância apenas comparável à que tinha com a extinta Telerj. Como a incompetência da Telerj era testada e conhecida, o carioca divertia-se com o assunto, produzindo piadas em vez de se aborrecer.

Pois bem, bastou a Telerj ser privatizada, mudar de nome e administração, que a postura mudou totalmente. A despeito do aumento extraordinário nos investimentos feitos pela nova companhia, a Telemar é líder de queixas no Procon; agora que reclamação funciona, o carioca exercita o seu *jus sperniandi* com o mais genuíno e merecido senso de vingança. Foram, afinal, muitos anos de maus-tratos, de telefones mudos e "corretores" cobrando até US$5 mil por uma linha. Por isso mesmo prevalece uma certa má vontade para com a companhia, e perde-se a clareza sobre o quanto as coisas melhoraram com a privatização.

Mas voltando aos coliformes fecais, a responsabilidade, convém repetir, é da companhia estadual, que está em péssima situação financeira, é a campeã mundial de incorporações salariais, não tem recursos nem para pagar suas contas, quanto mais para investir, e opera em regime de caixa único com o Estado. A única coisa sensata a fazer com essa companhia é privatizar, antes que acabe, talvez até sem ônus para o comprador, dependendo dos compromissos de investimento e de recuperação ambiental que se puder empurrar ao concessionário. De que tamanho é o passivo ambiental dessa companhia? Qual o valor da multa (que, aliás, é federal) para quem estraga quase todas as praias e lagoas do Rio de Janeiro? Um, dois, cem bilhões? Se houver privatização, e o Estado ficar com essa conta (que lhe pertence de direito), a União vai perdoar? O carioca vai perdoar?

Em fins de 1998 a Cedae quase foi vendida para a Lyonaise des Eaux, uma das maiores do mundo no setor. A Assembléia Legislativa estadual e o governador recém-eleito (Anthony Garotinho), hoje no exercício do mandato, fizeram de tudo para impedir a venda e conseguiram. Dois anos e vários desastres ambientais depois, o carioca pode perfeitamente se perguntar como teria sido: os franceses, cuja competência é reconhecida mundialmente, mas desconhecida aqui, teriam feito melhor que a Cedae, a cuja incompetência estamos submetidos e acostumados?

O drama carioca se repete Brasil afora. A falta de investimentos no setor se deve aos problemas fiscais que existem nas três esferas de governo. Não há mágica nesse terreno: quem tem recursos para investir no setor é a iniciativa privada. Os Estados e municípios precisariam entender que a privatização do saneamento não é uma questão político-ideológica, mas um problema prático, de saúde pública e de natureza ambiental.

(*Veja*, 12.04.2000)

Mané Garrincha e a privatização

Depois de mais de 120 privatizações, já era para termos aprendido alguma coisa sobre avaliação de empresas, a começar por um ensinamento que vem do grande Mané Garrincha, que não sabia nada de privatização, mas entendia como ninguém de outro jogo de características interativas. Seu famoso comentário sobre os russos (sobre a conveniência de combinar com o adversário) é preciso quando se trata dessa arenga sobre o valor das empresas a privatizar. Pouco importam as idiossincrasias e obsessões do treinador-vendedor, o nacionalismo mineralógico, o amor à camisa e aos símbolos nacionais. O que conta é o fluxo de caixa descontado conforme visto pelos russos, ou seja, por sua excelência o comprador.

Por isso mesmo, quando um desses zangados economistas do PT, ou um Tribunal de Contas, afirma que houve "erro" na fixação do preço mínimo, e portanto "lesão ao patrimônio público", me ocorre que essa gente não reparou em 120 casos em que aconteceu o mesmo fenômeno: como a venda se dá num leilão aberto, se o preço de avaliação é baixo, o ágio corrige. Se for alto, não dá negócio.

O que efetivamente garante a venda em condições de mercado é o leilão. Em razão disso, o processo de avaliação, e toda a longa e tortuosa liturgia de editais e audiências que o acompanha, tem a exata importância de um sacrifício ritual aos deuses da conveniência burocrática. O preço mínimo deveria ser fixado por algum critério acaciano, barato e rápido. Afinal, trabalho mesmo tem o BNDES, que coordena as ações do Tesouro, da Receita e dos Ministérios setoriais para os chamados "ajustes prévios", vale dizer, a faxina que, em geral, transforma uma empresa de patrimônio líquido negativo em algo que um avaliador externo poderá então dizer que tem certo valor.

Cada uma das privatizações federais teve pelo menos duas avaliações (os famosos serviços A e B), cada qual envolvendo uma licitação com seu edital, seus prazos, recursos e contestações, ao final levando a contratos na faixa de um milhãozinho ou dois, ou bem mais, dependendo da situação. É o preço que se paga para termos uma certeza dupla, cara e possivelmente redundante de que as empresas não serão vendidas por preços indevidamente baixos.

Em muitos casos, o trabalho é uma espécie de "conta de chegada" em que o avaliador trabalha para chegar ao preço mínimo desejado pelo vendedor. Em outros casos, como o dos bancos, não há razão pela qual um avaliador externo seja mais bem capacitado que o próprio Banco Central. Afinal, é o próprio BC que supervisiona esses bancos e faz os "ajustes prévios" que os deixam acima da linha d'água, prontos para os avaliadores.

Além do Banespa, que já teve suas duas avaliações, cinco outros bancos estaduais federalizados estão na fila para avaliação e privatização: os do Amazonas, Ceará, Santa Catarina, Maranhão e Goiás. É possível que o BC tenha de publicar, portanto, como manda a lei, dez editais para a contratação dos serviços A e B para cada um deles, embora o BC já tenha uma idéia boa sobre o valor patrimonial desses bancos. Lei é lei, e, enquanto não introduzirmos métodos mais simples para a fixação do preço mínimo, não há outra maneira de fazer.

Pior de tudo é que é muito difícil saber que preço vai sair, afinal, no leilão, pois esse é um tipo de avaliação impossível de fazer. Trata-se aí de saber a opinião do mercado sobre o valor da empresa, e isso só é possível saber *in loco*. As surpresas foram muitas no decorrer desses anos, apenas confirmando que as avaliações, por mais científicas, não chegam ao coração dos russos. O mercado de ações, assim como o ofício do nosso Mané, é uma caixinha de surpresas. Quem sabe dizer por que as empresas da variedade "pontocom" são avaliadas pelo mercado a preços tão mirabolantes? Ou por que o Banestado saiu a 1,6 bilhão de reais e o banco do Maranhão não tem comprador, a 90 milhões?

O ponto é que, se os que ficam achando "erros" nas avaliações das empresas privatizáveis entendessem mesmo do assunto, estariam milionários em Wall Street, e não aqui, atrapalhando o processo.

(*Veja*, 25.10.2000)

Palavras com P

Se o governo do PT for bem-sucedido em usar seu primeiro ano para os "males necessários", aí incluídos o fim da inflação e a reforma da Previdência, terá feito uma aposta inteligente em que poderá reservar todo o restante da administração para seguir a sabedoria florentina de fazer o bem aos poucos e por período prolongado. Será necessário controlar ansiedades e, principalmente, ter sucesso em promover o crescimento, processo que nada tem de pacífico.

Com efeito, o país está prenhe de progresso há muitos anos, mas parece tropeçar nas palavras, quando se trata de definir o "novo modelo". Com o propósito de esclarecer as preliminares para o crescimento, o que se segue tem a forma de um pequeno dicionário, com verbetes, muitos com P, relevantes para o problema.

1. "Primário". O leitor que ouve a expressão "superávit primário" pode ter a falsa percepção de que o governo tem uma sobra de dinheiro e não gasta porque não quer. Errado. O superávit primário, de 4,5% do PIB, em 12 meses, é o produto das contas do governo *excluindo juros*. É um artificialismo contábil, sem o qual temos déficit, e grande, 4,8% do PIB. Perde-se muita precisão com o amplo uso do conceito do "primário". Note-se que seria fácil propor, por exemplo, um superávit "principal", que exclui o resultado da Previdência, ou o "primordial", que não inclui os investimentos, ou o "proporcional", que aparta as despesas com pessoal. Todos teriam algum propósito, mas, na verdade, seriam apenas palavras com P com o fito de engabelar. O número que realmente conta, despesa menos receita, sem truques, tudo incluído, é o déficit sem "p", o nominal: aproximadamente R$63 bilhões nos últimos 12 meses.

2. PIB. A despeito de o governo dar um prejuízo desse porte, todo ele coberto com novo endividamento público, a dívida pública como proporção do PIB está parada, ou mesmo caindo, graças, em boa medida, ao bendito denominador. O leitor com pendores matemáticos notará que algo está errado, pois o denominador não está crescendo. Procede, mas a conta é feita com o PIB nominal, o qual, ainda que parado em termos reais, cresce com a inflação.

3. Penúria. Afastados os truques acima explicados, a conclusão é que o setor público não tem dinheiro para investir, e a penúria é invariante a mudanças no conceito de déficit: qualquer aumento de despesa gera mais dívida, não importa se a nova despesa seja financeira ou de investimentos em saneamento.

4. Investimento Privado. O total do investimento, público e privado, feito no Brasil deve andar por volta dos 16% do PIB, menos da metade do que se observa nos países emergentes da Ásia. Não há outra explicação para o baixo crescimento no Brasil. O que ainda não foi inteiramente percebido é que, como o governo permanece em estado de penúria, caberá ao setor privado responder pela diferença. A técnica para provocar o investimento privado é um tanto diferente do que muitos imaginam: a vontade política não é relevante, e a vontade privada é caprichosa.

5. Privatização. A mais maldita das palavras com P continua a fazer muito sentido na medida em que se trata de transferir responsabilidades de investimento para o setor privado, processo este amplamente bem-sucedido em setores como siderurgia e telefonia. Mas pode ser mais difícil em outros setores em que interesses públicos e privados podem estar em conflito, mas novas possibilidades precisam ser pesquisadas.

6. **Parceria público-privada (PPP).** O tema tem sido muito discutido, mas ainda não há muita clareza sobre o seu significado, que pode perfeitamente ser apenas privatização prudente, por partes, pactuada, ou apenas petista. O setor privado desconfia, porque a hostilidade para com as agências reguladoras, ou para com os indexadores dos contratos de concessionários, para não falar em problemas em nível estadual, fez crescer a importância de duas palavras com R: risco regulatório.

Moral da história: o crescimento tem a natureza de um palíndromo: um verso, palavra ou problema – falta de dinheiro – que tem o mesmo sentido quer se leia da esquerda para a direita, ou da direita para a esquerda.

(*Veja*, 25.06.2003)

PARCERIAS COMPLICADAS

A lógica econômica da privatização nunca foi difícil de entender. A família tem dívidas altíssimas, rendas muito disputadas pelos parentes e diversos bens, a maioria dando mais despesa do que rendimento. Vender alguma coisa para quitar dívidas ajuda a melhorar as finanças familiares, mas não resolve tudo, especialmente se a família não controlar sua vocação para gastar. Por isso mesmo a família adota, um tanto tardiamente, é verdade, uma diretriz, conhecida como Lei de Responsabilidade Fiscal (LRF), que, encurtando a história, tira os cartões de crédito e os cheques especiais de todos os seus membros.

É nesse contexto que se apresenta o seguinte problema: a família tem alguns terrenos de baixo valor comercial em que está obrigada a fazer investimentos, para os quais não tem dinheiro. Ela já se endividou em tudo o que podia. A solução mais sensata para transferir essa responsabilidade é vender, ou arrendar, o terreno, talvez por preço simbólico, exigindo em contrapartida que o comprador assuma obrigações como a de investir no terreno, a de "universalizar" os serviços ali proporcionados, a de cobrar tarifas razoáveis – e a de devolver o terreno com as benfeitorias depois de algum tempo.

Quando o terreno é bom a ponto de permitir que o operador privado ganhe dinheiro cumprindo todas essas obrigações, a solução mais simples (e já pronta) é a privatização. O problema está, todavia, nos casos em que a exploração privada dá prejuízo. São as situações nas quais o preço do terreno (juntamente com as obrigações para quem o compra) é negativo, ou seja, a família tem de pagar ao empresário para que ele assuma o terreno. Aqui as privatizações são impossíveis, e as parcerias público-privadas – as PPPs – se apresentam como solução. Os problemas, contudo, são muitos.

O primeiro é que as PPPs não competem com as privatizações. São complementares a elas, e não devem ser usadas como pretexto para interromper privatizações e respectivos investimentos em áreas em que tudo está pronto. O segundo é que as dificuldades regulatórias existentes, por exemplo, no saneamento e na eletricidade inviabilizam tanto privatizações quanto PPPs. O terceiro tem a ver com os preços que o governo pagará: se nas privatizações era comum o questionamento dos preços mínimos de venda, mesmo se tratando de avaliações relativamente simples, imaginem como será no caso dos pagamentos feitos pelo poder público em projetos de PPP.

O quarto problema é o da personalidade jurídica do arranjo. Na privatização fica muito claro onde acaba o setor público, onde começa o privado. As PPPs estão no meio do caminho, e não existe um empreendimento "meio público", assim como não existe "meia gravidez". Ao afastar, em certos procedimentos, os rigores e impedimentos da administração pública, a lei das PPPs enfrentará dificuldades conceituais e caminhará sobre gelo muito fino. Talvez nem mesmo encontre o equilíbrio entre o "público" e o "privado".

Um quinto problema, mais rasteiro, é o que vem sendo debatido pelo senador Tasso Jereissati e pelo ministro do Planejamento, Guido

Mantega: como a parceria pode levantar dinheiro. Se a família for a devedora, garantidora ou avalista, estaremos ferindo a LRF. Se, todavia, o empresário "securitizar" ou ceder o que tem a receber da família para um banco, o que a lei prevê expressamente, é menos claro que está havendo "endividamento público". O senador, e também o Tesouro Nacional, acha que sim. O ministro diz que se trata de "despesa de caráter continuado", prevista no artigo 17 da Lei de Responsabilidade Fiscal. Paga-se prestação, mas não há dívida.

No sistema de contabilidade adotado nos EUA e pelas empresas brasileiras que têm suas ações negociadas em Nova York, esse tipo de despesa "recorrente" é contabilizado como dívida. A contabilidade dos governos deveria ser até mais rigorosa que a das empresas privadas "globalizadas", ou não? Os problemas são difíceis, mas não insuperáveis. E começarão a se resolver na medida em que se abandonar a ilusão de que as PPPs serão uma solução mágica para o investimento em infra-estrutura.

(*Veja*, 21.07. 2004)

Universidades, reforma agrária, tarifas, serviço público e o Judiciário

Reforma agrária: novos caminhos

A reforma agrária é um problema antigo, e cujo tratamento, até recentemente, envolveu mais paixão que objetividade. No modelo que vamos chamar de "antigo" de reforma agrária, a figura central era a desapropriação (que, aos olhos de muitos, deveria ser expropriação mesmo) do latifúndio dito improdutivo mediante indenização de caráter essencialmente punitivo. A condenação moral da estrutura fundiária era confundida com a questão da redenção do homem do campo, e a partir daí surgia a idéia equivocada de que a estatização da terra encerrava o problema.

As premissas desse modelo eram, evidentemente, falsas, e suas conseqüências terminaram sendo nefastas. Primeiro porque o governo (o Incra) acabou se tornando um grande proprietário de terras para as quais não tinha uso, ou não tinha como prepará-las para o uso daqueles que poderiam e deveriam delas tirar proveito.

Segundo porque a idéia de indenizações punitivas acaba invariavelmente se esboroando na Justiça, onde os proprietários iam buscar um valor justo pelo bem expropriado e, com enorme freqüência, conseguiam bem mais que isso: conta-se que as indenizações definidas na Justiça têm sido, em média, cinco vezes maiores que as originais.

E terceiro porque o problema maior não era e não é o de retirar a terra do latifundiário, mas o de reconstruir uma atividade economicamente sustentável a partir daquela terra.

O governo FHC mudou muitos conceitos sobre reforma agrária, gastou cerca de 1% do PIB com ela e assentou uma média recorde de 72 mil famílias por ano. Não se deve esquecer que o maior de todos os impulsos para esse desempenho foi o fato de o preço de terra ter despencado cerca de 60% em função do Plano Real, o que eliminou a demanda pelo ativo terra como defesa para uma inflação descontrolada. E, mais interessante, com a queda do preço da terra, encolheu na mesma proporção a importância política do latifúndio.

É provável e desejável que o programa continue a consumir recursos públicos para sua continuação pois, como o Ministério da Reforma Agrária tem repetido à exaustão, o grande desafio do programa agora é o do investimento "em cima da terra" que o governo, na verdade, já tem. Trata-se aí de construir a infra-estrutura de transportes e comunicações, fornecer o financiamento para o estabelecimento e para o capital de giro dos novos assentamentos e apoiar a integração dessas atividades na economia de mercado, ligando-as a outros empreendimentos na economia formal.

Para isso a limitação relevante é orçamentária: como qualquer um dos outros programas sociais do governo, a grande restrição é o déficit do setor público, e o fato de que não se pode imprimir dinheiro para resolver problemas sociais, pois a inflação recria os mesmos problemas que se quer eliminar. Assim sendo, a reforma agrária compete pelos recursos públicos com os juízes classistas, as aposentadorias especiais, as universidades públicas que não cobram matrícula dos filhos de gente rica, com o sistema "S" e seus prédios de mármore, perdão, granito, e com outros usos do dinheiro público que deveríamos repensar seriamente.

Mas não se trata apenas do dinheiro, e de melhor utilizar recursos escassos, mas também, e principalmente, da inclusão na economia de mercado. A reforma agrária não pode ser concebida de modo a criar um exército de agricultores dependentes (de subsídios) do governo para a sua existência. É essencial dar independência econômica aos assentamentos integrando-os ao resto da economia. Nesse caminho, os programas do governo têm se tornado mais e mais parecidos com as políticas tradicionais de crédito rural, apenas adaptadas ao tamanho e à natureza jurídica dos assentamentos. Sem dúvida, é um novo e realmente revolucionário capítulo nesta velha história.

Parte importante dessa nova construção é o Banco da Terra, o único "banco" estatal que o Banco Central ajudou a criar enquanto lá estive. Explica-se: o Banco da Terra não é um banco, é um programa de crédito, como, por exemplo, o Proex, que apóia as exportações com recursos orçamentários e oriundos dos retornos de financiamentos anteriores.

O Banco da Terra foi criado a partir dos recursos das contas bancárias não-recadastradas. O leitor deve lembrar que sucessivos esforços foram feitos para que os usuários de contas bancárias as recadastrassem, de modo a que o BC pudesse identificar "contas fantasmas". Verificou-se que, de fato, havia recursos de certa monta nesse tipo de conta, mas que havia também uma quantidade imensa de pequenas contas inativas de gente que era deste mundo mesmo, mas que apenas não prestou atenção no recadastramento, ou não lembrava das contas que possuía. Com o tempo, e ampliados diversas vezes os prazos para que as pessoas se apresentassem para reaver seu dinheiro, os R$780 milhões originalmente deixados em contas não-recadastradas resultaram em R$200 milhões destinados ao Banco da Terra. Uma curiosidade: houve uma Ação Direta de Inconstitucionalidade impetrada contra a MP que definiu a destinação dos recursos remanescentes em contas não-recadastradas (que incluía também um pedaço para as pequenas empresas) com base da violação do Direito de Propriedade. Os proponentes eram o PDT, o PT e o PC do B, e, vamos deixar claro, o dinheiro vinha, provavelmente, do narcotráfico e atividades afins. Felizmente, houve bom senso, e não houve liminar.

Um dos aspectos mais interessantes do Banco da Terra – e aqui me restrinjo ao aspecto financeiro – é que, se os financiamentos são feitos com base em contratos fidedignos, não importa o tamanho do subsídio, e se têm baixa inadimplência, existem retornos. O programa não é baseado em doação, mas em financiamento. E esse simples atributo coloca esse programa a meio caminho dos experimentos com microcrédito (os populares "bancos do povo") e a atividade tradicional de banco de fomento. O atrativo adicional reside no fato de os retornos permitirem securitização, ou seja, captação de mais recursos e alavancagem a partir dos recebíveis do programa, para não falar do imenso interesse de organismos internacionais e oficiais de outros países de apoiar um programa desse tipo.

O caminho natural do Banco da Terra é o de organizar-se juridicamente de forma sólida para poder desfrutar das tecnologias financeiras hoje disponíveis, por exemplo, para o Proex. Como existe uma política de crédito rural aplicada sob diversas modalidades, o Banco da Terra poderia, por exemplo, fazer operações de equalização de taxas de juros para todo o universo de operações de crédito rural feitas pelo Banco do Brasil. As possibilidades são imensas, mas é preciso não esquecer que, de qualquer jeito, custa dinheiro, e é preciso saber de onde ele vem.

Deve-se ter claro, por último, que o acesso a instrumentos creditícios de última geração, e todos os benefícios que isso poderá trazer para os 34 milhões de brasileiros no campo, apenas existirá se o propósito explícito do programa de reforma agrária for o de incluir essa população na economia de mercado, o que, como sabemos, não é exatamente o objetivo de muitos dos movimentos sociais envolvidos com o problema. Talvez por isso se compreenda a objeção genérica do MST ao Banco da Terra, bem como iniciativas como a Adin acima mencionada.

(*OESP*, 18.04.1999)

O ENSINO PAGO E O BOM GOVERNO

No tempo em que "governar era abrir estradas" o Estado não tinha maiores obrigações sociais, e o bom governo era aquele que fazia muita obra, mesmo que deixasse para trás uma montanha de dívidas e de esqueletos nos armários. Os tempos mudaram. De um lado, os programas sociais tomaram o lugar das estradas na retórica e na avaliação dos eleitorados sobre o "bom governo", de outro, não é mais possível ignorar restrições orçamentárias ou fingir que não vê a crise fiscal em que está imerso o setor público. Os governos, nos três níveis, estão endividados e onerados com custeios que não controlam, pela via de vinculações de receita e pelos gastos de outros poderes. E a economia privada, por seu turno, se vê saturada de pagar impostos para sustentar um Estado que resiste em caber dentro das possibilidades que a sociedade lhe impõe. Para o restante deste milênio, e para o próximo, o "bom governo" será aquele que conseguir muito com pouco, ou que inventar fórmulas inovadoras de financiar o gasto social.

É nesse contexto que deve ser pensada a questão relativa ao pagamento de mensalidades pelos alunos das universidades públicas. A gratuidade do ensino superior está na Constituição, e não precisava estar. Não faz sentido absolutamente nenhum isentar de quaisquer pagamentos aqueles que estudaram a vida inteira em colégios particulares, adquiriram condições privilegiadas de competir por uma vaga na universidade e podem perfeitamente pagar os seus estudos. As universidades federais custam R$6,2 bilhões anuais (1997) para 442 mil alunos, 404 mil dos quais de graduação, ou seja, R$14,1 mil *per capita*. Pesquisas mostram que cerca de 60% dos alunos pertencem às classes A e B, proporção que deve ser maior em São Paulo, e menor no resto do país. As estimativas para a receita que se poderia obter da cobrança de mensalidades são muito variáveis. Se 70% dos alunos puderem pagar um salário mínimo mensal, chega-se a R$505 milhões anuais. Há cálculos extra-oficiais do próprio MEC que levam a R$1,6 bilhão.

Pode-se dizer que, no caso de uma cifra intermediária, a cobrança de mensalidades não iria salvar a lavoura porque cobriria "apenas" 16% do orçamento das universidades. É pouco? De jeito nenhum. E pode-se enxergar o assunto por um outro ângulo: é ridículo a sociedade brasileira dar um subsídio desse tamanho, ou *qualquer* subsídio, aos filhos das famílias abastadas.

Os argumentos a favor da continuação da gratuidade do ensino superior são variados. Um professor da UFRJ diz que é um "direito inalienável de qualquer cidadão". Um pró-reitor da USP diz que o que se poderia arrecadar seria "irrisório no orçamento de uma universidade como a USP". Outros, em quantidade, escapam do assunto com palavras de ordem contra a suposta "privatização" das universidades (!) e alusões rancorosas ao neoliberalismo. Por paradoxal que pareça, essas posturas são condizentes com o que o professor José Artur Gianotti chamou de "o *lobby* dos filhinhos de papai".

A questão pode ser resolvida com uma modificação muito simples no artigo 206 da Constituição, que passaria a ter um parágrafo único mais ou menos assim: a Lei disporá sobre a participação do Poder Público e dos estudantes no custeio do ensino superior, observados os princípios da capacidade contributiva, da justiça social e da melhoria da qualidade do ensino. Exatamente como proposto pelo Senador Edison Lobão (PFL-MA) na PEC 14/1997. Essa lei ordinária pode definir critérios específicos e remeter às próprias universidades a competência para definir os montantes precisos.

Por fim, acho que existe certo exagero nas percepções sobre a "impopularidade" da cobrança de mensalidades dos estudantes universitários de famílias de classes A e B. Acho que se subestima o amadurecimento da opinião pública em questões atinentes às finanças públicas. Como todas as outras reformas desse governo, trata-se de beneficiar maiorias em detrimento de minorias às vezes estridentes mas sempre bem articuladas. O Brasil já está maduro para esse assunto.

(*OESP* e *JB*, 20.06.1999)

Capital humano e universidade pública

Anos atrás, quando alguns economistas da Universidade de Chicago inventaram a "Teoria do Capital Humano" com o propósito de explicar o papel da educação para o desenvolvimento econômico, o Brasil estava mergulhado em uma enorme controvérsia em torno da distribuição de renda. O governo militar tinha sua "teoria do bolo" e também a idéia de que investir em capital físico (grandes obras) era mais produtivo que investir em gente. Na época, de fato, as concepções dominantes sobre desenvolvimento econômico (não apenas em Chicago mas também na Cepal) apontavam para a formação de capital como o coração do processo: era uma época em que o desenvolvimento brasileiro era veloz, e tinha lugar através da mobilização forçada de recursos comandada pelo Estado, viabilizada pela autarquia e financiada pela inflação.

A Oposição tinha diversas teorias sobre o caráter perverso ou concentrador do modelo econômico e, curiosamente, dava pouca importância à inflação, ao protecionismo e à educação. Mas o debate assumiu grande importância política: tratava-se de diminuir os resultados do "milagre econômico" apontando para seus custos e para a necessidade de Democracia. Nessas condições, as novas teorias apontando a relação entre escolaridade e rendimentos, que permitiam que se atribuísse a desigualdade, ao menos em parte, aos gargalos educacionais, não foram bem recebidas.

Os tempos mudaram, e as previsões daquelas teorias, já não tão novas, nem tão ingênuas, foram absorvidas na profissão e hoje parecem amplamente dominantes. Existe sim uma estreita correlação entre escolaridade e rendimento do trabalho, que permite que se diga que a desigualdade tem tudo que ver com as oportunidades educacionais, as quais, no Brasil, são de fato assimétricas.

São inúmeras as pesquisas a mostrar que o aumento de renda que se obtém quando o trabalhador avança um degrau em escolaridade é tão significativo que é capaz de ensejar afirmativas do tipo: "a taxa de retorno em educação é altíssima", ou "o retorno sobre o investimento em capital humano é muito maior que o que se obtém em capital físico". Nos anos 1970, esse palavreado soava exótico, mas hoje, tendo em vista o crescimento explosivo das universidades privadas, não há nada de se estranhar. O sujeito trabalha durante o dia para pagar seus estudos à noite sabendo que a educação eleva seus rendimentos de forma muito significativa, tanto que ele aceita pagar caro pela mercadoria e as universidades privadas crescem explosivamente para atender a essa demanda, já alcançando a marca de dois terços das vagas existentes.

Essas observações me ocorrem a propósito do artigo recente do professor José Goldemberg (*O Estado de S. Paulo* de 21.09.1999), "Em defesa da universidade pública", no qual ele menciona o "ataque ... ao ensino público e gratuito" aludindo de forma vaga a "algumas autoridades governamentais imbuídas de ideologias e teorias que não se aplicam a países em desenvolvimento". É difícil identificar a quem ele se refere, e que idéias propriamente ele ataca. A defesa da universidade pública, tendo em vista seus ideais e sua singularidade, é feita de forma irrepreensível pelo professor, que não é propriamente um entusiasta das universidades privadas, guiadas pelo mercado e pelo lucro, e que não fazem pesquisa, e que não têm ideologia, finalidade nem missão, com as nobres exceções de sempre. Não obstante, o problema é que são essas universidades pagas (e caras) e sem maiores ideais que atendem aos pobres, ao passo que as universidades públicas gratuitas e de boa qualidade atendem quase que exclusivamente aos filhos das famílias ricas. Essa situação é absurda, pois faz com que a universidade pública se torne um instrumento a perpetuar a desigualdade.

O fato é que é difícil entender por que num país tão cheio de desigualdades os filhos das famílias ricas estudam de graça nas universidades públicas, e governo após governo, ninguém parece reunir coragem para atacar o problema. O ex-ministro Maílson da Nóbrega sempre lembra, a esse respeito, que Jarbas Passarinho, ex-ministro da Educação do governo militar, havia lhe afirmado que o assunto era tão complexo que a única maneira que ele via de se cobrar alguma coisa dos "filhos de bacana" que freqüentam as universidades públicas e gratuitas era através do estacionamento. Todos têm carro, basta cobrar por aí.

Na ausência dessas soluções, fica patente a incapacidade do sistema universitário público de elevar o número de vagas, especialmente à noite. Mas a realidade é que não há dinheiro público que chegue para manter o sistema universitário público como está, e menos ainda para elevar o número de vagas de modo a evitar que os alunos pobres caiam nas mãos dos "empresários do setor". A insistência na gratuidade do ensino condena a universidade pública à penúria de recursos, que são abundantes para financiar a expansão das vagas na rede privada. O ensino universitário está se privatizando sozinho, como lamenta o professor Goldemberg, porque a universidade pública não é capaz de gerar recursos para a sua expansão. Nesse contexto, é difícil entender as razões da defesa, às vezes apaixonada e irracional, do ensino universitário público gratuito. Trata-se de um subsídio, ou uma "renúncia fiscal", concedido às famílias ricas, que já foi estimado extra-oficialmente pelo MEC em R$1,6 bilhão anuais, algo em torno de 15% ou 20% do orçamento das universidades, ou cinco vezes o que se poderia arrecadar com um imposto sobre as grandes fortunas.

(*OESP* e *JB*, 26.09.1999)

O INDESEJÁVEL PODER DE AUMENTAR A GASOLINA

Aumentar o preço da gasolina, ou da eletricidade, sempre foi uma dor de cabeça para qualquer governante. Todo mundo reclama, e por mais necessários que sejam os aumentos, os únicos defensores acabam sendo os suspeitos de sempre, os insensíveis técnicos da área econômica.

Na época da hiperinflação, os aumentos nos chamados "preços públicos" eram grandes e freqüentes, como eram os aumentos de todos os outros preços. E se os ajustes nas tarifas públicas demorassem dois, três dias, uma semana, já tínhamos uma defasagem de 10%, 15% ou 20% que gerava prejuízo considerável nas empresas públicas. O presidente Itamar Franco distinguia-se, nesse assunto, pelo mau humor com que recebia os pleitos da área econômica para aumentos na gasolina ou na eletricidade. Para quem não se lembra, pelo menos dois dos seis ocupantes do Ministério da Fazenda durante o ano e meio no qual Itamar foi presidente tiveram suas demissões associadas a encrencas com aumentos de tarifas públicas.

Nessa ocasião o presidente procurava ficar "ao lado do povo" e contra a "carestia" que sua própria assinatura provocava. O presidente se sentia dividido e contrariado. Irritava-se com a forma do anúncio, ou qualquer pequeno detalhe que lhe parecesse deslocado. Os preparativos para levar o assunto ao presidente eram extremamente cuidadosos, pois o mensageiro poderia ser atirado pela janela, junto com a proposta de decreto, como de fato ocorreu, mais de uma vez.

Mas o tempo passou, a inflação caiu a níveis internacionais e as tarifas públicas deixaram de criar problemas. Com o petróleo barato, o câmbio sob controle e a privatização mudando a lógica da fixação de tarifas de eletricidade, muitos anos se passariam antes que, novamente, o presidente tivesse de se aborrecer com a velha maldição das tarifas. Primeiro veio a maxidesvalorização, que provocou reação imediata em contratos nos quais, por exemplo, as tarifas de eletricidade eram dolarizadas. As empresas concessionárias firmaram contratos desse jeito porque obtiveram financiamentos em dólar para fazer os investimentos requeridos nos termos da concessão. Evidentemente, as tarifas não precisavam ser vinculadas ao dólar apenas porque esse era o indexador do passivo da equação de financiamento das empresas. Mas se assim não fosse, o pretendente à concessão teria de buscar *hedge*, ou financiamento em reais, e sua operação ficaria mais cara, e portanto os preços que pagaria na privatização seriam menores. Desta maneira, o governo recebeu um benefício em dinheiro pelo fato de ter assinado contratos dolarizando as tarifas. Agora que resolveu desvalorizar, não pode se queixar.

Mesmo assim, o governo resistiu muito a cumprir esses contratos e fez o que pôde para impedir que as empresas concessionárias fizessem os reajustes a que tinham direito. As agências reguladoras eram pressionadas e a dolarização dos contratos, objeto de crítica. Nesse contexto, os reajustes atrasaram e assim acabou recriado um jogo que existiu durante muito tempo entre o Tesouro e as estatais: se os aumentos não vinham conforme as regras, a estatal lançava o prejuízo numa conta a ser saldada pelo Tesouro posteriormente. Ou seja, se o Tesouro quer dar subsídios à população, então que pague a conta, pois a concessionária não tem nada com isso.

Todas as estatais tinham esquemas parecidos para se defender da resistência dos governantes em aumentar as tarifas: a CRC (Conta de Resultados a Compensar) do setor elétrico e a "conta petróleo" da Petrobras eram os exemplos mais notáveis. Observe-se, por exemplo, que no caso da CRC o Tesouro *pagou* o saldo que lá existia contra ele, que vinha sendo apurado, sabe-se lá como, desde o Código das Águas de 1910. Um inesquecível "encontro de contas" do setor elétrico foi feito em 1993, e logo em seguida permitiu-se que os Estados abatessem a valor de face seus "créditos em CRC" das dívidas que tinham com o governo federal.

A privatização praticamente destruiu esses arranjos, sendo que o futuro dirá se concessionários privados terão a coragem de processar as agências reguladoras por retardar reajustes contratuais. Mas mesmo que não o façam, o estrago já está feito; o furo no fluxo de caixa vai se manifestar em investimentos a menor e em prejuízo para o consumidor. Isso vale para a telefonia, para a eletricidade, para as estradas e para o saneamento. Como as agências poderão cobrar o cumprimento das metas contratuais de investimento se não obedeceram aos dispositivos contratuais no tocante às tarifas?

A "conta petróleo" é um caso especial. Ela não difere das outras do gênero, mencionadas anteriormente, em um aspecto fundamental: seu funcionamento é uma caixa preta. Sabe-se que é um mecanismo para ressarcir a Petrobras se o Tesouro obriga a empresa a operar com preços "subvencionados". Mas como exatamente funciona pouca gente sabe. Todo mundo acha ótimo que a Petrobras consiga elevar a produção nacional, tirando petróleo das chamadas "águas profundas". Mas ninguém sabe bem quanto custa. Qual é o preço do barril de petróleo produzido dentro do país? Sabe-se que o custo variável é pequeno, mas e o custo fixo? E se apropriarmos o valor dos investimentos em tecnologia, em prospecção e na construção dos dispositivos para retirar o petróleo?

Como não sabemos esse preço, ficamos todos na dúvida sobre quanto devem custar os derivados do petróleo no mercado doméstico. Não é boa a regra que estabelece que os preços devem ser tais que o saldo da "conta petróleo" deve permanecer inalterado. Pois não sabemos bem o que tem na "conta petróleo", nem conhecemos bem os custos da Petrobras.

Essa é uma razão pela qual, quando sobe o preço no mercado internacional, fica-se na dúvida sobre o que fazer.

Na ausência de uma regras ficamos à mercê de "decisões políticas", o que é péssimo. Quando existe uma regra automática, os políticos podem colocar a culpa na OPEP e lavar as mãos, o que é muito mais confortável do que absorver o ônus de uma "decisão política" da qual não poderão escapar. Apenas os políticos muito, mas muito espertos percebem que é melhor não ter o poder de fazer certas coisas.

(*OESP* e *JB*, 15.10.2000)

O PIOR EMPREGO DO MUNDO

As posses festivas, com ares de entrega de prêmio, merecendo destaque na imprensa, tudo isso pode dar uma impressão errada aos novos ministros, secretários e dirigentes de empresas públicas. Terminadas as homenagens, verifica-se que as condições de trabalho são precárias, o salário ruim – com as exceções de praxe, difíceis de explicar – e a carga de trabalho massacrante.

Quem passou pelo serviço público sabe que são mínimos o tempo e o desprendimento para o sujeito pensar em novas e criativas maneiras de reinventar o Brasil. A rotina compõe-se de incêndios e desastres. Joga-se na retranca a maior parte do tempo, e quando se tem a iniciativa, nunca é possível agradar de forma unânime. De vinte decisões diárias, dezoito são respostas negativas porque não há dinheiro. O alto funcionário público, normalmente, coleciona desafetos em razão do contingente de descontentes e desatendidos. Se ele é popular, alguma coisa está errada.

De muitas maneiras, o emprego de alto funcionário público é um sacerdócio, porém pior, pois é exercido sob os olhares atentos da imprensa. O cidadão comum, tornado autoridade, transforma-se, do dia para a noite, numa espécie de âncora de noticiário. Não deve gaguejar, improvisar, nem correr riscos em temas polêmicos. Não pode mais andar sem camisa no calçadão, dançar nas festas, tomar umas e outras, xingar o motorista do carro que lhe dá uma fechada e escapar dos chatos alugadores nos aeroportos. Cedo se aprende que tudo na pessoa pública é deliberado, e que sua identidade é totalmente artificial e preparada para os fotógrafos. Não é falsidade, mas precaução. A patrulha é imensa e impiedosa. O sujeito definitivamente não pode tomar um gole de um Borgonha de cinco mil dólares, oferecido por um amigo. Receber presentes, com efeito, está a um passo da vilania: qual o valor máximo a partir do qual entramos no terreno da corrupção?

Muitas estatais reúnem suas diretorias, no fim do ano, para estabelecer o valor máximo de um presente de Natal. Já vi casos em que era permitida a garrafa de uísque, mas não a de doze anos, presente que teria de ser devolvido. Se essa fosse a distância entre a corrupção e a virtude, dizia um burocrata amigo, estávamos perdidos.

O alto funcionário não pode chegar em Brasília com uma mala Louis Vuitton, pois sempre haverá um engraçadinho a dizer que o adereço é incompatível com a função, nem ficar parado na rua com a mala, pois os fotógrafos vão trazer uma criança carente para posar a seu lado de mão estendida. Como reagir? Doar a mala para o Comunidade Solidária, aliás para o Fome Zero? Fingir-se indiferente ou indignado?

São tantas as armadilhas, que o sujeito deixa de pensar o que é razoável no vestir, usar e falar, mas no que o pior tipo de gente vai dizer. A malícia é uma indústria colossal, tal como revelada pelo consumo de notinhas venenosas. A vítima se acostuma a ler apenas os piores veículos exclusivamente para ver o tipo de lama que lhe atiram a cada dia. É difícil aferir o tempo desperdiçado na defesa dessas ferroadas. A irritação acaba instigando as pessoas a atacar de volta, sempre imaginando o beneficiado pela intriga, e para o regozijo da indústria da fofoca.

O alto funcionário vai contrariar interesses, e parlamentares representam interesses, e por conta disso vão desancar o funcionário da tribuna, ou vão requerer CPIs ou auditorias do Tribunal de Contas. O alto funcionário vai ser processado, não uma, mas várias vezes, pois infelizmente o Judiciário não consegue filtrar a litigância de má-fé, vale dizer, as ações de motivação unicamente política, ou com o propósito de denegrir. O funcionário logo aprende a sentir-se processado continuamente, e compulsivamente guarda tudo, cópias de todos os papéis, despachos, pareceres, notas, e não diz nada nem assina coisa alguma sem consultar um procurador.

Para quem genuinamente ama o Brasil, e quer melhorar as coisas, tudo isso acaba perdendo importância. Mas o fato é que, como país, não devíamos tratar tão mal as pessoas nas funções públicas.

(*Veja*, 18.12.2002)

O Judiciário e a economia

A economia e o direito são disciplinas cujo diálogo tem sido cada vez mais intenso, e já estava mais do que na hora. A era dos tecnocratas e "czares" acabou faz tempo, e sua agonia se deu nos "pacotões" que antecederam o Plano Real (Cruzado, Bresser, Collor etc.), nos quais assistimos a variadas espécies de agressões não apenas à teoria econômica (esta, coitada, apanha calada, não tem como reagir), mas também, e mais seriamente, ao nosso ordenamento jurídico, com as conseqüências que se conhece. O tamanho do contencioso gerado pelos "planos econômicos" anteriores ao Plano Real oferece uma boa medida do indesejável distanciamento entre as disciplinas e respectivos operadores.

O jurista, por seu turno, não está inocente.

Os economistas não trabalharam sozinhos nos "pacotões", os quais, por sua vez, geraram injustiças e desequilíbrios, difíceis de arbitrar, mas também incontáveis tentativas, no plano judiciário, de se extrair vantagens indevidas, ou de se recuperar "perdas" imaginárias, especialmente da Viúva, sempre culpada, e amiúde ineficiente na defesa de seus interesses. As demandas judiciais movimentaram bilhões e bilhões, com honorários proporcionais, assim alimentando uma próspera indústria que se sustenta sobre o afastamento entre a Economia e o Direito, e que será sempre obstáculo à convergência das disciplinas.

Magistrados não-versados em complexos temas econômicos tiveram de decidir questões difíceis e também produziram a sua cota de erros e exageros. Na verdade, quando a Justiça ignora as leis econômicas, pode fazer tanto estrago quanto o economista "pacoteiro" em sua sanha redentora. Ao afastarem-se da o lei munidos do ideal de corrigir os problemas econômicos no varejo, tal como os percebem, a magistratura nem sempre percebe que agrava os problemas que pretende corrigir. A conhecida pesquisa de Armando Castelar, pesquisador do Ipea, bem documenta esse viés, e elabora sobre os custos econômicos da insegurança jurídica assim gerada.

Com efeito, o surgimento e desenvolvimento de um ramo da ciência econômica voltado para o estudo das instituições já produziu duas premiações pela Academia Sueca e pela Fundação Nobel – Ronald Coase e Douglas North – as quais deram grande impulso a muitos programas de pesquisa interdisciplinares, alguns, inclusive, no Brasil. A importância das instituições para o crescimento, aí incluído este bem público conhecido como Segurança Jurídica, tornou-se o centro de um novo paradigma, que veio a se materializar no mundo das políticas públicas, por exemplo, através da publicação, pelo Banco Mundial e pelo IFC (International Finance Corporation), em bases anuais, do relatório *Doing Business*, cobrindo a quase totalidade dos países que reportam estatísticas para essas instituições. Ao focar nas dificuldades práticas trazidas às empresas pelas leis trabalhistas e tributárias, pelas normas que regulam a formação e o fechamento de empresas e pelos caminhos a serem percorridos para a obtenção de crédito e para o perfeito cumprimento dos contratos, esse relatório apresenta um impressionante acervo comparativo, e de bases planetárias, sobre o modo como as esferas econômica e jurídica se superpõem nem sempre, ou quase nunca, de forma harmônica e conducente ao desenvolvimento econômico.

O escopo e profundidade dessa pesquisa é bastante revelador. Esforços de amplitude semelhantes foram empreendidos no Banco Mundial, na OCDE e em incontáveis institutos de pesquisa ao longo dos anos 1970 e 1980 com vistas a consolidar consensos internacionais sobre liberalização comercial, disciplina fiscal, desrepressão financeira, privatizações e tantas outras reformas notadamente no terreno macroeconômico na direção da consolidação de economias de mercado que se tornaram dominantes nas agendas nacionais no final do século XX. Ao que tudo indica, na próxima etapa, e dentro do que já há algum tempo vem sendo chamado de "reformas de segunda geração", e mais recentemente de "agenda micro", destacam-se os temas do relatório *Doing Business* e diversas das "interfaces" entre o Direito e a Economia.

Não há dúvida de que um novo paradigma vem se estabelecendo e que devemos enfrentar o desafio do diálogo interdisciplinar.

Ao economista cabe aprender, idealmente ainda na universidade, que seu ofício, a política econômica, não é exercido no vácuo, mas dentro dos marcos institucionais e jurídicos de um Estado de Direito, que o economista deve conhecer em seus aspectos formais e institucionais. Os "modelos" com que trabalham os economistas são criaturas da matemática, portanto, composições dentro de um idioma, com sua sintaxe própria e específica para potencializar o entendimento de relações de causa e efeito. Os economistas devem aprender que esse não é o único idioma relevante para a prática de sua profissão.

Ao advogado cabe aprender que o Direito não é um universo paralelo imune ao que se passa no mundo prático da economia e das relações sociais em geral. O Direito pode ser visto como um outro idioma que, todavia, descreve e ordena a mesma realidade observada pelos economistas com o auxílio de seus próprios instrumentos. Estudantes de Direito, e os de Economia, deviam dialogar com mais freqüência, aprender a outra disciplina, inclusive e principalmente porque isso os fará melhores profissionais. A realidade do mercado de trabalho saberá valorizar o profissional que sabe olhar além dos limites de sua própria especialização.

Existem sinais animadores de convergência entre economistas e advogados, mas não tenhamos ilusões, existe ainda muito a convergir, tanto na doutrina quanto na prática. Por ora, ainda é dominante o isolamento entre as disciplinas, que tem entre as suas mais funestas conseqüências o fato de que os debates econômicos, sempre contaminados por conteúdo ideológico, quando são travados entre advogados, e especialmente no âmbito de demandas judiciais, criam uma distorção apontada com propriedade pelo ministro Nelson Jobim, em seu discurso de posse como presidente do Supremo Tribunal Federal. A distorção consiste em falsear uma simples verdade, conforme ensina o ministro, a de que "só o voto legitima as políticas públicas", ou seja, é o eleitor quem escolhe, por intermédio de um candidato, a privatização, a estabilidade, a abertura, a liberdade cambial, ou o contrário disso tudo. É ele quem expressa sua aprovação ou reprovação às políticas macroeconômicas, e quem faz mudar o programa de um candidato na direção das políticas que deseja, como recentemente se observou com o presidente Lula.

Levar as políticas públicas para o Judiciário, buscando nelas identificar algum ângulo geralmente fictício de "irregularidade", é questionar as escolhas do eleitor, levando o resultado das urnas para o "tapetão" e criando, desta forma, a tão perniciosa insegurança jurídica. Trata-se aí de servir-se do Judiciário para criar embaraços às políticas do adversário político de forma a constranger, denegrir e procrastinar. Democracia é diversidade, temperada por tolerância; esta por sua vez, deve ser administrada com sabedoria pelo Judiciário. Adversários políticos podem sempre enxergar "danos irreparáveis" nas políticas do outro, uma vez que ferem suas crenças particulares. Mas viva a diferença! A distância entre a subjetividade de cada um e a ilegalidade pode ser imensa, e os "danos" apenas imaginários. A conciliação entre demandas individuais idiossincráticas, a jurisdicidade das políticas públicas deve ser administrada com cautela pelo Judiciário, inclusive porque a simples denúncia, feita de forma ruidosa através da imprensa, em si, já representa uma "condenação provisória", vale dizer, o denuncismo se organizou em torno de uma "presunção de culpa", esta sim odiosa e ilegal, como se fosse parte legítima da alternância no poder.

Ressalte-se que nada deve limitar os ganhos representados pelo instituto das ações populares, que permite que a cidadania amplie suas fronteiras, bem como as atividades do Ministério Público, cuja atividade em defesa de interesses difusos é nada menos que essencial. Mas os exageros existem. Muitos "processos" têm seu curso completo através da imprensa, que amiúde condena com uma celeridade tão invejável quanto imprudente. Deve haver conseqüência para quem ataca de má-fé, ou no contexto de cruzadas políticas.

A politização do Judiciário é uma distorção de uma Democracia jovem, que ainda não soube trabalhar inteiramente as nuances da separação dos Poderes, e as vítimas desse aprendizado são as instituições e as pessoas que foram instrumentos de políticas públicas legítimas, cujo contraditório, igualmente legítimo, deve ter lugar no Parlamento e no plano das idéias, como é normal em qualquer Democracia, e não nos tribunais.

(Adaptado de *Veja*, 01.09.2004, e do prefácio ao livro *Direito e Economia*, organizado por Luciano Benetti Timm, Porto Alegre: Thomson-IOB, 2005)

Salário mínimo e o imposto sobre o emprego

Um mínimo de racionalidade

Nos últimos anos, mais ou menos na mesma época, temos assistido a um festival de demagogia de alto impacto em torno da proposta de reajuste do salário mínimo para o equivalente a US$100. O Brasil mudou muito nesses últimos anos, de tal sorte que velhas fórmulas e políticos populistas foram perdendo eficácia. A questão do mínimo deve ser vista com objetividade. Existem alguns fatos econômicos básicos nesse assunto sobre os quais é difícil tergiversar:

1 – Um aumento geral de salários nominais cria, cedo ou tarde, aumentos na inflação e redução nos salários reais em níveis inferiores que os iniciais, ou seja, o populismo salarial nunca funcionou para melhorar a vida do assalariado em lugar nenhum do mundo.

2 – O nível do salário real tem a ver com o que o trabalhador produz, conforme ensinam, preservadas as nuances, as várias correntes de pensamento econômico. Portanto, o aumento no salário real tem que ver com o aumento na produtividade do trabalho.

3 – No Brasil, graças à abertura e à privatização, a produtividade do trabalho vem crescendo de forma vigorosa, embora desigual, em virtude do que o rendimento médio real do trabalhador ocupado cresceu cerca de 20% de 1993 para 1999, sendo que para os sem-carteira e trabalhadores por conta própria o aumento foi bem superior à média.

4 – Há muita heterogeneidade setorial no comportamento da produtividade e, portanto, nos ganhos salariais. Setores novos e empresas privatizadas, por exemplo, podem exibir taxas de crescimento de produtividade do trabalho de dois dígitos. Em outros setores, como o setor público, o comportamento é bem menos brilhante.

5 – De toda maneira, o nível de rendimento médio do trabalhador ocupado nas principais regiões metropolitanas é superior a US$360, e apenas uma porcentagem pequena dos trabalhadores no setor privado ganha salário mínimo.

6 – Existe certa embocadura de indexação pelo salário mínimo, pois são muitos os casos de pessoas que, quando perguntadas sobre seu salário, dizem "três mínimos" e não R$408,00, por exemplo. Essas pessoas podem achar que se o salário mínimo crescer 7% ou 30% elas têm direito a um reajuste desse mesmo tamanho, o que é descabido mas pode criar uma tensão real. O salário mínimo, queiramos ou não, é um indexador, especialmente no setor público.

7 – Tudo somado, todavia, o salário mínimo é muito pouco relevante para a economia privada, e é bom que seja assim. O setor privado tem capacidade de pagar mais, e paga bem mais que o mínimo porque com o seu trabalho os assalariados criam mais que isso para as empresas.

8 – No setor público, o problema é duplo: (i) a produtividade, em geral, é baixíssima, pois em todas as esferas de governo há excesso de gente e falta do que fazer, como bem sabemos; e (ii) a capacidade de pagamento é muito baixa, pois há déficit em toda parte. Na Previdência o problema da produtividade não se coloca, mas o da capacidade de pagamento é dramático.

9 – As diferentes esferas de governo e as empresas públicas já dispõem de liberdade para estabelecer pisos superiores ao salário mínimo. Muitas carreiras no serviço público têm pisos muito maiores. Estados e municípios também têm liberdade para fixar o piso que bem entenderem, especialmente se estão em paz com a Lei Camata. É claro que cada chefe do Executivo em cada nível de governo deve

sempre explicar bem a seu povo por que prefere aumentar os salários do funcionalismo (ou manter um banco estadual, ou uma companhia de saneamento, que dão prejuízo) em vez de construir escolas e hospitais. Em princípio, obedecidos os cânones da Lei de Responsabilidade Fiscal, os governantes estão livres para errar.

10 – Na maioria dos casos, todavia, os Estados e municípios estão acima dos limites da Lei Camata, mesmo sem o reajuste do mínimo. Depois do mesmo, presumindo que a Lei de Responsabilidade é obedecida *avant la lettre*, os governadores e prefeitos terão de aumentar impostos ou reduzir investimentos para acomodar a liberalidade. Ou vão pedir algum benefício ao governo federal para pagar suas contas.

11 – Por último, a Previdência. Hoje temos um déficit de R$10 bilhões no INSS, que sabemos que é crescente no tempo, e temos de fazer alguma coisa para reequilibrar o sistema. O mínimo de US$100 eleva esse déficit para R$17 bilhões. Quem é que vai pagar? Quem não se manifestar agora contrariamente ao mínimo de US$100 depois não venha reclamar quando subirem os impostos ou forem cortados investimentos.

12 – O regime de previdência dos funcionários públicos, cujo "rombo" é ainda maior, é pouco afetado pelo aumento do mínimo, já que o valor médio da aposentadoria, como bem sabemos, é um múltiplo vergonhoso do salário mínimo. Vale registrar, todavia, que a contribuição dos inativos, que seria um *quid pro quo* para os US$100, renderia apenas uns R$2 bilhões anuais. Segundo essa lógica de "compensações", teríamos então que aprovar no Congresso três e meia medidas tão difíceis e contenciosas quanto a contribuição dos inativos, para poder conceder os US$100. Desculpem-me os defensores dessa teoria, mas isso não faz nenhum sentido político.

Diante desses fatos, a única postura racional será a de seguir a Constituição, como tem sido nos últimos anos, conceder-se um reajuste conforme o custo de vida e propor ao Congresso formas de financiar esse novo "rombo" na Previdência, que não é tão grande quanto o criado pelos US$100, mas precisa ser coberto assim mesmo.

Aliás, bom mesmo seria que essa discussão toda saísse do terreno do espetáculo e servisse para reintroduzir o rombo na Previdência como prioridade nacional.

(*OESP*, 20.02.2000)

A VERDADE SOBRE O SALÁRIO MÍNIMO EM 1940

A habilidade e o bom senso com que o governo resolveu a questão do salário mínimo podem ser medidos pela grosseria e destempero que tomaram conta de alguns economistas e líderes de oposição. A demagogia histriônica, uma vez derrotada, tornou-se um mau humor que não se via na oposição desde os seus fracassos nas duas últimas eleições presidenciais. Mas de todos os aspectos da decisão governamental, um que se mostrou especialmente irritante para a turma da demagogia foi o bem-sucedido esforço do Ministério da Fazenda em desmascarar a mentira que cercava os cálculos sobre o valor real do salário mínimo desde a sua criação.

Durante anos, no mês de maio, junto com o anúncio de um reajuste sempre modesto, os jornais publicavam uns gráficos nos quais o salário mínimo da ocasião sempre parecia uma ínfima fração do que tinha sido nos anos 1940 e 1950. Esses gráficos estariam procurando demonstrar que era possível ter um salário mínimo muito maior em vista do fato de que já tinha sido muito maior.

O problema é que os números eram fajutos, e bastou alguém se dignar a conduzir uma arqueologia bem-feita da legislação e fazer as contas direito para mostrar que não é nada disso. Temos sido enganados há muito tempo.

O Ministério da Fazenda conduziu um amplo estudo sobre o assunto que pode ser encontrado no site do Ministério (www.fazenda.gov.br) sob o subtítulo "salário mínimo", no item "histórico". O estudo é imperdível, pois recompõe a verdade histórica sobre o assunto e destrói uma das mais importantes peças de propaganda enganosa que a demagogia política vem utilizando no Brasil há muitos anos, a saber, o mito de que, em algum passado remoto e esquecido, o salário mínimo foi digno.

Quando da sua criação em 1940, até meados da década de 1980, existiram vários níveis regionais para o salário mínimo, havendo ocasiões em que o maior valor era quase o triplo do menor valor. Tomando-se apenas o maior valor, o da capital, o estudo mostra que o salário mínimo de hoje é mais ou menos o mesmo de 1940 e não uma fração, como tem sido erroneamente alegado. De meados dos anos 1950 até o começo da década de 1960, o maior de todos os salários mínimos regionais, o da capital, chegou a ultrapassar em não mais que uns 20% o valor que temos hoje. Mas se para todo o período em que existiam diversos salários mínimos trabalharmos com a média nacional, em vez do maior valor (o que, diga-se de passagem, faz muito mais sentido), o estudo do Ministério da Fazenda deixa claro que o salário mínimo que se paga hoje, em termos reais, é o maior que já se pagou em nossa história.

A mesma conclusão é encontrada se usamos os valores em dólares. Em 1940, o maior e o menor salários mínimos eram de US$12 e US$ 4,5 pelo câmbio oficial, conforme informa o ministro Pedro Malan. Como na época tínhamos duas outras taxas de câmbio além da oficial – a livre e a livre especial, que ficavam entre 40% e 120% da oficial –, os valores em dólares do salário mínimo eram consideravelmente menores quando medidos num dólar ponderado.

Ou seja, usando o valor médio do salário mínimo, convertido a um dólar com um ágio de 20%, e trazendo esses valores para dólares de 1997 (o multiplicador é cerca de nove), chega-se à conclusão de que o salário mínimo médio de 1940 estaria em torno de uns US$ 60,00 de 1997.

É surpreendente que o governo não faça mais alarde desses achados, que teriam o condão de enlouquecer a Oposição. A cautela talvez se explique em função das dificuldades e armadilhas metodológicas existentes nesses cálculos. Durante todos esses anos, tivemos diversas trocas de moedas, tablitas e expurgos, alguns reconhecidos, outros não, de modo que o pesquisador tem inúmeras possibilidades para efetuar uma "conta de chegada" com vistas a demonstrar o número que bem quiser. Está me parecendo que é exatamente isso que tem sido feito durante todos esses anos. Pode ser gente de bom coração que, com boas intenções, procura entortar os números para melhor argumentar. Pode ser também que haja o desejo, igualmente bem-intencionado, de conservar o legado da era Vargas, inflando artificialmente as conquistas sociais daquele tempo, dentre as quais o salário mínimo.

Mas o fato é que os números não apenas não mentem como fazem muito sentido.

Somos hoje um país muito mais rico do que éramos nos anos 1940 e 1950. É absolutamente normal que nos dias de hoje o valor do salário mínimo seja maior que era tempos atrás. E mais normal ainda supor que o fim da inflação tenha permitido ganhos reais sob condições de estabilidade de preços muito maiores do que em qualquer outra época. O Ministério da Fazenda parece não querer fazer alarde de sua pesquisa, talvez para não parecer que está usando o mesmo truque que a oposição vem usando há tempos. Mas bem que deveria, pois está coberto de razão.

(*OESP* e *JB*, 09.04.2000)

PELA REDUÇÃO DO "IMPOSTO SOBRE O EMPREGO"

Quando se pensa nas garantias e benefícios que a nossa complexa legislação trabalhista efetivamente proporciona, e o quanto ela custa, nem sempre se tem claro que alguém tem de pagar por isso, e que esse alguém, em boa medida, é o próprio sujeito do benefício. Talvez em outra época fosse considerada uma heresia questionar a real eficácia dessa legislação tal como existe. Contudo, passada a experiência da hiperinflação, o brasileiro adquiriu uma compreensão mais apurada do modo como pode ser enganado pelo Estado. Quando este elevava sua despesa, por exemplo, com programas de combate à pobreza, mas financiava o benefício por meio da inflação, acabava tributando exatamente aqueles a que pretendia beneficiar. O efeito líquido sobre o beneficiado era provavelmente negativo, pois a "intermediação" do Estado era cara e enviesada por relações de clientela.

Será que algo semelhante não se passa com a legislação trabalhista? O assunto sempre foi polêmico, mas, em essência, não é tão complexo quanto aparenta. As empresas sabem que existe uma quantidade ponderável de encargos que incidem sobre a folha de pagamentos de tal sorte que, *grosso modo*, para cada trabalhador empregado com carteira assinada o empregador paga um salário para o trabalhador e outro em encargos. Para o empregador, portanto, tudo se passa como se houvesse um "imposto sobre o emprego", cujos efeitos, evidentemente, são os que se espera de qualquer imposto: menos "consumo" da coisa taxada, portanto menos emprego e mais "informalidade", ou seja, sonegação. É claro que se o Estado buscasse impedir, ou "formalizar", as relações informais, acabaria eliminando empregos, e por isso nada faz. Afinal de contas, mais da metade da população empregada está nessa situação.

Em vista dessas singelas observações, alguém pode legitimamente indagar se um sistema que tributa o emprego serve de fato para melhorar a vida do trabalhador. Por isso mesmo muitos acham que estaríamos bem melhor num regime de relações de trabalho mais "flexíveis", o que na linguagem parnasiana da militância de esquerda quer dizer "precárias".

Com efeito, "flexibilidade" é o conceito que separa dois paradigmas de relações de trabalho, o europeu e o norte-americano. Neste último, em cujo âmbito prevalece considerável "flexibilidade", existem maior variabilidade dos salários e baixíssimo desemprego. Na Europa, por outro lado, há enorme "rigidez" e, em conseqüência, taxas de desemprego duas a três vezes maiores que nos EUA. Note-se que, como na Europa a população não cresce, a "rigidez", ou seja, o altíssimo custo de demitir, resulta em que as empresas se tornam extremamente relutantes em contratar. Assim sendo, cria-se uma cruel redistribuição de renda contra os jovens, os novos entrantes no mercado de trabalho, para os quais as taxas de desemprego são muito maiores que a média, que, por sua vez, já é elevadíssima.

Num país como o nosso, com população crescente e relações de trabalho, na aparência, "européias", a situação do jovem seria ainda pior não tivéssemos inventado um paradigma mestiço: em 2000, 51% do emprego no Brasil era "informal" ou "por conta própria", vale dizer, do tipo "americano": funcionando dentro de regras bilaterais acertadas entre patrão e empregado sem a interveniência (ou "proteção") de nenhuma autoridade, sindicato, advogado, nada disso.

É interessante notar também que as rendas do trabalho cresceram cerca de 20% em termos reais do início do Plano Real até 2000, mas apenas 9,5% para o emprego "formal" e cerca de 35% para os "informais". A explicação é simples: na relação informal os dois lados dividem o que iria para o governo.

(*Veja*, 14.11.2001)

Um novo contrato social*

A discussão sobre as mudanças na CLT (Consolidação das Leis Trabalhistas), cujo foco foi a primazia da negociação sobre a lei, gerou mais calor do que luz. Trata-se aí de renovar um legado do presidente Getúlio Vargas, cuja morte está perto de completar meio século. Os tempos mudaram, e a CLT se tornou uma das mais conflagradas fronteiras de modernização de nossa economia. É possível que a reforma

---

* Escrito em colaboração com o dr. Laudelino da Costa Mendes.

na CLT tenha para o setor de serviços o efeito modernizador que a abertura teve para a indústria.

Todavia, nos falta um modelo para a modernização das relações de trabalho em sintonia com o mundo globalizado em que vivemos. A proposta do governo deve ser vista apenas como um pequeno arranhão numa gigantesca estrutura legal e burocrática de regulação, que se tornou um fim em si mesmo. O Estado gasta cerca de R$3,5 bilhões por ano com o custeio da Justiça do Trabalho (JT), sem falar em novos prédios, como o do TRT em São Paulo. No setor privado, são centenas de milhares de advogados e especialistas militando dentro e fora das empresas a um custo difícil de estimar. Os benefícios têm que ver com a obediência à CLT, que, como sabemos, cobre cerca de metade do emprego no Brasil. Soma-se a isso o valor total das indenizações pagas por ordem da JT, que não chega a R$3,0 bilhões.

O custo dessa "proteção social", portanto, parece desproporcional a seus benefícios.

Em geral, houve simpatia pela idéia de que um contrato entre as partes, negociado em condições equilibradas, possa substituir o paternalismo do Estado. A questão é saber qual a extensão ideal dessa flexibilização.

Nesse sentido, uma primeira observação é que a CLT assegura a proteção do Estado a quem precisa, e nesse ponto, a nosso juízo, não há nada a flexibilizar. A discussão fica mais fácil, todavia, se começarmos a refletir sobre quem realmente precisa dessa proteção. Nessa linha, aqui se propõe uma fórmula nova: um Estatuto de índole civil que possa reger relações de trabalho para quem não queira a proteção do Estado, mantida a CLT para os que precisam ou desejam a proteção.

O trabalhador brasileiro não merece e nem quer mais ser tratado como incapaz. Para a legislação fiscal, o indivíduo adquire "maioridade tributária" se faz jus a uma remuneração superior a R$1.058,00, limite para a isenção de impostos sobre a renda. No entanto, mesmo para os maiores de idade, alfabetizados e capazes na forma da lei civil e tributária, não é possível o exercício do tirocínio sobre as condições de seu trabalho, inclusive dispor de seus direitos. É esta a questão: a "maioridade trabalhista".

A idéia é simples: trabalhadores com escolaridade média, que sejam capazes civil e fiscalmente, devem poder fixar as cláusulas econômicas do contrato de trabalho, prestigiando, desse modo, o princípio da livre manifestação da vontade das partes e a negociação coletiva.

Havendo sentido econômico e ético, custamos a crer que a idéia não encontre abrigo na nossa Constituição. Nessa hipótese, bastaria que uma nova lei disciplinasse a estipulação de contratos de "natureza civil" no qual todas as regras estão neles contidas e prevalecem perante os Tribunais, quando discutidas. A JT, nesse novo contexto, não poderia mais se opor às condições pactuadas: se o indivíduo não quer férias, por exemplo, e prefere receber um décimo quarto salário, é decisão dele e de seu empregador. As partes poderiam decidir estipular esquemas previdenciários diferentes do oferecido pelo INSS, ou repartir entre si o dinheiro que iria para o FGTS. Trabalho e capital teriam, portanto, um incentivo a adotar o contrato civil para livrar-se não apenas da CLT, mas também de encargos que oneram o emprego e que provocam informalidade e desemprego.

É evidente que ninguém estaria obrigado a adotar esse novo modelo, e a CLT continuaria obrigatória para os menores, analfabetos, incapazes e para os que tenham remuneração inferior a R$1.058,00. Ou, quem sabe, também para os novos contratos, mas até essa faixa de isenção, como ocorre com as contribuições para o INSS.

(*Veja*, 13.03.2002)

Política, eleições, mercados e o politicamente correto

As patrulhas do "social"

Não há juramento de formatura, qualquer que seja a profissão, no qual não se diga que o conhecimento ali entregue, geralmente na forma simbólica de um canudo de papel em branco, será usado "pelo social". Houve época em que as formaturas eram menos festivas, pois eram menores as frestas por onde se podia expressar contrariedade. Em nossos dias, o politicamente correto das formaturas se tornou inofensivo, embora sirva como ritual de iniciação para uma maldição vitalícia a ser enfrentada por todos os bacharéis: a patrulha.

A patrulha atacará, num primeiro flanco, a pretensão do bacharel de possuir alguma sabedoria que não possa ser adquirida na "escola da vida". Afinal este é o país da improvisação e do amadorismo. O economista então, esse pobre coitado que milita numa área em que todos têm opinião, convive desde o seu nascimento com a acusação de que seu saber não tem nada de especial.

De outro lado, pela esquerda, os formandos serão lembrados de que o diploma deve estar a serviço da transformação social. Portanto, você leitor distraído, que é engenheiro químico, artista gráfico, dentista, dona de casa, administrador de empresa ou diretor do Banco Central, vai ter sempre que explicar quais foram as suas ações, dentro da sua profissão, no sentido de reduzir as vergonhosas desigualdades sociais do Brasil. É claro que sempre podemos fazer alguma coisa fora da nossa prática profissional, mas a maior parte das pessoas não dispõe do tempo e do desprendimento, e tem no restrito universo do seu próprio trabalho o único espaço para mudar o mundo.

As formaturas, no fundo, trazem uma mensagem sutil: a menos que sua profissão seja a caridade, a única forma de redenção é a militância política, e muitos dirão que apenas as modalidades revolucionárias contam.

Mas existem muitos enganos, especialmente no mundo político, quanto à natureza do verdadeiro trabalho "pelo social". A Nova República, por exemplo, estabeleceu um lema simples para as finanças públicas: "tudo pelo social". E justamente em função dessa regra produzimos a Constituição de 1988, a hiperinflação e, pior que tudo, uma escolha de Sofia na eleição de 1989. Devíamos, portanto, ter aprendido a lição, o que, infelizmente, não é o caso. A patrulha que confunde "o social" com a irresponsabilidade fiscal está mais viva do que nunca.

Os economistas do governo são vítimas contumazes, pois são eles os chatos a dizer que qualquer dinheiro público gasto além da receita vai gerar imposto sobre o pobre (inflação) ou sobre as futuras gerações e classes produtivas (dívida pública). E a despeito de obedecerem estritamente os seus juramentos, e também os manuais de sua disciplina, suas ações sempre parecerão prejudicar "o social".

Que fique muito claro que o problema social brasileiro é nosso maior desafio, e que a responsabilidade é de todos nós. Isso posto, todavia, a pergunta é como exatamente devem se comportar as autoridades econômicas preocupadas com "o social". Pessoalmente sempre achei que a melhor coisa que o Banco Central pode fazer pela cidadania é defender a moeda. Mas tem gente que acha que fabricar papel pintado para gastar "no social" é uma prática não apenas legítima como obrigatória para o cidadão a ocupar a função.

Hoje em dia, os economistas já conseguem atacar essa tese perguntando que sentido pode haver em se elevar a despesa "no social" financiada por um imposto sobre o pobre (a inflação) para, em seguida, devolver o dinheiro a um outro pobre, quem sabe o mesmo, com a intermediação de uma relação de clientela, possivelmente numa emenda ao Orçamento, e deduzidos os custos da burocracia?

Felizmente, o país amadureceu e aprendeu a apreciar raciocínios econômicos que fazem sentido e o profissionalismo na gestão da coisa pública. E cada vez menos a se deixar enganar pelas patrulhas.

(*Veja*, 07.06.2000)

SEMPRE PARA O "PRÓXIMO GOVERNO"

É fascinante ouvir sobre como eram as finanças públicas no tempo da hiperinflação, e sobre como funcionavam mecanismos exóticos como a "conta movimento" entre o Banco do Brasil e o Banco Central, ou sobre o famoso "Orçamento monetário". Ou sobre como funcionava o Conselho Monetário Nacional (CMN) quando tinha como membros, junto com uma penca de ministros, cinco representantes da iniciativa privada e os presidentes dos cinco bancos federais. São como as histórias sobre o carnaval de rua, do tempo de nossos avós, quando a ingenuidade e a inconseqüência misturavam-se à libertinagem, levando todos, ao fim das contas, sempre para a delegacia. Era uma época de poucos riscos, cercada de certa bruma, mas em que ninguém ia preso, pois as cidades eram pequenas e o delegado conhecia as famílias.

Nos dias de hoje, a "conta movimento", ou seja, a existência de um "duto" saindo dos subterrâneos do BC para a freguesia do BB, parece não apenas impensável como obsoleta e imoral. Coisas de um passado distante e sobre o qual a recordação, inclusive, já perdeu qualquer apelo. Todavia, passaram-se apenas catorze anos desde a extinção do "duto" em 1986. A proibição constitucional de o BC emprestar ao Tesouro veio em 1988, o CMN só foi reformado em 1994, e o BC ainda não é independente "das diretrizes do presidente da República". Não faz tanto tempo assim, mas é como se confundíssemos o afastamento conceitual com o tempo decorrido. Os progressos são ainda recentes, e o trabalho, ainda incompleto.

É claro que a "conta movimento" e o CMN como "câmara setorial" eram apenas duas instituições especialmente caricatas dentre centenas de outras, típicas de um modelo econômico que tinha a irresponsabilidade fiscal como característica e a inflação como subproduto necessário. Com a degeneração desse modelo, as condutas irresponsáveis foram sendo dificultadas pela sucessão de progressos conceituais iniciados em 1986 com a extinção da "conta movimento". O mais recente desses avanços, mas certamente não o último, é a Lei dos Crimes Fiscais, que complementa a Lei de Responsabilidade Fiscal.

Muitas coisas aconteceram no terreno das instituições e condutas fiscais durante os sete anos de hiperinflação e pacotes que se seguiram ao colapso do Plano Cruzado, e especialmente durante os anos que se seguiram à introdução do Real em 1994. Foram inúmeros aperfeiçoamentos na sistemática orçamentária, incluindo a constituição e desenvolvimento da Secretaria de Tesouro, e várias rodadas de renegociação das dívidas estaduais e municipais, além de diversos pacotes fiscais de todos os tipos e modalidades.

A sensação que se tem, em cada uma dessas rodadas, é que o problema é sempre o passado. Todos sempre se apresentam nessas negociações com a alma leve, prontos para encarar o futuro com austeridade e retidão, mas sem abrir mão das ambições que os trouxeram àquela mesa. Todos querem tirar as velhas dívidas do caminho apenas para fazer novas. Todos sabem que o governante anterior deixou "bombas" para o "próximo governo" e todos querem livrar-se delas, mas, de preferência, usando o mesmo expediente.

A postura é a mesma que se observa em alguns prefeitos recém-eleitos, que vêm fazendo pressão para o adiamento da entrada em vigor da lei de crimes fiscais. Diferentemente daqueles que vêem as práticas fiscais próprias da hiperinflação como ícones de um passado distante, para alguns desses novos prefeitos o carnaval parece que foi ontem. Eles parecem se julgar injustiçados porque seus predecessores puderam cometer crimes fiscais com absoluta impunidade, e agora, sem nenhuma transição ou rito de passagem, serão entregues à vida adulta sem nenhum direito a prolongar sua adolescência. Muitos se dizem incapacitados de governar nessas novas condições e alegam que estão sendo forçados a pagar pelos excessos de seus predecessores, ou seja, por erros que não foram seus.

O problema é sempre o passado, que não pode ser revogado, que ninguém quer assumir, mas que todos querem repetir.

Curioso país, esse nosso, onde todos os governantes querem ser JK, e deitar seu olhar generoso sobre o futuro e sem a preocupação em pagar as contas, que ficam para os próximos governos sob a forma de dívidas. Dívidas que, logo em seguida, todos esquecerão como foram geradas, ou alegarão que foram ilegítimas, ou infladas por juros excessivos fixados pelos monetaristas do BC. Muitos dos nossos políticos entendem que governar é fazer dívidas que existem para serem roladas e enroladas e jamais serem pagas.

Compreende-se que nenhum político queira ser Joaquim Murtinho, para limpar as confusões montadas por seus antecessores e purgar as finanças públicas dos excessos do passado. Ou seja, ninguém quer ser o "próximo governo", aquele que vai moralizar as coisas, viver dentro dos meios que a Sociedade lhe fornece, honrar compromissos e assumir o passado.

Todos os progressos fiscais dos últimos anos foram conseguidos porque os políticos da ocasião concordaram em que as novas vedações fossem válidas sempre para o "próximo governo".

O problema é que, se o "próximo governo" não chegar, não vai adiantar nada. Vamos continuar sendo, como na expressão consagrada, o "país do futuro".

(*OESP* e *JB*, 12.11.2000)

O GRANDE ELEITOR

Pouca coisa pode ser mais irritante para os políticos, qualquer que seja sua extração ideológica, do que ouvir de um zeloso assessor que "o mercado" não vai gostar de determinada postura. Os políticos gostam de imaginar que "o mercado" é apenas um poleiro de especuladores, sempre em oposição aos interesses do povo, de modo que deve ser contrariado e mesmo maltratado.

Existem outros, mais aclimatados à economia global, que percebem que "o mercado" é a instituição central de uma economia capitalista como a nossa, e que deve ser tomado como o segmento mais bem-informado e influente de uma outra entidade, muito mais temida pela classe política: a opinião pública. Assim sendo, as mensagens do mercado devem ser lidas com cuidado e levadas muito a sério.

Curiosamente, a rejeição dos políticos à "tirania do mercado" é simétrica à cega obediência aos "marqueteiros" e suas pesquisas de opinião, sem as quais candidato que se preza não sai de casa. Hoje em dia, como se sabe, pesquisas são feitas continuamente, avaliando cada passo do candidato, cada detalhe de seu discurso e indumentária, de tal sorte que a espontaneidade se reduz em nome da construção "científica" de um personagem. Mas mesmo assim não há tanta segurança quanto aos resultados. Os políticos sabem que a opinião pública pode ser caprichosa e desconcertante, às vezes irracional e insolente, mas sempre utilitária e emocional. E ainda por cima muito difícil de interpretar. Exatamente como os veredictos do mercado.

Alguns dos mercados financeiros mais importantes, como a Bolsa de Valores ou o mercado de câmbio, têm uma característica que os economistas designam como "eficiência". Um mercado eficiente é aquele em que todos sabem de tudo que há para saber, inclusive, e principalmente, o que há de previsível sobre o futuro. Num mercado como esse, se o leitor perguntar a um profissional sobre o futuro, a resposta será simples: "está no preço". O que *não está no preço* é a surpresa, o imprevisível, a informação nova e diferente da que se esperava. É isso que faz os mercados desabarem, ou estourarem em euforia. Por isso mesmo, "o mercado" é uma espécie de pesquisa de opinião em tempo real, em que toda informação emitida pelos candidatos repercute, para o bem ou para o mal, todo o tempo, indicando a média das opiniões sobre o impacto na economia de cada movimento do candidato.

Hoje sabemos que os resultados das pesquisas eleitorais são eventos que alteram o comportamento dos candidatos e dos eleitores. Tanto é que a legislação eleitoral estabelece regras para a divulgação de pesquisas, e existe grande preocupação quanto à manipulação de seus resultados. O que hoje se vislumbra para a próxima eleição presidencial é um cenário de incerteza em que nem mesmo sabemos quem serão os candidatos e menos ainda o que vão propor. Essas novas informações *não estão nos preços,* e vão mexer um bocado com os mercados quando ficarem mais claras.

Candidato que fizer os mercados desabarem quando disser alguma coisa polêmica fará uma grande bobagem em não perceber que perdeu uma boa oportunidade de ficar calado. Atacar "o mercado" na crença de que se está agredindo "especuladores e banqueiros" será o beijo da morte para algumas candidaturas, e por uma razão muito simples: a riqueza destruída não é dos bancos, mas de poupadores, uma classe muito necessária para o crescimento do país e muito maltratada nos últimos anos.

Nas próximas eleições, mercê da indefinição, da globalização e da flutuação cambial, o mercado poderá ter um papel importante na definição dos programas e para os resultados. Isso não significa um alinhamento com a "direita" e rejeição automática da "esquerda". O mercado sabe que será difícil para o governo transformar o projeto de reformas e responsabilidade fiscal, encampado pela banda boa do governo, em um projeto popular. Sabe também que a oposição terá dificuldades em compatibilizar seus projetos populares com o conceito de responsabilidade fiscal. O mercado não tem lealdades: vai ficar com quem chegar mais rápido no meio-termo e será, como no passado, um importantíssimo formador de opinião.

(*Veja*, 20.12.2000)

MEDIDAS PROVISÓRIAS E PERMANENTES

Há muitas maneiras de se abordar o "problema", que muitos dizem existir, com as Medidas Provisórias (MPs). A Constituição as define como atos do presidente da República com força de lei, válidos por trinta dias, mas sem restrições quanto ao número de reedições da mesma matéria. A Constituição determina que a matéria das MPs tenha dois atributos básicos: urgência e relevância. Trata-se de medidas que precisam entrar em vigor imediatamente, ficando a discussão do seu refinamento e aperfeiçoamento para um momento posterior. Executivo e Legislativo devem operar em harmonia nesses assuntos, buscando equilibrar agilidade decisória com a legítima necessidade de deliberação e reflexão sobre o que se propõe. Nenhuma Democracia pode existir sem alguma coisa desse tipo.

Mas quem se der ao trabalho de entrar da página do governo na internet e clicar em Presidência da República, Legislação e em seguida em Medidas Provisórias, vai se espantar com o número de matérias urgentes e relevantes ainda reguladas de forma "provisória". E, portanto, teoricamente sujeitas a uma não-renovação que poderia destruir um mundo inteiro de atos jurídicos de efeitos irreversíveis, mas praticados ao abrigo de uma lei que perdeu validade.

Sem contar um pequeno lote de MPs recentemente aprovado, o leitor encontrará exatas 72 MPs em tramitação, sete das quais com mais de 60 reedições, aí incluídos pacotes fiscais do passado, as normas para extinção e privatização de bancos estaduais, a criação do Cadastro de Inadimplentes com o Poder Público (o Cadin), entre outras.

Qualquer um que se debruce sobre esse material poderá se convencer de que o Executivo está exorbitando de suas funções assim usurpando a prerrogativa de legislar que pertence ao Legislativo. Outro cidadão, em contraste, poderá examinar o mesmo acervo e concluir que está diante de um monumento à incapacidade decisória do Poder Legislativo. Qual dos dois tem razão? Ou serão ambos?

Existe um acalorado debate sobre as MPs num nível mais sofisticado de doutrina, envolvendo as entranhas da Constituição e da construção institucional do Princípio da Separação dos Poderes. Esse debate me parece inalcançável neste modesto espaço e por este locutor que vos fala. Mas num nível bem mais rasteiro de considerações, em vista da experiência de quem esteve na frente de batalha, no Executivo, contra a hiperinflação e as crises bancárias, fiscais e externas, existem algumas lições que nossos doutrinadores e políticos parecem ignorar. A primeira delas é que temos um país em construção de tal sorte que no equilíbrio entre agilidade e reflexão na tomada de medidas urgentes e relevantes a balança deve pender um pouco mais para a primeira.

Para alguém que assumisse um cargo no Executivo em 1993 e olhasse à sua volta, era difícil vislumbrar alguma medida econômica que não fosse urgente e relevante. A inflação estava em cinco mil por cento, e a crise fiscal era a pior em nossa história. Nada havia que nos permitisse aprofundar a abertura, a desregulamentação, a privatização e o ajuste fiscal. E pior de tudo, naquele momento estava em pleno vapor a CPI do Orçamento, e o que mais se ouvia no Congresso era um bordão ouvi muitas vezes ao longo dos últimos anos: "Não há clima para votar nada."

Não é preciso ir muito longe para recuperar instâncias em que o leitor se lembrará de ter ouvido essa mesma previsão meteorológica. Na última convocação extraordinária do Congresso, agora terminando, a confusão em torno da eleição dos presidentes das mesas das duas Casas foi de tal ordem que, adivinhe?, não havia clima para votar nada.

Mais para o fim da convocação extraordinária, as lideranças entraram em acordo e resolveram aprovar algumas MPs por votação simbólica. Afinal, a Convocação Extraordinária fora feita para se votar MPs.

O lote de 23 MPs aprovadas é revelador, pois é quase um terço do que havia em tramitação. São 23 leis em pouco mais de um mês, mas que não será distante da verdade afirmar que foram aprovadas meio que "no escuro", ou porque eram "benesses" ou matérias de menor urgência e relevância, para não dizer de pouca importância. A honrosa exceção é a famosa "MP da Desindexação", a última das MPs que criaram o Plano Real, e que estava na sua septuagésima terceira reedição. Isso mesmo, septuagésima terceira, e tornou-se a Lei 10.192/01.

As razões, consideradas apenas as nobres, pelas quais essa MP ainda permanecia sem votação me escapam por inteiro. Mas o fato é que, ao aprovar a "MP do Real", o Parlamento conseguiu produzir uma manchete e uma justificativa para convocação extraordinária: finalmente o Plano Real ganhou *status* de lei em todos os seus dispositivos, ou seja, a estabilização não pode ser mais considerada "provisória". A reação dos mercados e da imprensa? Nenhuma. Talvez alguns sorrisos amarelos, aqui e ali, especialmente da parte da crônica política, a quem não passou despercebido nenhum detalhe da encenação.

O fato é que, computado o tempo em que "não havia clima" nos últimos anos, o país teria ficado paralisado, não fossem as MPs. O leitor sabe que o tempo de bola em jogo numa partida de futebol raramente ultrapassa 40% dos famosos 90 minutos. A proposta de dificultar as MPs me parece totalmente fora de esquadro com a dura realidade de um país em construção, e sua maior conseqüência seria aumentar a já avantajada taxa média de fisiologia envolvida nas votações de nosso Congresso.

(*OESP* e *JB*, 11.02.2001)

DEMOCRACIA, DITADURA E ABERTURA

Será verdade que o protecionismo, como o nacionalismo exacerbado, é uma criatura que encontra uma atmosfera mais hospitaleira nas ditaduras? Será a abertura um estado natural das democracias, nas quais maiorias silenciosas têm voz? Ou será que o nacionalismo não é de direita, nem de esquerda, mas apenas velho?

Nossa experiência no pós-guerra nos permite afirmar com toda a segurança que dentre as implicações da "fechadura econômica" está a ausência de competição e de qualquer amparo ao consumidor, do que resultam, ao longo do tempo, baixos níveis de produtividade, qualidade e salários. Como o modelo econômico conhecido como de "substituição de importações" também dependia de altos investimentos públicos para cumprir a "agenda da auto-suficiência", outra implicação era a inflação. E com produtividade baixa e estagnada, combinada com inflação elevada, o modelo de substituição de importações pode ter sido bem-sucedido para industrializar o Brasil, mas gerou a pior distribuição de renda do mundo. Essa culpa os entusiastas da substituição de importações, de esquerda e de direita, nunca assumiram diretamente.

É claro que, com o tempo, a tolerância para com a desigualdade ia diminuir. Em meados dos anos 1960, sintomaticamente, a substituição de importações foi considerada "esgotada" quando enfrentamos inflação elevada (para a época) e estagnação. A crise econômica se transformou em crise política, e lá se foi a Democracia.

Diante dessa evolução, uma hipótese seria a de que a substituição de importações à moda antiga não poderia mais sobreviver senão numa ditadura. Mas o retrospecto não era propriamente no sentido de apoiar essa tese. A "fechadura econômica" começa com a democracia nos anos 40, embora, talvez, compelida por motivos externos mais que internos. Mas o fato é que se vai aprofundando a "fechadura" até o começo do regime militar.

Como somos um país cheio de paradoxos, nossos militares, ao menos no início, mantiveram dentre os "czares" da economia alguns luminares do pensamento liberal, como Roberto Campos, Otávio Gouveia de Bulhões e Mario Henrique Simonsen. Mas nada que se parecesse com uma "abertura econômica" teve lugar. E gradativamente o comando das ações na área econômica foi passando para as mãos de nacionalistas de carteirinha e de pendores heterodoxos. E o que se viu foi uma reafirmação de modelo de substituição de importações, com a busca da autarquia, e com o habitual descaso com a inflação, porém duas oitavas acima do que tinha sido.

Não chega a haver nada muito significativo em termos de abertura nos anos de chumbo. É como se tivéssemos evoluído da autarquia para o mercantilismo, ou seja, da Pedra Lascada para a Pedra Polida. Porém, no governo Geisel especificamente, a substituição de importações reassume a antiga primazia. Afinal, tratava-se de responder aos choques do petróleo aprofundando a auto-suficiência, não apenas em petróleo, mas em qualquer coisa que pudesse ser chamada de "estratégica". Posteriormente, no governo Figueiredo, o protecionismo se torna bem caracteristicamente geral, irrestrito, deslavado e injustificado. Todos os setores se tornam "estratégicos", e as políticas comercial e industrial passam a ser um vasto exercício de clientelismo empresarial.

O regime democrático que se seguiu revela certa ambigüidade nesses assuntos. De um lado aprofunda a reserva de mercado na informática, ou seja, patrocina o supremo exagero da estratégia de substituição de importações e o seu mais retumbante fracasso. Se a teoria era de que a ditadura é protecionista e nacionalista, o corolário devia ser que a democracia traria a abertura, o que, na verdade, não encontra apoio nessa iniciativa do nosso primeiro governo democrático.

Por outro lado, é verdade que foi no governo Sarney que começou a abertura, embora pelos subterrâneos da vastíssima teia de dispositivos tarifários, administrativos e cambiais que compunham o nosso "Muro" protecionista. Algumas das camadas mais vergonhosas de proteção foram removidas, mas as importações demoraram a reagir. Na verdade, só mesmo diante de medidas de abertura bem mais agressivas no governo Collor é que a "taxa de penetração das importações" na indústria (importações como proporção da oferta total de produtos industriais) começou a subir para valer. Fomos de ridículos

4% para uns 8% em 1992, voltamos para 6% no ano seguinte, mas só avançamos mesmo na era FHC, quando chegamos a cerca de 20% em 1998. Algum recuo passageiro deve ocorrer em função da desvalorização cambial, mas daqui para a frente o normal será que a taxa de penetração de importações eleve-se progressivamente.

Os caminhos parecem tortuosos, mas a experiência brasileira não deixa de corroborar a tese acima proposta: num regime político aberto, em que maiorias normalmente mudas acham representantes num sistema político rico e dinâmico, é muito difícil que subsistam arranjos tarifários ou regulatórios nos quais minorias privilegiadas são beneficiadas em detrimento das massas, ou dos consumidores e contribuintes. A abertura é o regime da Democracia, pois melhor atende o primado da maioria. O protecionismo pode ser tolerado em regimes democráticos, mas como exceção, que se torna a regra quando o regime político também é de exceção.

(*OESP* e *JB*, 18.02.2001)

JOSÉ SERRA: O CANDIDATO DA CONTINUIDADE

Consolida-se cada vez mais a candidatura do governo na pessoa do ex-ministro da Saúde, José Serra, que se apresenta como a encarnação da "continuidade", inclusive preconizando medidas e diretrizes para a economia que o ministro Pedro Malan não seria capaz de enunciar de forma mais clara. Por enquanto, todas as tentativas de enxergar entrelinhas e nuances falharam. Ao que tudo indica, e para a surpresa de muitos, elas não existem.

Não apenas um, mas dois amigos poderosos, meus e do ex-ministro Serra, já me fizeram a mesma pergunta, que eles mesmos respondem de forma idêntica: "Sabe o que o Serra não gosta no Plano Real e nas políticas ortodoxas de vocês [equipe econômica]? É que não é ele quem está no comando."

Sendo verdade essa maldosa conjectura – e os dois são especialistas em José Serra – as notícias são boas: vamos ter de fato um candidato da "continuidade" e que acredita sinceramente no que vem dizendo recentemente. Todos os embates e petardos contra a "equipe econômica" teriam de ser revistos, colocados agora sob uma nova perspectiva, pois não eram verdadeiramente divergências de mérito, ao menos nas grandes questões, mas apenas um anseio que talvez se explique num dos melhores versos de Milton Nascimento: *"certas canções que ouço, cabem tão dentro de mim, que perguntar carece, como não fui eu que fiz".*

A imagem é a do artista que se identifica de tal modo, ou admira uma obra, ou uma idéia, com tal intensidade, que dela se sente também autor, ou sócio, e dela quer fazer uso como se fosse sua, numa mistura de devoção e vontade de possuir.

O controvertido e genial escritor e crítico americano Ezra Pound (1885-1972) enxerga esse fenômeno como recorrente na literatura: em seu clássico *ABC da Literatura*, identifica a obra literária dos que denomina "diluidores", ou seja, escritores de algum talento, mas que se aproveitam de descobertas de outros, que estão pelo ar, nas esquinas e bares, brotando apenas em algumas fontes específicas de onde o diluidor sabe beber.

A referência me ocorre a partir de comentários de vários ex-membros da "equipe econômica" que observam, todos perplexos, os escritos de nossos supostos "opositores", como Luiz Carlos Bresser Pereira, Yoshiaki Nakano e Luiz Carlos Mendonça de Barros, e mesmo as manifestações de condestáveis da Fiesp. A perplexidade se explica por que nós, o objeto do revisionismo, e do rancor, sentimos dificuldades em discordar, especialmente se excluídos o adjetivos e um ou outro pecadilho contra a teoria econômica.

Foi Keynes quem disse que os homens públicos que ouvem vozes no ar estão invariavelmente copiando, às vezes sem o saber, às vezes de propósito mesmo, um economista defunto. Defunto ou alheio à competição política, faz pouca diferença. Um experiente procurador do Banco Central sempre me dizia que, no obscuro ramo dos pacotes e políticas econômicas, nada se inventa, tudo se copia da panóplia de pacotes anteriores.

O diluidor tem méritos indiscutíveis, diz Pound, pois o tirocínio em selecionar e farejar o que é realmente novo e revolucionário é uma qualidade a se respeitar. O compositor Antonio Salieri (1750-1825), do filme *Amadeus* (para quem não se lembra, uma biografia de Mozart, um extraordinário filme vencedor de oito Oscar), todavia, tomava esse atributo como uma maldição: era capaz de perceber toda a genialidade de Mozart, seu contemporâneo, de tal sorte que suas próprias limitações ficavam apenas maiores, mais evidentes e dolorosas de carregar.

Milton Nascimento jamais faria o que Salieri fez com Mozart. E Fernando Henrique jamais deixaria que o seu candidato, quem quer que fosse, se apropriasse ou atacasse o seu legado. Por isso, José Serra está obrigado a assumir a "continuidade": ganhou a parada no plano político, mas perdeu no plano das idéias. Vencendo ou não, será mais um a se irritar quando acusado de "neoliberal".

(*Veja*, 27.3.2002)

John Nash e o terrorismo eleitoral

Uma das características mais odiosas do terrorismo, inclusive o eleitoral, é a produção de vítimas inocentes. O mesmo pode valer para as medidas de *combate* ao terrorismo, especialmente quando baseadas no entendimento de que combater o terrorismo é praticá-lo na direção contrária. Pode-se criar uma situação de conflito de "terrorismos" que ofereceria um interessante exemplo de um "equilíbrio de Nash", conceito popularizado pelo maravilhoso filme sobre a vida do próprio John Nash, vencedor do Oscar de melhor filme para 2001, *Mentes brilhantes*.

O momento econômico estaria a requerer enorme ponderação e desprendimento por parte das autoridades, políticas e econômicas, pois nos mercados financeiros a atmosfera é de imensa preocupação. Em conseqüência, pessoas comuns, poupadores de qualquer tamanho, empresas grandes e pequenas e profissionais de mercado, todos estão a adotar posturas defensivas as quais terminam acentuando a instabilidade da qual todos pretendem se acautelar. É um círculo vicioso, um "jogo de soma negativa", no qual quem perde com a interação não-cooperativa dos participantes do jogo eleitoral é um terceiro que não está no jogo, o país.

É interessante lembrar que, bem antes de a tempestade começar, e antevendo-a, o nosso ministro da Fazenda, Pedro Malan sugeriu, para o bem de todos e do país, que os candidatos concordassem em assumir um pequeno número de compromissos os quais, se honrados, reduziriam bastante as incertezas e os prejuízos de hoje. Sua sugestão de cooperação foi repelida pelos meios políticos, e não apenas pela Oposição, pois ali quiseram enxergar uma jogada de um candidato, que na verdade não existia.

A mesma postura negativa foi observada quando se cogitou em avançar, na Câmara, com a emenda ao Artigo 192 da Constituição a fim de se permitir que se votasse uma lei com mandatos para os dirigentes do BC. Novamente, tratava-se de criar instituições destinadas a estabelecer a cooperação em um tema importante para todos: a paz nos mercados financeiros durante a eleição.

Prevaleceu, todavia, uma tola teoria conspiratória de que se pretendia "blindar" o BC, caso ganhasse a Oposição. Prevaleceu o incentivo a não cooperar, alimentado pela sensação de que qualquer forma de cooperação política é uma rendição ao adversário. Registre-se que, de outro lado, o entusiasmo do governo com a independência do BC, "operacional" ou de verdade, nunca existiu.

A verdade é que, antes de a tempestade começar, o país deveria ter refletido construtivamente sobre instituições e políticas destinadas a evitar que, na inevitável presença de mercados financeiros complexos e abertos como temos, as eleições se transformassem em focos de volatilidade, nervosismo e especulação, com perdas para a economia real. Precisávamos ter criado instituições e regras a fim de criar cooperação entre as partes para a eleição transcorrer em clima tranqüilo. Isso existe para as regras eleitorais; por que não haveria de existir para alguns temas básicos da economia? Afinal, essa não é a primeira nem será a última eleição em que são significativas as chances de alternância no poder. Por princípio, esse será sempre o caso numa Democracia digna dessa designação.

Na ausência dessas instituições, a situação que temos hoje é como a de um "equilíbrio de Nash": os principais participantes do jogo eleitoral adotam posturas não-cooperativas, temendo que, mesmo ganhando alguma coisa ao cooperar, estejam concedendo alguma vantagem ao adversário, real ou imaginária. Na verdade, qualquer sinal de que o adversário não será cooperativo leva imediatamente ao conflito, e por isso mesmo o conflito é a situação de "equilíbrio", sendo essa a pior situação para a comunidade em que tem lugar o jogo eleitoral.

O conflito, no jogo eleitoral, consiste basicamente na prática do "terrorismo eleitoral", ou seja, na adoção de posturas não-cooperativas com respeito à transição, ou com respeito ao transcurso da própria eleição, através das quais as partes, deliberadamente, criam nervosismo nos mercados para dele tirar vantagem em detrimento do adversário.

De um lado, a Situação diz que toda a culpa cabe à Oposição, por ser Oposição e pretender a mudança, ou porque pouco diz sobre o que fará. Segue-se o argumento segundo o qual se a Situação não ganhar teremos a crise argentina, o que é apenas um pouco menos leviano que acusar a Oposição de pretender quebrar contratos, fomentar invasões e deixar de honrar obrigações internacionais.

A Oposição, de seu lado, também não está inocente, longe disso. Toma o tumulto dos mercados como "problema do BC" e como "prova" de que estamos vivendo a falência do modelo neoliberal e de que tudo que foi feito estava errado. Omite-se em temas importantes e alega que tudo que ocorrer até janeiro será responsabilidade do governo.

É triste ver um "equilíbrio de Nash" na vida real e, mais ainda, fazer o papel da vítima. A insensatez prosseguirá produzindo milhões de vítimas inocentes do "terrorismo eleitoral", até que a Sociedade resolva forçar os jogadores a cooperar em alguns pontos básicos sobre os quais não gostaria de ver maiores invenções.

(*O Estado de S. Paulo*, 09.06.2002)

SAUDADES DE FERNANDO HENRIQUE

Não sei quem vai ganhar as eleições, tampouco em quem vou confiar meu voto. Tinha uma inclinação, em legítima defesa, para um candidato, mas quando ele disse que "o Brasil está de joelhos diante da agiotagem internacional" desisti e regredi para a contagiosa companhia dos indecisos e insatisfeitos com as alternativas. Com efeito, a julgar pelo que dizem os candidatos sobre a economia, e pelos movimentos de nosso presidente, o único sentimento que me assalta é o que dá título a este artigo.

Não creio que a história do governo FHC esteja sendo bem contada nesta campanha em que nenhum dos candidatos o representa e todos falam em mudança como se o governo que se encerra tivesse sido o de "não-mudança". É verdade que o segundo mandato foi árido em reformas e muito diferente do primeiro, este concentrando um volume possivelmente inigualável em matéria de transformações no país: estabilização, abertura, desregulamentação, privatização, saneamento do sistema bancário, a volta do investimento direto, o crescimento da produtividade, a reforma na Previdência e o conceito de responsabilidade fiscal.

Cada um desses processos ensejou uma revolução em nossa economia, e todos foram conduzidos na plenitude democrática, com os consensos devidos e com as broncas inevitáveis e que atestam a profundidade das mudanças. Mas o sucesso de público é indiscutível, a julgar pelas vitórias eleitorais consagradoras de FHC, eleito e reeleito no primeiro turno, como nenhum outro presidente neste século.

Mas antes mesmo de se iniciar o segundo mandato, FHC já se declarava cansado do que chamava de a "ditadura dos 2/3". O "mercado" nunca estava satisfeito, ele dizia, e com razão, pois o entendimento desta entidade era o de que o processo estava pela metade. As queixas vinham, portanto, de quem queria mais reformas, e também dos inconformados com as reformas já feitas e em ser.

O presidente sabe que o progresso produz vítimas inocentes das quais é preciso cuidar, e vítimas que são culpadas mesmo. As reformas feitas por FHC tinham em comum o fato de beneficiarem maiorias desorganizadas e dispersas em todo o território nacional em detrimento de minorias privilegiadas e militantes, sempre próximas de Brasília e incansáveis em seu ânimo de espernear. Ainda que minoritários, os descontentes com a transformação do Brasil em uma economia de mercado moderna formam uma incômoda legião de detratores do presidente. Do jornalista que perde sua "boquinha" num banco estadual privatizado aos potentados industriais dependentes de "política industrial", passando pelo trabalhador paulista que viu seu emprego migrar para o Nordeste, todos se unem em um mal-estar com as mudanças, normal em qualquer episódio de rápida transformação, mas que desgasta a liderança.

No Brasil, em particular, esse desgaste é mais forte do que em outras partes, pois aqui sempre fomos uma Sociedade fundada sobre o privilégio, na qual nunca existem derrotados na arena econômica, apenas vítimas da ação do Estado, injustiçados pelo Soberano, que tudo pode, de modo que não há fracasso privado, só o provocado pelo governo e merecedor de indenização. A sociedade do privilégio é também uma sociedade de pensionistas, ou de funcionários públicos, como me sugeriu um leitor.

Passada a eleição, afastados os publicitários e o véu que colocaram sobre a realidade do país, o novo presidente terá diante de si desafios monumentais, pois não existem fórmulas fáceis para melhorar o Brasil. O novo presidente terá a seu favor o fato de que a parte mais difícil do trabalho necessário para se construir uma economia de mercado forte já está bem avançada.

O primeiro e mais duro teste para o novo presidente, sem cujo sucesso todo o resto ficará viciado, talvez seja o de enfrentar uma tradição brasileira, quem sabe uma maldição, que consiste em negar qualquer mérito a seus antecessores. Começará muito bem o novo presidente se esquecer a retórica de campanha e reconhecer que começa a trabalhar, usando a imagem de Isaac Newton, sobre os ombros de um gigante.

(*Veja*, 09.10.2002)

O CHOQUE DE REALIDADE DO PSDB (E DO PT)

A idéia de social-democracia (SD) desembarcou no Brasil no fim dos anos 1980 e foi apropriada em maior medida pelo PSDB, mas também, na época, pelo PDT e mesmo pelo PT. O fato é que o PSDB, um "partido de quadros", ou seja, cheio de intelectuais de sotaque europeu e de políticos sem muito voto, com honrosas exceções, depois de um arrastado quarto lugar nas eleições de 1989, chegou ao poder de forma avassaladora e inesperada nas eleições de 1994.

É certo que a vitória não tinha propriamente que ver com a SD do PSDB, menos ainda com a sua reputação de indecisão, mas com o Plano Real, produto concedido por uns poucos economistas do PSDB, todos com pós-graduação em ilustres universidades americanas.

Com efeito, o mundo real foi um choque indelével para os tucanos, que chegaram ao poder como os franceses no Novo Mundo, no século XVI, e aqui descobriram a "cunhadagem", a indolência dos nativos, e também dos colonos, mais chegados a uma esperteza que ao trabalho. Tudo diferente do que se esperava.

Para começar, em vez de iniciar o governo pensando num *Welfare State* (Estado do Bem-Estar Social), a SD do B, então em formação, tinha mesmo era que administrar um "pacotão" destinado a pôr fim a uma hiperinflação. Para quem esperava ser Felipe Gonzalez, era incômodo o papel de Joaquim Murtinho. Para quem tinha sido educado lendo Keynes, e aprendido (ou decorado) ao menos uma dúzia de maneiras de dizer que orçamento equilibrado era "coisa de neoclássicos", era penoso transformar-se em uma espécie de tesoureiro de um país que reconhecidamente havia se tornado uma espécie de alcoólatra em matéria de irresponsabilidade fiscal e inflação.

Para quem tinha uma embocadura nacionalista foi igualmente chocante perceber que o aparato protecionista havia degenerado em uma imensa máquina de geração de privilégios e "rendas de monopólio", o mesmo valendo para a política industrial. Para quem imaginava criar parcerias européias, tripartite e concertadas, entre setor público e empresas privadas, o que se via eram conluios espúrios, com vistas a pilhar o Estado, centenas de maneiras de se apropriar da regulação pública para benefício privado. Eram tempos do "BNDES hospital" e de "exames de similaridade", conduzidos por entidades de classe, para barrar importações, e menos remotamente, de câmaras setoriais, entre outras práticas hoje extintas, ou adormecidas.

Para quem esperava comandar uma esclarecida e germânica burocracia weberiana, era ultrajante perceber que o vezo era o da defesa intransigente de *alguns* interesses nacionais, e apenas estes.

Também melancólico era ver a maioria das estatais quebradas, muitas consumidas pelo corporativismo ou coisa pior. Para alguém de esquerda, que historicamente não gosta de banco, nada poderia ser pior que ver quebrados muitos, ou quase todos, os bancos públicos e muitos dos maiores bancos privados, ter de montar operações para sanear o sistema financeiro a fim de proteger o depositante, que não tem culpa de nada, e ver-se, por fim, acusado de governar para os bancos.

Pior que tudo, todavia, era a Previdência: o que na Europa era um dos pilares básicos do *Welfare State*, no Brasil havia se tornado uma máquina de criação e reprodução de desigualdade numa escala impensável.

Como a SD do B devia lidar com isso tudo? Abertura? Privatização? Saneamento bancário? O regime cambial? A indexação? Onde olhar para uma solução? Onde encontrar um terreiro para psicografar Max Weber? Ou "receber" o "espírito de Weimar"? O que foi feito da "Terceira Via"?

Enquanto não era governo, e não tinha que resolver os problemas do mundo real, a SD do B tinha tantas dúvidas que o "muro", não o de Berlim, mas o da hesitação, se tornou sua maldição. O poder levou o PSDB do Muro à vidraça. Já o PT, mais socialista e mesmo comunista que SD, em vez de lidar com suas dúvidas usando um muro, desenvolveu a habilidade de atirar pedras. E o fez com tamanha competência que chegou ao poder. A partir de agora deverá levar muitos sustos, esquecer seu passado todo dia um pouco e amadurecer. Oxalá.

(*Veja*, 20.11.2002)

O OCASO DO ESQUERDISMO

O presidente Lula declarou recentemente que nunca se sentiu confortável quando o tomavam como um esquerdista. Com efeito, seu governo nada tem de esquerdista, e suas declarações são perfeitamente condizentes com a orientação da política econômica, e também com as escolhas para a agenda com o Legislativo. Por paradoxal que pareça, diante dessa evidência, fica claro que este é um governo social democrata *light*, como o anterior, mas ainda em fase de definições, remoção de tecidos radicais e esclarecimentos.

A interação com o Parlamento na votação das reformas no primeiro ano do governo Lula apenas reforça essa impressão, pois é a coalizão governista aí formada que vai, em última instância, dar personalidade ao governo. Na votação da reforma previdenciária, o governo teve 358 votos, 80 dos quais (22%) do PT e 61 (17%) vindos dos partidos genuinamente de esquerda (PSB, PDT, PC do B, PPS e PV). O chamado "Centrão" (PMDB, PTB, PL, PP) forneceu vistosos

152 votos, ou 42% do total, e a oposição (PSDB e PFL) adicionou 62 votos, os mesmos 17% dados pelos esquerdistas "autênticos".

Na votação da reforma tributária os números sobem para o PT, que agora fornece 87 votos, mas quase nada para os "autênticos", que vão a 62. Como o governo conseguiu um total maior, 378, esse bloco conseguiu os mesmos 39% do total nas votações das duas reformas. A mudança definidora ocorre com o aumento dos votos dados pelo "Centrão", que chegam a 186, ou 49,2% do total, na reforma tributária. Esse aumento mais que compensa a redução dos votos dados pela Oposição, que diminui sua contribuição para 39 votos dos 62 anteriores.

O condomínio governista, portanto, tem o "Centrão" como sócio majoritário, tal como no governo passado, de modo que o esquerdismo parece condenado a um canto escuro do governo, ou ao desembarque, o que for mais condizente com a maior e imprescindível presença do "Centrão" no Ministério.

Essas considerações são da maior importância quando o mercado está testando limites, seja para a queda dos juros, seja para a elevação nas bolsas, títulos da dívida externa e risco Brasil. O movimento "virtuoso" que ocorreu das eleições até aqui tem sido espetacular: câmbio e juros para baixo, bolsa furando os 16 mil pontos, o risco Brasil vindo de 2 mil para 700 pontos, tudo na direção correta. E todo esse movimento gerado pela percepção cada vez mais generalizada de que este não é um governo esquerdista.

No mercado as pessoas se perguntam se esse movimento virtuoso já se esgotou ou se vamos ainda mais adiante. O risco Brasil ainda está num nível muito alto, o mesmo onde andou no ápice da crise da Ásia. Pode perfeitamente chegar a 300 ou 200 pontos, e com isso a Bolsa pode subir bem mais do que já subiu. Os investimentos diretos podem voltar e o dólar derreter, o que permitirá ao Banco Central recompor suas reservas e livrar-se do FMI.

Tudo isso pode ocorrer se o governo continuar no mesmo caminho e afastar-se mais e mais desse "esquerdismo" que, como agora sabemos com certeza, sempre incomodou o presidente.

Para as agências de classificação de risco, atores fundamentais na definição do tamanho do risco Brasil, houve uma descoberta fundamental, ainda longe de ser inteiramente confirmada e digerida, a de que a "esquerda" brasileira é como a européia. Se isso é verdade, as avaliações do risco Brasil precisam ser drasticamente melhoradas para refletir o fato de que o Brasil é um país "de centro" no qual Oposição e Situação têm mais ou menos as mesmas agendas, e portanto a possibilidade de "rupturas" é remota.

Os mercados podem ser irracionais em muitas ocasiões, mas em outras exibem uma sabedoria estonteante, como no momento atual, quando vão fazendo o movimento virtuoso na exata proporção do afastamento do governo do "esquerdismo", centavo por centímetro, bem devagarzinho.

(*Veja*, 17.09.2003)

Corrupção, patrimonialismo, *rent seeking* e temas afins

Contingenciamento, corrupção e reforma fiscal

É generalizada a sensação de que a corrupção atingiu uma magnitude sem precedente. As histórias contadas "à boca pequena" são cada vez mais impressionantes, bem como os chamados "sinais exteriores de riqueza" de alguns protagonistas dessas fábulas. O que terá acontecido com os chamados "padrões morais" do nosso país? Este artigo certamente não pretende responder a essa fascinante indagação mas, partindo da máxima de que a ocasião faz o ladrão, pretende chamar atenção para um elemento da máxima importância para explicar a existência, assim como a opulência, dos nossos PCs, PPs e siglas assemelhadas: o nosso processo orçamentário.

Neste país temos um orçamento público "autorizativo", ou seja, apenas autoriza o Executivo a gastar, e, exatamente por isso, é que não há nenhum limite à inclusão no Orçamento de quaisquer pleitos. No ano passado (1991), por exemplo, tivemos mais de 70 mil emendas à proposta orçamentária do Executivo. Se cada uma custa US$1 milhão, estamos falando de despesas adicionais "autorizadas" superiores a US$ 70 bilhões.

A provisão de recursos para isso se faz jogando para cima a previsão de receita, e, se houve déficit, não há problema, pois o Orçamento não é para ser tomado ao pé da letra. Tanto é que, ao sair pronto do

Congresso, esse calhamaço, transpirando fisiologia por todos os poros, é recebido pelos burocratas da área de econômica com um sorriso de canto de boca. Eles sabem que apenas uma fração do que foi "autorizado" será efetivamente gasta, fração esta compatível com a arrecadação existente, aí incluindo o chamado "imposto inflacionário", ou seja, as receitas geradas pela emissão de moeda pelo Banco Central.

Esse racionamento de despesas feito pelo Tesouro, do qual resulta o "superávit de caixa", recebe o misterioso designativo de "contingenciamento", e sua incidência varia bastante para cada unidade: um Ministério pode receber 80% de suas verbas orçamentárias, um outro 50% ou mesmo 20%, e os atrasos no repasse são também muito variados. As decisões quanto a essas "taxas de contingenciamento", bem como quanto aos atrasos, são tomadas de forma arbitrária no escurinho dos gabinetes e estão, obviamente, sujeitas ao jogo político.

Se o Executivo resolve mandar um foguete ao espaço, construir montanhas de CIACs, um metrô em Brasília ou uma auto-estrada ligando a Zona Sul do Rio de Janeiro ao aeroporto, bem como quaisquer outras obras de relevância questionável, basta para isso aumentar a "taxa de contingenciamento" que incide sobre outras despesas. Ou seja, o Orçamento serve para muito pouca coisa.

Todavia, é pior do que isso. A filha mais dileta da falta de transparência e das decisões discricionárias é a corrupção. Note-se que contingenciamento é a mesma coisa que racionamento, e nós bem sabemos que racionamento produz o fenômeno do ágio. A mercadoria que se torna escassa, a verba orçamentária, adquire um preço no mercado negro. Do outro lado, um empresário sujeito a ter seus pagamentos atrasados certamente está disposto a pagar uma "comissão", tipicamente a uma empresa de prestação de serviços em Brasília e filiais (mesmo matrizes) em obscuras ilhas do litoral caribenho, para ter o seu dinheiro recebido logo. O quadro a seguir procura dar uma dimensão numérica a estas considerações.

Taxa de juros	Taxa de contingenciamento	Taxa de corrupção	Total pago (dólar/bilhões)
5%	50%	4,4%	2,2
5%	80%	16,0%	8,0
10%	50%	8,3%	4,1
10%	80%	36,0%	18,0

A situação nele retratada é a seguinte: um credor do poder público está sujeito a uma "taxa de contingenciamento" de, digamos, 50%. Pressume-se que, a cada mês, o indivíduo tem uma probabilidade de 50% de receber o seu crédito e, se não recebe, incorre em uma perda (por conta da indexação imperfeita de seu crédito ou dos juros reais que deixa de ganhar).

Para uma perda mensal de 5% ou 10%, e para vários valores da "taxa de contingenciamento", o quadro calcula, a partir do valor presente esperado do crédito, a comissão máxima que o credor estaria disposto a pagar, e também o total potencialmente pago nessas "bolas", tomando como base que o governo federal gasta cerca de 12% do PIB (uns US$50 bilhões) anuais em bens e serviços (incluindo gastos de investimento). Conforme pode ser visto, a "taxa de corrupção", bem como o total gasto com esse "serviço", varia enormemente conforme a "taxa de contingenciamento".

Uma observação importante a fazer a esse respeito é que, se houvesse um orçamento de verdade, que servisse como instrumento de debate das prioridades nacionais em um clima de transparência, e dentro do qual os gastos fossem realmente limitados às receitas, não haveria necessidade de contingenciamento e portanto não haveria essa modalidade de corrupção (existem muitas outras, que não cabe aqui discutir).

Assim sendo, se tomamos como base a última linha do quadro, podemos dizer que o custo anual potencial de não se regulamentar integralmente o Art. 165 da Constituição, que determina que uma lei complementar seja feita para regular o orçamento e a dívida pública, pode ser da ordem de US$18 bilhões. É claro, todavia, que não se trata apenas de um desperdício de recursos, é roubo, e por isso mesmo o "custo social" desse esquema é muito maior do que US$18 bilhões. Só resta perguntar por que o Executivo não tomou nenhuma iniciativa a esse respeito, ou por que a reforma fiscal não anda.

(*Folha de São Paulo*, 09.08.1992)

Corrupção e lubrificação

Num livro de 1988, o professor Robert Klitgaard, de Harvard, definiu um grande problema em uma simples equação: Corrupção = Monopólio + Arbitrariedade − Transparência. Ou seja, quanto mais distantes do mercado estiverem as relações entre o público e o privado, quanto mais discricionárias as decisões, e quanto menor a transparência, maior será a corrupção. O livro saiu em português em 1994 sem muito alarde, o que não deveria ser o caso para um país como o nosso que, por um lado, anda repensando o papel do Estado na economia e por outro está pessimamente colocado nos *rankings* internacionais de corrupção. Para a Transparência Internacional, uma ONG dedicada ao ao combate a esta doença, estamos na 45ª posição em 100 países, com uma pontuação de 4,1 (numa escala de 0 a 10), empatados com o Zimbábue, Marrocos e o Malai.

É recente o estudo sistemático das causas da corrupção, parecendo responder à inclusão do tema entre aqueles que compõem as reformas ditas de "segunda geração", e também à estupefação pela existência de uma corrupção "sistêmica" em alguns países da Ásia (o tal "capitalismo de quadrilhas"), que arruinou indústrias e bancos e provocou uma crise internacional.

Em um desses novos estudos, publicado recentemente numa revista acadêmica inglesa, os autores – Alberto Ades e Rafael Di Tella –

procuraram especificamente uma relação entre corrupção e algo que eles denominaram "política industrial ativa". Usando dados do *World Competitiveness Report*, um grande levantamento entre executivos sobre práticas comerciais em diferentes países para o período 1989-92, eles concluem, para começar, que as "políticas industriais ativas" de fato aumentam o investimento, mas também produzem corrupção. Na verdade, segundo as estimativas de Ades e Di Tella, valores entre 16% e 44% dos investimentos viabilizados por "políticas industriais ativas" em sua amostra se transformam em propina: 30% em média!

A conclusão é nada menos que alarmante e deve levar o leitor a refletir toda vez que ouvir alguém bradar que o Brasil precisa de uma política industrial. A intenção pode ser boa, mas a experiência internacional parece sugerir que essas políticas têm subprodutos nada desejáveis.

Por fim, como não existe corrupção sem corruptores, vale uma observação sobre como alguns governos estrangeiros tratam a questão. Em 1977 o Congresso americano aprovou uma lei sobre o assunto, através da qual era definido como crime o ato de dar propina a funcionários públicos estrangeiros "com o propósito de manter ou obter negócios". Todavia, essa mesma lei continha um dispositivo curioso referente ao que eles denominaram "*grease payments*", algo que poderíamos traduzir como "pagamentos lubrificantes". Segundo essa norma, não é considerado nem propina, nem crime, o pagamento feito a funcionário público estrangeiro com o propósito de "facilitar ou assegurar o desempenho de uma tarefa governamental rotineira" (*sic*).

É claro que, como a fronteira entre a corrupção e "lubrificação" pode ser confusa, a lei pode deixar a desejar. Note-se, por outro lado, que os "pagamentos lubrificantes" são considerados despesas operacionais e, portanto, dedutíveis para fins de apuração de lucro. Antes de uma Convenção Internacional assinada em 1997, sob os auspícios da OCDE, muitos países permitiam deduções desse tipo (por exemplo, Austrália, Áustria, Bélgica, França, Alemanha, Irlanda, Luxemburgo, Holanda, Nova Zelândia, Portugal e Suíça). A Convenção deve ter produzido muitas mudanças em legislações nacionais, de tal sorte que a dedutibilidade de despesas de "lubrificação", ou *lobby*, pode ter sido reduzida. No caso específico dos EUA, todavia, como a terminologia do Artigo 1º da Convenção é semelhante à da lei de 1977, não é claro que a ratificação da Convenção remova a dedutibilidade da "lubrificação". De toda maneira, me ocorre que o governo brasileiro, que mostrou interesse em aderir à Convenção, poderia ter interesse em solicitar aos americanos a relação de "pagamentos lubrificantes" feitos a funcionários públicos brasileiros por empresas americanas.

(*Veja*, 25.11.1999)

Resistências ao combate à corrupção

É surpreendente e injusto que as iniciativas recentes do governo FHC no sentido de combater a corrupção tenham sido recebidas com enfado e ironia pelo PT. A despeito da importância inegável do assunto, alguns expoentes da crônica política apenas enxergaram nessas iniciativas uma espécie de factóide, uma reação meio trôpega diante de mais um escândalo com origem no orçamento. Como se não estivesse interessado em corrupção de forma mais genérica e em instituições para coibi-la. Como se o país não tivesse vontade de aproveitar as lições do escândalo mais recente para construir defesas ainda melhores contra a bandalheira com o dinheiro público.

O presidente Fernando Henrique, ao apresentar as medidas, lembrou que temos um "enorme e custoso aparato de controle, o qual, no entanto, foi incapaz de evitar o problema em seu início (oito anos atrás). Os cadeados são colocados depois da porta arrombada. Sempre estamos correndo atrás do prejuízo".

Tem razão o presidente. E tem mais razão ainda ao insistir em correr e aperfeiçoar os cadeados. Sua fala não deve ser interpretada como indicativa da ineficácia ou falta de compromisso com as medidas. Está se tratando do Código de Conduta da Alta Administração Federal, e das reformas nos sistemas de controle interno e externo do governo, estas compreendendo uma emenda constitucional e um projeto de lei complementar, todas em audiência pública. Se essas propostas vão crescer de tal sorte a responder ao imenso desafio colocado pela corrupção no país, vai depender da Sociedade e do Congresso Nacional, pois são esses os atores no comando da confecção das leis.

O desdém atirado às medidas reflete uma postura de fatalismo quanto ao problema que precisa ser modificada. É curioso que o assunto corrupção não seja visto como um entrave ao desenvolvimento econômico, mas como um problema "microeconômico", meio feito a poluição, um subproduto do crescimento, indesejável, mas inevitável e não especialmente danoso, embora moralmente deplorável. Essa postura precisa mudar. A corrupção não é intrínseca à nacionalidade, nem aos políticos, nem deve ser tomada como intratável. Por isso, quando o governo propõe alguma coisa potencialmente revolucionária, ou ao menos útil sobre o assunto, a sociedade deve levar o assunto a sério.

É correto dizer que o governo acordou tarde para o tema, assim como demorou a incorporar a expressão "responsabilidade fiscal" em seu vocabulário, conforme discutido em outros artigos desta coletânea.

Mas, o que responsabilidade fiscal tem a ver com o combate à corrupção? Tudo a ver. Dentre os principais focos de corrupção no Brasil, como nos ensinaram sucessivas CPIs na última década, e como discutido anteriormente, está o processo de confecção e execução do orçamento. É nesse mesmo domínio que têm origem o déficit público e a irresponsabilidade fiscal. O governo parece não ter percebido o quanto o combate à corrupção está relacionado à luta pela responsabilidade fiscal, que, por sua vez, é central para a estabilidade da moeda. É pena. Raramente a corrupção é mencionada como um componente do "custo Brasil", por exemplo.

Como no caso da responsabilidade fiscal, o único erro, sempre possível de se consertar, foi a moderação ao tratar do assunto.

(*Veja*, 30.08.2000)

O VAZIO ÉTICO

Num julgamento na França de 1894, um anarquista de nome Emile Henry foi acusado de explodir uma bomba num edifício de escritórios, matando dezenas de pessoas. Sua defesa, publicada após sua execução, continha um elogio à Revolução Socialista, para cuja realização ele dizia trazer como contribuição "um ódio profundo e renovado a cada dia pelo espetáculo desta sociedade em que tudo é baixo, equívoco e feio, em que tudo serve de impedimento ao fluxo das paixões humanas, aos impulsos generosos do coração". Mas tinha também, e principalmente, a confissão: "Por isso tudo construí uma bomba. Num certo momento lembrei-me da acusação que havia sido feita em um episódio anterior: e as vítimas inocentes? Mas logo resolvi esse problema. Os edifícios onde a Companhia Carmoux mantinha seus escritórios eram habitados apenas por burgueses: não haveria, portanto, vítimas inocentes."

Algo diferente do que diria Bin Laden, caso trazido a uma Corte de Justiça?

A lógica do terrorista não é diferente da que move o torturador, a julgar pela descrição de um cliente habitual da polícia política soviética, o escritor Alexander Soljenitsin: "Para fazer o Mal, o homem deve tê-lo anteriormente reconhecido como um bem, ou como uma ação sensata, de acordo com a lei. Tal é, felizmente, a natureza do Homem, ele deve buscar a 'justificação' das suas ações. As 'justificações' de Macbeth eram débeis e os remorsos roíam-lhe a consciência. Se a imaginação e a força interior dos celerados de Shakespeare se limitavam a uma dezena de cadáveres, era porque eles não tinham *ideologia*." (grifos no original)

Estamos aqui em terreno pantanoso. Diante de dilemas éticos, e de desenhos animados em que desconhece os heróis, meu filho de cinco anos sempre aponta e pergunta: "Eles são do Bem ou do Mal?" Nessa idade não pode haver ambigüidades ou transigência. Já os adolescentes com pendores libertários podem perfeitamente perguntar se Bin Laden não é um homem com um ideal, em cujo âmbito os "burgueses" são mesmo gente do Mal?

Faz tempo que não se ouvem vocábulos como "burguês" ou "burguesia" fora de sala de aula, especialmente em cursos de Geografia em nível secundário, nos quais doses regulares de materialismo dialético são ministradas a adolescentes indefesos. Mas é interessante observar como a linguagem marxista se modificou depois do fracasso do socialismo. "Neoliberalismo" é rotineiramente usado como sinônimo para "capitalismo", que continua sendo um Mal, um sistema fundado na "relativização da ética em prol da ditadura do mercado na condução dos processos sociais", como alegou um escritor ligado ao PT (o qual, aliás, no quesito ético não está propriamente na posição de ensinar coisa alguma).

De forma semelhante, "neoliberal" é um termo manuseado com assepsia pelos seus usuários, invariavelmente detratores, como se estivessem se dirigindo respeitosamente a moscas e mosquitos como dípteros ou esquizóforos. Não há dúvida de que se trata de insulto, embora não-reconhecido, exatamente como tempos atrás se usava o termo "burguês". Este, todavia, podia ser inocente e grotesco, como o prosador de Molière, que não sabia por que a propriedade privada era um roubo, pois havia ganhado seu dinheiro honestamente. Já o "neoliberal", ao contrário, é um propagador de doutrina, portanto, um perigo muito maior, um burguês dotado de "consciência de classe", alguém que acredita mesmo na livre iniciativa!

Não há dúvida de que o fim trágico da utopia socialista deixou uma espécie de vazio espiritual, e que o avanço da globalização aguçou o senso de identidade comunitária e também o anseio pelo Sagrado. Mas no Brasil essa trama tem outros ingredientes. O "vazio ético" que estamos vivendo, isto sim uma manifestação do Mal, não é recente, nem produto da globalização, tampouco do "neoliberalismo". Não é um problema com o moderno, mas com o pré-moderno, que se desdobra no patrimonialismo à direita e no corporativismo à esquerda. A corrupção, da mesma forma, não tem matiz ideológico, mas está estatisticamente relacionada ao tamanho do Estado e à ausência de características muito próprias de relações de mercado inerentes ao "neoliberalismo" como meritocracia, transparência e impessoalidade.

(*Veja*, 24.10.2001)

A SOCIEDADE DO PRIVILÉGIO

Passando em revista nossas origens, um tema comum a muitos historiadores é a formação de uma sociedade fundada sobre o privilégio. No começo, quando se forma o que Jorge Caldeira chamou de a Nação Mercantilista, não havia capital, nem trabalho, tampouco Sociedade, mas apenas o Estado, criador de todos os privilégios, dentre os quais, inclusive, o direito de propriedade sobre outros seres humanos.

No Brasil nunca tivemos luta de classes de verdade; a tensão social sempre foi entre o Estado, ou seus donos, e a Sociedade, especialmente os brasileiros desprovidos de privilégio independentemente de sua relação com os "meios de produção". Direita e esquerda pareciam atores de um enredo menor num país em que o Estado sempre soube definir-se como um fim em si mesmo, como uma encarnação falsificada da Nação. O Estado sempre foi propriedade privada de poucos, e por isso Brasil nasceu e cresceu desigual. A maioria, ou o povo, essa entidade sem rosto, multidão silenciosa e amorfa, sempre foi coadjuvante da Sociedade do Privilégio, assim como o próprio território, de onde devem brotar as riquezas idealmente com o mínimo possível de capital e esforço. Tudo se passa como se, no Brasil, a riqueza já existisse nas entranhas da terra, bastando colher, ou extrair, de tal sorte que a organização social e política do país fosse focada na disputa pelos "direitos" a esta riqueza.

A Democracia de Massa no Brasil é fenômeno muito recente, e seu aparecimento em meados dos anos 1980 tem a mais inesperada conseqüência: a hiperinflação. O leitor já parou para pensar por que a inflação vai de 100% anuais para 84% mensais de 1984 a 1989 durante os primeiros anos de Democracia, depois de três décadas de Ditadura?

A resposta para esse enigma é simples: o povo quis participar da Sociedade do Privilégio, anseio absolutamente legítimo, pois se as políticas públicas são dirigidas a setores "especiais" ou "estratégicos", por que exatamente alguém, qualquer pessoa, deve ser excluído dessa categoria? Por que apenas alguns e não todos não são merecedores das benesses do Estado?

Os primeiros anos da nossa Democracia de Massa produziram a hiperinflação porque a dinâmica política foi a de "incorporar" todo mundo que aparecesse, todos que quisessem podiam ter a sua emenda no orçamento, a sua "conquista" consagrada na Constituição, seu programinha de apoio no contexto da "política industrial", todo o país passou a ser "estratégico", e por força do princípio da isonomia todos passaram a merecer o direito a algum pequeno cartório pelo menos igual ao do vizinho. Todos se tornaram credores do Estado, e portanto cobradores implacáveis da dívida social. Era como se estivéssemos a experimentar a impossibilidade de generalizar o privilégio para apenas depois deste trauma nos dedicássemos a combater privilégios.

O novo Estado Democrático, diante desses anseios, adotou um modelo de "Clientelismo de Massa" cujo espírito ainda permanece muito vivo, e que consiste em estender a todos os brasileiros algum privilégio, via Orçamento, ou via regulação, porque todos têm direito. É o Espírito (da Constituição) de 1988.

Todavia, como o Estado não é criador de riqueza, apenas um veículo de transferência, o modelo rapidamente se revelou impraticável. O nobre propósito de "incluir os excluídos" a qualquer custo acabou corrompido pelo fato de que o dinheiro advinha da tributação do próprio "excluído" através da inflação. Ou das futuras gerações através de dívidas crescentes.

Todos têm direito, mas simplesmente não é possível conceder tantos privilégios a tanta gente; não vamos acabar com a Sociedade do Privilégio multiplicando direitos e privilégios de forma irreal.

Com efeito, quem vai terminar com a Sociedade do Privilégio é a Economia de Mercado, e não é outro o motivo pelo qual a estabilização, a abertura, a desregulamentação e a privatização geraram tantas tensões.

A economia de mercado é subversiva numa Sociedade do Privilégio, pois propugna a competição, a impessoalidade e a meritocracia e dispensa, tanto quanto possível a interveniência de um Estado cheio de vícios.

Só uma verdadeira e bem-urdida Sociedade do Privilégio consegue o prodígio de alijar a economia de mercado do sistema político-partidário e consegue nos impor quatro candidatos a desancar o que chamam de "o modelo neoliberal", cada qual propondo, em diferentes vestimentas, a extensão de novos privilégios e o crescimento do Estado.

(*Veja*, 11.09.2002)

RENDAS DE PRIVILÉGIO, DOENÇA NACIONAL

É sabido que o idioma dos esquimós dispõe de dezenas de palavras para se referir à "neve", e, pelas mesmas óbvias razões, o vocabulário dos geólogos é muito rico para coisas que designamos como "pedra", assim como o dos botânicos é abundante para o que chamamos de "planta". O interessante é que esses especialistas raramente usam essas palavras mais genéricas; um médico dificilmente diz que alguém está "passando mal"; o relato é sempre mais informativo e elaborado.

Essa talvez seja a única explicação para a surpreendente inexistência de tradução para a palavra "*rent*", que, em inglês, tem um significado aparentemente inofensivo: renda ou aluguel devidos pelo uso de uma propriedade inclusive intangível.

Os economistas conhecidos como "clássicos", entre eles David Ricardo, desenvolveram, todavia, uma acepção bem mais interessante para o vocábulo e que parece se adaptar muito bem a certo tipo de fenômeno típico mas não exclusivo do Brasil. Para eles, *rents* são rendas ditas "excepcionais", ou mesmo "artificiais", decorrentes de uma situação criada, por exemplo, por um monopólio, tarifa, proibição, exclusividade, concessão ou privilégio. Em essência, é uma renda "em excesso" do que seria o normal, amiúde criada pela ação do Estado. Sendo assim, talvez a melhor tradução seja mesmo "rendas decorrentes de privilégio".

Não é sempre verdadeiro que esse tipo de renda seja "indevido" ou "indecoroso". Veja o leitor os casos clássicos de uma patente concedida ao inventor ou da tarifa protecionista concedida a uma "indústria nascente". Essas são situações em que alguém se beneficia direta e merecidamente, ao menos em tese, de uma intervenção do Estado na economia. Quando o objetivo é meritório e o benefício temporário, a teoria econômica tende a aprovar o privilégio, pois os ganhos, em tese, extravasam os auferidos pelos diretamente beneficiados.

Porém, nem sempre se tem clareza sobre o "meritório", e menos ainda sobre o "temporário". Privilégios, no Brasil, tendem a se eternizar como direitos adquiridos, e "meritório" não chega a ser propriamente um critério excludente. Na verdade, o grande problema das políticas públicas não é definir quem é "estratégico" e merece apoio, mas afastar quem não é.

O fato é que quanto maior a regulação, ou a intervenção do Estado na economia, maiores as "rendas de privilégio" que são criadas e deslocadas de um lado para o outro. Ou seja, quanto mais o governo interferir na vida econômica, mais prevalecente será uma lógica política e clientelista na alocação de recursos e do talento nacional, em detrimento de uma lógica de negócio, ou de mercado. Dito de outra forma, onde existe insegurança sobre a propriedade (ou onde ela tem "função social") ou sobre o valor de um negócio ou de um ativo, que pode ser multiplicado ou dividido por um Ato do Príncipe, mais recursos e talentos serão destinados a criar (ou extinguir) e defender (ou atacar) "rendas de privilégio" do que a criar empresas e empregos.

Existem muitos estudos sobre o impacto econômico (no plano da ética, não há muito que discutir) de "atividades que visam produzir rendas decorrentes de privilégio", entre as quais a corrupção e o clientelismo, e as conclusões principais nada têm de misteriosas: o crescimento econômico e o empreendedorismo são diminuídos quanto mais energia um país dedica a criar e defender privilégios, mesmo quando esses não decorrem de corrupção.

O leitor deve ter em mente, por exemplo, que a Constituição de 1988 rebaixou nossas possibilidades de crescimento ao multiplicar privilégios. Deve pensar também no dinheiro que se gasta com corrupção, *lobby*, advogados (na defesa de achaques ou para dialogar com burocratas), passagens para Brasília, despachantes, facilitadores e dificultadores como uma espécie de "segundo nível" de carga tributária, que não é pago ao governo, mas tem a ver com coisas públicas. É difícil dizer quanto o Brasil gasta nessas rubricas, mas deve ser muito, pois é do tamanho da desigualdade e da informalidade.

(*Veja*, 23.06.2004)

Coisas de banco central

O Copom e suas manifestações

Em toda parte os bancos centrais tomam decisões sobre taxas de juros em comitês semelhantes ao nosso Copom, o Comitê de Política Monetária criado pelo Banco Central do Brasil em 1996.

Em outros países onde a despolitização da moeda e a independência do banco central não são temas controversos, os comitês equivalentes ao nosso Copom são definidos em lei ou consagrados por décadas de funcionamento. Nenhum governante no mundo desenvolvido se atreveria a interferir no funcionamento desses comitês, que dispõem, portanto, de enorme poder.

É importante notar que o Copom foi criado por uma decisão de diretoria do Banco Central, ratificada em uma Resolução do Conselho Monetário Nacional (cujos membros são o ministro da Fazenda, o do Planejamento e o presidente do BC). Teoricamente, o presidente da República pode determinar ao CMN que desfaça o Copom e que estabeleça outra mecânica para a fixação dos juros. Nosso próximo presidente da República pode, por exemplo, criar um Conselho Popular da Moeda (como comissão consultiva do CMN, nos termos da Lei 9069, por exemplo), cuja atribuição será determinar ao Banco Central o que fazer com os juros. A composição desse comitê pode ser qualquer coisa que o presidente quiser: empresários e trabalhadores, e quem sabe também um pobre representante do Banco Central, perdido entre os delegados do Movimento Sem Terra, dos bancos estaduais, da CNBB ou da Febraban.

Essas possibilidades apenas deixam evidente a fragilidade de nossas instituições monetárias, que não deveriam ser tão vulneráveis a trocas de governo.

É claro que a experiência dos últimos anos serviu para fortalecer o Copom como instituição. Ou seja, ficou mais evidente a importância de se ter um comitê de técnicos para se decidir sobre a taxa de juros e de acordo com critérios técnicos e transparentes, de tal sorte que ficou mais difícil para o próximo presidente da República, quem quer que seja, patrocinar alguma invenção nesse terreno.

Isso tudo não obstante, o país ainda está se acostumando com o Copom. E cada vez mais quer entender a lógica de suas decisões. Como em qualquer outro país, aqui se publicam as informações econômicas que são analisadas nas reuniões, além de versões convenientemente aguadas das atas das reuniões. É importante entender este ritual.

O que quer que os membros do Copom usem para definir seus votos, o ponto é que existem sim considerações impublicáveis, pois os membros do comitê precisam conjeturar sobre temas sobre os quais não devem falar em público. Nada mais natural. Essas reuniões seriam totalmente improdutivas, e provavelmente resultariam em decisões erradas, se fossem transmitidas pela TV. Por isso mesmo em nenhuma parte isso ocorre ou são publicadas transcrições ou gravações do que se fala. O processo que leva a um consenso pode ser tortuoso, ou mesmo abrasivo, e o que importa mesmo é o consenso, que a ata deve resumir numa linguagem vaga, pois afinal as decisões envolvem considerável grau de subjetividade. Existe, portanto, um nível ótimo de transparência, tanto para as informações utilizadas, quanto para as justificativas para as decisões, que, caso ultrapassado, começa a prejudicar o processo decisório.

Quando a autoridade tem o poder discricionário para tomar determinada decisão, o melhor que faz é revelar todas as informações que permitiram a decisão, mas nada dizer sobre as justificativas, seja para fazer, seja para não fazer determinada coisa. O caminho para a decisão pode não ter sido o melhor, a despeito de a decisão ser a correta. Não faz sentido explicar o caminho. Tudo que se disser nesse domínio, afinal, pode ser usado contra a autoridade no mês seguinte quando a próxima decisão for tomada e o caminho for diferente. Quando se dá explicação demais, a autoridade fica prisioneiro delas e vulnerável à acusação de incoerência. A maior parte das ações do Banco Central é auto-explicativa. O excesso de falatório e entrevista só atrapalha.

(*OESP* e *JB*, 25.06.2000)

O BC NÃO CONTRATARÁ MARXISTAS

Causou certo frenesi nos mercados financeiros a edição mais recente do Relatório de Inflação, que trouxe novas projeções do BC para a inflação no ano de 2001. Passou despercebido que um cenário em que a Autoridade Monetária se aventura a veicular em março sua projeção para a inflação para o ano calendário seria impensável nos anos anteriores a 1994.

Mas não se trata apenas de celebrar, mais uma vez, nosso alívio em viver num país onde a inflação está sob controle, mas também o fato de o BC ter adquirido uma tecnologia de projeções macroeconômicas que não existia poucos anos atrás. O BC tinha, e ainda tem, um Departamento Econômico (Depec) cuja função histórica era a produção e a compilação de estatísticas. Essa missão mudou com o passar do tempo, e um marco nessa direção foi a própria instituição do Copom, que, à semelhança de outros comitês de outros bancos centrais mundo afora, passaria a decidir sobre a fixação da taxa de juros com base em análises produzidas pelo Depec e também por alguns outros departamentos do BC. Subitamente, cada um desses departamentos tinha que produzir análises, além de estatísticas, apresentá-las e discuti-las no Copom, e ver publicado, depois de algum tempo, o resumo das discussões. Era uma revolução cultural, e um desafio extraordinário para os funcionários do BC. Mas a cada nova reunião do Copom, todavia, foram se aprimorando o conteúdo e a profundidade das estatísticas e das análises produzidas pelos departamentos. Mais recentemente foi criado um novo departamento, primordialmente a partir de técnicos do Depec, dedicado especificamente a estudos e pesquisas. Chama-se Depec (Departamento de Estudos e Pesquisas).

Logo ficou claro, todavia, que a sabedoria "da casa" precisaria ser complementada para que o Depep pudesse produzir estudos e pesquisas no nível de excelência apropriado para informar as decisões do Copom. O Depep contratou estudos de consultores, treinou pessoas e investiu pesadamente em seus quadros. Não deve ser o objetivo do Depep constituir uma equipe com excelência acadêmica comparável às dos melhores centros acadêmicos. Basta um grupo que traduza essa sabedoria, e a interprete para os membros do Copom. Não se espera que o técnico do Depep produza pesquisa original em revista acadêmica em primeira linha *em bases regulares*, mas ele deve estar equipado para isso. O BC deve ter quadros que são capazes de acompanhar a produção acadêmica de fronteira nos temas relevantes para bancos centrais.

Com esse propósito, uma das iniciativas mais polêmicas e corajosas do BC foi lançar um concurso público para a contratação de técnicos para o Depep. Exigiu-se que os candidatos tivessem doutorado nas melhores universidades do exterior, ou nas melhores do país, e que tivessem publicado pesquisa original em revista acadêmica de primeira linha aqui ou no exterior. Como qualquer empresa, a idéia era contratar os melhores nas especialidades relevantes para o BC. Todo o problema é que, em troca de todo esse equipamento intelectual, o BC só era capaz de oferecer um salário de R$2.700,00 (R$3.500,00 após dois anos) para dedicação integral.

O concurso não deu muito certo, pois apenas um candidato foi selecionado e, ao que se sabe, não tomou posse. Ridículo, todavia, é achar que o concurso fracassou porque os termos do edital foram ideologicamente orientados. Bancos, empresas de consultoria e mesmo faculdades contratam profissionais com as qualificações fixadas pelo BC com certa facilidade se estão dispostos a pagar R$10.000,00 mensais. É esse o preço desse profissional, que, infelizmente, a julgar pela experiência, o Banco Central do Brasil não consegue contratar, pois está limitado pelas regras do Regime Jurídico Único do funcionalismo público.

Muita gente que não é do ramo acadêmico andou criticando o edital do BC porque se deu mais pontos, na prova de títulos, ao Ph.D em economia e/ou administração de Harvard e Stanford do que a um Ph.D em qualquer universidade francesa, por exemplo. Um Ph.D no MIT, todavia, valia tanto quanto o doutorado nas universidades brasileiras com nota máxima dada pela Capes (Coordenação de Aperfeiçoamento do Ensino Superior), órgão do Ministério da Educação, que avalia os centros de pós-graduação no Brasil com base em indicadores objetivos de desempenho acadêmico. Segundo esses critérios, um doutorado na PUC-Rio ou na USP vale mais pontos que um obtido na Unicamp, por exemplo, e isso não tem nada que ver com ideologia.

Da mesma forma, conta mais pontos para o candidato um trabalho publicado na prestigiosa *American Economic Review* e nas revistas acadêmicas brasileiras de primeira linha do que num volume de ensaios publicado sem a participação de um comitê editorial independente. Coisas normais na academia, em que meritocracia funciona sem constrangimentos e a excelência é algo fácil de identificar. Não é fácil, todavia, trazer para o contexto de um concurso público definições de excelência que não sejam atacadas pelos preteridos.

Há, todavia, nos critérios do BC um outro fator a ponderar, além da excelência: o da especialidade. O BC precisa contratar economistas nas especialidades que lhe interessam. O BC entende precisa de economistas de formação convencional, com experiência em métodos quantitativos, pois precisa de projeções macroeconômicas. Será difícil imaginar que o BC queira contratar economistas com especialização em economia marxista e história do pensamento econômico, basicamente porque não precisa de perspectivas críticas sobre a sociedade capitalista. Esses profissionais podem ser bons nas suas especialidades, mas não vão fazer boas projeções macroeconômicas e não vão ajudar o Copom a decidir melhor sobre taxas de juros.

Tudo isso considerado, o BC tem feito um esplêndido trabalho em melhorar suas tecnologias de projeção. Fazer bom uso dessas, no âmbito do Copom e da administração das expectativas, é outra conversa.

(*OESP* e *JB*, 08.04.2001)

O BC ESTÁ INOCENTE, OU QUASE

Muita gente anda reclamando da cotação do dólar, que o mercado maldosamente chamou de "tetra" (um dólar para quatro reais). Os prejuízos têm sido generalizados, semeando fragilidade financeira em muitas empresas e setores da economia. É perigoso achar que o câmbio pode chegar ao "tetra", ou ao "penta", sem que isso traga maiores conseqüências para a economia, como supõem os verdadeiramente liberais.

Acrescente-se a isso o fato de que o "tetra", ou mesmo o "tri", tem o mesmo efeito de uma gigantesca tarifa protecionista, a qual produz um incentivo de intensidade "errada" para a substituição de importações. E também o fato de que o impacto sobre a inflação pode ser muito significativo. O próximo governo pode ter um problema com a inflação maior do que se supõe.

Maquiavel, lá de onde observa a política econômica no Brasil, deve ter gostado de ver Lula permanecer um tanto vago sobre os temas mais caros ao mercado, assim elevando o nervosismo e o sentimento de crise sem que tivesse de fazer outra coisa senão calar-se. Uma postura politicamente inteligente, da qual ninguém pode se queixar; com efeito, até 31 de dezembro a responsabilidade é de quem tem a caneta.

Mas Maquiavel também reparou que a postura olímpica do Banco Central diante da escalada do dólar deixou uma bolha inflacionária, misturada com complicações financeiras nas empresas, para o primeiro trimestre do ano que vem cuja mais evidente conseqüência é a de deixar com o próximo presidente uma boa parte das conseqüências de uma transição confusa nos mercados financeiros. Com o dólar explodindo e a inflação acordando mal-humorada depois de um sono do qual não queria acordar, vai ser difícil um afrouxamento da política monetária. O novo governo estará, portanto, condenado a trabalhar com medidas duras, inclusive para demonstrar que é capaz de tal coisa, em absoluto contraste com o que todos prometeram na campanha.

A culpa será da crise, e da obrigação previamente contratada com o FMI, da qual o próximo governo não poderá escapar. Na verdade, tudo parece indicar que o próximo governo vai começar mesmo em 2004, e se conseguir arrumar a casa a ponto de livrar-se do FMI. Do contrário, ficaremos no mesmo feijão-com-arroz.

Sem embargo, não acho que haja cabimento em criticar o BC por não deter a marcha do dólar. Durante todos esses anos de vigência do regime de flutuação o BC esmerou-se em explicitar que sua filosofia é a de não interferir com o mercado, e quando isso viesse a ocorrer seria sempre pontual e excepcional. Essa postura foi amplamente aprovada, embora, posteriormente, quando o câmbio se mostrou volátil de verdade, tivesse recebido crítica.

Mas é fácil e tolo o exercício de criticar *a posteriori*. O BC fez, de boa-fé, o melhor julgamento que pôde com as informações que tinha, e dentro de condições difíceis e das limitações impostas pelo FMI. Não é justo criticar-se o BC por não ter bola de cristal.

Sabia-se, todavia, que quando chegássemos ao limiar das eleições, caso não tivessem sido aprovados os mandatos para os dirigentes do BC, mandatos estes não-coincidentes com os do presidente, a transição se tornaria um pesadelo. E sempre seria um pesadelo, pois seria uma concentração indevida de descontinuidades.

Não há outro culpado senão o próprio governo FHC por não ter votado na Câmara a Emenda Constitucional do senador Jefferson Peres, aprovada em dois turnos no Senado em 1997 permitindo a regulamentação do Artigo 192 da Constituição, e conseqüentemente a aprovação de uma lei complementar criando mandatos para os dirigentes do BC.

O PT podia ser contra, o que não seria novidade nem obstáculo, mas dentro do governo a maior oposição vinha de José Serra, que era e continua sendo contrário a qualquer coisa que signifique aumento da independência do BC. Não deixa de ser uma ironia o fato de que é o próprio, hoje, um dos que mais perde com isso, além de nós todos, que temos de pagar o preço de se poluir desnecessariamente o processo eleitoral com turbulências financeiras.

O fato é que mais uma vez o mundo político não deu ao BC as condições adequadas para o melhor desempenho de sua missão.

(*OESP*, 13.10.2000)

A LITURGIA DOS BANCOS CENTRAIS

As decisões de bancos centrais sobre taxas de juros afetam um universo imenso de relações econômicas, e esse efeito é tanto maior quanto mais ofendem as expectativas do mercado. Na verdade, a política monetária deve ser vista como um jogo de formação de expectativas, em que os BCs devem ser extremamente cuidadosos com sua comunicação e com a liturgia da deliberação. As informações que acompanham suas decisões com muita freqüência são muito mais importantes que a decisão em si.

Na semana passada reuniu-se o FOMC (o comitê de política monetária, o Copom, do banco central americano) e foi publicado um "comunicado à imprensa", de meia página, anunciando o que todos já sabiam, ou seja, que a taxa de juros deles permaneceria inalterada em 1%. Quase simultaneamente nosso Banco Central fez publicar a ata da reunião do Copom da semana anterior, que decidiu manter inalterada a taxa de juros básica em 16,5%.

Por surpreendente que pareça, os efeitos sobre os mercados do mundo inteiro do comunicado do FOMC foram devastadores. No comunicado anterior, de 9 de dezembro, eles diziam que "o comitê acredita que a política de acomodação (leia-se juros de 1% anuais) pode ser mantida por um período considerável". No comunicado de agora (28 de janeiro), essa frase foi substituída por "o comitê acredita que pode ser paciente em remover sua política de acomodação", e foi por isso que os mercados desabaram em toda parte, acredite se quiser.

Cá no Brasil, a Ata da 92ª reunião do Copom é um longo documento escrito em um economês carregado no qual é difícil encontrar as mensagens ali colocadas com imenso cuidado, até porque, às vezes, não há mensagem nenhuma. Tenha-se claro que as atas não são gravações das reuniões e tampouco trazem coisa alguma sobre dúvidas, medos, ansiedades, especulações e cogitações dos participantes. Na esmagadora maioria dos casos, são apenas leituras comentadas de estatísticas, sempre vagas e subjetivas como as próprias decisões. Com efeito, não importa quantas virgens são imoladas no altar da transparência, as decisões do Copom são matéria de julgamento, subjetivas portanto, nunca é possível explicá-las por "a" mais "b", embora sempre exista *ex post facto* (depois de fato) muito do que nossos amigos portenhos chamam de "*carreras del domingo con el diario del lunes*", ou seja, boas teorias para fazer previsões sobre as razões do BC para ter feito o que fez.

Modelos matemáticos e simulações são relevantes nas decisões do Copom e do FOMC, mas há sempre algo subjetivo, pertinente à experiência cotidiana dos que participam das decisões, os quais, por sua vez, com freqüência, desenvolvem sua própria métrica para o comportamento da economia. Conta-se que um certo diretor do BC reparava muito nas filas dos restaurantes ou nos engarrafamentos no Baixo Leblon para avaliar o que fazer com os juros; muita fila, muita gente na rua para comer fora, é porque o juro está baixo, dizia. Podia ser brincadeira, mas tinha efeito muito concreto no clima da reunião.

Nunca essas razões e impressões vão aparecer nas atas do Copom, cujo propósito é dirigir-se ao mercado para lhe fornecer segurança. Alan Greenspan, um mestre nessa arte, sempre a exercita exibindo um talento inigualável para pequenos enigmas, para filigranas estatísticas de importância menor, mas que poderiam, se devidamente trabalhadas, indicar alguma coisa meio relevante que ninguém reparou, pois é o detalhe do detalhe. Invariavelmente cansado, o interlocutor termina convencido não tanto da minúcia e da relevância na análise, mas do extremo cuidado de Greenspan com julgamentos de ordem subjetiva. No fundo, é disso que se trata.

(*Veja*, 04.02.2004)

UMA LONGA HISTÓRIA

Houve uma época em que todos os países adotavam uma mesma moeda, embora cada um pudesse escolher a denominação (peso, dólar, franco) e a quantidade de ouro a que correspondia a sua unidade monetária nacional. As relações entre essas "moedas" eram como a razão entre quilos e libras, e o fornecimento de metais preciosos para lubrificar o progresso da humanidade cabia à mãe natureza.

A vida econômica era muito simples, mas logo adiante o tempo viria a demonstrar que apenas por um acidente a natureza ou, mais precisamente, o progresso técnico na atividade de mineração seria capaz de fornecer a cada ano a exata quantidade de metais preciosos necessária para suprir de liquidez a economia mundial. Em algum momento, perto do fim do século XIX, a rígida conexão entre o dinheiro e o vil metal (o "padrão ouro") começou a ser abandonada em favor de uma inovação institucional revolucionária, ou mesmo herética, o papel-moeda.

Foi precisamente em 1933 que o Brasil adotou o papel-moeda de aceitação obrigatória definida em lei (o "curso forçado") e que nossa moeda perdeu os vínculos com a natureza para se tornar uma criatura da lei. O Estado se desobrigava da conversibilidade e de sustentar uma "âncora" excessivamente pesada e prejudicial a nosso desenvolvimento. Proibia, também, seus súditos de estipular contratos com indexação ou pagamento em ouro, ou em moedas estrangeiras, mas não assumia nenhuma obrigação referente ao poder de compra da nova moeda de papel cuja utilização tornava obrigatória. Em razão desse "desequilíbrio", os bancos centrais viriam a assumir, em muitos países, responsabilidades crescentes relacionadas à saúde da moeda ou, mais precisamente, à prevenção dos abusos monetários praticados pelos Estados nacionais.

No Brasil, todavia, como sói acontecer, a história parece inacreditavelmente mais lenta e tortuosa.

A criação de um banco central foi sugerida aqui desde os anos 1920, época em que muitos bancos centrais foram fundados na América Latina, mas havia uma oposição muito clara e corporativista, o Banco do Brasil, e outra menos clara e doutrinária, ressentimentos vagos mas poderosos com relação aos cânones do "padrão ouro" que se transformariam em "teorias", justificando o uso do papel-moeda (e da inflação) como alavanca para o desenvolvimento brasileiro.

Em 1945, seguindo-se às obrigações assumidas pelo país na conferência de Bretton Woods, criamos uma superintendência no BB destinada a "preparar" a fundação do banco central. Vinte anos e duas dúzias de projetos de leis fracassados se passaram antes que, já sob o governo militar, fosse promulgada a lei que criou o Banco Central do Brasil, uma nova autarquia, porém ainda subordinada financeiramente ao BB e dominada por um conselho (o Conselho Monetário Nacional) de natureza política.

Somente em 1986, com a separação formal entre o BC e o BB, em meio a uma rebelião de funcionários do BB e ações populares com liminares concedidas e derrubadas, é que se pôde falar que o Brasil passava a ter um banco central digno dessa denominação. Apenas em 1988 o BC ficaria proibido de financiar o Tesouro, e somente em 1994 o CMN perderia sua face política ao ver-se reduzido a apenas três membros (ministros da Fazenda e do Planejamento e presidente do BC), embora ainda tenha de se submeter a "diretrizes" do presidente da República.

É inacreditável a lentidão com que se processa a formação de instituições focadas na defesa do cidadão contra os abusos cometidos pelo Estado através da moeda. Não deve ser outro o motivo pelo qual, no Brasil, a inflação foi tão alta, tão longa, e deixou a tragédia distributiva que todos conhecemos.

Não é surpreendente, por outro lado, que sejamos os campeões mundiais em produção legislativa sobre correção monetária. Ou seja, em vez de construirmos instituições para impedir o Estado de avacalhar a moeda, concentramos nossa atenção em tornar seletivos os estragos. Esse atraso, ou distorção, na construção de nossas instituições monetárias é simplesmente irrecuperável.

(*Veja*, 10.11.2004)

A INDEPENDÊNCIA DO
BANCO CENTRAL E O ARTIGO 192

A SINUCA DO 192

Tal como "o herói sem nenhum caráter" e a feijoada aos domingos, a "lei que não pega" é um dos pilares da nossa identidade nacional. Exatamente por isso, a catarse de cidadania da qual resultou a Constituição de 1988 não poderia deixar de confirmar esse nosso pendor para legislar "em excesso", de forma insensata e voluntarista. Não há outra maneira de ver a limitação dos juros reais em 12%, estabelecida pelo artigo 192 de nossa Carta Magna. E não creio que ainda haja muita dúvida sobre isso.

Muitos dirão, e cobertos de razão, que está bem assim pois o dispositivo é tão eficaz quanto a clássica transferência do sofá para outro cômodo, ou seja, "deu-se um jeito" (outro traço singular de nossa complexa personalidade) para que a norma "não pegasse". E tudo estaria bem se o expediente que desarmou a bomba não tivesse efeitos colaterais altamente danosos para o país.

Na verdade, fomos salvos dos 12% por uma decisão do Supremo Tribunal Federal (STF) que estabeleceu não apenas que a matéria precisava de regulamentação em lei, mas também, e principalmente, que uma só lei complementar deveria ser feita para dispor sobre todos os temas cobertos pelo Artigo 192. Esses temas são muito amplos; incluem a autorização e o funcionamento de instituições financeiras, companhias de seguro, resseguro, previdência privada e capitalização, cooperativas de crédito, organização e funcionamento do Banco Central, ou seja, quase tudo o que importa quando se trata de sistema financeiro.

Na ocasião pouca gente atinou que os assuntos do 192 eram tantos e tamanhos que seria impossível escrever uma só lei para tudo isso. Diversos parlamentares até que tentaram durante os últimos anos, mas todos fracassaram, pois acabaram produzindo peças grandes demais, verdadeiras catedrais, impossíveis de se votar.

Como não houve regulamentação, alguns dispositivos não entraram em vigor, como os 12%, e a legislação que já existia sobre assuntos financeiros adquiriu *status* de Lei Complementar. Os 12%, portanto, jamais entraram em vigor, mas o preço a pagar foi o de trancafiar o sistema financeiro em uma legislação velha e omissa diante de diversos dos grandes problemas de nossa época. Basta notar que em 1988 não existiam, ou tinham pouca importância, a internet, os derivativos, o Comitê de Basiléia e suas diretrizes sobre supervisão bancária, a convergência entre a indústria dos seguros e o mundo financeiro, os fundos mútuos e os de pensão, assim como a globalização financeira e a integração internacional dos mercados de capitais. Além disso, a inflação era muito alta, os bancos privados estavam obesos e os estaduais emitiam moeda feito bancos centrais de fomento regional. Tudo era muito diferente.

Ninguém deve ter dúvidas sobre a enormidade das transformações que ocorreram no sistema financeiro nos últimos anos. Em conseqüência, foi ficando cada vez mais apertada a camisa-de-força construída pela exigência de uma lei complementar única para regulamentar o Artigo 192.

O problema bem que poderia ser resolvido se a Câmara dos Deputados votasse o Projeto de Emenda Constitucional de autoria do senador Jefferson Peres (PDT-AM), que já foi votado e aprovado em dois turnos pelo Senado. A proposta vai ao coração do problema: permite que o sistema financeiro seja regulamentado em várias leis complementares e revoga os 12%. Tão simples e tão útil que não se entende por que parou de tramitar na Câmara. A proposta não é de iniciativa do Executivo, nem tem cunho partidário, assim como a proposta que resultou na Emenda Constitucional número 13, que baniu da Constituição o "órgão oficial ressegurador" e retirou o IRB (Instituto de Resseguros do Brasil) da tranqueira do Artigo 192. Em ambos os casos, são propostas fundadas no bom senso e de natureza apartidária. Nosso Congresso não devia obstruir ou procrastinar matérias desse tipo. Quem perde é o país, que se vê privado de uma discussão, essa sim partidária e de enorme importância, sobre o papel do sistema financeiro no desenvolvimento econômico nacional.

(*Veja*, 02.08.2000)

INDEPENDÊNCIA: UMA FÓRMULA SIMPLES

O grau de independência do Banco Central do Brasil é muito baixo para padrões internacionais em função de três elementos da nossa legislação: o primeiro é que os dirigentes do BC não têm mandato fixo, como, por exemplo, um conselheiro de uma agência reguladora. E não deve haver um pingo de dúvida de que o papel do BC relativamente aos bancos é idêntico, por exemplo, ao da ANATEL para as empresas de telecomunicações.

O segundo é que a formulação das políticas monetária e cambial cabe privativamente (Lei 4.595) ao Conselho Monetário Nacional (CMN), um colegiado de três membros, um dos quais o presidente do BC. Os outros dois são os ministros da Fazenda, que preside o CMN, e o do Planejamento. O BC apenas executa as diretrizes do CMN.

O terceiro é o comando legal (Lei 9.069/94), que subordina o CMN a "diretrizes do presidente da República", e que se soma à relação hierárquica que existe entre o presidente e seus ministros (Lei 96.49/98).

Há grande controvérsia sobre a independência do BC, embora não se saiba que estamos tratando desses três elementos. Com efeito, no meio dessa controvérsia, onde facilmente o leitor se perde em posturas mais filosóficas do que práticas, surgiu um novo conceito, que pode ser entendido como uma nova forma de se permanecer em cima do muro nesse assunto. Trata-se do conceito de "autonomia operacional". Tudo consiste em se preservar o BC subordinado ao presidente da República e ao CMN, mas com "autonomia operacional" para obedecer ao que lhe é mandado. O presidente fixa as diretrizes, que o CMN transforma em resoluções de natureza mais prática, e o BC executa. Essa "autonomia operacional", tenha-se claro, quer dizer autonomia praticamente nenhuma, ou seja, seus defensores são os partidários do *status quo*. Em função do grande número de adesões à noção de "autonomia operacional", e também das inúmeras manifestações emocionais sobre o tema, está me parecendo que, infelizmente, não vai prosperar nenhum projeto de verdadeira independência do BC que traga mudanças nas Leis 4.595 e 9.069. Vamos continuar a ter um BC frágil diante dos ventos políticos, e sujeito a cotoveladas ocasionais.

Não obstante, seria um progresso para o país se essa "dependência" fosse mitigada pelo projeto de lei complementar (de iniciativa do Executivo, já na Câmara) que estabelece mandatos para os dirigentes do BC mesmo dentro do atual quadro de atribuições e responsabilidades institucionais. Note-se que esse projeto somente poderá prosperar como já observado, se for aprovada na Câmara a Emenda Jefferson Peres, que modifica o Artigo 192, o que não será tarefa simples. Mas usando um truque às vezes aplicado pelos economistas, vamos supor que esse problema está resolvido, o que ocorre em seguida?

O projeto de lei complementar acima mencionado estabelece mandatos de quatro anos para os oito dirigentes do BC, de tal sorte a que dois dirigentes sejam trocados a cada ano. Sugere que, na partida, sejam estabelecidos mandatos para os atuais dirigentes de tal sorte a que o próximo presidente da República possa substituir dois diretores logo em janeiro de 2003. No ano seguinte, terminam os mandatos do presidente do BC e de mais um diretor, e a cada ano esgotam-se os mandatos de outros dois diretores. Os oito dirigentes seriam trocados em quatro anos, mas no início do segundo ano do próximo governo o novo presidente da República já terá feito a maioria da diretoria do BC (três diretores e o presidente numa diretoria de oito).

O esquema acima descrito é bastante razoável e de modo algum significa usurpar o poder do novo governo de implementar seu programa no âmbito do BC. Apenas assegura uma transição mais suave, o que traria enormes benefícios para o país. Três observações devem ser feitas para reforçar esses argumentos: em primeiro lugar, note-se que prevalece, até segunda ordem, a cadeia de comando que nasce no presidente e passa pelo CMN que determina ao BC o que fazer. O novo presidente da República, além disso, na partida, nomeará dois dos três membros do CMN, incluindo seu presidente (o ministro da Fazenda).

Em segundo lugar, nada impede que o presidente da República resolva demitir todos os outros dirigentes do BC ainda no exercício de seus mandatos. Basta propor e ter aprovada essa pretensão (por maioria simples) na Comissão de Economia e no plenário do Senado. Ou seja, não vamos esquecer que a existência de mandatos não quer dizer que o dirigente do BC é "imexível". Apenas fica criada a categoria dos "mexíveis apenas com autorização do Senado", seja para nomear, seja para demitir (quando no exercício do mandato).

E por último é interessante lembrar que os dirigentes do BC podem pedir demissão a qualquer tempo, o que pode arruinar a matemática acima descrita. Não me parece de todo despropositado, por exemplo, que vários dos atuais dirigentes simplesmente não queiram permanecer em seus cargos em caso de vitória da oposição, especialmente se esta tiver idéias mirabolantes sobre política monetária, cambial e de dívida pública.

(*OESP* e *JB*, 10.12.2000)

Regras e mandatos

O monetarismo nasceu quando Milton Friedman demonstrou que havia uma correlação muito forte entre o PIB nominal e a taxa de crescimento da moeda, e em razão disso propôs que os bancos centrais (BCs) deviam fazer crescer a oferta de moeda por exatos 3,0% ao ano, para sempre, no piloto automático, e não fazer mais nada.

Os BCs deviam ter poderes apenas suficientes para executar essa regra, podendo-se argumentar que, para tanto, bastava um auditor na Casa da Moeda, fiscalizando a fabricação dessa exata quantidade de dinheiro, e um helicóptero para colocá-lo em circulação, despejando-o sobre a economia em pleno vôo.

Por paradoxal que pareça, Friedman temia os BCs. Seu medo era o de que quanto mais as pessoas acreditassem na regra maior a tentação dos BCs para "trapacear", e de surpresa, capturar um monte de "imposto inflacionário", violando a regra, emitindo dinheiro demais. Ou seja, melhor mesmo era que os BCs fossem substituídos por robôs fabricados em Chicago e destituídos de qualquer poder discricionário.

A isso se chama monetarismo.

Contra essas idéias se insurgia toda uma tradição, nascida e cultivada mormente na Inglaterra, por gente como Walter Bagehot, o lendário editor fundador do *The Economist*, e economistas como Ralph Hawtrey, John Maynard Keynes, dentre tantos outros. Para eles, a administração de um BC é muito mais arte que ciência, e a economia é suficientemente imprevisível para não ser comandada por automatismos cegos. Essa escola de pensamento defende a idéia de um mandato amplo dado ao BC, algo como "defender o poder de compra da moeda nacional", juntamente com algo como "de forma a favorecer o crescimento", e verdadeira independência na forma de atuar.

Vamos chamar essa postura de Doutrina Bagehot.

Recentemente, Alan Blinder, por muitos anos membro do equivalente americano do nosso Copom (Comitê de Política Monetária), publicou um pequeno e precioso livro sobre como funciona o

BC americano. Conforme seu relato, os que gostam de regras olham para os modelos econométricos que, com base em correlações observadas no passado, projetam as conseqüências de diferentes decisões sobre taxas de juros. Tudo muito científico, mas todo bom economista sabe, Blinder inclusive, que um modelo econométrico é como uma fábrica de salsichas, e as estatísticas, quando torturadas, sempre confessam.

Por isso mesmo, relata Blinder, o comitê americano olhava com respeito para os modelos, usava o bom senso. Em boa medida, o BC americano parece estar mais para a Doutrina Bagehot que para o neomonetarismo, pois sabe que o mundo é cheio de circunstâncias especiais e imprevisíveis. Não há metas para a inflação nos EUA, como na Inglaterra, o que não faz da inflação um assunto pouco relevante para o doutor Alan Greenspan.

Bem, tudo isso serve para colocar em perspectiva o nosso experimento recente com regras, vale dizer, com o regime de metas para a inflação. Regras muito rígidas, como anteriormente observado, retiram autonomia do BC ao tornarem mecânicas as decisões e elevarem os modelos econométricos a uma importância que não merecem. E quando é preciso fazer algo diferente, numa circunstância especial, o desgaste é enorme.

É compreensível que o FMI seja fortemente partidário das regras no figurino neomonetarista, porque não quer mesmo muita autonomia nos BCs dos países onde atua. Fica mais fácil de monitorar. Faz sentido também que os BCs sem independência prefiram regras, ao invés de mandatos amplos, para defenderem-se dos políticos.

Mas melhor mesmo era não ter mais o FMI como tutor, nem um BC "operacionalmente" independente, vale dizer, "livre para obedecer", mas um BC verdadeiramente independente, para o qual os mandatos substituam regras mecânicas.

(*Veja*, 10.04.2002)

Ainda sobre o Artigo 192

Os mercados reagiram muito bem à aprovação na Câmara, em primeiro turno, do Projeto de Emenda Constitucional (PEC) modificando pela segunda vez o Artigo 192 da nossa Carta Magna. No mesmo diapasão, e com entusiasmo ainda maior, o governo comemorou a vitória, pois, afinal, mostrou força ao aprovar uma emenda constitucional por larga margem. Um bom presságio para as reformas que estão por vir, muito mais complexas e importantes.

Mas o real significado do que acabou de ser aprovado não é muito claro. Na verdade, essa PEC poderia ter tido a tramitação calma e discreta que teve a Emenda Constitucional de número 13, de 1996, que alterou o Artigo 192, abolindo a expressão "órgão oficial ressegurador" e introduzindo, em seu lugar, o "órgão fiscalizador". Essa emenda, que nasceu no Legislativo, como a PEC agora aprovada, comandava tamanho consenso que sua passagem pelas duas Casas foi suave e tranqüila, e por conta disso não deu manchetes, nem mereceu muita comemoração.

Vale lembrar o que se passou em seguida. O Executivo aprovou a Lei 9332, uma lei ordinária aprovada com quórum de lei complementar, transferindo as responsabilidades de natureza regulatória do IRB para a Susep (Superintendência de Seguros Privados), assim abrindo o caminho para a privatização do Instituto de Resseguros do Brasil (IRB).

Na ocasião todas as consultas e opiniões confirmavam o entendimento de que a Lei 9332 não deveria ser votada como lei complementar, mesmo tendo o quórum, pois o Supremo Tribunal Federal (STF) emitiu sinais suficientemente claros de que seria inconstitucional regulamentar "um pedacinho" do Artigo 192, e que teria de ser uma só lei.

Foram muitas as ocasiões em que esse entendimento foi confirmado desde 1988. Durante o processo de formulação e elaboração das leis que construíam o Plano Real, a tese da regulamentação "em bloco" foi sempre um obstáculo a atravancar um desenho melhor de nossas instituições monetárias. Por isso é exótica, deslocada e falsa a tese defendida por alguns deputados do PT e confirmada em *off*, segundo se diz, por alguns ministros do STF que teriam dito que nunca deliberaram expressamente sobre isso. Era só o que faltava.

Bem, mas voltando à Lei 9332, que foi ordinária porque o Executivo foi aconselhado (em *off* por ministros do STF, segundo se diz) a não votá-la como uma lei complementar, é interessante reparar que em junho de 2000 o PT (quem mais?) ajuizou uma Adin (Ação Direta de Inconstitucionalidade) com o intuito de fulminar a Lei 9332, e obteve medida liminar em julho de 2000, concedida pelo ministro Marco Aurélio Mello, suspendendo os efeitos da referida lei. Dentre as alegações do PT estava uma decisão anterior do plenário do STF assentando o "tratamento global do Sistema Financeiro Nacional, na futura lei complementar, com a observância de todas as normas do *caput*, dos incisos e dos parágrafos do Artigo 192".

Conclusão: a conseqüência natural da Emenda Constitucional nº 13/96 foi declarada inconstitucional (inclusive por julgamento de mérito posterior), e agora, se for aprovada em segundo turno na Câmara a PEC recentemente aprovada, estaremos, pela primeira vez, revogando (ao sumir com o inciso II do artigo 192) uma emenda constitucional. Ou seja, já entramos num estágio superior de adulteração da nossa Constituição em que estamos modificando as emendas.

Das duas, ao menos uma, ou ambas, quem sabe: ou a instabilidade institucional e o dinamismo da nossa realidade são exageradamente elevados no Brasil, ou a nossa Carta Magna foi muito mal escrita e gerou uma montanha de confusões, como as do Artigo 192, que quinze anos mais tarde ainda estão produzindo estragos.[2]

(*OESP*, 06.04.2003)

---

[2] Observação sobre o que aconteceu posteriormente: as votações subseqüentes da PEC alterando o Artigo 192 foram tão rápidas e discretas que pouca gente se deu conta de que os 12% acabaram, assim como tantas outras encrencas criadas pela exigência de regulamentação "em bloco". A despeito disso, curiosamente, nenhuma iniciativa relevante de regulamentação parcial do Artigo 192 prosperou.

JUROS E A POLÍTICA MONETÁRIA

POLÍTICA MONETÁRIA E DÍVIDA PÚBLICA*

Não há exagero em dizer que durante a década anterior a julho de 1994, salvo por episódios isolados, o Brasil praticamente não teve política monetária. A atuação do Banco Central teve como foco central a colocação de novos papéis e a rolagem da dívida interna. Ou seja, tinha uma função essencialmente fiscal. Não se queria perder a possibilidade de se financiar o déficit público através de títulos da dívida pública, de modo que tudo foi feito para evitar que os poupadores levassem sua riqueza para o exterior. É a chamada "dominância fiscal".

Com esse espírito, o BC dava liquidez diária à dívida pública inteira, ou seja, era como se toda a dívida pública tivesse prazo de vencimento de 24 horas. E os juros reais pagos pelo governo para tomar esse dinheiro emprestado por um dia – chamados juros do *overnight* – sempre foram bastante significativos. Por mais vergonhosa e excepcional que fosse essa forma de atuação, era a hiperinflação e não havia

---

* O leitor interessado neste tema fica convidado à leitura do artigo bastante mais rigoroso "Notas sobre *crowding out*, juros altos e letras Financeiras do Tesouro" no volume *Mercado de capitais e dívidas públicas: tributação, indexação, alongamento*, editado por Edmar Bacha e Luiz Chrysostomo de Oliveira Filho para a ANBID, para a Casa das Garças e publicado pela editora Contracapa em 2006.

outra maneira de evitar que a riqueza financeira dos brasileiros fugisse para o exterior.

Num dado momento inventou-se um título que simplificava esse processo: um papel que era, na verdade, um acordo de recontratação automática, todo dia, da mesma dívida, aos juros do *overnight*. Esses títulos, inventados para a hiperinflação, para crises e mudanças de governo, ainda existem: são as LBCs e LFTs, títulos do Tesouro e do Banco Central indexados pela taxa de juros do *overnight*. Por mais que esses títulos tenham vencimentos até superiores a um ano, na prática nada mais são que dívida de 24 horas cuja existência resulta e tornar a política monetária tão (im)potente quanto era na época da hiperinflação. Por isso mesmo, sucessivas administrações do Banco Central, incluindo a atual, lutaram para evitar o uso desses papéis, exceto em momentos de crise. Afinal, é para isso que servem.

Muita coisa mudou desde julho de 1994 no tocante à política monetária, mas outro tanto continua igual. Até agora, em virtude da nossa situação fiscal ainda precária, a colocação de dívida nova e a rolagem da dívida pública existente continuam, infelizmente, a ser um assunto tão importante para o Governo que a política monetária parece não existir fora desse tema.

As coisas começaram a mudar em julho de 1994, quando o BC começou a substituir as LBCs e LFTs e o Tesouro Nacional iniciou um longo e penoso processo de alongamento da dívida pública. O Tesouro oferecia títulos prefixados, ou seja, sem nenhuma indexação, e também títulos indexados à taxa de câmbio. Mas recusava-se a oferecer títulos com indexação por índices de preços, pois se pensava que esses papéis poderiam afetar o ânimo para indexação da população em geral. Ou denotar que o próprio governo não acreditava na estabilização.

Às vésperas da crise da Ásia, a composição da dívida pública já revelava uma predominância dos prefixados, mas conseguida a muito custo. O mercado pedia prêmios grandes para aceitar prefixados mais longos, tanto que, naquela altura, já se tinha claro que não se conseguiria alongar os prefixados muito além de dois anos. Ou seja, o alongamento de verdade teria de ocorrer com papéis indexados ao câmbio ou ao IGP-M. Muitas idéias novas apareceram nessa época, tendo em mente o exemplo de alongamento proporcionado pela emissão de um título de 30 anos no exterior, em parte colocado em uma troca com títulos da dívida externa preexistentes.

O fato é que a crise da Ásia adiou essas ambições e chegou a fazer crescerem um pouco as LBCs e LFTs, e com a crise da Rússia, que vinha simultaneamente a uma mudança de governo, não teve jeito. O mercado se acostumou a exigir esses papéis em tempos de crise e/ou de mudança de governo, e as duas coisas estavam presentes em agosto de 1999.

O tempo passou, e agora, finda a crise, é curioso mas não surpreendente que, uma vez mais, o BC e o Tesouro estejam experimentando dificuldades, ou seja, pagando caro, para colocar papéis prefixados. A parcela da dívida pública em papéis "de 24 horas" tem flutuado entre 55% e 65%, o que indica que o mercado ainda está com a cabeça de crise. O filme é antigo, e somente a Velhinha de Taubaté pensaria que o regime de taxas de câmbio flutuante com "sujeira" que temos hoje iria mudar essa dinâmica.

Existem três condutas que, a meu juízo, o Tesouro e o BC devem evitar: o primeiro é insistir no prefixado quando o mercado não quer. Custa caro e o alongamento é pífio (de seis meses para nove meses faz tanta diferença?). O segundo é a aversão ao título em IGP-M. Se a megadesvalorização não foi suficiente para acordar a indexação, a noção de que títulos em IGP-M trariam dano irreparável à desindexação está simplesmente obsoleta. E há muita demanda de fundações e investidores institucionais.

E o terceiro é o preconceito contra os títulos cambiais, que tem duas origens: de um lado, gente do exterior que não entende a dinâmica da dívida pública no Brasil e vê nos papéis cambiais os Tesobonos mexicanos. Já se gastou saliva demais com esse povo, basta ignorá-los. De outro, temos a turma que acha que emitir papéis cambiais é sinônimo de fazer política cambial. Esse povo acha que, em decorrência do regime de flutuação cambial que temos, esses papéis não deveriam existir para não interferirem na formação da taxa em mercado. Com efeito, o regime de flutuação eleva a demanda por *hedge*, ou por proteção patrimonial diante de variações cambiais. Se o governo não aumentar a oferta será o mesmo que dizer que as pessoas devem proteger sua riqueza comprando dólares ou levando sua riqueza para fora do país. O câmbio vai subir a fim de "precificar" essa nova filosofia.

O fato é que sem essas três condutas acima sugeridas vai ser muito difícil obter, em bases voluntárias, a partir de meados do ano 2000 algum alongamento da dívida pública de que o governo possa se orgulhar. E se não houver alongamento feito da forma correta, não vai faltar quem queira enxergar aí uma panacéia para os males do Brasil e transformar um assunto técnico delicado em um tema de campanha eleitoral.

(*OESP* e *JB*, 18.06.2000)

Juros de um dígito?

Você acredita que o Brasil possa um dia ter taxas de juros para o *overnight* (empréstimos de um dia com lastro em papéis do Tesouro) na faixa de 5% anuais, ou seja, apenas ligeiramente maiores que a taxa de inflação?

Houve uma época, não faz tanto tempo assim, em que esse cenário seria tomado como delirante, a começar pelo fato de que, no começo de 1994, ninguém acreditava que pudéssemos estabilizar a inflação em níveis internacionais em poucos anos, ainda mais tendo em conta as dificuldades para se fazer as reformas e o ajuste fiscal.

Mas a despeito do sucesso da estabilização, as taxas de juros reais ainda permanecem elevadas e o país legitimamente se questiona sobre o que fazer para igualar-se a outras nações com graus de desenvolvimento semelhante, cujas taxas de juros nominais são de um dígito.

Tínhamos, de fato, necessidade de usar a política monetária para assegurar a consolidação da estabilização e a contribuição da "âncora cambial", especialmente em função de o governo não ter conseguido fazer nada que se parecesse com um ajuste fiscal de verdade senão em fins de 1998, quando assinou o acordo com o FMI. Passada essa fase, agora começamos a poder especular a sério sobre como seria a economia brasileira se o país adotasse a responsabilidade fiscal como cláusula pétrea e fosse capaz de fazer como os americanos: zerar o déficit público (no conceito nominal, sem truques).

Nessas circunstâncias, os acréscimos à dívida pública necessários para financiar o governo seriam nulos, e o PIB estaria crescendo. Logo, o governo não se apresentaria no mercado para tomar dinheiro emprestado das pessoas e a dívida pública como proporção do PIB estaria caindo, assim como a despesa com juros. Nesse cenário, o governo poderia muito bem fixar uma taxa de juros de um dígito, pois não teria mais necessidade de se financiar a qualquer custo. O mercado de capitais floresceria porque a riqueza acumulada e os novos fluxos de poupança teriam que procurar usos melhores que emprestar para o governo, que só admitiria pagar taxas um pouco maiores em prazos bem mais longos.

Seria um círculo virtuoso que nos levaria, em alguns anos, ao *investment grade*, ou seja, a uma nota maior que cinco para as agências internacionais de classificação de risco. E nessas circunstâncias os juros no Brasil começariam a ficar muito parecidos com os dos EUA, com 1% ou 2% a mais, quando muito. Pode parecer sonho, mas foi exatamente o que ocorreu com a Itália, a Espanha e Portugal. Por que não poderia acontecer conosco?

Só não acontecerá conosco se não avançarmos na direção da responsabilidade fiscal, com o propósito de zerar o déficit. Para isso teríamos de abandonar a noção de que o equilíbrio fiscal é panacéia de neoliberais ou uma deformação ideológica maquinada pelo imperialismo ianque. Nossos políticos teriam de tratar o dinheiro público como se fosse seu, fazendo contas no canhoto e mantendo receitas iguais ou maiores que a despesa.

Pode estar muito longe ainda, mas é reconfortante perceber que o cenário que dá início a este artigo já pode ser vislumbrado e que os passos necessários para atingi-lo também já se mostram visíveis. Essas visões dificilmente vão modificar a alma dos nossos políticos, mas com certeza vão mudar o que a sociedade brasileira exigirá deles.

(*OESP* e *JB*, 30.07.2000)

O PAPEL DA CRISE

Até pouco tempo atrás, prevalecia no Banco Central (BC) a percepção de que a LFT e sua irmã gêmea, a LBC, eram "os papéis da crise".

A literatura especializada designa a sensibilidade do preço de um título à taxa de juros como "duração". O conceito é simples: em condições normais, quanto mais "longo" é um título que rende uma taxa de retorno fixa, mais se perde, ou se ganha, quando muda a taxa de juros da economia. A "duração" é um conceito mais sofisticado do que a "maturidade", ou o "prazo", de um papel, mas quer dizer mais ou menos a mesma coisa. A mágica das LFTs é que elas podem ter uma maturidade de até alguns anos, mas sua "duração" é zero.

Até a posição de dezembro de 2000, o prazo médio era de 15,8 meses e a "duração", 6,3 meses, e a diferença se explica porque 52% da dívida era de "duração zero". Esse panorama deve ter mudado pouco desde então.

Bem, mas o que isso tem a ver com a pressão de alta que estamos observando no mercado de câmbio?

Para entender, é preciso recordar que grande a percentagem da dívida pública nesse formato em fins de 1998, pois tínhamos crise da Rússia, mudança de governo e dúvidas sobre a continuidade das políticas em vigor. Mas mesmo depois da flutuação, das metas de inflação e de serenados os ânimos, o BC, contrariamente a tudo que se fez no passado, se acomodou com algo entre 50% e 60% da dívida pública em papéis de "duração zero". Outra providência, a meu juízo discutível, no tocante à dívida pública foi a intenção declarada de reduzir a percentagem da dívida pública em papéis cambiais.

Essas opções no tocante à administração da dívida pública explicam o que estamos passando.

A acomodação em LFTs é sintomática. Uma interessante conseqüência da adoção de taxas de câmbio flexíveis talvez seja a de que "o papel da crise" não é mais a LFT, pois os riscos com juros parecem pequenos diante dos riscos de flutuações cambiais. O "papel da crise" em nossos dias parece ser o papel cambial, cujo estoque em mercado talvez devesse ser *aumentado*, em vista do regime de flutuação, ao invés de ser diminuído.

A razão não é difícil de vislumbrar: o "passivo" em dólares do setor privado, incluindo empréstimos e o estoque de investimentos diretos estrangeiros, chega próximo de uns US$350 bilhões ou mais. Com o Real flutuando todo esse povo fica nervoso e busca *hedge*, exatamente como no passado, quando o mercado ficava nervoso e "encurtava" os prazos da dívida pública, refugiando-se no *overnight*.

Houve quem dissesse a tolice de que o próprio mercado devia "dar *hedge*" a quem estivesse procurando. Isso seria uma proposição a ser levada a sério se neste país tivéssemos pessoas e empresas com ativos em dólares mais ou menos do mesmo tamanho que os passivos. Os credores venderiam *hedge* para os devedores, o BC não precisaria fazer nada e todos seriam felizes. Infelizmente, contudo, só temos a ponta devedora. Se os devedores ficam nervosos e resolvem buscar *hedge* para, digamos, 1% de seus passivos, isso significa uma demanda adicional por instrumentos cambiais da ordem de um mês de importações. É muito dinheiro! Fica claro que o dólar não está sendo pressionado pelos "fundamentos" do setor externo, nem nada disso. O problema não é a balança comercial nem os fluxos de investimento direto, mas o medo, o medo que move o desejo por *hedge*.

Antigamente esses medos eram atenuados com LFTs. Hoje, porque vivemos sob flutuação cambial, essa função cabe aos papéis cambiais. Certo seria, na minha modesta percepção, que o BC *elevasse* a percentagem da dívida pública indexada em instrumentos cambiais, idealmente em detrimento de LFTs, o que em nada macularia o regime de flutuação. Ideal mesmo seria que isso tivesse sido feito meses atrás, pois teria evitado o *corner* onde se encontra o BC.

O BC até pode mudar de idéia e inundar o mercado com papéis cambiais, mas agora o mercado quer taxa, pois sabe que essa nova postura faria murchar o dólar e emagrecer os títulos cambiais. Talvez saia mais barato pagar que deixar a onda especulativa prosseguir, provocando, talvez, novas rodadas de elevação de juros. Há quem pense que essa bolha pode furar sozinha. Pode ser. Mas ideal era apressar o desfecho.

(*OESP* e *JB*, 22.04.2001)

TAXAS DE JUROS: POR QUE TÃO ALTAS?

Hoje em dia praticamente não existe a escolha entre ser ou não ser uma economia aberta, no que diz respeito a fluxos financeiros. O capital é um ser que habita em cima do muro e que, a todo momento, observa a taxa de retorno no país e fora dele, sempre tomando em conta níveis comparáveis de risco. Tecnicamente, esse comportamento é descrito pelo termo "arbitragem internacional". Numa linguagem mais leiga, diz-se que o capital é "especulativo". Na verdade, não há capital que não funcione dessa forma, nem capitalista (poupador) que não pense diferente.

A fim de demonstrar essas proposições, é conveniente traduzir para o leitor o que diz a teoria econômica sobre essa "arbitragem internacional de capitais". Não se trata de nada complicado e serve para responder uma pergunta muito freqüente de muitos brasileiros: por que temos uma taxa de juros tão alta no Brasil?

Diz a teoria que os juros domésticos devem ser tais que não haja entradas nem saídas contínuas de capital, pois nenhuma dessas situações pode ser duradoura. Assim sendo, a taxa de juros dentro do Brasil tem de ser tão boa quanto uma aplicação lá fora, sempre lembrando que deve ser no mesmo nível de risco. Para simplificar a comparação, tomem-se dois títulos do governo de mesmo prazo, um da dívida interna, com juros prefixados em Reais, outro da dívida externa, que paga juros e amortização em Dólares.

Os títulos da dívida externa são transacionados com certo desconto, o que é o mesmo que dizer que os juros que eles efetivamente pagam são maiores do que seus juros contratuais do papel.* Hoje, um bônus da dívida externa pode ser comprado de tal sorte a oferecer um retorno de uns 14% em dólar, os quais costumam ser decompostos em dois pedaços: uma parte (hoje por volta de 2%) equivale à taxa de juros do Tesouro americano, e a outra (por volta de 12%) é o chamado "risco país".

Pois bem, o último passo para estabelecer qual o juro doméstico de "equilíbrio" é perguntar como se compara uma taxa de juros em Dólar de 14% com uma taxa prefixada em Reais. A resposta depende do regime cambial.

Em 1995-97, quando a taxa de câmbio desvalorizava cerca de 8% anuais, na vigência do sistema de bandas (que muita gente, erradamente, chama de "câmbio fixo"), a resposta era simples. Naquele tem-

---

* Imagine o seguinte exemplo: o título é de 100 dólares e seus juros contratuais são de 7%, ou seja, o investidos recebe 7 dólares por ano a título de juros. Se o investidor compra este papel com desconto, digamos, por 50 dólares, é fácil ver que os 7 dólares que ele recebe de juros representam 14% do capital investido.

po, todavia, a taxa de juros americana esteve mais alta, em torno de uns 5% em média, e o risco país bem mais baixo, talvez uns 6% em média. Com isso, era verdade quando se dizia que a taxa de juros não podia cair muito abaixo de 5% + 6% + 8% = 19%, pois se isso ocorresse ia sair capital.

Juros nos EUA	5,00%	6,50%	2,00%
Risco país	5,50%	7,50%	11,50%
Risco cambial	8,50%	5,00%	5,50%
Total	19,00%	19,00%	19,00%

Dizia-se também que se o regime cambial mudasse tudo ia ser diferente, o que não se observou exatamente. No ano 2000 (vamos abstrair anos de crise, 1998 e 1999, em que tudo é bem mais confuso), os juros americanos foram maiores, algo como 6,5%, e o risco Brasil também maior, algo como 7,5%, e o que se verificou é que sempre vai haver um "risco cambial" que transforma uma aplicação em Dólares numa em Reais e vice-versa.

Ou seja, num regime de flutuação cambial, o sujeito que dispunha de um retorno em Dólares de 6,5% + 7,5% = 14% e quisesse aplicar em Reais tinha que considerar uma expectativa de desvalorização, ou melhor, um risco de flutuação que ficou muito alto porque o câmbio flutuava muito. Sendo esse prêmio por volta de 5%, os juros domésticos tinham que ficar, como de fato ficaram, nos mesmos 19% de antes.

Em 2001, os juros americanos caíram a 2%, mas por conta da Argentina, e também por mazelas nossas, o risco país subiu para 12%. Com o risco decorrente da volatilidade cambial na mesma faixa de 5%, os juros permaneceram nos mesmos 19%.

Os números acima mostram três momentos diferentes de nossa economia nos quais, por diferentes motivos, os juros estiveram em 19%. Os exemplos servem para mostrar que, assim como a teoria econômica, a arbitragem internacional de capitais continua relevante. Outra maneira, mais picante, de dizer isto é observar que é tão tolo dizer que havia uma "dependência de capitais especulativos" antes de 1999 quanto dizer que hoje não há.

(*Veja*, 13.2.2002)

METAS PARA A INFLAÇÃO

Um dia desses um jornalista, ao listar as grandes conquistas do governo Fernando Henrique, mencionou a estabilização, a privatização, a abertura, as reformas e também, e surpreendentemente, o sistema de metas para a inflação. Temos aí um vasto e temível exagero, para não dizer um sério equívoco de percepção, sobre o real significado das metas de inflação, e do que esta política representa no contexto maior de reconstrução de moeda brasileira.

Duas palavras sobre o que é o sistema de metas para a inflação para que o leitor não-versado nos detalhes da política monetária não nos abandone. Tudo se passa como se o Banco Central fixasse uma regra, ou uma espécie de piloto automático, para a fixação da taxa de juros, regra esta diretamente relacionada à inflação. Cria-se uma espécie de "banda", em nosso caso, para o IPCA – atualmente com 1,5% como "piso" e 5,5% como "teto" – e o BC fica obrigado a mover os juros de modo a manter o IPCA sempre no interior desse intervalo.

O leitor pode perguntar como é exatamente a fórmula que liga a taxa de juros ao IPCA, e tem o legítimo direito de desconfiar quando alguém se mete a dizer que 0,25% a menos na taxa de juros de hoje gera 0,17%, ou 0,3857% a menos no IPCA anual, seis meses depois, e em cinco prestações mensais desiguais. Ou quando alguém lhe disser que uma coisa chamada *pass-through* – que pouca gente sabe pronunciar direito, mas que significa o potencial de repasse a preços – é menor quando o modelo não é linear. Parece brincadeira, mas é esse mesmo o tipo de resposta e de discussão ensejada pelos modelos econométricos hoje adotados pelo nosso BC. Isso não é diferente em outras partes do mundo; aqui, possivelmente, temos mais respeito ao instrumento do que ele merece.

A disseminação desse sistema em outras partes do mundo teve ao menos duas motivações. De um lado, o sistema de política monetária amplamente adotado antigamente – o controle dos chamados "agregados monetários", inspirado no trabalho pioneiro de Milton Friedman – estava caindo em desuso. Quem não se lembra da época em que tudo o que se ouvia de política monetária tinha que ver com a "base monetária", M1 e M4? O leitor terá reparado como essas criaturas desapareceram do noticiário?

O fato é que a inovação financeira destruiu a correlação que parecia haver entre os tais agregados e o PIB nominal, ou a inflação. A política monetária, no plano doutrinário, ficou meio órfã, o monetarismo estava obsoleto, e cada BC parecia usar nada mais que o bom senso ao fixar os juros. Desta forma, desprotegidos do aconchego de uma metodologia estabelecida, os dirigentes de BCs mundo afora viam-se freqüentemente diante da desagradável situação de encarar de frente os custos políticos de decisões impopulares baseadas exclusivamente em seu julgamento. Tudo é mais difícil se as decisões são subjetivas.

De outro lado, nessa mesma época, vinha crescendo de forma notável a independência dos BCs mundo afora, movimento que culminou na fundação do Banco Central Europeu. Muitos atributos e detalhes compõem essa coisa chamada independência. Um economista de nome Alex Cukierman escreveu um livro que se tornaria famoso criando uma espécie de "índice de independência", composto de diversos quesitos que capturavam toda a gama de arranjos institucionais necessários para construir a independência de um BC.

O índice mostrava crescimento ao longo do tempo, e, mais importante, mostrava-se que existia uma relação estatística significativa entre o índice e a estabilidade da moeda. Esse achado foi replicado em outros estudos, questionado e discutido em toda parte, mas os ventos políticos foram, seguramente, no sentido de se avançar nesses atributos que compunham a independência em toda parte.

Uma interpretação de natureza política do advento das "metas de inflação" é a de que o avanço da independência observado no exato momento em que os BCs se afastavam das regras já sedimentadas para governar a política monetária gerou uma espécie de anomia que, misturada com a angústia dos dirigentes de BCs em ver-se a todo o momento questionados pelos políticos, deu origem a um desejo muito forte de os BCs se protegerem a partir de uma nova regra. Para os políticos, cujo viés, em toda parte, é o de enxergar o desprendimento dos BCs como uma espécie de usurpação de poder por parte de burocratas não-eleitos, o sistema de metas de inflação também se mostrava conveniente, pois servia para limitar os poderes do BCs. Portanto, em muitas partes do mundo, o preço da independência foi a adoção de um sistema cuja maior virtude era transformar os BCs em instituições governadas por modelos econométricos. Tal como nos tempos dos "agregados monetários".

Essa barganha fáustica, no Brasil, teve esses mesmos ingredientes, e um outro, importantíssimo, nem sempre devidamente contabilizado: o FMI. Tudo que o FMI não quer ver nos países onde tem acordos é o BC local exercendo suas funções com autonomia; a fim de tornar o acordo mais previsível e menos sujeito a riscos, o FMI obviamente prefere que os BCs se tornem maquinetas operadas por modelos econométricos. E o BC local pode preferir esse estado de coisas, que é meio vexaminoso, mas é melhor que entregar os pontos diante de riscos de interferência política séria em suas ações.

(*OESP*, 26.05.2002)

METAS DE INFLAÇÃO E A MALDIÇÃO DAS CARTAS DE INTENÇÃO

Durante os primeiros anos do Plano Real, a equipe econômica repetiu exaustivamente que a condição essencial para o sucesso da estabilização era o equilíbrio fiscal, sendo este a sua maior prioridade. Paradoxalmente, quem observar os números de 1995 até 1998 verificará que o governo fracassou em equilibrar suas contas, mas mesmo assim a credibilidade do governo não foi abalada (até 1998, pelo menos) e a inflação não voltou.

Na verdade, revelou-se mais importante que as pessoas acreditassem que o ajuste fiscal ia ser feito do que o resultado propriamente dito. A credibilidade é a alma da política econômica. Todos viam que a equipe econômica genuinamente acreditava em disciplina fiscal, e que lutava por isso com todas as suas forças. E assim o público observava os déficits desses anos como um desvio temporário que o governo acabaria por corrigir. Credibilidade vem de convicção, sinceridade, transparência e capacidade de fazer, e pelo menos até o fracasso do "Pacote 51", observado com clareza em 1998, as pessoas enxergavam essas virtudes na política econômica do governo FHC.

Lembro-me que, em algum momento no começo dessa trajetória, alguém sugeriu que fixássemos metas fiscais, assim estabelecendo compromissos para o governo, que ficaria impelido a tomar as medidas necessárias para cumprir as metas, elevando sua credibilidade. Nessa ocasião foi decisiva a intervenção de um velho burocrata, veterano de vários "pacotões", que argumentou nos seguintes termos: "Melhor não fazer metas sobre o que vocês não conseguem controlar." Como nós, ele sabia que não tínhamos controle absoluto sobre o resultado fiscal. "Vocês não vão cumprir a meta", sentenciou, "e vão gastar a sua credibilidade toda de uma vez no primeiro fracasso. Melhor gastar devagarinho, para durar mais, e ganhar tempo para cumprir o que vocês estão prometendo."

O bom conselho foi acolhido sem reservas.

Continuamos a proclamar nossas nobres intenções e a lutar com a energia de sempre. E desta forma, sem metas, a crença de que o ajuste viria durou vários anos, quando poderia ter sido liquidada em seis meses.

Pois bem, uma vez tomada a decisão de adotar metas de inflação, a primeira coisa a observar é que metas muito fáceis não agregam coisa alguma em matéria de credibilidade. A meta tem que doer um pouco, não demais, senão ninguém acredita. Em 1999, a escolha da meta para o

IPCA foi ousada, e encarada até mesmo como irreal. Mas Deus ajudou, o ajuste fiscal também, e a flutuação cambial não trouxe de volta a hiperinflação. A meta foi cumprida, e o BC ganhou muita credibilidade.

Era uma situação singular; a economia estava mais desindexada do que qualquer um poderia imaginar. Passado o episódio, a fixação de metas ficou bem mais difícil. Desde então já foram duas as "cartas abertas" escritas pelo BC para justificar a perda da meta. Uma terceira poderá trazer para a prática das metas de inflação a maldição daquelas "cartas de intenção" que o ministro Delfim assinava para não cumprir e enganar o FMI.

Hoje, diferentemente, quem se sente enganado é o distinto público. Uma meta não-cumprida provoca nas pessoas o sentimento de quem está sendo vítima de um blefe. Metas de inflação orientam expectativas, negócios, contratos. Ninguém quer cometer erros desnecessários por acreditar numa promessa do governo. E por isso mesmo, se o governo não toma sérias providências para cumprir seus compromissos, é porque não lhes dá importância, e assim a credibilidade fica condenada a ir para o vinagre.

A sabedoria do velho burocrata continua muito válida, especialmente para o caso de um país com metas para a inflação e taxas de câmbio flutuantes, ou, melhor dizendo, tresloucadamente flutuantes. É claro que se o câmbio fica solto, e flutua como flutua, o controle sobre a inflação fica reduzido, e assim ficamos na situação em que o governo arrisca sua credibilidade em fixar metas para coisas que controla apenas em parte.

(*Veja*, 05.02.2003)

FAUSTO E A POLÍTICA MONETÁRIA

Johann Wolfgang von Goethe, autor da mais célebre das versões do mito de Fausto, o homem que vende sua alma ao demônio em troca da suprema excelência em sua profissão, e também por alguns prazeres terrestres mais rasteiros, conhecia bem os assuntos da economia. Foi uma espécie de administrador do ducado de Weimar durante muitos anos, de modo que quando acrescentou em 1832, no fim da vida, alguns capítulos novos ao *Fausto,* que começara a escrever sessenta anos antes, aplicou lições que aprendeu em sua experiência como uma espécie de "autoridade monetária".

Num desses capítulos novos, há uma cena antológica, e de exame obrigatório nas escolas de economia: Mefistófeles se apresenta ao imperador, numa terça-feira de Carnaval, e o encanta com as maravilhas do papel-moeda. Embevecido, o imperador ordena a seus artesãos que multipliquem os tais papéis, que circulam "rápidos e festivos como raios de primavera", trazendo prosperidade e desenvolvimento ao reino, porém apenas de forma fugaz. Tudo era falso como as fantasias de Carnaval e de Mefistófeles. Seguem-se a inflação, a crise e o sofrimento. O imperador havia sido enganado, como Fausto, ao abdicar de valores permanentes, a alma, em troca de realizações efêmeras.

Goethe tinha em mente as primeiras experiências desastrosas com a moeda fiduciária (a moeda-papel, sem o "lastro" em metais que emergem do ventre da natureza) no século XVIII, sendo certo que, desde então, e diante de centenas de desastres financeiros similares em toda parte, a humanidade passou a temer os excessos monetários a ponto de entregar a gestão do imenso poder de criar valores a partir de pedaços de papel a castas selecionadas de anacoretas: os bancos centrais.

O poder desses guardiões da moeda só fez crescer nos anos que se seguiram, e o brutal aumento de sua independência mais recentemente pode ser interpretado como uma ratificação convicta da recusa em fazer qualquer barganha com os encantos do papel-moeda. Na Europa unificada, inclusive, as nações repudiaram por completo o papel, subordinando-se a um ente supranacional para seu suprimento e em bases sempre modestas.

É de notar que esse crescimento do poder dos BCs ocorreu num momento em que aumentaram muito as dúvidas sobre qual era a verdadeira sabedoria em matéria de política monetária. As regras monetaristas convencionais de fixação de uma taxa de crescimento para os "agregados monetários", com o tempo e a inovação financeira, foram se igualando em eficácia ao sacrifício de virgens no altar da estabilidade.

Os BCs, portanto, chegaram ao poder quando as variações em torno da moeda fiduciária foram se tornando mais perigosas e tentadoras. Porém, simultaneamente, começou a faltar-lhes a doutrina. Em muitos países cresceu o sentimento de que era preciso evitar os excessos dos BCs em sua freqüentemente insana tentativa de abater inflações minúsculas por meio de violentíssimo "controle da base monetária".

É da natureza dos religiosos do BC enxergar apenas virtude no sacrifício, mas o mundo laico pode entender que, sem prejuízo da nobre missão dos bancos centrais, a decisão sobre a flagelação do organismo econômico deve pertencer aos políticos eleitos. Estes, por sua vez, embora sempre propensos ao excesso, trouxeram para si a escolha de uma taxa de inflação maior que zero, uma "meta", e aos anacoretas do BC caberia apenas obedecer. Cria-se, assim, uma autonomia relativa, dita "operacional", com vistas a conciliar a monástica propensão ao martírio, própria das autoridades monetárias, com as necessidades do desenvolvimento.

Mas, como no Brasil, desde Juscelino, o pendor faustiano para o excesso é imenso, e este é o país do Carnaval, essa conciliação, na prática, é muito difícil. Os juros são altos, e assim permanecerão, muito mais em razão de "fundamentos econômicos" frágeis, temas da esfera dos políticos, que da vilania ou austeridade do BC.

(*Veja*, 28.05.2003)

Como no tempo da hiperinflação*

O leitor que me perdoe o texto um tanto mais hermético, mas o assunto é sério – a dívida pública –, daí a necessidade de um enunciado preciso para o problema. Sim, temos um problema no fato de que a política monetária hoje é implementada praticamente do mesmo jeito que no tempo da hiperinflação, quando toda a dívida pública era de um dia, vendida no fim do expediente para ser recomprada na manhã seguinte mais gordinha de um dia de juros da "taxa do *over*". Era o tempo da "moeda indexada".

Por que, ainda hoje, dez anos depois do fim da hiper, o "regime", ou o *modus operandi*, de política monetária é o mesmo?

Não se trata aqui do sistema de "metas de inflação", ou dos critérios para fixar a taxa de juros, mas de definir o que é a "taxa básica" de juros, e especialmente como fixar os juros de outros prazos que não os de operações por um dia (o chamado "*overnight*"). No "regime" que temos hoje, o Banco Central mantém tabelada a "taxa do *over*" em um número fixado pelo Copom, os atuais 16%. Nessa taxa, para operações de um dia, o BC trabalha com qualquer montante, e praticamente não diferencia quem vem emprestar dinheiro (comprar um título do Tesouro) ou tomar emprestado (vender o título). É um tabelamento, exatamente como se fazia, tempos atrás, com o câmbio: ao preço "oficial", o BC compra ou vende qualquer quantidade.

A taxa de juros para outros prazos, que são muito mais importantes para a economia real, é fixada pelo mercado e pelas ofertas e resgates de títulos do Tesouro. Com enorme e constrangedora freqüência, o Copom mexe a "taxa do *over*" numa direção e o mercado "cancela" o movimento deslocando, por exemplo, a taxa para 360 dias na direção contrária. Pouca gente percebe que, na formação

---

* O leitor interessado em aprofundar-se nos termos desse artigo está convidado a leitura do artigo mencionado na nota de rodapé da página 295.

dos juros de todos os prazos, exceto o do "*over*", são as percepções do mercado e a rolagem da dívida que governam a determinação dos juros.

Numa certa época o BC quis começar a mudar esse regime e para tanto adotou uma pequena "banda" de juros (para punir levemente o excesso de liquidez no *over*) e procurou erradicar a indexação pela "taxa do *over*" que existia, e ainda existe, nas Letras Financeiras do Tesouro (LFTs), as quais representam, hoje, cerca de metade da dívida pública interna. Todo economista sabe que a presença da LFT reduz a potência da política monetária, pois fornece a seus detentores um "seguro" contra variações nos juros. É curioso que, por um raciocínio análogo, se tome a dívida com indexação cambial como um problema e se aceite a LFT como parte da paisagem.

O fato é que o processo de erradicação das LFTs acabou interrompido pela crise da Rússia, mas, se fosse para ser retomado, o roteiro seria mais ou menos o seguinte: o Copom fixaria, por exemplo, uma taxa "básica" para, digamos, um ano, na faixa dos 16% atuais, e o BC apenas usaria essa taxa para tomar dinheiro emprestado, podendo (devendo) usar taxas menores para prazos menores. Trata-se de reduzir consideravelmente os juros em prazos menores que um ano para o doador de recursos (não para o tomador), ou seja, suprimir a "garantia" hoje existente de que o sujeito que recusa um instrumento longo pode sempre "refugiar-se" no *over*, no qual será remunerado a 16%.

Nesse regime, a "taxa do *over*" se tornaria volátil e talvez negativa (em termos reais), e, em conseqüência, as LFTs perderiam parte de sua atratividade e poderiam ser gradual e delicadamente substituídas por títulos mais longos, indexados ao IGPM (estes principalmente) e ao dólar, e prefixados. Não pode haver nada apressado ou forçado nesse processo, para o qual seria também imprescindível que a regulamentação e a tributação dos fundos mútuos fossem ajustadas, exatamente na direção apontada pelas recentes modificações no imposto de renda sobre aplicações.

A extinção das LFTs, juntamente com a cultura da "taxa do *over*", e a melhoria no perfil da dívida pública serão tanto mais fáceis quanto melhor for a situação das contas públicas, pois apenas um devedor com sólida geração de caixa (leia-se superávit primário) pode aspirar a melhores termos para sua dívida.

(*Veja*, 18.08.2004)

O CRÉDITO PÚBLICO E OS JUROS

O crédito público diz respeito à capacidade do nosso governo de cumprir obrigações financeiras com quem quer que seja, inclusive e principalmente com os próprios cidadãos.

O assunto é da maior importância porque está na raiz de uma grande questão nacional, talvez a mais importante e polêmica dos últimos anos: as taxas de juros. O pensamento dominante sobre o assunto adota a tese de que os juros são excepcionalmente altos no Brasil porque o crédito público é muito ruim. Mas há os que pensam ao contrário, os heterodoxos principalmente, segundo os quais o crédito público é ruim porque os juros são altos.

Onde está a razão? Ou será um problema de ovo e galinha?

A tese heterodoxa em muito se parece, em sua lógica, com a famosa "teoria" (de triste memória) segundo a qual a inflação brasileira era "apenas inercial", o que servia para dizer que não tinha nenhuma "causa fundamental", que existia hoje apenas porque existiu ontem, e poderia ser eliminada facilmente por um "truque", a "desindexação".

A tese ortodoxa, e vitoriosa, era simples como a inexistência de Papai Noel: não há "empobrecimento sem causa". A inflação, como qualquer patologia econômica, devia ter causas fundamentais, cuja eliminação era essencial para curar a doença.

Pois bem, essa é uma história antiga, mas que parece se repetir nesse assunto dos juros e do crédito público. Se a tese heterodoxa fosse verdadeira, bastaria alguém tão inteligente quanto os que acreditam na "teoria da inflação inercial" assumir o Banco Central e fixar os juros – em 12%, ou 8%, ou 5%, por que não? – e tudo estaria resolvido. Fácil como fixar o salário mínimo em 500 dólares.

Se é tão simples, por que será que nunca se fez?

Nosso ex-ministro Pedro Malan tinha, para essa pergunta, uma excelente resposta: para todo problema econômico de grande complexidade sempre existe uma solução muito simples, e errada.[3] É claro que o crédito público é ruim por razões que transcendem os juros altos. O governo brasileiro, ao longo de nossa história, e mesmo nos anos recentes, tem um desempenho péssimo em matéria de cumprimento de suas obrigações financeiras, e por isso as pessoas que emprestam dinheiro ao governo apenas o fazem cobrando 16,75% ao ano com prazo de um dia. Quem é que acha bom emprestar a um mau pagador?

Um estudo recente do Banco Interamericano de Desenvolvimento (BID) sobre o que seus pesquisadores chamaram de "caloteiros seriais" revela que o Brasil deu cinco "calotes" em sua dívida externa no século XX (em 1902, 1914, 1931, 1937 e 1983), um a cada vinte anos em média. Mas, apesar do esforço, não fomos os primeiros nesse triste *ranking* porque quatro outros países aplicaram seis "calotes" no mesmo período: Equador, Turquia, Libéria e Uruguai.

Como ficar surpreso em ver o Brasil pagar "prêmios de risco" altíssimos, entre os maiores do mundo, quando vai tomar dinheiro emprestado no exterior?

---

[3] O leitor João Carlos Prolla, de Porto Alegre, escreveu à *Veja* para observar que a frase citada pelo ex-ministro Pedro Malan na verdade é na realidade a adaptação de uma frase do grande jornalista e crítico social americano H. L. Mencken (1880-1956)". A frase ("There is always an easy solution to every human problem – neat, plausible and wrong") foi publicada originalmente no ensaio "The Divine Afflatus", no *New York Evening Mail* (16 de novembro de 1917) e republicada em *Prejudices: Second Series* (1920) e *A Mencken Chrestomathy* (1949). Fica o registro, com a observação de que Malan jamais se declarou autor da frase, tampouco lhe atribuí a autoria, como é fácil ver acima.

Dentro de casa, quando se trata de dívida interna carregada por cidadãos brasileiros, o registro é ainda pior, e não precisamos recuar no tempo além dos planos econômicos iniciados com o Cruzado, em 1986. Uma agência classificadora de risco contou três "calotes" na dívida interna desde então, mas gentilmente observou apenas as obrigações do Estado na forma de títulos. Na verdade, os planos econômicos, com destaque para o Plano Collor, e com a honrosa exceção do Plano Real, ampliaram consideravelmente o conceito de "calote" na medida em que ensinaram que o Estado pode "tungar" não apenas os títulos como também os "empréstimos compulsórios", a poupança, os contratos com fornecedores, os salários do funcionalismo, os benefícios da Previdência, e mais o que o Príncipe entenda apropriado legislar em causa própria.

O "calote" parece ter se tornado parte da relação entre Estado e sociedade no Brasil; talvez porque esta tenha criado obrigações demais para o Estado, como se o dinheiro não viesse da própria sociedade. Nessas condições, a melhoria no crédito público vai ocorrer no ritmo das reformas que ajustem as obrigações do Estado ao que a sociedade está efetivamente disposta a bancar.

(*Veja*, 27.10.2004)

Câmbio, balanço de pagamentos, capitais especulativos

JORNADAS CLIOMÉTRICAS

Em 1993 a Academia Sueca concedeu o Nobel em Economia ao professor Robert Fogel, por "ter renovado a pesquisa em história econômica pela aplicação de teoria econômica e métodos quantitativos". Na verdade, Fogel havia criado uma coisa nova, a "cliometria", o casamento de Clio, a musa da História e da Poesia Heróica, com a econometria. A Academia exaltou, em particular, as conclusões de Fogel sobre a contribuição das ferrovias para o crescimento dos EUA no século XIX, o seu trabalho mais polêmico. Fogel teria "demonstrado com grande exatidão", nas palavras da Academia, que o PIB dos EUA em 1890 teria sido menos de 10% menor *caso a ferrovia não tivesse sido inventada*.

São muitos o que acham que essa extravagante conclusão é menos importante que o método que a produziu: o "contrafactual". Consiste em construir um modelo matemático que descreve a economia antes da inovação, e em seguida rodar-se uma "projeção" do modelo para várias décadas à frente, considerando que o evento, no caso a ferrovia, não aconteceu. Tudo dentro de premissas teóricas e métodos quantitativos irrepreensíveis.

Os historiadores receberam essa nova tendência com um misto de condescendência e irritação. O esforço de escarafunchar arquivos em busca de números, o maior dos esforços dos "cliometristas", produziu muitas descobertas e garantiu muitas adesões à Sociedade Cliométrica, fundada em 1983. Mas, a despeito disso, os "contrafactuais" nunca conseguiram muito mais que indiferença ou ironia.

Com efeito, o mais interessante de todos os petardos atirados contra os contrafactuais acabou vindo de uma sátira. Um pequeno artigo do professor R. Preston McAfee, publicado sem alarde na revista da Associação Americana de Economia em 1983, invocava Fogel e indagava como estariam os EUA no ano 2000 caso a Terra fosse plana e Cristóvão Colombo tivesse caído da borda do mundo. O acontecimento (presume-se que o mesmo teria se passado com Cabral), segundo McAfee, teria alimentado ilusões sobre a existência do Nirvana "do outro lado da borda" e motivado uma corrida de navios espanhóis e portugueses à procura do Paraíso. Como nenhum deles retornou, observou-se a decadência das nações ibéricas, a recaptura da Espanha pelos mouros, o desenvolvimento do comércio entre a Inglaterra e o Oriente através de balões, além de diversos outros eventos, aos quais poderíamos adicionar, anos adiante, uma redução estimada em R$4 bilhões no preço pago pelo Banespa.

A sátira não é comum nas revistas acadêmicas, mas aqui foi perfeita ao mostrar que, dentro do linguajar dos economistas, tudo pode acontecer. Economia e, em menor grau, a História, são instâncias da linguagem, ou da retórica, como se convencionou admitir depois do trabalho de Donald McCloskey, ele próprio um pioneiro em contrafactuais e fundador da Sociedade Cliométrica. Seu trabalho no campo da Cliometria nunca chegou ao Brasil, mas seus ensaios críticos sobre retórica foram traduzidos e extensamente discutidos entre nós, onde há sempre público para uma "visão alternativa". Alguns anos adiante, McCloskey fez um tratamento bem-sucedido de mudança de sexo, o único caso conhecido entre membros da Sociedade Cliométrica, e passou a se assinar Deirdre, preservando as mesmas iniciais. Sua experiência é contada em um livro de 1999, no qual relata que sua mulher e dois filhos não reagiram bem à idéia e sua irmã por duas vezes tentou interditá-lo judicialmente por insanidade. Mas McCloskey foi adiante e continua a escrever com a mesma verve de antes. Seu próximo livro, ainda no prelo, chama-se "Como ser humano, embora economista", e talvez traga novidades sobre a relação entre gênero e persuasão econômica.

Bem, mas o que tudo isso tem a ver conosco? Talvez uma simples lição, a de que contrafactuais estão em toda parte. Quando, por exemplo, um ex-ministro diz que determinada política custou muito ao país, está implícito um raciocínio contrafactual: se a tal política fosse diferente, ou seja, se o câmbio tivesse subido para R$1,25 por dólar em julho de 1994, em vez de ter caído para R$0,83, o Plano Real teria dado certo do mesmo jeito, talvez apenas 10% "menos certo". Como se as ferrovias não tivessem existido.

(*Veja*, 06.12.2000)

O QUE MOVE A TAXA DE CÂMBIO?

O Brasil viveu muitas décadas com controles cambiais, e alguns poucos anos sob um regime de bandas. É a primeira vez, desde a década de 1920, que vivemos um período tão prolongado sob um regime de flutuação cambial. Várias descobertas foram feitas sobre esse novo sistema, mas não deve ser perdido de vista que todas essas surpresas também se observaram nas economias desenvolvidas, quando estas começaram a migrar para a flutuação a partir de 1971. As surpresas levaram ao desenvolvimento de diversas teorias novas sobre a formação da taxa de câmbio cuja característica mais proeminente era a ênfase no papel dos estoques (de riqueza ou dívidas), em detrimento da sabedoria estabelecida que enfatizava os fluxos (do balanço de pagamentos) e a vigência da chamada "paridade de poder de compra", ou PPP (a mesma mercadoria deve custar a mesma coisa em qualquer parte quando medida na mesma moeda).

Essa mudança de rumo nas teorias aceitas sobre taxa de câmbio ocorrida no mundo anglo-saxão nos anos 1970 e 1980 ainda não chegou ao Brasil. Basta ver a pergunta que todos estão a fazer: como pode o câmbio subir desse jeito se nada de tão assustador está acontecendo com o fluxo cambial e se estamos nos afastando cada vez mais da taxa de câmbio "correta"?

Todo mundo, aliás, anda perguntando aos economistas qual é a taxa de câmbio "correta", e os economistas que conhecem a teoria da "paridade de poder de compra" ficam com vergonha de dizer o que a teoria indica, pois apenas sob tortura (dos dados) será possível obter algum número que não seja escandalosamente mais baixo do que o que estamos vendo vigorar. Ou seja, o que a experiência está mostrando é que, sob um regime de flutuação, não existe mais taxa de câmbio "correta" ou "justa" e que cálculos de paridade de poder de compra perderam totalmente a serventia.

Da mesma forma, as pessoas que acompanham o "fluxo cambial", a balança comercial e de pagamentos e a variação de reservas não conseguem explicar o que está se passando com o câmbio. Não há fuga de capitais e perda de reservas! Quem sabe não é uma "bolha"? Uma grande conspiração especulativa? Como pode o câmbio permanecer tão distante dos "fundamentos", o que quer que isso queira dizer?

A perplexidade é semelhante à que se assistiu nos EUA e na Europa nos anos 1970 e 1980, quando as moedas começaram a flutuar de verdade. Foi nesse momento que surgiu e amadureceu a chamada "abordagem de mercado de ativos para a determinação da taxa de câmbio".

A teoria é simples: na presença de grandes estoques de riqueza financeira e liberdade de movimentação de capitais, os fluxos comerciais, e mesmo o balanço de pagamentos, perdem quase toda a sua importância para explicar os movimentos da taxa de câmbio. Segundo esse enfoque, as decisões de detentores de riqueza e de devedores sobre a moeda de denominação de seus ativos e obrigações são fundamentais para a determinação da taxa de câmbio, e, muitas vezes, decisões drásticas desses agentes sequer implicam a ocorrência de uma transação registrada no balanço de pagamentos.

Se, por exemplo, e por algum motivo, na Itália, muitas pessoas ricas, bancos e empresas decidem "dolarizar" seus ativos e/ou "desdolarizar" seus passivos, isso poderá ter efeito avassalador sobre a Lira italiana sem que, necessariamente, nenhuma transação ocorra entre residentes e não-residentes. Ou seja, desaba a Lira e o balanço de pagamentos não mostra coisa alguma. Como explicar a desvalorização, se não houve saídas de "divisas"?

Simples: os italianos não precisam vender seus ativos para dolarizá-los, nem quitar suas dívidas em dólares para recontratar em liras: basta fazer um *swap*. Esta pouco conhecida criatura, um dos famosos "derivativos" de que tanto se fala, e que se tornou imensamente popular nos anos 1980, consiste numa operação financeira mediante a qual se trocam a moeda de denominação e os juros de uma obrigação. Trocam-se juros fixos (pré) em Lira por flutuantes (pós) em dólares, por exemplo, de tal sorte que, sem mexer num ativo (ou passivo), seus termos são "modificados". A demanda "virtual" por Dólares como "moeda de denominação" de ativos, e a demanda igualmente "virtual" para livrar-se do Dólar como "moeda de denominação" de passivos, afeta o preço do Dólar igualzinho a uma "fuga de capital" sem que, necessariamente, um tostão cruze a fronteira.

Se quem vender o *swap* for um residente no país, nada aparece no balanço de pagamentos. Se for um não-residente, vai aparecer um pequeno "indício" da operação: o "prêmio" e o trânsito de margens. Nada que indique o tamanho da confusão.

É mais ou menos isso que estamos observando no país. Uma "perda de confiança" parece mover bancos e empresas a dolarizarem seus ativos e buscarem *hedge* para seus passivos. Esses movimentos, tal como ocorre nos países desenvolvidos, são dominantes na formação da taxa de câmbio, pois são muito maiores que os fluxos do chamado "mercado primário", ou seja, as transações entre residentes e não-residentes que implicam fechamento de câmbio. Com o avanço de desvalorização, a perda de confiança se acentua, e o processo se assemelha a uma profecia auto-realizável.

Sendo assim, tentar compensar esses movimentos exclusivamente com o uso das reservas é convidar o mercado a um ataque especulativo. É natural que o BC passe a utilizar, nesses casos, papéis públicos com indexação cambial, e principalmente derivativos, com vistas a atender demandas por dólar de natureza "virtual", embora com impacto muito real. É claro que é mais inteligente atender demandas "virtuais" com Dólares "virtuais", que podemos fabricar, e guardar os Dólares "reais", que temos em quantidade limitada, para as demandas "reais" do balanço de pagamentos.

(*OESP*, 08.07.2001)

Você acredita em teoria econômica?

Sabendo o que o leitor vai pensar diante dessa momentosa indagação, o texto abaixo se destina a reforçar o cetecismo através da apresentação de um paradoxo e de uma nova lei. Não se trata de diminuir os economistas, como pode parecer, mas de mostrar que o manuseio de teorias, mesmo as mais simples, por amadores ou gente mal-intencionada, pode induzir o leitor inocente ao erro. Ou seja, a teoria é muito utilizada, às vezes, inclusive, de forma sensata, para o que se conhece como "contas de chegada".

Dentre as leis da economia, uma que anda um tanto em evidência nos últimos tempos é que reza que a mesma mercadoria deve custar a mesma coisa em dois países, ou em duas regiões, que mantenham comércio entre si, quando os preços são medidos na mesma unidade. Nada mais simples.

Não há razão, por exemplo, para que o preço do feijão em Reais seja diferente entre diferentes regiões do pais, exceto por custos de transporte. Se houver diferença ou "desalinhamento", qualquer que seja o motivo, alguém esperto (e este não é um recurso escasso no país) poderá se engajar em uma atividade conhecida tecnicamente como "arbitragem", que consiste em comprar onde está barato e vender onde está caro até os preços se igualarem. O "arbitrador" funciona como o "vaso comunicante" que assegura a "paridade" entre os preços.

A "lei" acima enunciada é conhecida como a "Paridade do Poder de Compra" (PPP), ou a "Lei do Preço Único". Suas utilizações são múltiplas, e seu entendimento, bastante disseminado.

De longe a mais popular de suas aplicações é fornecer uma resposta para uma das perguntas mais repetidas neste país nos últimos tempos, a saber: qual a taxa de câmbio "correta" entre o Real e o Dólar.

Para esse fim usa-se, inclusive, um expediente desconcertantemente simples: comparações internacionais de preços de sanduíches Big Mac, conforme rotineiramente reportado pela revista *The Economist*. Segundo o princípio de PPP, um Big Mac no Brasil deve custar, em dólares, a mesma coisa que nos EUA, uma vez que o produto é rigorosamente igual. Portanto, se o preço for diferente, a taxa de câmbio está "errada".

Há, evidentemente, um *non sequitur*, ou seja, uma pequena e importante armadilha. O gerente local do McDonald's pode estar errado, e não o mercado de câmbio, mas este é um tema complexo, o leitor deve formar sua própria idéia sobre quem é mais racional.

Outra lembrança útil é que durante muitos anos vicejou uma outra "lei", esta jocosamente apresentada como "corolário" da PPP, a "Lei de Sauer-Setubal", cujo enunciado era simples: "qualquer que fosse a taxa de mercado, estava sempre *defasada* em 30%". Quem não ouviu histórias sobre "defasagem cambial"? É importante lembrar que o conceito de "defasagem", ou "sobrevalorização", especialmente quando proclamada em percentuais até a terceira casa decimal, *decorre* geralmente da aceitação do princípio da PPP. Portanto, o leitor deve estar certo de que em diversas entidades patronais existem, ou ao menos existiam, ardorosos partidários da PPP.

Muito bem, feitas essas ressalvas, vamos aos fatos: o preço do Big Mac nos EUA é US$2,54 e no Brasil é R$3,60, ou seja, a taxa de câmbio "correta", segundo o critério de PPP, seria de R$1,42 por Dólar, acredite se quiser. Como o Big Mac custa R$3,60, se a taxa de câmbio *de mercado* está em R$2,83, isso significa um hambúrguer bem baratinho, custando em dólar US$1,27, ou seja, "sobredesvalorizado" em 49,9%. Com um dólar a R$2,50, o Big Mac brasileiro medido em dólares custaria US$1,44, ou seja, "sobredesvalorizado" em 43,3%. Números impressionantes, não? Será que estamos vivendo uma espécie de "bolha irracional" no mercado de câmbio, ou a diretoria do McDonald's errou suas contas? Onde está o erro?

Bem, sempre se pode dizer que esses números são calculados usando apenas uma combinação restrita de produtos e serviços, o Big Mac, e que o mundo é mais complexo, e que cálculos corretos de PPP deveriam considerar cestas mais amplas de mercadorias, tipicamente as que servem para os cálculos de índices de preços. Certo, o exercício com o Big Mac é apenas uma aproximação, os reparos são procedentes. O problema é que os cálculos mais minuciosos não nos dão como resultado nada de muito diferente. Ou seja, se você acredita em PPP é difícil escapar da conclusão de que o real está "sobredesvalorizado", ou seja, o contrário de defasado, em mais de 40%.

O problema é que há um desconforto generalizado com esse número, tanto que os analistas andam dedicando uma imensa parcela do seu tempo a construir versões "ajustadas" do princípio de PPP, inventando novos conceitos de "taxa de equilíbrio". Há muito mérito nesses esforços, alguns feitos há muitos anos e já consagrados. Mas há também o desejo de conciliar a teoria com o "olhômetro", ou seja, o desejo de torturar a teoria até que ela confesse que a "sobredesvalorização" não é 50%, mas de 15%, e que o câmbio "correto" seria uns R$2,20. Muitos conseguiram, 15% parece razoável, não? E mais: é bom ficar 15% acima da paridade para dar um gás para as exportações.

(*OESP*, 09.11.2001)

O DÉFICIT, AS EMPRESAS E O CONTRATO

A teoria econômica ensina que é normal e aconselhável que países emergentes tenham déficit nas transações externas em conta corrente. É normal porque esses países tendem a receber poupança externa em quantidade, sob a forma de investimentos diretos e sob a forma de empréstimos. Nesses países são maiores as oportunidades de investimento e menores as disponibilidades de poupança. Assim sendo, países emergentes, graças à poupança externa, podem crescer mais do que seria possível apenas com seus próprios recursos.

É estranho quando países emergentes têm superávit em conta corrente e, em conseqüência, "exportam" poupança. Estranho não, irracional, e apenas ocorre em circunstâncias excepcionais.

No Brasil, o financiamento do déficit em conta corrente é facilitado pelo fato de que, historicamente, recebemos uns 3% ou 4% do fluxo global de investimentos diretos estrangeiros. Basta que o Brasil não esteja sob hiperinflação que o investimento vem e não é pouco.

Também é normal que exista endividamento no exterior, porque o governo e as empresas brasileiras encontram recursos nos mercados internacionais de capitais em taxas e prazos que não estão disponíveis no país. O endividamento externo se segue da tibieza do mercado de capitais local, ou da ausência de poupança privada de longo prazo. Não há dúvida de que o endividamento externo é necessário e útil para permitir taxas de investimento maiores do que ocorreriam caso não houvesse "poupança externa".

Tudo normal, porém a introdução de um novo paradigma cambial está mexendo com esses conceitos.

Desde quando foi inventado o regime de minidesvalorizações cambiais, ou quando começamos a ter de indexar a taxa de câmbio, prevaleceu uma espécie de "contrato" entre governo e empresas investidoras, públicas e privadas, segundo o qual a taxa de câmbio real deveria ser estável e competitiva. Outra maneira de ver é a de que prevalecia uma espécie de "garantia implícita" do governo de que não haveria "surpresas negativas" para as empresas captando no exterior, pois muitas destas eram as responsáveis pelo avanço de investimentos essenciais para o desenvolvimento do país. Vários tipos de políticas cambiais foram implementadas ao longo dos últimos anos e todas, exceto a atual, tinham implícito esse "contrato".

Note-se que nesse "contrato" não se pode dizer que exista "subsídio" ou "incentivo indevido" à captação externa, inclusive porque os que se endividam sabem que a conjuntura externa pode mudar radicalmente e o câmbio da entrada (dos recursos) pode ser radicalmente diferente do câmbio do pagamento do empréstimo, em evidente prejuízo para a empresa.

Num mundo em que as taxas de câmbio flutuam muito, em contraste com o que se verificava nos regimes anteriores, o incentivo a captar no exterior fica enfraquecido. Os riscos são muito grandes. Note-se que há um incentivo natural para as empresas exportadoras se endividarem no exterior, pois elas têm um *hedge* natural, ao passo que outras, como as de setores *non-tradables* (serviços e infra-estrutura), estão na situação inversa. Essas, tenha-se claro, também são essenciais para o desenvolvimento e para a competitividade, por conta de seu impacto sobre o chamado "custo Brasil". Essas empresas trabalham em setores intensivos em capital e não podem prescindir da captação externa, pois o *funding* de que necessitam não existe no Brasil fora do BNDES, cujos recursos são limitados. Não há como escapar do "descasamento de balanços", portanto, nesses setores.

O problema do risco cambial, ou do descasamento entre indexadores na receita e na despesa nas indústrias não-exportadoras, é muito sério quando o regime é de flutuação, e está se tornando crítico à medida que a instabilidade cambial se aprofunda. A vida empresarial num mundo em que o dólar flutua tanto assim é extremamente complexa. Tudo se passa como se houvesse duas moedas e estivesse ocorrendo inflação em uma delas. Diversos dos problemas que ocorriam no tempo da inflação são perceptíveis, além de alguns novos, pois o dólar não se move apenas para cima. As distorções contábeis e tributárias se acumulam, as perdas decorrentes de descasamentos também, e as empresas se sentem num ambiente mais hostil para investir.

Não há dúvidas de que, sob o regime de flutuação cambial, mudou o paradigma no tocante à "garantia" acima mencionada. Não há mais segurança sobre o câmbio e portanto bem menos incentivo para captar no exterior e investir. Sem dúvida, é mais difícil, nessas condições, financiar o déficit em conta corrente, ou seja, a economia terá menos poupança externa e menos crescimento.

Para alguns, liberais de perfil bem radical, não deve haver "garantia" de espécie alguma por parte do governo no tocante à taxa de câmbio. O regime deve flutuar sem nenhuma limitação, pois apenas assim o mercado "precificaria corretamente" os empréstimos externos e formaria um ponto de vista "correto" sobre a atratividade de endividar-se em dólares. Fortes indícios dessa percepção ultraliberal podiam ser vistos no BC em 1999 e 2000.

(*OESP*, 01.11.2001)

Ciclos: verões e invernos sem meia estação

Desde 1808, pelo menos, o Brasil experimenta ciclos econômicos relacionados com o estado da economia global. Faz muito calor, ou muito frio, no mercado internacional de capitais; as "estações do ano" são muito pronunciadas.

A magnitude desses movimentos sempre desafiou percepções mais conservadoras de uma economia internacional simétrica, bem-comportada e ordenada por mecanismos "autocorretores" e "estabilizadores endógenos".

Com efeito, nosso relacionamento financeiro com o resto do mundo sempre foi cercado de instabilidade, e o enunciado dessas turbulências que se repetem pode ser encontrado na análise clássica de Celso Furtado sobre a evolução econômica do Brasil no período anterior à crise de 1929.

Durante o período de "abundância" a acumulação de reservas e a valorização cambial eram sempre além da conta. O verão sempre transbordava euforia. A fixação da taxa de câmbio via adesão ao padrão ouro era uma defesa para os exportadores, uma garantia de que a valorização cambial seria interrompida, mas a acumulação de reservas sempre levava a superaquecimento da economia e inflação.

Quando a abundância revertia em crise e escassez, a perda de reservas e a desvalorização cambial também eram exageradas. Celso Furtado dizia que a desvalorização era a "socialização das perdas" derivadas da crise externa e um mecanismo de preservação das rendas da elite exportadora. Um banho de água fria sobre todos.

Muitas vezes aqui, e no exterior, se pensou que os ciclos econômicos tivessem sido superados. Ou que aprendemos a lidar com o assunto.

Os eventos dos últimos 10 anos parecem confirmar a essência da análise de Furtado. O mundo é outro, mas lidar com ciclos econômicos continua difícil.

Tivemos um período de grande abundância de capitais para países emergentes a partir do início dos anos 1990, do qual, todavia, o Brasil tirou enorme proveito apenas quando estabilizou sua moeda em 1994. Valorizações cambiais e acúmulos de reservas já se observavam em todos os países emergentes, mas a hiperinflação no Brasil nos mantinha isolados da bonança externa.

Quando tem início o Plano Real, sabia-se que estávamos vivendo um período excepcional. E por isso mesmo tínhamos uma oportunidade talvez única para vencer a inflação usando a chamada "âncora cambial". Fora de um período de "abundância" de divisas isso seria impossível, conforme observa, com razão, o ex-presidente José Sarney, a propósito do Plano Cruzado. Ademais, a estabilização iria requerer outras "âncoras" (fiscal e monetária, por exemplo), numa intensidade muito maior e provavelmente impossível de se obter.

Portanto, era correto, lógico e razoável que usássemos a "âncora cambial" para vencer a hiperinflação, tirando proveito das condições espetaculares do balanço de pagamentos.

Aqueles que acham que houve "populismo cambial", expressão que alguns jornalistas usam com grande desenvoltura, revelam desconhecimento da nossa realidade histórica e também uma brutal e maliciosa incapacidade de enxergar a oportunidade que tínhamos diante de nós. Há uma verdade simples que essa gente procura ocultar: sem a "âncora cambial" não teria sido possível vencer a hiperinflação.

O fato é que a fase de "abundância" do ciclo prolongou-se até o início de 1998, ultrapassando mesmo a crise da Ásia. Apenas com as repercussões do *default* da Rússia é que alguns começaram a convencer-se de que os ventos tinham sido revertidos e íamos começar a viver um período de escassez.

Com efeito, 1998 foi um ano de monumentais perdas de reservas, e logo em seguida tivemos uma desvalorização cambial sem precedentes, em parte revertida, depois recomposta um par de vezes, até que chegamos onde estamos, a saber, experimentando um ajuste "asiático" na nossa conta corrente.

Sem dúvida, estamos hoje dentro de um período de escassez de divisas, e o ajuste em conta corrente na direção do equilíbrio faz todo sentido. Deve ser óbvio, por outro lado, que essa mesma recomendação não fazia sentido nenhum durante o período de abundância de divisas, como este que vos escreve insistiu amiúde. Mas as circunstâncias são diversas nos dias de hoje. Hoje que está chovendo faz sentido abrir o guarda-chuva e calçar as galochas. Durante o verão isso seria equivocado como era alegar, em 1995, que estávamos à beira de uma crise cambial, ou que, nessa época, a vulnerabilidade externa era nosso principal problema, como vive a sustentar o professor Bresser Pereira.

Como os próximos anos podem ser de baixas temperaturas, os friorentos vão achar que o mundo é feito de geleiras e que sempre estiveram corretos em mandar as pessoas se agasalharem. E quando o verão chegar, vão achar que veio porque as pessoas se agasalharam. Deixa estar. Quando o verão chegar, tudo terá de ser revisto de qualquer jeito.

(*OESP*, 27.10.2002)

De volta ao bananal

Tempos atrás fui um dos que argumentou que o termo "defasagem cambial" havia caído em desuso em razão da adoção do regime de flutuação cambial em julho de 1994, quando o Real entrou em circulação como moeda nacional.

Com efeito, se o preço da nova moeda relativamente à "divisa" vai ser regido pela Lei da Oferta e da Procura, não há que se falar em "defasagem" na acepção normalmente utilizada para as tarifas públicas e preços administrados sujeitos a regras bem definidas de indexação. Portanto, falar em "defasagem cambial" na vigência de flutuação cambial era exótico como falar de "defasagem bananal".

Pois bem, os repetidos louvores ao regime de flutuação cambial nos últimos anos, bem como as declarações recentes da equipe econômica do novo governo reafirmando essa fé, não apenas mantêm atuais as teses acima expostas como nos colocam diante das mesmas perguntas que se fazia em 1994: a taxa de câmbio é para ser formada exclusivamente pela oferta e pela procura de "divisas", ou é para ser "administrada"? Estamos obrigados a viver num "bananal cambial" ou podemos adotar outro sistema com maior ou menor grau de intervenção?

É claro que "administração" e "intervenção" são termos bem amplos, comportando as mais variadas nuances, assim como as circunstâncias podem variar tanto – da bonança cambial à secura completa – que essas perguntas acabam sem respostas peremptórias, válidas em qualquer cenário.

Não sei se é uma verdade absoluta o que diz o diretor do BC, dr. Ilan Goldfajn, que as autoridades não podem fixar a taxa de câmbio real. O diretor bem sabe que a adesão à realidade da teoria da Paridade do Poder de Compra, base de seu argumento, está longe de ser um assunto pacífico na academia. Sabe também que no chamado "curto prazo" pode acontecer muita coisa e que no chamado "longo prazo" todos estaremos mortos.

Nos dias que correm, é sabido que os juros estão muito altos: com o risco Brasil a 9% e a taxa de juros do Tesouro americano a menos de 2%, a entrada de capitais de curto prazo, para fins de arbitragem, é simplesmente irresistível. É o velho capital especulativo de curto prazo, que ajudou a estabilização em 1994 e 1995, e que foi duramente criticado por muita gente que hoje aplaude a política monetária.

O nosso BC, e mais muitas outras vozes da prudência, alegam que é cedo para reduzir os juros em razão da inflação. Faz sentido, e em 1994 e 1995 também se dizia a mesma coisa, e, tal como naquela ocasião, as expectativas de inflação devem melhorar e o câmbio derreter, ou se valorizar, trazendo a inflação para baixo e dando razão às expectativas, gerando assim um círculo virtuoso.

É difícil fazer reparos a essa política, exceto por assinalar que ela pouco tem de original. Antigamente se chamava "âncora cambial", e seu sucesso em terminar com a hiperinflação no Brasil é incontestável. A polêmica sobre o assunto tem que ver com o *timing* da saída desse regime em 1998 e 1999, e não sobre sua implementação bem sucedida em 1994-1998. Esta reprise da "âncora cambial" faz lembrar um grande momento do saudoso professor Mario Henrique Simonsen que, a propósito de uma tese onde atuava como membro da banca examinadora, emitiu sentença que se tornou clássico: "o que é bom não é novo, o que é novo não é bom".

(*OESP*, 27.04.2003)

Um câmbio de esquerda

No dia 18 de novembro de 2004 a taxa de câmbio média ficou em 2,76 reais por dólar (na compra). Em 31 de dezembro de 1998 era de 1,21. Como a inflação acumulada entre essas duas datas, medida pelo IGPM, foi de 120%, teríamos que, em dinheiro de hoje, 1,21 real seria equivalente a 2,68 reais. Repetindo o exercício usando o IPA, o índice de preços por atacado, normalmente empregado em cálculos desse tipo, o número seria de 3,17 reais. O que significa isso? Voltamos ao ponto de partida?

Com efeito, de acordo com cálculos da Funcex (conforme se vê no gráfico, para o qual agosto de 1994=100), entidade mantida pelos exportadores brasileiros, há anos uma referência indiscutível nos assuntos de comércio exterior, a taxa de câmbio real (ou seja, ajustada pela inflação) está mais ou menos no mesmo nível em que estava no fim de 1998, quando se diziam (os economistas do PT diziam) horrores da política cambial. Curioso, não?

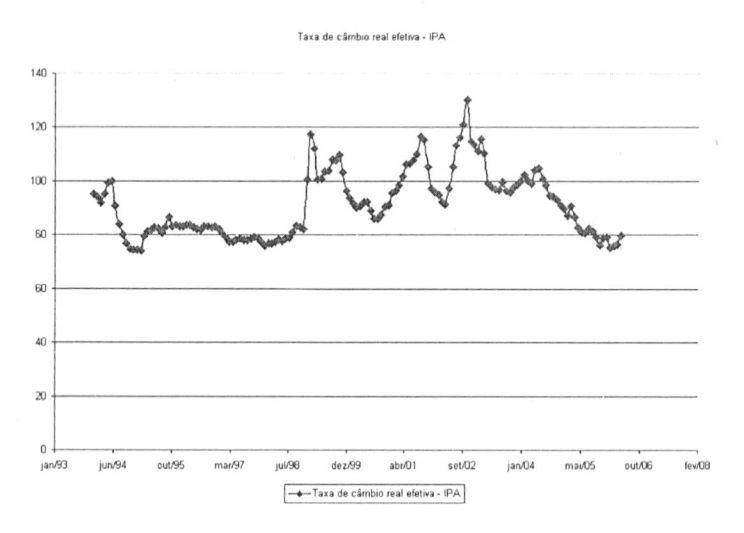

* Agosto de 1994 = 100. Fonte: Funcex (Fundação de Estudos do Comércio Exterior).

Na verdade, curioso mesmo é notar que para a mesma taxa de câmbio real o Brasil exportará algo como 88 bilhões de dólares em 2004, contra 50 bilhões em 1998, ao passo que, do lado das importações, os valores para 2004 e 1998 serão semelhantes, na faixa de 55 bilhões de dólares.

Para esse fenômeno da explosão das exportações existem pelo menos duas explicações: de um lado, o fato de que hoje somos um país melhor, mais produtivo e competitivo do que antes da onda de reformas dos anos 90, e por causa dela. De outro, as contas sobre câmbio logo acima estariam erradas, pois se usarmos o IPCA em vez do IGPM ou IPA chegaremos à conclusão de que o problema era o câmbio mesmo, e essa conversa de produtividade é desculpa de país com defasagem cambial, como dizia o inesquecível professor Dornbush.

Deve haver pouca dúvida de que as premissas da primeira explicação estão corretas: o crescimento da produtividade até 1999 foi fenomenal, o que se explica pela reação das empresas brasileiras ao novo ambiente de competição criado pela combinação de abertura, privatização, estabilização e reformas que aproximou o Brasil do figurino de uma economia de mercado. Uma hora de trabalho na indústria em 1999 produzia 68% mais mercadorias que no início da década.

Para quem gosta dessas explicações "estruturais" para a nossa competitividade, o enigma a decifrar é por que a explosão das exportações começou apenas em meados de 2002, e não antes. Aliás, os que explicam tudo pelo câmbio também têm certa dificuldade com esse *timing*, e também em explicar por que o crescimento médio anual das exportações em 1999 e 2000 (3,8%), seguindo-se à desvalorização, foi quase igual ao observado em 1996-1998 (3,5%), quando o câmbio estava, como se dizia, "defasado".

A relação entre câmbio e exportação nada tem de evidente, e as duas explicações acima possuem méritos: o aumento de produtividade certamente ajudou muito, mas também a notável redução dos salários medidos em dólar (hoje estão a 40% do que estavam em 1998) produzida pela desvalorização cambial. É inútil discutir qual dessas influências é mais relevante; interessante é especular sobre o que é mais desejável, ou seja, se queremos basear nossa competitividade em trabalho barato ou em eficiência.

O caminho da eficiência pode parecer mais longo, mas tem sobre o outro a vantagem de produzir competitividade simultaneamente a aumento de salário, o contrário do que ocorre quando trabalhamos com câmbio subvalorizado (ou excessivamente depreciado). Podemos, portanto, buscar competitividade melhorando ou piorando a distribuição da renda, e a pergunta é se o governo vai retomar reformas pró-mercado que aumentem a competição e a produtividade ou se, alternativamente, vai buscar uma taxa de câmbio mais agressiva (desvalorizada), como querem alguns setores mais radicais do PT.

É curiosa a esquerda no Brasil: parece mais nacionalista do que propriamente esquerdista, pois em nome da redução da "dependência externa", real ou imaginária, aceita com tranqüilidade, ou mesmo propõe, arrochar salários por meio de desvalorização do câmbio para aumentar nossa competitividade. Felizmente a política do ministro Palocci vai na outra direção. Afinal, esse governo é de esquerda.

(*Veja*, 24.11.2004)

A POLÍTICA CAMBIAL, A CONTROVÉRSIA SOBRE OS REGIMES E SOBRE AS INTERVENÇÕES COM DERIVATIVOS

Velhos e novos amigos da desvalorização

Alguns dos defensores históricos da desvalorização e da moeda fraca, aqueles que desde a primeira hora, cinco anos atrás, insistiam que o Brasil estava na beira do precipício e que precisava urgentemente de uma desvalorização, andam estranhamente na defensiva. Ao invés do regozijo pelos novos rumos, o que vemos é um otimismo meio zangado, conjugado a uma rouca e ressentida repetição dos mesmos impropérios a que o Plano Real tem estado submetido desde o início. E tudo isso com o sabor estranho de quem parece se desculpar pelos resultados ainda meio duvidosos do novo regime de flutuação cambial.

Nada de novo tem sido dito sobre a política cambial anterior e sua contribuição para o sucesso do Plano Real: os argumentos, pró e contra, são amplamente conhecidos. O ex-ministro Delfim Netto, decano dos detratores do Real, insiste em estabelecer a sua versão, segundo a qual a política cambial foi irrelevante para a estabilização, para a abertura, para a extraordinária mudança no patamar de crescimento da produtividade, e que o Brasil não deve ter déficit em conta corrente e que tudo ia dar errado mesmo, era questão de tempo. Opinião dele e de seus amigos, contra a qual sempre me bati.

O fato é que, agora, as coisas mudaram e estamos assistindo a um teste de realidade. Prevaleceu o ponto de vista de que tínhamos de desvalorizar o Real, e assim foi feito. A providência estava sendo demandada pelo Delfim, pela Fiesp, pelos economistas do PT e por outras tantas sumidades, incluindo alguns ministros fora da área econômica. Uma vez tomada, por que é que tantos andam reclamando pelos cantos? Será que a mágica não funcionou? Será que estamos vendo uma pontinha de arrependimento, tendo em vista as indicações, até então disponíveis, que os custos da desvalorização parecem, ao menos no primeiro ano, bem maiores que os da defesa da moeda, a qual o Ministro Bresser, num rasgo de falação estudantil, teve o mau gosto de definir como "irracional e arrogante"?

Está cedo ainda, mas os resultados da desvalorização, até agora, não são animadores. Os gurus da desvalorização, na falta de uma explicação convincente para o enorme desencanto que tomou conta do país, não conseguem fazer mais que perpetrar uma tese realmente curiosa: a de que "a demora" em flutuar a taxa de câmbio fez as coisas piores. Durante cinco anos a moeda permaneceu estável, algumas reformas avançaram velozmente, a inflação convergiu para zero, enquanto foi possível desvalorizar o Real gradualmente, a produtividade crescia 7% ao ano, o país desvencilhou-se de seus hábitos inflacionários e se encantou com seus novos caminhos. Tudo isso elevou nossa competitividade e serviu para reduzir a necessidade de se "mexer no câmbio", como se dizia, e são exatamente essas, paradoxalmente, as condições necessárias para a desvalorização ter sucesso em não trazer de volta a hiperinflação.

Se essa mesma desvalorização fosse feita em 1995, como alguns sugeriram, teria sido uma catástrofe.

Mais surpreendente, todavia, que as opiniões do ex-ministro Delfim, eterno porta-voz do Parque Jurássico, que sempre tiveram motivação política, e nada mais que isso, são as do atual ministro da Ciência e Tecnologia (Bresser Pereira), tardiamente saindo do armário, ao declarar sua concordância pública com as teses do ex-ministro (até mesmo com este inacreditável "o capital se faz em casa"), mas com um extraordinário agravante: ele sustenta que a taxa de câmbio era o grande constrangimento ao crescimento econômico brasileiro. O crescimento "estava muito aquém das restrições impostas pela oferta de recursos de capital, de mão-de-obra ou de tecnologia", ele diz.

O crescimento, não vamos perder de vista os números, esteve, de 1994 para cá, uns 2% ou 3% em média acima da média dos últimos dez anos. Houve algum progresso graças às reformas que abriram caminhos antes inexistentes para o investimento. Com efeito, durante os últimos quatro anos, o governo adotou o ponto de vista de que reformas estruturais eram necessárias para expandir os limites do crescimento, sem o recurso à inflação e à deterioração da distribuição da renda, e romper uma estagnação que já durava duas décadas. Os eixos de mudança seriam a abertura, a privatização, a reforma do Estado (administrativa, previdenciária e tributária) e o equilíbrio fiscal, para ficar em apenas algumas reformas básicas. Seria daí que emergiriam as energias do novo crescimento, e não dos truques e artificialismos extensamente explorados sem sucesso nos últimos anos.

É triste que um ministro que era responsável por uma dessas áreas primordiais de mudança, e uma na qual os resultados foram pífios ao longo desses anos, venha a público dizer que os obstáculos para o crescimento não eram as reformas, que tantas energias consumiram da base política do governo e tantas esperanças geraram em quem votou no presidente Fernando Henrique, mas o câmbio. Há anos estamos patinando em esforços de reforma, e o ministro Bresser vem com essa agora de que o problema não era com as reformas, mas com a taxa de câmbio. Em vez de reforma constitucional, enxugamento do Estado, privatização, desregulamentação, combate ao corporativismo e ao custo Brasil e ajuste fiscal, todas essas coisas que dão esse trabalho todo, bastava uma maxi. Ora francamente...

Das duas, uma: Ou o presidente (e a população que o elegeu duas vezes) e o Congresso foram todos enganados, e o ministro Bresser devia entrar em cadeia nacional (de TV) para nos dar uma boa explicação sobre como é esse tal crescimento que se faz, logo depois da hiperinflação, sem reforma, sem mudança, sem equilíbrio fiscal e apenas alimentado de desvalorização cambial e "políticas não-monetaristas", o que quer que seja isso.

Ou então o ministro Bresser Pereira não tem muita idéia do que está dizendo.

Por último, um comentário sobre as grosserias do ministro, as quais, aliás, nunca foram característica sua. O ministro pode não gostar das políticas praticadas nos últimos seis anos, chamar a defesa da moeda de "irracional". Duvido que o presidente entenda como "irracionais" as políticas de defesa da moeda praticadas com sucesso, e com o seu endosso (e também o das urnas), nos últimos seis anos.

Em segundo lugar, o ministro, ao desancar o Banco Central, confunde arrogância com convicção, ou determinação, algo que tem lhe faltado na defesa e no encaminhamento das reformas sob seus cuidados. Isso sem falar que convicção é um atributo que se torna importante quando o governo assume compromissos de política econômica diante de seu povo e os transforma em tratados internacionais com mais de 20 países em torno de um empréstimo de US$41,5 bilhões sem nenhuma garantia além das nossas convicções em executar o prometido. Pessoalmente, acho que na vida pública não devia haver lugar para gente que não tem convicções, e dessa maneira não é capaz de honrar compromissos e cumprir missões.

(*OESP* e *JB*, 21.03.1999)

A FAVOR DA MESTIÇAGEM

Foi com a unificação monetária européia que começou a ficar popular a idéia que o mundo tem moedas demais, e que seria um lugar mais simples, e menos propenso a crises cambiais, se muitas dessas moedas desaparecessem, ou se os países se organizassem em federações monetárias como a Europa. Quando aplicada às chamadas economias emergentes, a tese adquiria uma tonalidade próxima ao preconceito: a soberania monetária teria servido apenas para criar confusão, e como nos dias de hoje as crises de um país afetam a vizinhança inteira, melhor seria que essas economias desistissem de administrar suas moedas.

Pois bem, uma outra maneira, aparentemente mais neutra, de enunciar o mesmo princípio é dizer que as economias emergentes devem fazer uma espécie de escolha de Sofia: ou adotam o *currency board* (ou caixa de conversão no estilo argentino), abrindo mão de uma moeda nacional, ou a livre flutuação da taxa de câmbio. Toda e qualquer mestiçagem entre esses extremos seria considerada indefensável e inviável, ou seja, toda intervenção no sentido de defender a moeda, para cima ou para baixo, sempre e em toda parte (no mundo emergente), está fadada ao fracasso.

Na semana passada o secretário de Tesouro dos EUA, Robert Rubin, elegeu oficialmente essa tese à condição de "política" a guiar o uso dos recursos do FMI em seus pacotes de auxílio, embora isso não possa ser encontrado na documentação publicada pelo FMI sobre as novas Linhas de Crédito Contingente (LCCs), cujas condições de acesso são elencadas de modo muito mais vago. Por outro lado, nossos irmãos argentinos e mexicanos têm sido notáveis divulgadores dessa tese, embora por razões inteiramente opostas: cada um está solidamente comprometido com um dos extremos do espectro.

Por que a má vontade com a mestiçagem?

No mundo desenvolvido existem, para começar, uma espécie de simpatia doutrinária para com os regimes de flutuação e um crescente preconceito contra a intervenção em mercados de câmbio, que, reconhecidamente, se tornou mais complexa diante de novas tecnologias no mundo financeiro (derivativos principalmente) e menos eficaz com o avanço da civilização *off-shore*. Isso pode ser visto com clareza em um fenômeno recentemente identificado pelo professor Paul Krugman: há países (que ele designou como "brancos") para os quais a flutuação (e eventuais desvalorizações) parece não gerar maiores sobressaltos, ao passo que, para um outro grupo de países (os emergentes), a desvalorização é sempre uma catástrofe.

Por que o duplo padrão?

A resposta tem que ver com credibilidade e reputação, atributos que se acumulam ao longo do tempo, e que servem de defesa num momento de aperto. Afinal, moeda é confiança, pois nada mais é que um pedaço de papel com a assinatura de um ministro. Na economia global há pouca impunidade: quem tem muita milhagem acumulada em fazer as coisas direito ganha certas prerrogativas. Quem não tem, que trate de ter.

Mas que dizer das opções disponíveis para o Brasil? Será que a flutuação "puro-sangue" é o regime para o resto de nossas vidas? Será esse o regime ideal para um país cujo relacionamento com o mercado internacional de capitais que parece oscilar entre a abundância e a crise, sem meio termo?

A flutuação pura tem uma característica da qual não se escapa: as autoridades devem estar preparadas para aceitar aquilo que o mercado trouxer. Se este não for o caso, então é bom começar a pensar em formas explícitas de mestiçagem.

É interessante lembrar que, quando o Real entrou em circulação, em julho de 1994, estabeleceu-se um regime de livre flutuação cambial, e, para a surpresa de muitos, a lei da oferta e procura funcionou e o Real começou a experimentar apreciação. Com o tempo o Banco Central entendeu que deveria intervir no mercado a fim de evitar uma apreciação maior, fixando um "piso" para o Real por Dólar, no qual o BC compraria todos os dólares que aparecessem. Foi assim que surgiu, primeiro informalmente, depois explicitamente, o sistema de bandas: criado para evitar uma apreciação cambial excessiva.

E agora?

Depois de o Real chegar a 2,16, um nível que ninguém estava confortável em ver prevalecer, a taxa de câmbio vem apreciando velozmente. O Real chegou a 1,66 por dólar, e se as coisas correrem bem, ou seja, se nosso programa fiscal for percebido como concreto, e os mercados internacionais estiverem normalizados, a tendência será de crescimento das entradas de capitais e apreciação.

Se BC tentar evitar a apreciação, o regime perderá sua pureza. Se não intervier, restarão as opções de recolocar as restrições à entrada de certos tipos de capitais e, idealmente, de uma redução bem mais agressiva nos juros. Todavia, a batalha ainda não inteiramente vencida contra os impactos inflacionários da desvalorização, bem como a delicadeza do equilíbrio fiscal, estaria a recomendar cautela nesse campo. E, curiosamente, quanto mais cautela da política monetária (e a confiança de que a cautela será observada), maiores serão as entradas de capital, maior a tendência de apreciação (e mais contundente a vitória sobre a inflação) e maiores as dificuldades para ocultar nossos traços mestiços.

(*OESP* e *JB*, 02.05.1999)

UMA FLUTUAÇÃO JÁ NÃO MUITO PURA

Tem sido muito bem recebida a decisão do Banco Central de intervir no mercado de câmbio de modo a reduzir a alta do dólar. Tendo em vista o vulto e a freqüência das intervenções, pode-se dizer que o BC deixou para trás a noção de que em um regime de taxas flutuantes não apenas nenhuma interferência era admitida como também eram emitidos conceitos um tanto ingênuos como "agora não temos mais problemas de financiamento externo" ou "a taxa de câmbio 'cuida' do balanço de pagamentos (enquanto a de juros 'cuida' da inflação)". Aparentemente o recado era o de que a taxa de câmbio estava livre para ser o que tivesse de ser para assegurar o equilíbrio da oferta e demanda de divisas.

Esses conceitos foram testados quando o dólar aproximou-se de R$1,60, e alguns dos defensores da moeda fraca começaram a se incomodar, e também quando se aproximou de R$2,00 e o país inteiro ficou nervoso. Felizmente o BC começou a exercer suas prerrogativas e moderou os excessos. A experiência recente deixa pouca dúvida quanto à pertinência da intervenção, mas traz questões sobre a melhor forma de fazê-lo: será que a melhor maneira de fazer política cambial é indiretamente através da venda de títulos públicos indexados ao dólar? Ou existem outras formas mais econômicas de se trabalhar?

Para responder a essa pergunta, vou pedir a paciência do leitor para uns conceitos um tanto mais técnicos. Nos últimos tempos temos ouvido muito a palavra *hedge*, que parece ter se tornado a grande sensação do mercado de câmbio. Por que será? É simples: o *hedge*, ou seja, a garantia de uma taxa de câmbio certa no futuro, é fundamental para assegurar relações de paridade entre juros internos e externos, assim como para facilitar o trabalho de qualquer um dos envolvidos com relações comerciais e financeiras internacionais que se desdobram no tempo. A previsibilidade é importante para essa gente. Ademais, todos que têm passivos em dólares, ou patrimônios que precisam ser avaliados em dólares, também precisam de *hedge*.

Hoje, as pessoas querem mais *hedge* do que no passado porque a taxa de câmbio pode variar muito de um mês para o outro, de um dia para o outro. As pessoas procuram *hedge* pelo mesmo motivo que compram seguro: precisam se proteger contra flutuações que seriam desastrosas, e aceitam pagar um pedaço de seu patrimônio, ou de suas dívidas, para correr menos risco.

Pois bem, na prática, muita gente pode se dispor a vender esse "seguro", mas só existe um ressegurador importante: o governo, que pode oferecer resseguro vendendo câmbio pronto, derivativos cambiais ou títulos indexados ao dólar. É disso que se trata quando o BC faz "intervenções" no câmbio. A pergunta inicial é: Qual desses três instrumentos é mais econômico?

Quando o BC vende títulos cambiais, a mesa de mercado aberto tem de comprar papéis com outros indexadores, para que a venda de títulos cambiais não eleve a taxa de juros. O resultado é manter a dívida pública do mesmo tamanho, mas elevando o percentual indexado a câmbio, que já deve beirar os 30%. A dívida fica mais longa, o que é, em si, uma boa razão para fazê-la mais cara. É difícil dizer até onde se pode elevar o percentual da dívida pública indexada ao dólar sem causar ansiedades ao mercado.

A alternativa de usar derivativos cambiais é bastante vantajosa, mas tem de ser um pouco diferente da que se usava anteriormente, no tempo das bandas cambiais, e pode ser parecida com o que se faz, por exemplo, no México. Ali, o banco central vende opções de compra e de venda para exercício futuro, a preços que definem uma espécie de banda de flutuação, que não é entendida como uma "barreira" ou "corredor", mas como um obstáculo a flutuações de maior vulto. Vamos imaginar o seguinte exemplo: o BC vende por R$10,00 a opção de venda, a ser exercida dentro de, digamos, dois meses, de US$100,00 a uma taxa de R$1,95 mas sem entrega física, ou seja, pagando apenas a correção cambial no caso de a opção ser exercida. Simultaneamente, o BC vende também, digamos por R$10,00, uma opção de compra de dólar, esta com entrega da divisa, ao preço de R$1,75. Vamos imaginar também que os volumes vendidos não sejam grandes o suficiente para construir um "piso" e um "teto", mas que ofereçam resistência ao mercado se houver tendência de ultrapassar esses valores.

Esse tipo de atuação, que é muito comum em outros países, reduz flutuações nas taxas de câmbio *spot* e oferece "resseguro" de forma alavancada aos vendedores de *hedge*. Um banco com um capital (e um espaço nos seus limites de risco) de R$100 pode "ressegurar" R$1.000,00 vendidos em *hedge*, dez vezes mais do que poderia fazer comprando papéis cambiais.

É interessante notar que, nesse sistema de opções, o custo para o Tesouro é provavelmente muito menor que no caso da venda de títulos cambiais. Para comprová-lo basta presumir que, quando a opção de venda é exercida, tudo se passa como se o governo tivesse vendido um título com correção cambial. Quando a opção de compra é exercida, o governo está comprando câmbio e aumentando suas reservas. Numa ponta como na outra, as opções que não são exercidas se tornam receita para o governo, como no caso de uma companhia de seguro que recebeu prêmio e o sinistro não aconteceu.

No ano passado, como parte dos preparativos para chegarmos de forma gradual a um regime de maior flutuação, o BC desenvolveu os sistemas e chegou a preparar simulações e circulares para colocar no ar esse mecanismo de opções cambiais. Seria um instrumento excelente para permitir que as antigas bandas pudessem ser flexibilizadas. É pena que se decidisse por outros caminhos. De toda maneira, o instrumento está na prateleira, e pronto para ser utilizado. Sua utilidade num regime de taxas flexíveis já um pouco mestiço me parece evidente.

(*OESP* e *JB*, 12.09.1999)

O bebê de Rosemary

Recentemente o ex-ministro Delfim Netto produziu mais uma de suas grandes tiradas ao dizer que o IPA (Índice de Preços por Atacado) estava "grávido" dos índices de preços ao consumidor (os IPCs). Com isso ele aludia à discrepância entre a inflação medida pelos IPAs, que, na margem, já supera os 25% anuais, e a medida pelos IPCs, que anda apontando um pouco para cima da meta de 8%. Na verdade, o ex-ministro insistia em negar a existência da gravidez, o que, a partir de certo ponto, é sempre difícil, pois a sintomatologia começa a ficar meio óbvia. Nos botequins da vida, o retorno da Velha Senhora é saudado mais ou menos como a candidatura Collor à Prefeitura de São Paulo, uns dizem que é um absurdo, outros, que não tem outro jeito.

As empresas brasileiras em geral foram submetidas a grandes pressões de custo em função da maxidesvalorização, mas poucas conseguiram repassá-las aos preços em face das condições adversas de demanda, que só mostraram alguma melhoria com as encomendas para o Natal. Os preços por atacado, portanto, não aumentaram tudo que gostariam. Pelas empresas, Brasil afora, o que se ouve é que, no momento em que as vendas refrescarem um pouco, as margens serão recompostas. Ou seja, o IPA está "grávido" da maxi.

No varejo a situação é semelhante: o consumidor está arredio e não aceita desaforo. Mas não vamos nos iludir com a "mudança cultural" que todos sabemos que ocorreu mas que pode ser encurralada pelas leis econômicas. A presença do produto importado a preços razoáveis era o fator objetivo que permitia ao consumidor toda essa encantadora soberania sobre os oligopólios. Depois da maxi as coisas mudaram. Não no mesmo momento, pois foi preciso que se esgotassem os estoques, e os importadores chegassem ao limite na compressão de suas margens, para que os importados começassem a ficar proibitivos. Agora, basta um bocadinho mais de demanda nas lojas para os oligopólios locais iniciarem a colocar os preços, como dizem, "nos seus devidos lugares".

A despeito desses desejos, a grande maioria das empresas exibe enorme receio em ver-se na vanguarda dos reajustes e acusada de fazer retornar a inflação.

Esse medo, aliás, está presente, inclusive nas concessionárias de serviços públicos, que assinaram contratos que lhes asseguram o direito de reajustar tarifas de acordo com as variações no câmbio ou no IGPM. Mas os pleitos junto às agências reguladoras têm sido bem mais tímidos. É claro, todavia, que esses pudores vão sendo minados pela desenvoltura com que os preços dos combustíveis, e outros preços ditos "administrados", têm sido reajustados. Ao que parece, esse conjunto de sintomas aponta no sentido de uma dupla gravidez: dos IPAs pela maxi e dos IPCs pelos IPAs. Sugere-se, com isso, que existe uma pressão inflacionária latente, ou uma "inflação reprimida", que é preciso combater antes que seja tarde. Nesses casos, os bancos centrais costumam agir preventivamente, pois depois de certo tempo a gravidez se torna irreversível e a criança que está para nascer é o diabo.

O ex-ministro Delfim age com sabedoria ao tentar negar a existência da gravidez, pois assim evita uma discussão muito mais difícil para si, que é a da paternidade dessa diabólica idéia que foi desvalorizar o Real nessa magnitude absurda, coisa que ele sempre apoiou, e cujo resultado foi a queda nas exportações, uma gravidez indesejada e a desarrumação de uma política econômica que dava ao governo níveis de aprovação superiores a 60%.

(*OESP*, 28.11.1999)

Dois anos de flutuação

Neste fim de semana completam-se dois anos desde a introdução, pelo professor Francisco Lopes, da "banda diagonal endógena", cujo desmantelamento resultou, 48 horas depois, na livre flutuação cambial e na maior maxidesvalorização de nossa história. O evento marcou profundamente o início do segundo mandato do presidente Fernando Henrique: em vez da acumulação de iniciativas típica dos primeiros cem dias, tivemos a sensação de que o governo, mal começado, estava no fim.

Não dá para dizer que a transição para o novo regime foi um exemplo de planejamento ou de perícia na operação dos mercados financeiros.

Felizmente, o ministro Pedro Malan, e o novo presidente do Banco Central, Armínio Fraga, tiveram muita habilidade para recompor o acordo com o FMI, e também a coragem para elevar os juros nos níveis necessários para vencer a especulação. Como a medicina convencional sempre funciona em se tratando de economia, a poeira foi assentando e o regime de flutuação cambial se consolidando ao longo de 1999. Mas quase um ano teve de passar antes de o BC conseguir recolocar os juros onde estavam antes da crise da Ásia. Como seqüelas tivemos um significativo aumento na dívida pública e também uma perda de sustentação política do governo da qual resultou uma grande redução em seu ímpeto reformador.

Ao longo de 2000, já é possível enxergar com mais clareza os benefícios do novo regime, que não residem propriamente em se manter a taxa de câmbio num nível bem mais desvalorizado: com efeito, a desvalorização medida em termos reais, relativamente a dezembro de 1998, de acordo com a Funcex, não é tão diferente da que obteríamos caso continuássemos com o regime anterior. Note-se também que a flutuação vale para os dois lados, ou seja, se houver muito "vento a favor" o Real vai se valorizar exatamente como ocorreu em julho de 1994, quando a flutuação ganhou um número enorme de críticos porque flutuou "para baixo". Não devemos ter ilusões doutrinárias nesse terreno: a popularidade dos regimes cambiais depende muito das circunstâncias. O regime que serve para a bonança não é o mesmo que melhor nos defende das crises, e vice-versa.

Nas atuais circunstâncias, ou seja, com a situação fiscal em equilíbrio e na ausência de uma "bonança cambial" como a dos anos anteriores a 1997, os benefícios da flutuação residem principalmente na possibilidade de se baixar os juros a patamares inéditos, possivelmente em níveis da ordem de um dígito, e na flexibilidade que se ganha para se lidar com a obsessão nacionalista com a "vulnerabilidade externa".

Foi longo o caminho que levou o Brasil à Responsabilidade Fiscal, condição que, em última instância, deverá permitir ao país explorar um terreno inteiramente novo quando se trata de juros. Não foi apenas a flutuação cambial que fez o milagre, mas o trabalho de centenas de pessoas que desde meados dos anos 1980 estão remando contra a corrente com o propósito de equilibrar as contas públicas. A flutuação é necessária porque somos uma economia aberta hoje, mas não seria suficiente para permitir grandes ousadias nos juros na presença de um grande déficit fiscal.

Quando se trata de "vulnerabilidade externa", a flutuação deve ser vista como um mecanismo de seguro. É uma forma diferente de ter "reservas internacionais", talvez melhor. O Banco Central da Nova Zelândia, por exemplo, não tem reservas internacionais, e ninguém diz que o país é "vulnerável".

Muitos economistas olham para o balanço de pagamentos como contadores, projetando o futuro em planilhas, sem se dar conta de que o mundo econômico é formado de equações simultâneas que as planilhas eletrônicas não resolvem. No mundo real, com preços flexíveis, quando começam a aparecer os sinais de um "buraco" no balanço de pagamentos, a taxa de câmbio se move na intensidade necessária para "fechar" as contas.

Não há dúvida de que a flutuação foi um notável progresso nas circunstâncias atuais, mas não vamos deixar que isso nos dê qualquer ilusão de que o crescimento sustentado vai depender de outra coisa que não seja o avanço das reformas.

(*Veja*, 17.01.2001)

O PROBLEMA DO *HEDGE*

Já começo observando que é de propósito, ou seja, estou usando um estrangeirismo em economês, difícil de traduzir, no título deste artigo em protesto contra a lei de autoria do deputado Aldo Rebelo, do PC do B, que tenciona, nas palavras dele, "proteger nossa língua da degradação a que está sendo submetida". Podem existir boas intenções no projeto, mas confesso que não consigo vislumbrar o modo como restrições à liberdade de expressão, ou às trocas lingüísticas de natureza espontânea entre diferentes culturas, possam fortalecer nossa identidade nacional. A língua portuguesa, como a indústria nacional, não precisa de reserva de mercado e nem se vê diminuída quando as pessoas se vêem incentivadas a aprender um segundo idioma.

Dito isso, voltemos ao *hedge*. Trata-se de operação financeira por meio da qual um indivíduo procura proteger determinado investimento ou patrimônio de uma evolução desfavorável dos mercados. Não é bem "seguro", mas é parecido. O sujeito tem uma dívida em dólares, está com medo de uma evolução das taxas de câmbio que faça sua dívida mais cara em reais e, em razão disso, compra um *hedge*. Pode ser a aquisição antecipada dos dólares que ele terá de pagar no futuro. Pode ser uma aplicação financeira indexada ao dólar ou a aquisição de um instrumento derivativo, com o qual o indivíduo adquire, digamos, a opção de adquirir dólares se determinadas condições se materializarem. São muitas as alternativas, mas o espírito é o mesmo: proteger-se da volatilidade do mercado usando instrumentos financeiros de todo tipo.

Pois bem, hoje se diz que existe muita demanda por dólares para fins de *hedge*, uma demanda que o Banco Central tem sistematicamente desprezado. Parece prevalecer uma teoria, cuja origem não se conhece (e não é acadêmica), segundo a qual num regime de flutuação cambial "de verdade" não há lugar para o uso de derivativos por parte do banco central e nem faz sentido haver títulos indexados à taxa de câmbio. Esses expedientes seriam mecanismos de intervenção, embora indireta, e numa flutuação "puro-sangue" não devem ser acionados em nenhuma hipótese.

A prática internacional não apóia propriamente essas teorias. Exceto, talvez, pelas três grandes moedas internacionais de reservas, será difícil encontrar um país com um regime de taxas de câmbio flutuante que não tenha mecanismos de intervenção direta ou indireta no mercado de câmbio quando o tempo fica nublado. Mas em cada lugar é uma história diferente. A África do Sul usa ativamente operações de câmbio *forward* (operações feitas hoje para liquidação e entrega futura), e o México usa intensamente opções de compra e de venda de câmbio, conhecidos como *puts* e *calls*. Hoje não vamos economizar estrangeirismos, e de propósito.

Mas esta não é uma questão para discutir à luz da experiência internacional, mas do mérito da coisa em si, e para o caso específico do Brasil. Duas características de nossa economia são fundamentais para esta discussão: os brasileiros devem cerca de US$130 bilhões no exterior e o patrimônio líquido das companhias estrangeiras estabelecidas no Brasil deve andar pela casa dos US$200 bilhões. É natural que esses brasileiros devedores, bem como os tesoureiros das filiais de empresas multinacionais, procurem *hedge* para a sua exposição em dólares *em alguma medida*. Em momentos de calmaria essa demanda pode ser quase imperceptível, mas em episódios de nervosismo essa demanda pode chegar a dezenas de bilhões de dólares, resultando em enorme pressão sobre a taxa de câmbio absolutamente desconectada dos fluxos do balanço de pagamentos.

A isso se junta o fato de que a demanda por *hedge* é tanto maior quanto maior for a volatilidade da taxa de câmbio. Portanto, num regime de flutuação cambial a demanda por *hedge* é bem maior do que era quando o câmbio estava aprisionado por bandas.

Pois bem, se as autoridades não oferecem instrumentos de *hedge*, não é o mercado que vai oferecer, e por uma razão muito simples: o mercado é liquidamente devedor em dólares, ou seja, só existe demanda por *hedge*, a oferta é desprezível. Existem poucos ativos em dólares de brasileiros. Se as autoridades não suprirem o mercado de *hedge*, a taxa de câmbio vai acabar pressionada. O nosso BC sabe disso, e mesmo assim adotou nos últimos meses uma política deliberada de renovar apenas parcialmente os títulos com indexação cambial que vinham vencendo. O *hedge* foi ficando escasso, e tudo parecia indicar que era intenção da autoridade monetária fazer subir o dólar, o que, evidentemente, acabou acontecendo. Com o nervosismo nas últimas semanas, o dólar foi para a estratosfera, onde permanece atiçando a inflação.

É difícil entender a disposição da Autoridade Monetária em não usar instrumentos já consagrados de intervenção indireta no mercado de câmbio – como os títulos cambiais e as operações com derivativos. A alternativa que resta, num momento em que cresce a demanda por *hedge*, é a pior de todas: aumento de juros. Podemos ter sorte, e a situação na Argentina melhorar dramaticamente em função da atuação do ministro Domingo Cavallo, e os temores associados à CPI podem se evaporar por completo, de tal sorte que o mercado se acalme sozinho em função das boas notícias. Mas se a demanda por *hedge* continuar no mesmo nível e prevalecer a postura "puro-sangue" no tocante a instrumentos cambiais, vamos acabar tendo muito mais desvalorização cambial, ou mais aumento de juros, e sem necessidade.

(*OESP* e *JB*, 01.04.2001)

NA QUARTA CASA DECIMAL: EQUÍVOCOS SOBRE TRANSPARÊNCIA

Na semana que passou o diretor de Política Monetária do Banco Central foi perguntado, uma vez mais, sobre o uso dos chamados derivativos cambiais de sorte a atender à crescente demanda por hedge. O diretor deu indicações, semelhantes às que o presidente Armínio Fraga forneceu em entrevista recente, de que o BC está, de fato, estudando o assunto e que pode tomar alguma iniciativa nesse terreno. De resto, em outras ponderações filosóficas sobre o mercado de câmbio o diretor perdeu excelente chance de permanecer calado.

Dentre as declarações estava a de que a atuação do BC no mercado futuro de câmbio, feita no âmbito da finada política de bandas, não era "eficiente" e "na forma como foi operado no passado não trouxe transparência, que é uma marca do câmbio flutuante". Perguntado sobre o uso mais intenso de papéis cambiais para aplacar a demanda por *hedge*, o diretor disse que "o mercado tem de entender, e isso nós vamos repetir quantas vezes for necessário, que o câmbio é flutuante e que o BC *só entra na hora que avalia ser necessário*" (da coluna "Direto na Fonte" Sonia Racy, *O Estado de S. Paulo,* de 22.05.2001). Ou seja, não existe regra, apenas a vontade soberana do diretor.

A meu juízo, existem nessas palavras algumas confusões que é necessário apontar. A primeira tem que ver com o mau uso de um conceito inatacável porém cuja tradução na vida prática de um banco central nem sempre é evidente: transparência. Quando tínhamos uma política de "bandas", os pontos de intervenção do BC eram bem conhecidos e, portanto, perfeitamente transparentes, tanto no "pronto" quanto nos futuros. É claro que se existem pontos de intervenção no "pronto", eles têm de existir nos futuros, do contrário o mercado arbitraria contra o "pronto" até o infinito. Todos no mercado sabiam disso, inclusive o diretor, que trabalhava para um banco privado ativo nesse mercado e sabia dos pontos de intervenção nos futuros, bastando olhar o DI Futuro e fazer as contas.

A política de "bandas" podia ter muitos defeitos, mas também tinha algumas virtudes, sobre as quais podemos discutir muitas horas. Falta de transparência porém definitivamente não era o problema. Pelo contrário: o mercado sabia, na quarta casa decimal, quando o BC entraria, fosse no "pronto" ou nos futuros, ou seja, não era como hoje, quando "o BC só entra na hora que avalia ser necessário", para usar as palavras do diretor. Ademais, as intervenções no "pronto", por exemplo, somente se davam através de leilões, enquanto nos dias de hoje, volta e meia, a mesa do BC faz um "corpo a corpo" com operadores mais agressivos fora do ambiente impessoal dos leilões.

Nos mercados futuros, as intervenções ocorriam no pregão de uma bolsa organizada, a Bolsa Mercantil e de Futuros (BM&F), que tinha uma rotina profusa de divulgação de informações sobre volumes negociados e de posições em aberto. Apenas não se dizia qual era o tamanho da posição de nenhum participante individual, incluso o BC. Este, porém, tinha sua lógica de atuação muito bem conhecida, o que não se sabia era o tamanho de sua posição, como também não se publicava a posição de nenhum banco privado. Não acho que fosse de interesse do BC comunicar sua posição ao mercado, pois um BC "transparente" não precisa publicar absolutamente tudo que faz, o que, com freqüência, pode prejudicar sua própria atuação. Não vejo motivo, por exemplo, para que se publique quem está no redesconto, ou quais são os números do BC para o patrimônio líquido "ajustado" para os bancos privados, ou públicos, em funcionamento. O BC maneja muitas informações sensíveis.

Acho que, neste ponto, o diretor parece cair numa armadilha retórica que, certa vez, produziu uma curiosa sugestão do senador Eduardo Suplicy, a de se transmitir pela televisão, ao vivo, a reunião do Copom. Por que limitar a "transparência" do Copom a uma ata com linguagem gasosa publicada uma semana ou um mês depois? O diretor sabe que as reuniões do Copom são gravadas: por que não disponibilizar a íntegra das gravações? E por que não fazer o mesmo também para as reuniões do Conselho Monetário Nacional e da Diretoria do BC? Não seria mais "transparente"? As sessões plenárias do Congresso, e também das comissões, não são transmitidas pela TV Senado e pela TV Câmara, por que não deveríamos ter uma "TV Executivo", que transmitisse as reuniões importantes do BC e do Ministério da Fazenda? Alternativamente, por que não permitir que essas reuniões tenham "observadores" da sociedade civil, do Poder Legislativo ou de organizações não-governamentais?

Como se vê, é fácil construir sofismas com a noção de transparência, como fez o diretor. O fato é que fazia muito bem à BM&F que o BC lá operasse. O mercado tinha credibilidade e os agentes da economia real podiam obter *hedge* sem temores quanto à solidez da contraparte. A previsibilidade era, sem dúvida, uma virtude de um regime cambial com mais rigidez e mais clareza sobre o pensamento do BC. De todo jeito, a evolução natural da atuação do BC na BM&F era o lançamento de um programa de venda, em leilão, de opções de compra e de venda de câmbio, que o BC já tinha pronto para lançar em fins de 1998. Programa semelhante existe no México, por exemplo, sem nenhum prejuízo conceitual e prático para o regime de flutuação cambial. Ou seja, não há incompatibilidade nenhuma entre flutuação cambial e o uso de derivativos e títulos com indexação cambial para refrear exageros do mercado, como sugere o diretor.

Todos estão incomodados com o tamanho da desvalorização do real, que não guarda nenhuma relação com "fundamentos" do setor externo, o que, infelizmente, não significa que o câmbio deverá voltar, por gravidade, para os níveis "corretos" determinados pelas regras seculares de paridade de poder de compra. Em regimes de flutuação o afastamento desses níveis "corretos" pode ser muito duradouro e doloroso. Tanto que um outro diretor do BC, que conhece bem a literatura acadêmica sobre regimes cambiais e seus problemas, o professor Ilan Goldfajn, disse certa vez, com propriedade, que o "câmbio flutuante é muito bom quando não flutua".

(*OESP*, 10.06.2001)

SOBRE CÂMBIO, DOGMATISMO E MESTIÇAGEM

A discussão sobre o regime de câmbio ideal, se flutuante, limpo, sujo, fixo, conversível, rastejante, indexado, duplo, múltiplo, com bandas, opções, controles e o que mais se imagine, é antiga, técnica e apaixonante. A experiência brasileira sempre esteve um tanto distante dos grandes debates sobre o tema no mundo acadêmico anglo-saxão. O motivo é o de sempre: éramos, e em boa medida ainda somos, um caso meio especial. Aqui se inventou nos anos 1960, por exemplo, um regime que os economistas estrangeiros apelidaram de "*crawling peg*"; traduzido ao pé da letra seria algo como uma "ligação rastejante"(com o dólar). Aqui no Brasil a nomenclatura era "regime de minidesvalorizações". Na verdade, era uma jabuticaba: não era fixo nem flutuante, mas "fixo-móvel", ou "indexado", ou seja, um regime mestiço nascido numa região de clima meio diferente, filho de teorias do Hemisfério norte e circunstâncias do Hemisfério Sul. A mestiçagem era o retrato do pragmatismo brasileiro, do nosso jeitinho, muito bem sucedido nesse caso.

As "minidesvalorizações", sem bandas, existiram até julho de 1994, quando a URV se transformou em Real e adotou-se o regime cambial que temos hoje, o de flutuação cambial. Os vínculos financeiros do

Brasil com o exterior haviam se enriquecido, a globalização avançado, de tal sorte que era preciso adaptar nosso regime cambial a uma nova realidade. Assim foi feito, e o curioso a observar é que a adoção da flutuação, naquela ocasião, esteve muito longe de ser um sucesso de público. Quem observa o consenso hoje existente em torno das virtudes da flutuação – consenso um tanto mais magrinho, digamos assim, mercê dos eventos recentes – não pode deixar de enxergar um paradoxo no fato de esse regime ter tido quase que apenas detratores quando foi adotado em 1994.

O fato é que a experiência de flutuação em 1994, ainda que fundamental para o sucesso do Plano Real, gerou tensões que levaram as autoridades a evoluir da flutuação para o "regime de bandas" na medida em que foi preciso intervir para evitar "excessos", uma, duas, várias vezes. E a intervenção requer lógica, sob pena de enlouquecer o mercado e os participantes da economia real cujo sustento depende da taxa de câmbio. Do método criou-se um sistema, e naturalmente, em resposta a condições específicas, nasceu um segundo mestiço, filho do outro, já idoso e cansado. A nova criança seria batizada de "*crawling bands*" ("bandas rastejantes", ou talvez "bandas móveis") pelo mesmo economista – o professor John Williamson –, que coordenou um seminário internacional que se tornou famoso, realizado no Rio em 1980, onde, segundo reza a lenda, a expressão "*crawling peg*" foi cunhada.

Em tempos recentes, todavia, o mundo acadêmico e oficial anglo-saxão desenvolveu uma forte aversão aos regimes mestiços, possivelmente em virtude do trauma da Crise da Ásia. O novo mantra era que os países deviam escolher regimes polares: flutuação "ariana" ou "caixas de conversão"(*currency boards*) como na Argentina. Todo e qualquer regime intermediário era pecaminoso e fadado a degenerar. O sincretismo estava condenado.

Na prática, contudo, verificou-se curioso fenômeno: afora as três moedas internacionais de reserva (Dólar, Euro e Iene), e a despeito de declarações em contrário, em toda parte observava-se a mestiçagem, embora raramente declarada, e sempre envolta em grandes pudores. O fato é que a intervenção é tão contumaz que a volatilidade das moedas "de segunda" revela-se, na prática, inferior à das moedas "de primeira". O economista Guilhermo Calvo, uma autoridade no assunto, e "ariano" nas suas preferências cambiais, descreveu o fenômeno como "o medo de flutuar" (*fear of floating*), como se fosse uma falha de caráter que impede os BCs da periferia de deixar o câmbio ir para onde tem que ir.

Mas o fato é que existem bons motivos para ter medo, pois a flutuação pode produzir desvios grandes e duradouros dos níveis "razoáveis" da taxa de câmbio. Quando o Real fica subvalorizado (o contrário de "defasado") em 40%, por exemplo, ficamos na mesma situação de um país que está com o câmbio "certo" e impõe uma tarifa de importação de 40%. Um absurdo, não? As distorções assim provocadas são óbvias e imensas, e pior: o efeito sobre as exportações é pequeno, pois não há exportador que ache que o câmbio a R$2,50 veio para ficar. As perdas para quem deve em dólares, a começar pela Viúva, são também óbvias e imensas. Como fomos deixar acontecer uma coisa dessas?

É claro que o Banco Central agiu corretamente em interromper os "excessos", e foi merecidamente aplaudido por isso. Mas teve de engolir muitas das máximas de "arianismo cambial" que andou soltando nos últimos meses.

É de se esperar que a experiência desta semana tenha mostrado que o dogmatismo associado à "flutuação ariana" nos levou a um tumulto desnecessário, cujo custo mais evidente é uma mudança, desnecessária e dolorosa, na política monetária. O sacrifício será tanto mais breve quanto mais eficaz for a atuação do BC nas próximas semanas.

(*OESP*, 24.06.2001)

Derivativos e risco sistêmico

O brasileiro médio não sabe, o americano médio também não, e na verdade pouquíssima gente sabe dizer exatamente o que são "derivativos". Não há exagero em dizer que representam uma das mais importantes inovações financeiras dos últimos dois séculos, ou seja, estamos falando de uma verdadeira revolução, que começa a se fazer sentir em meados dos anos 1980, mas que desabrocha no Brasil apenas quando termina a hiperinflação.

Por isso é tão importante o debate ora em andamento sobre se o Banco Central deve ou não utilizar essas criaturas para amenizar as flutuações do câmbio. A causa é nobre, a desvalorização está machucando muita gente inocente, e não há muito conforto quanto ao uso das reservas internacionais para as intervenções estabilizadoras "lineares" anunciadas pelo BC. Há opiniões um tanto emocionais sobre o uso de títulos com indexação cambial em substituição aos títulos indexados ao *overnight*, e também sobre derivativos, possivelmente porque as pessoas estão misturando indevidamente a discussão sobre a utilidade dos derivativos com a sempre contenciosa querela sobre regimes cambiais. Assim sendo, vamos enunciar o problema em termos neutros: deve o BC atuar em derivativos cambiais a fim de melhorar o funcionamento do regime de flutuação cambial que temos?

A pergunta deve ser feita a despeito do fato de essas atuações terem sido vedadas pelo nosso acordo com o FMI quando este foi reescrito após a desvalorização de 1999. As autoridades já acenaram diversas vezes que poderiam utilizar derivativos, e raramente se manifestam no sentido de defender o que está consagrado no acordo. Numa dessas raras manifestações, o diretor Ilan Goldfajn, todavia, opinou cautelosamente, mas numa direção essencialmente semelhante ao que fez o economista José Alexandre Scheinkman mais recentemente.

Todos concordam que o Estado não deve absorver riscos privados, cambiais no caso, *sem remuneração ou contrapartida*. Todavia, como muito bem assinalou o ex-presidente do BC, dr. Gustavo Loyola, em belíssimo artigo no *Estadão* ("As vítimas da seca e o *hedge* cambial", 29.07.2001), o Estado deve oferecer o "seguro", ou melhor, o *hedge* que o mercado está pedindo, bastando, para atender a Goldfajn e Scheinkman, que cobre um prêmio por isso, como fazem as companhias de seguro, que, como se sabe, não são instituições de caridade.

Mas por que o Estado deve suprir esse "seguro"? Por que o Estado oferece financiamento agrícola com "equivalência produto", absorvendo risco de preço? Por que o Estado vende títulos indexados ao *overnight* implicitamente oferecendo *hedge* contra flutuações nas taxas de juros? Por que a nossa Constituição manda, e muitos países oferecem seguros para os depósitos bancários?

Quando o Estado absorve riscos privados que o setor privado não é capaz de absorver a preços razoáveis, a justificativa é semelhante à que já se tornou clássica no caso do papel do BC como "emprestador de última instância": um risco de natureza sistêmica, ou ao menos setorial, de graves conseqüências. A Lavoura Nacional ou o Sistema Bancário são beneficiados por políticas através das quais o Estado absorve parte dos riscos de suas atividades, pois os custos de um "sinistro" são altos demais para a Sociedade como um todo, não apenas para o setor. É disso que estamos falando quando falamos da necessidade de o Estado fornecer "*hedge* cambial"?

Para entender o problema, vamos a um exemplo numérico e plausível: uma empresa deve US$100 milhões no exterior e nada a bancos locais, de tal sorte que, quando o câmbio estava em R$1,85, o passivo exigível da empresa era de R$185 milhões. Se essa empresa tivesse, na mesma data, ativos totais no valor de R$250 milhões, seu patrimônio líquido, ativo menos passivo, seria de exatos R$65 milhões. Pois bem, o que acontece com esse patrimônio se ocorre uma desvalorização cambial de 35%, ou seja, se o câmbio vai para R$2,50? Resposta: o valor em reais da dívida no exterior sobe para R$250 milhões e o patrimônio líquido cai para exatamente zero. Como nota de rodapé, lembrar que esse mesmo balanço, em dezembro de 1998, mostraria uma empresa com um PL de R$128 milhões.

Nesse exemplo, com o câmbio a R$2,50, a empresa está patrimonialmente quebrada, embora possa estar funcionando com geração de caixa positiva e pagando suas contas normalmente. O problema patrimonial, com o tempo e os desembolsos do serviço da dívida, vai se transformando em um problema de caixa, ou seja, os prejuízos decorrentes do aumento da dívida, quando pagos os juros e amortizações, vão consumir todo o seu capital.

Se fosse banco, a empresa do exemplo teria de ser liquidada pelo Banco Central imediatamente, ou seja, bem antes de o problema se manifestar no caixa. Em razão disso, os bancos são muito cautelosos e procuram o "casamento" de ativos e passivos dentro da mesma classe de indexadores, o que é muito difícil de fazer nas empresas não-financeiras, nas quais é muito comum a "exposição ao risco de desvalorização", que é exatamente a situação ilustrada no exemplo. Na verdade, o tal "*hedge* cambial" é uma designação genérica para diversos tipos de produtos financeiros, geralmente envolvendo derivativos (opções, *swaps*, travas etc.) cuja única finalidade é exatamente mitigar esses riscos.

Pois bem, qual o tamanho da destruição de riqueza e do depreciamento patrimonial no setor privado provocado pela caminhada do câmbio até R$2,50? Que conseqüências isso terá para a sobrevivência das empresas brasileiras endividadas em dólares? O que ocorrerá com as carteiras de empréstimos dos bancos por conta de empréstimos no exterior e *leasing* com indexação cambial? Que empresas terão o privilégio de um balanço com "casamento" de indexadores?

Para as autoridades deve ser evidente que a disparada do câmbio está encomendando problemas muito sérios para o futuro, e cuja solução pode vir a ser muito mais cara do que o custo de um programa decente de fornecimento de *hedge* e conseqüente redução da taxa de câmbio a níveis razoáveis.

(*OESP*, 05.08.2001)

Regulamentação cambial, controles, o *black* e as CC5

A CONVERSIBILIDADE DA CONTA CORRENTE

Dentre as diversas atribuições do FMI está a de zelar para que seus membros adotem boas condutas no plano cambial, mais ou menos da mesma forma que a OMC procura atuar no domínio do comércio internacional: as práticas restritivas mais primitivas são proibidas, mas algumas outras, mais sofisticadas, ou mais bem justificadas, são admissíveis conforme as circunstâncias.

Dentre os propósitos estatutários do FMI está o de promover um sistema multilateral de pagamentos, ou de zelar para que as moedas de seus membros tenham mais e mais aceitabilidade internacional, pois, com isso, promove-se o comércio de bens e serviços. Assim sendo, desde a sua fundação em 1946, os países que entram para a organização têm de assumir determinados compromissos, e alguns dos mais importantes são aqueles do famoso Artigo VIII, que veda genericamente as restrições aos pagamentos feitos em transações em conta corrente.

Trata-se aí de *impedimentos de natureza cambial* ao comércio de bens e serviços, como, por exemplo, a prática de taxas de câmbio específicas (geralmente piores), depósitos prévios, ou compulsórios, e impostos específicos sobre as operações cambiais referentes a importações, gastos de viajantes, dividendos, fretes e outras importações de serviços, os chamados "invisíveis". No tocante às importações, por exemplo, não há aí nenhuma superposição com a disciplina das tarifas admitidas e reguladas pela OMC, mas de restrições *aos pagamentos,* ou referentes às *operações de câmbio para o pagamento* das importações.

Note-se que os dispositivos referentes a financiamentos às importações nem sempre são considerados restrições que ferem o Artigo VIII, pois, dependendo de como são construídos, incidem sobre uma transação financeira que, por sua vez, pertence à conta de capitais e está fora do alcance do Artigo VIII. No caso recente da nossa MP 1569, que estabeleceu algumas regras acerca de financiamento de importações, a OMC entendeu que não havia na medida uma restrição comercial, mas uma que afetava a movimentação de capitais, portanto, matéria fora de sua alçada. Segue-se, portanto, *et pour cause*, que a MP 1569 não fere o Artigo VIII.

O FMI entende que o Artigo VIII veda os regimes de câmbio múltiplo, como chegamos a ter nos anos 1950, e os acordos de pagamentos envolvendo "moeda de convênio", como os antigos acordos de compensação com os países do Leste europeu. O Brasil já extinguiu todos os antigos convênios com esses países, os quais, aliás, já adotaram quase todos a disciplina do Artigo VIII. O velho comércio de balcão (o *countertrade*), típico da Cortina de Ferro, perdeu quase toda a sua importância. Hoje, o Brasil tem apenas os Convênios de Créditos Recíprocos (CCRs), no âmbito da ALADI (Associação Latino-Americana de Livre Comércio), que são liquidados periodicamente em moeda conversível, e o FMI entende que são plenamente compatíveis com o Artigo VIII. Na verdade, depois da unificação cambial (a extinção recente do mercado de câmbio de taxas flutuantes), eliminamos o que, aos olhos dos advogados do FMI, por muitos anos, era o principal obstáculo à nossa adesão ao Artigo VIII. Um outro obstáculo, os IOFs sobre importações de serviços, foi zerado nos últimos anos, com exceção dos 2% que incidem sobre os gastos de viajantes no exterior feitos com cartão de crédito. Se é só isso que falta, devemos então declarar que aceitamos a disciplina do Artigo VIII?

É interessante notar que os estatutos do FMI aceitam (no Artigo XIV) que um país não adote inteiramente as regras do Artigo VIII no momento de sua entrada no organismo, podendo assim manter restrições vedadas pelo Artigo VIII desde que preexistentes e apenas temporariamente, enquanto perdurarem as dificuldades de balanço de pagamentos que, presumivelmente, teriam dado origem a essas medidas. Pois bem, o Brasil está no Artigo XIV *desde 1946*, quando entramos no FMI. *Somos membros fundadores, e temos dificuldades temporárias de balanço de pagamentos há quase meio século.* Dos 178 membros do FMI, cerca de 140 já adotaram o Artigo VIII. As exceções são, além de nós, Rússia, China, Irã, Iraque, Colômbia e diversos países africanos.

É de se notar que o tipo de restrição vedada pelo Artigo VIII de fato vem caindo em desuso, principalmente por uma razão muito prática: esse tipo de restrição tem pouca importância num mundo em que é na conta de capitais que a maior parte dos problemas tem origem. As restrições ao comércio de bens e especialmente de serviços têm pouca utilidade nesse contexto. Note-se também que a disciplina do Artigo VIII nem por um minuto deve ser confundida com "conversibilidade da conta de capitais", nem tampouco significa abster-se de restringir, controlar ou monitorar movimentações de capitais. Na reunião anual do FMI de 1997, em Hong Kong, alguns países puseram em discussão uma proposta de emenda aos estatutos do FMI nessa direção: a de que o FMI deveria promover – mas não obrigar – a conversibilidade da conta de capitais. A posição brasileira foi fortemente contrária, e conquistou muitas adesões. Era uma má idéia, e a crise da Ásia, que naquele momento começava a se desenvolver, viria a sepultá-la com todas as honras.

Já a conversibilidade em conta corrente, ou seja, a disciplina do Artigo VIII, era algo que as autoridades brasileiras tinham e continuam tendo dificuldades em explicar nossas objeções. Dentre os países que não adotam essa disciplina a explicação mais comum é a necessidade de se manter um mercado de câmbio mais "desregulado" para transações de origem não muito ortodoxa: nesses casos, o câmbio "dual" serve como uma forma velada de tributar esse tipo de dinheiro. Não é bem o nosso caso.

Os perigos para um país como o nosso não estão no Artigo VIII, mas na conversibilidade, ou na inexistência de restrições, nas transações da conta de capitais. É preciso que o país preserve a sua capacidade de fixar prazos mínimos e monitorar taxas de juros (a fim de evitar "operações fiscais") para empréstimos em geral e a faculdade de tributar certos tipos de entradas de capitais. Restrições sobre as saídas não são aconselháveis, mas podem ser feitas quando conhecidas *ex ante* pelos emprestadores ou investidores. No nosso caso, as transações que implicam registro no BC, na forma da Lei 4131, admitem a repatriação apenas até o limite da entrada original e juros, o que não é uma regra má. Não devemos abrir mão dessa arquitetura básica da Lei 4131, que está bastante bem consolidada e precisa de ajustes apenas nos detalhes. A lei é suficientemente flexível para acomodar o chamado Anexo IV (investimentos em bolsas de valores, feitos e desfeitos com grande agilidade), e com o registro declaratório eletrônico (RDE) plenamente instalado, todo o processo de registro de capitais estrangeiros, e respectivas autorizações, poderá ser feito *on line* em questão de minutos.

No Brasil, os exportadores são obrigados a fechar câmbio, ou seja, a vender a moeda estrangeira ao BC ou a quem ele autorize (vale dizer, no mercado de câmbio doméstico), e isso, volta e meia, aparece como um dispositivo a ser repensado. Não acho que faça sentido abrir mão dessa regra, sem a qual o exportador poderia manter a moeda estrangeira no exterior, e, com isso, combinar uma exportação com uma "fuga" de capital. É curioso que, recentemente, um famoso economista norte-americano tenha sugerido essa regra, além de algo que se parece com a lógica da Lei 4131, como uma "mudança radical" nos regimes cambiais de países emergentes e que resultaria em prevenir ataques especulativos. O termo utilizado para designar essas regras foi "controle cambial". Muita gente que não gosta do título do filme reagiu firmemente na direção contrária. O fato é que, aqui no Brasil, a Lei 4131 é de 1962 (com algumas alterações de 1964), e o decreto que exige cobertura cambial para as exportações existe desde 1933.

Por último, registre-se que a adoção do Artigo VIII não traz nenhuma implicação no tocante à política cambial. Taxas inteiramente flexíveis, ou fixas, ou qualquer regime mestiço, pode conviver indistintamente com a disciplina do Artigo VIII. A questão aí é de amadurecimento institucional. Acho que já está mais que na hora.[4]

(*OESP*, 14.03.1999)

PEQUENA HISTÓRIA DO CÂMBIO NO BRASIL (1)

A história da política cambial no Brasil, tomando como ponto de partida a chegada de dom João VI, tem três períodos distintos. O primeiro, da fundação do primeiro Banco do Brasil em 1808 à Crise de 1929, corresponde à época em que as nações civilizadas deviam manter paridades fixas com relação ao ouro, mas apenas as mais ricas conseguiam. Durante esses 120 anos, acabamos ficando muito pouco tempo regidos por taxas fixas, apesar de grandes esforços nessa direção. Foram infindáveis os debates sobre o assunto: de um lado estavam os chamados "papelistas", que enxergavam no balanço de pagamentos a origem dos nossos problemas cambiais, e de outro, os "metalistas", que viam no déficit fiscal e no excesso de emissões de moeda as razões para a crônica fraqueza da moeda nacional. Certamente há muito o que aprender em reler essas tertúlias: Pandiá Calógeras e Antonio Carlos Andrada do lado metalista, e Rui Barbosa e Vieira Souto do lado oposto, são particularmente recomendados.

---

[4] Observação sobre o que se passou posteriormente: como desdobramento do próprio acordo com o FMI, e depois de discretíssimas negociações, o governo brasileiro, em 30.11.1999, escreveu ao FMI aceitando a disciplina do Artigo VIII.

Significativamente, todos emprestaram seus nomes a logradouros públicos no Rio de Janeiro.

Depois de 1929, na medida em que avançava o processo de desintegração da economia internacional, uma nova fase se inicia no tocante à política cambial no Brasil e alhures, cuja característica principal eram os controles cambiais. De 1929 até os anos 1970, o Brasil experimentou toda sorte de artificialismo cambial: taxas oficiais fixas, monopólio cambial para o Banco do Brasil com "câmbio negro" tolerado, câmbios múltiplos, com quotas ou com leilões, registro para entradas, impostos sobre operações de câmbio, limites a certas operações, depósitos prévios, prazos mínimos ou máximos, indexação cambial no "oficial", tudo o que o leitor puder imaginar em matéria de controles e intervenções pode ser encontrado nesses anos. Um verdadeiro Kama Sutra cambial.

As discussões doutrinárias se perderam, pois este era um mundo em situação excepcional – guerras, depressões, reconstruções – regido por homens pragmáticos e pouco dados a doutrinas. Controles e políticas mercantilistas existiam em toda parte, e aqui no Brasil até que se produziu muita teoria sobre como se comportar num mundo em decomposição. Nossos "papelistas" se tornaram "estruturalistas", gente que enxergava razões "estruturais" para a inflação, para os problemas de balanço de pagamentos e para a fraqueza da moeda. O papel-moeda inconversível, que tanto fascinara os "papelistas", se tornou uma realidade incontornável e ensejou imensas possibilidades para governos voluntaristas. Aqui como em muitos outros países, usamos e abusamos das emissões de moeda, vale dizer, da inflação, para alavancar o desenvolvimento. Os "estruturalistas" lavavam suas mãos quanto às conseqüências nefastas da inflação, sempre desancadas pelos "monetaristas", os quais não encontravam muita audiência para suas pregações nesses anos.

A era dos controles cambiais começa a terminar quando a Europa vai retornando à conversibilidade e os EUA deixam oficialmente o padrão ouro em 1971. O Brasil, todavia, teria de esperar passar a crise da dívida externa nos anos 1980 para começar um processo de liberalização cambial que, na verdade, ainda está em pleno andamento. De fato, tudo se passa como se trabalhássemos com um mundo hostil, e numa situação de economia fechada, em que políticas inflacionistas tinham apenas conseqüências distributivas.

Quando o Brasil começa a se livrar dos efeitos da crise dos anos 1980, fica claro que uma nova realidade se apresenta no tocante às nossas relações com o resto do mundo. Talvez a hiperinflação tenha prolongado ainda um pouco mais a sensação de que o Brasil era uma economia "fechada", ou de "proporções continentais", e que podia manter isoladas suas políticas macroeconômicas de seus impactos no balanço de pagamentos. A nova realidade de globalização e do Plano Real parecia uma revolução apenas para quem não atinasse para as tendências que já vinham se avolumando há tempos. A liberdade comercial e cambial avançou de mansinho durante muitos anos, e não teve tantos impulsos radicais a partir de 1993. Seus efeitos, todavia, puderam ser vistos com muito mais clareza apenas depois da estabilização.

O Plano Real se inicia – é bom recordar – com um regime de taxas de câmbio flutuantes, e com muito esforço em explicar que o câmbio não era mais uma tarifa pública e que tinha de ser determinado em mercado. A flutuação era mitigada, como, aliás, continua sendo, pois não se podia, como não se pode hoje, fazer uma transição muito súbita da Era dos Controles para um regime de flutuação puro-sangue com plena conversibilidade na conta de capitais e reservas internacionais iguais a zero, como na Nova Zelândia. E não acho que haja clareza de que este seja o regime ideal para o Brasil na Era da Globalização. A esse respeito, num seminário recente sobre a política cambial no Brasil nos últimos anos, o professor John Williamson, inglês de nascimento e que aqui lecionou durante muitos anos, saiu-se com uma observação muito interessante: ele disse que a conversibilidade da conta de capitais no Brasil faria sentido para nós no dia em que alguém como Tony Blair fosse o líder da oposição no Brasil. De fato, se o nosso espectro político em matéria econômica fosse largo como o que separa democratas e republicanos nos EUA, e não tivéssemos, a cada quatro anos, que considerar a possibilidade de tentar reinventar todos os paradigmas de política econômica do mundo ocidental, então as escolhas seriam mais fáceis no terreno do regime cambial. Enquanto não chegamos nesse estágio, a terceira fase da nossa história da política cambial não pode ir muito além de uma "adaptação" ou de uma liberalização gradual.

(*OESP* e *JB*, 23.04.2000)

Pequena história do câmbio no Brasil (2)

No artigo anterior pode ter ficado a impressão de que as escolhas feitas no terreno cambial foram resultado de considerações doutrinárias tendo em vista condições externas das quais era impossível escapar. É claro que muito pode ser explicado a partir desses fatores, mas não tudo.

Ficou faltando falar da questão política e distributiva. A taxa de câmbio é um preço-chave não apenas para estabelecer o grau de proteção contra importados e a lucratividade da exportação, mas também para determinar o poder de compra do trabalhador. Moeda forte significa salários reais elevados, o que agrada ao trabalhador, ao consumidor e à classe média, mas o mesmo não vale nas indústrias menos competitivas, nas quais as margens e o emprego são comprimidos.

Em capítulos que se tornaram clássicos sobre o modo como funcionava a economia brasileira durante o tempo em que lutávamos para aderir ao padrão ouro, Celso Furtado descreveu com grande precisão um mecanismo a que ele denominou "socialização das perdas" e que vinha acompanhado de outra síndrome nacional, a da "privatização dos ganhos". Funcionava assim: na fase ascendente do ciclo de preços do café, as exportações cresciam e o câmbio tendia a apreciar (valorizar). Em função disso, os barões do café tendiam a se aliar à turma do padrão ouro de forma a fixar a taxa de câmbio antes que valorizasse muito e deprimisse demais os ganhos dos exportadores. Na fase descendente, a aliança era desfeita: em vez de defender a paridade, o baronato preferia desvalorizar (deixar a moeda flutuar para baixo), ocasionando inflação e perda de poder de compra dos salários. Dessa maneira, como dizia Furtado, a desvalorização da moeda "socializava os custos" do ajustamento do setor cafeeiro ao tamanho que fazia sentido econômico.

Curiosamente, na crise, o baronato acabava ganhando com a desvalorização mais do que perdia com o estreitamento dos mercados para o café. Portanto, os ganhos da fase boa eram privatizados porque o câmbio não podia flutuar para cima, e as perdas eram de todos, porque o Brasil era o café. Os barões ganhavam na subida e na descida.

Se a descrição furtadiana é correta, o câmbio era um instrumento cuja utilização era sempre no sentido da concentração de renda, ou seja, sempre a favor da elite cafeeira e contra o resto da população, inclusive industriais. Já na era dos controles cambiais, iniciada em 1929, as coisas começam a funcionar de modo diferente. A indústria se torna mais poderosa e o café perde importância. Era como se os importadores ficassem mais importantes que os exportadores e, portanto, a política da taxa de câmbio mudasse substancialmente.

É interessante notar que a indústria tinha demandas conflitantes sobre o câmbio: precisava de um dólar barato para importar insumos e máquinas, mas de um dólar caro (ou de uma tarifa alta, ou mesmo uma proibição) para os produtos importados concorrentes. Dentro de um regime de controles cambiais as coisas acabavam se arranjando por meio de um regime de câmbios múltiplos: para as importações "essenciais", valia o mercado oficial, com o dólar bem baratinho. Para as exportações não tão meritórias ("gravosas", como se dizia), um câmbio mais ou menos. E para as exportações de verdade, um câmbio "livre", mais favorecido. As importações "supérfluas" eram proibidas, ou tinham de ser cursadas no dólar mais caro que houvesse.

O Estado tentava, portanto, avaliar o mérito de cada transação e punir, ou estimular, cada uma delas por meio da taxa de câmbio. Era uma época em que o controle de preços, o acesso ao financiamento, a autorização para investir, tudo estava nas mãos do Estado. O câmbio múltiplo, administrado e inconversível era o sistema ideal da economia planificada.

Mais adiante, na fase de liberalização, a "política industrial" já tinha se tornado um exercício de pilhagem do Estado, e o uso da taxa de câmbio para produzir transferências de renda aos amigos do governo foi desaparecendo. Os diferentes mercados de câmbio foram se unificando. Foram acabando os impostos sobre transações cambiais, o "dólar-convênio", o "dólar-turismo", depois transformado em "mercado de câmbio de taxas flutuantes". O elemento fundamental a determinar a taxa de câmbio passa a ser o mercado, que se revela implacável na sua avaliação sobre os "fundamentos macroeconômicos" da economia. Quando o mercado acredita no governo, a moeda se fortalece, os salários sobem, e o país consegue viver até mesmo além de seus próprios meios. Quando o governo perde credibilidade, a confiança no futuro deixa de existir, a moeda enfraquece e o País fica mais pobre. A riqueza, e o valor da moeda, tem tudo a ver com confiança. No mundo de hoje, não há uma taxa de câmbio "correta", desvinculada do que pretendemos fazer com a nossa economia, e em particular com as finanças públicas.

Nesse contexto, por razões óbvias, os trabalhadores e a classe média tendem a preferir a moeda forte, e a apoiar os programas que permitem que a moeda fique forte. De acordo com esse raciocínio, muito pouca gente vai apoiar programas (de irresponsabilidade fiscal ou de megadesvalorizações, por exemplo) que implicam moeda fraca e salários baixos. Mas as minorias vão sempre dizer que a moeda forte é um "artificialismo de fins eleitorais" ou "populismo". Em tempo, a mudança rápida e avassaladora nos níveis de aprovação do governo seguindo-se à megadesvalorização de 1999 parece apoiar a hipótese de que, ao fazer a vontade das minorias, o governo perdeu a maioria.

(*OESP* e *JB*, 30.04.2000)

CONTROLES CAMBIAIS (1): O PODER DISCRICIONÁRIO DO BANCO CENTRAL

De longe, a maior dificuldade em se modificar o regime cambial brasileiro do paradigma de controles e de burocracia para outro de liberdade e determinação em mercado das taxas de câmbio são os hábitos arraigados dentro do Banco Central. Não estamos aqui tratando do regime de intervenção da autoridade monetária no mercado, mas da regulamentação e da interpretação da legislação. Se o regime é muito restritivo, praticamente não há mercado, e a taxa de câmbio fica sendo o resultado de decisões administrativas sobre a legitimidade de diferentes tipos de operações.

Em síntese, uma vez que a legislação confere enorme poder discricionário ao BC, o grau de "aperto" no sistema vai depender, dentro dos limites da lei, é claro, das percepções e da dinâmica interna dos vários departamentos dentro do BC.

Com efeito, a regulamentação cambial, dentro do Banco Central, é "departamentalizada". O controle cambial é dividido entre dois grandes departamentos, o Firce (Departamento de Fiscalização e Registro de Capitais Estrangeiros), cuja fundação, inclusive, é anterior ao próprio Banco Central, e o Decam (Departamento de Câmbio). A divisão de trabalho é simples: o Firce cuida das operações que têm prazo superior a um ano e, portanto, estão sujeitas a "registro" nos termos da Lei 4.131/62 e o Decam cuida do "curto prazo".[5]

Um terceiro departamento do BC, o Depin (Departamento de Operações das Reservas Internacionais), é o que cuida da política cambial, ou seja, das intervenções da autoridade monetária nos mercados de câmbio. É curioso que sua denominação não indique tal coisa. Na verdade, temos aí uma interessante indicação no sentido de que

---

[5] Posteriormente os dois departamentos forma fundidos no Decec, Departamento de Câmbio e Capitais Estrangeiros.

esse departamento tinha pouco o que fazer no passado, seja porque não tínhamos reservas, seja porque eram tantas as proibições que não havia um "mercado" em que se pudesse trabalhar e a taxa de câmbio era uma decisão administrativa.

É interessante notar que a legislação cambial é suficientemente vaga ou, se preferirem, bem escrita, para que a ela se possa dar interpretações extremamente restritivas, ou no sentido exatamente oposto, conforme a conveniência do momento. Temos hoje rigorosamente a mesma legislação de 20 ou 30 anos atrás, apenas mudaram as formas de se aplicar os dispositivos da lei, e o regime, na prática, tornou-se bastante mais liberal. Sempre se imaginou que uma nova legislação consolidadora pudesse simplificar e atualizar nossa complexa legislação cambial, não apenas à luz das mudanças no relacionamento do Brasil com o exterior, mas em função das alterações na legislação monetária introduzidas pelo Plano Real.

Na verdade, vários ensaios de uma nova lei foram escritos para o que seria a quarta peça legislativa para completar a constituição monetária do país. Tivemos a MP 434/94, depois Lei 8880/94 criando a URV e o Real e dispondo sobre conversão de obrigações pecuniárias; a MP 542/94 depois Lei 9069/95 modificando o CMN e outros dispositivos relativos à moeda e finalizando a conversão de obrigações em Real; e a "MP da desindexação", MP 1053/95 na origem, agora a MP1950 na sua 64ª reedição, posteriormente Lei 10192/01, que tratava de normas contratuais na plena vigência de uma filosofia "nominalista" na constituição de obrigações em moeda nacional.

Uma quarta medida, jamais proposta, seria a que disporia sobre relações entre a moeda nacional e a estrangeira, possivelmente consolidando o Decreto-lei 857/69, a Lei 4131/62, bem como alguns dispositivos isolados, como o Decreto-Lei 23.501, de 1993, que ainda serve de base para a apenação do sub (super) faturamento de exportações (importações), e o Decreto 55.762/65, que está na base das contas CC5 tal como funcionam hoje. Muitas Resoluções do CMN, aprovadas ao amparo da Lei 4595, poderiam ganhar *status* de lei. Tudo isso poderia ser arrumado de uma forma elegante e moderna. O problema é que, se tal coisa for proposta como projeto de lei, não há garantia sobre o que poderá sair aprovado do Congresso. E fazer por medida provisória é difícil, pois não há como defender que existe o requisito constitucional da urgência, pois afinal toda essa legislação é muito antiga. Por que, subitamente, se teria tornado urgente?

Assim sendo, a intensidade dos controles cambiais depende fundamentalmente de quem está pilotando o BC e o CMN. Se os ventos mudam, e um governo simpático a controles cambiais for eleito em 2002, tudo poderá mudar sem que uma linha de legislação precise ser alterada. Para muitos, isso é uma virtude do nosso regime; para outros, um risco inaceitável.

(Boletim Tendências, 26.06.2000)

CONTROLES CAMBIAIS (2): POR DENTRO DO BANCO CENTRAL

No artigo anterior, sobre controles cambiais, argumentamos que a legislação brasileira sobre o assunto é velha e possui uma virtude inconteste das leis velhas: tanto permite políticas extremamente liberais como na direção oposta, dependendo da autoridade a executá-la e da conveniência do momento.

Nos últimos anos, o trabalho de liberalização cambial foi quase inteiramente infralegal. Toda a base para o crescimento do mercado do "dólar-turismo", sua evolução para o "mercado de câmbio de taxas flutuantes", a nova definição para as contas em reais tituladas por não-residentes (as famosas CC5), bem como as alterações em dispositivos como "posição de câmbio", a criação do mercado interbancário de câmbio e as diversas aplicações do Registro Declaratório Eletrônico foram circulares e, no máximo, Resoluções do CMN. Praticamente nada mudou em termos de lei, nem era necessário.

O trabalho de mudar circulares e mesmo procedimentos administrativos em nível de carta-circular e do MNI (Manual de Normas e Instruções) do BC consiste numa longa e difícil cooptação da burocracia. É preciso que a diretoria compreenda os mínimos detalhes da atuação do BC no plano dos controles cambiais para que não apenas redefina as práticas como realoque as pessoas para outras funções. O BC é uma empresa pública na qual os empregados têm estabilidade. A sobrevivência das normas está muito relacionada à cultura e aos hábitos das pessoas. Funcionários que durante anos encararam o controle cambial como uma tarefa patriótica simplesmente não entenderão a mudança dos ventos (i) se não for muito bem explicada e, principalmente, não tenhamos ilusões, (ii) se não houver outra função comissionada no mesmo nível para o indivíduo ocupar. Do contrário, a diretoria não vai contar com a ajuda da máquina e nada vai avançar.

Nos últimos anos pretendeu-se transformar as duas fortalezas de controles cambiais, o Firce e o Decam, com reformas de cunho administrativo que traziam novas funções para essas pessoas.

O Firce, por exemplo, ganhou a atribuição de cuidar dos lançamentos de bônus da República no exterior e de conduzir o Censo de Capitais Estrangeiros, esperando-se que, no futuro, essas funções se desdobrassem em diversas direções: lidar com agências de *rating* e investidores (em conjunto com o Depec, Departamento Econômico do BC), transformar o Censo num esforço permanente de coleta de informações não apenas cambiais e acompanhamento das empresas de capital estrangeiro. Com essas novas e charmosas missões, a máquina sentia-se mais à vontade para avançar com o RDE (Registro Declaratório Eletrônico), que resultava, na verdade, em eliminar muitos empregos no Firce. Com efeito, se o registro de capital estrangeiro, nos termos da Lei 4131/62, passasse a ter, para todos os casos, a agilidade que passou a ter para as movimentações do Anexo IV, muita gente nas regionais do BC não teria mais função. Essa gente teria de estar engajada em outras coisas, do contrário sua cooperação seria menor que zero. Na verdade, mercê da descontinuidade em 1999, observamos alguns recuos: o registro de um novo investimento direto (*greenfield*) ainda pode demorar cerca de um ano em algumas praças.

No Decam era mais difícil encontrar vocações alternativas. Algumas estruturas como os monitores de câmbio passaram ao Defis (Departamento de Fiscalização), e a condução de processos administrativos passou também a um departamento de outra área que cuida dos processos administrativos de natureza não-cambial (hoje está no Deres, Departamento de Regimes Especiais). O passo seguinte seria integrar algumas funções do Decam às atividades do recém-criado Decif (Departamento de Controle de Ilícitos Cambiais e Financeiros) vinculado à presidência do BC e à Coaf (Conselho de Controle de Atividades Financeiras). A nova legislação sobre lavagem de dinheiro redefinia, na prática, o foco das atividades do Decam: não se tratava apenas da observância das normas cambiais, mas de um trabalho de inteligência sobre a movimentação de recursos de forma a combater o crime de lavagem de dinheiro, que passa a existir como crime apenas depois de 1998.

Todo o problema é que se essas "transições vocacionais" destas máquinas, Firce e Decam, não forem supervisionadas, o que tende a ocorrer é a mera reciclagem de velhos hábitos. Na área do Decam, por exemplo, o que tem sido observado é que, mesmo depois da unificação de "flutuante" com o "comercial", parecem aumentar em vários graus as exigências sobre cada uma das transações no antigo flutuante e/ou nas CC5. Imaginava-se que o foco se concentrasse em observar, formar inteligência sobre movimentações suspeitas e atacar os agentes de operações com indícios de irregularidades. O que está ocorrendo, todavia, é uma atividade quase que continuada de criação de constrangimentos às movimentações, quer de saída, quer de entrada, cuja justificativa longínqua é o combate à lavagem de dinheiro. Trata-se de uma deturpação que precisa terminar.

Não deve haver esse tipo de constrangimento a movimentações em que haja perfeita identificação de quem movimenta. O Decif e o Decam devem desenvolver a capacidade de proporcionar inteligência aos órgãos policiais basicamente no sentido de identificar os circuitos maiores de "esquenta-esfria". A atividade deve consistir em investigação *a posteriori*, e não no sentido de atravancar as remessas e/ou entradas. Não deveria se tratar de controle cambial à moda antiga, mas está sendo.

Deve haver restrição, e muita, às movimentações em espécie, especialmente nas fronteiras secas, e às contas fantasmas. Os "doleiros" são, como estamos todos carecas de saber, os grandes centros de lavagem, e o BC pouco pode fazer com quem não está sob sua responsabilidade regulatória. O problema aqui é com a polícia.

(*Boletim Tendências*, 27.06.2000)

DESREGULAMENTAÇÃO CAMBIAL E A CONTA DE CAPITAIS

O tema da conversibilidade, ou da liberalização, da conta de capitais volta e meia retorna sob diferentes roupagens. A mais recente tem a ver com a tese de que o regime de flutuação cambial funcionaria melhor se o processo de desregulamentação cambial avançasse a ponto de entrar de verdade na conta de capitais. Considero a tese totalmente descabida e mais: entendo que a completa liberalização da conta de capitais no Brasil seria, a meu juízo, um equívoco.*

---

* Para o leitor interessado em aprofundar-se neste tema, com direito a uma retrospectiva da legislação e a discussão de tendências recentes, recomenda-se a leitura de "A desregulamentação da conta de capitais: limitações macroeconômicas e regulatórias", escrito em parceria com Demóstenes Madureira de Pinho para a coletânea "Aprimorando o mercado de câmbio brasileiro" organizada por Daniel Gleizer para a BM&F. Também disponível em: www.econ.puc-rio.br/gfranco.

É interessante ter clareza sobre a natureza da legislação cambial que possuímos. Permanecem em vigor quase todos os pilares básicos do sistema de centralização e controles cambiais constituído a partir da crise de 1929 até meados dos anos 1960. Três desses pilares, os mais relevantes para a discussão da liberalização da conta de capitais, são: (i) o Decreto 23.258, de 1933, que determina a obrigatoriedade de as exportações terem "cobertura cambial", ou seja, que as divisas geradas pelos exportadores sejam internadas; (ii) a Lei 4131, de 1962, que assegura o direito de repatriação e de remessa de dividendos ao capital estrangeiro de risco e de empréstimo que entrou e se registrou no Banco Central, e (iii) a Lei 4595/65, que delegou ao CMN a regulamentação, através de suas resoluções, de todos os outros aspectos da movimentação cambial brasileira.

É interessante notar que a necessidade de flexibilizar procedimentos ocorreu sem a revogação ou modificação dessas leis antigas acima mencionadas. O "monopólio cambial" se transformou num regime de "repasse-cobertura", em que o BC "intermediava" todas as compras e vendas acima de certo valor (fora da posição de câmbio, como se diz), e posteriormente evoluímos para a formação de um mercado interbancário ativo quase que sem travas a seu funcionamento. O monopólio que hoje temos é apenas e tão somente no que toca o poder de regular.

A necessidade de "cobertura cambial" para as exportações permanece, ou seja, ao exportador permanece vedada a possibilidade de não trazer as divisas para compor as reservas internacionais do país, e isto não deveria ser um problema para o exportador se ele dispuser de liberdade para fazer seus pagamentos no exterior. Exportadores e importadores podem adiantar ou atrasar o fechamento do câmbio mediante saque de linhas comerciais interbancárias, mas sempre com a intermediação de bancos brasileiros.

No universo da Lei 4131/62, note-se que o "registro" previsto na legislação deixou de ser uma autorização quase impossível de se obter, vale dizer, um instrumento de controle cambial, para se converter em um evento quase que exclusivamente estatístico. Os investimentos estrangeiros em bolsas de valores, por exemplo, criam "registro", da mesma forma que um empréstimo no exterior ou um investimento direto, porém numa velocidade e com um grau de automatismo que praticamente tornam sem efeito a própria figura do registro. Com o advento do Registro Declaratório Eletrônico, o mesmo se verificará para um universo muito mais amplo de transações da conta de capitais.

O que volta e meia alguém procura discutir é se essas velhas leis, especificamente (i) e (ii), devem ser revogadas, ou seja, se os exportadores serão desobrigados de internar suas divisas e se ficará revogado o princípio de que só pode sair capital o que entrou anteriormente e foi registrado. A rigor, essas duas providências poderiam ser interpretadas como um movimento na direção da "abertura da conta de capitais", medida que a direção do FMI quis incorporar a seu Convênio Constitutivo em 1997, na reunião de Hong Kong, como diretriz para seus sócios. Naquela ocasião, a posição brasileira foi contrária e vencedora, e no meu entender não existe nenhum motivo para que seja alterada. Registre-se que, na ocasião, muitos países da Ásia haviam adotado a conversibilidade da conta de capitais, mas diversos mudaram de idéia com a crise.

Cá no Brasil, portanto, vigora um regime de conversibilidade em transações correntes, ainda que não-declarado, e um regime de controles na conta de capitais, embora com tratamento diferenciado para diferentes transações. Há considerável liberdade em diversas classes de transações regidas pelo CMN, como, por exemplo, nas transferências internacionais de reais (geralmente em contas ditas CC5), valendo aí o meritório intuito de murchar o *black* e de combater a lavagem de dinheiro.

É difícil aceitar que modificações substanciais ao regime regulatório do câmbio, como, por exemplo, através da revogação das duas leis velhas anteriormente mencionadas, venha a melhorar a qualidade da flutuação cambial. O debate de natureza regulatória não deve se misturar como os temas macroeconômicos.

(*OESP*, 19.08.2001)

As contas CC5

São grandes o preconceito e a desinformação acerca do tema em epígrafe. Quero crer que cogitações sobre um possível fechamento dessas contas pertençam ao terreno dos "factóides", pois seria um retrocesso imenso, um equívoco cujos únicos beneficiários seriam os membros de uma categoria de brasileiros nada respeitável: os doleiros.

O leitor talvez tenha ainda fresca na memória a época em que havia o câmbio "oficial", sempre cercado de imensos trâmites burocráticos, e o "paralelo" ou o "*black*". Era uma época de hipocrisia, em que o "oficial" era tão restrito que era impossível que um cidadão honesto e cumpridor de seus deveres fiscais deixasse de se abastecer no doleiro se quisesse ir com a família para a Disneylândia.

O doleiro era como um bordel de cidade do interior, entidade necessária para o equilíbrio das relações sociais, ou como o "bicheiro", o contraventor bonzinho, parte da comunidade, patrono da escola de samba, personificação do "jeitinho", do facilitador inofensivo, uma espécie de "*private banker*" informal de pessoas com valores que não conseguiam validar na rígida e complexa cultura de regulamentos cambiais da Autoridade Monetária.

Nesses tempos de aparente inocência e falsa moralidade, a presunção era de que o dinheiro era limpo e a burocracia, uma agressão injustificada. Da mesma forma, a aposta no bicho era talvez tão legítima quanto um jogo de loteria, que o Estado explora de tantas maneiras; por que o bicheiro também não poderia explorar?

O doleiro começa a desaparecer como atividade econômica e fenômeno antropológico em fins dos anos 1980, quando o ágio do *black* sobre o "oficial" atinge seus maiores valores: chegou a 160% em 1989, época de incontáveis fraudes e de uma espécie de crise terminal da hipocrisia reinante sobre esse assunto.

Gradualmente o regime cambial foi se liberalizando, não apenas na esfera do "oficial", mas também na do "paralelo". Criou-se o "câmbio turismo", um mercado apartado do "oficial" em que os turistas podiam vender seus dólares sem que passássemos pela vergonha de vê-los ignorar os bancos e procurar cidadãos mal-encarados, nas calçadas, com jeito de traficantes, transitando ao redor dos hotéis.

A idéia foi tão boa que rapidamente o "dólar-turismo" evoluiu para tornar-se o "mercado de câmbio de taxas flutuantes", conhecido como "o flutuante". Verificou-se que existia uma enorme gama de transações, geralmente pequenas e médias, que a burocracia não podia ou não queria processar, de tal sorte que era necessária uma plataforma genérica simplificada para se comprar e vender moeda estrangeira.

A criação do flutuante foi como, na esfera tributária, a introdução do "Simples" para as pequenas empresas, e a CC5 nada mais foi que uma ampliação dessa plataforma, em razão da enorme variedade e do volume crescente de transações que era preciso processar.

As CC5, na origem, eram contas bancárias em moeda nacional cujo titular era um não-residente, e por conta disso o titular podia converter livremente seus saldos em dólares até o limite dos dólares que trouxe de fora. Essas contas eram assim reguladas pela Carta Circular número 5 (daí CC5).

Já de muito tempo se permite que bancos estrangeiros abram contas desse tipo, e, por intermédio delas, um cidadão brasileiro pode fazer depósitos em reais nessas contas, e o titular, um banco estrangeiro, pode transformar esses depósitos em disponibilidades em dólares no exterior, passando pelo "flutuante".

Dessa maneira, as novas contas CC5 servem de veículo genérico para remessas sem que exista limite. A única exigência incontornável é a perfeita e total identificação de quem está remetendo e de quem está recebendo. Assim sendo, nunca mais um cidadão respeitável teve mais nada o que fazer em companhia de doleiros. Com efeito, a identificação não representa problema algum para o cidadão que não tem nada a ocultar e que está em dia com suas obrigações tributárias e quer remeter dinheiro para o exterior. Deve o cidadão que ganhou seu dinheiro honestamente e que pagou seus impostos estar impedido de mandar dinheiro para o exterior?

Essa é uma pergunta difícil para as pessoas educadas dentro da cultura de controles cambiais, da hipocrisia do câmbio "oficial" e do pressuposto de que dólares são "divisas estratégicas". É dessa gente que vem o preconceito freqüentemente atirado contra as CC5 e contra o "flutuante", pois é coisa do tempo em que também eram tabus a pílula anticoncepcional, a minissaia e a camisinha.

Dizer que a CC5 serve a criminosos é tão impróprio quanto proibir motocicletas quando se verifica que um cidadão assaltou um banco e fugiu de motocicleta. A lavagem de dinheiro é um crime complexo que utiliza muitos tipos de veículos, sendo a CC5 um canal de difícil utilização, pois a identificação é perfeita. O crime de lavagem é, essencialmente, um de *ocultação* de origem ilícita, coisa que fica mais difícil quando o produto do ilícito transita por bancos com beneficiários identificados.

Graças ao exame de transações ocorridas por meio de contas CC5, muitos dos maiores crimes financeiros dos últimos anos foram esclarecidos e seus autores punidos. Nada disso teria sido possível se o produto do roubo tivesse transitado por doleiros, cujos registros não estão, evidentemente, à disposição das autoridades.

A idéia de fechar, ou limitar, as CC5 simplesmente não faz sentido nenhum. Os doleiros mudaram de profissão, ou melhor, de objeto: hoje são lavadores de dinheiro, atividade que não envolve mais, necessariamente, moeda estrangeira.

(*OESP*, 04.08.2002)

O OFICIAL E O PARALELO

Durante muitos anos coexistiram, tal qual duas faces da mesma moeda, o dólar oficial e o paralelo. Caixa um e caixa dois, a casa e a rua, para usar a metáfora consagrada do antropólogo Roberto DaMatta.

Era uma época em que a "divisa" era escassa e estratégica, de tal sorte que os gastos cambiais permitidos eram apenas aqueles de "interesse nacional", o que parecia estar fora do alcance do cidadão comum, pois nenhuma de suas demandas parecia enquadrar-se nesse protocolo.

Como tudo era proibido, o dólar oficial, de tão reprimido e irreal, tornava o "paralelo" uma parte obrigatória da paisagem, como um complemento. Éramos um país muito fechado, mas mesmo assim, com freqüência, o cidadão honesto, pai de família e em dia com suas obrigações tributárias, via-se compelido a solicitar os serviços de um doleiro a fim de suprir-se das preciosas divisas que lhe permitiam se entregar à luxúria supérflua de viajar com a família.

Nesse quadro de monástica rigidez, o doleiro se tornava parte da "casa", pois era o "jeitinho", a ferramenta para que pudessem ser atendidas necessidades legítimas, que as leis e regulamentos ignoravam. E assim, uma vez na "sala de visitas", o doleiro ganhava liberdade para conduzir suas outras atividades sem que ninguém o incomodasse.

O ágio do paralelo com relação ao oficial era uma espécie de medida da nossa hipocrisia, uma indicação do quanto o Brasil oficial era menor que o informal, o verdadeiro, o da rua. Ao final da década de 1980, o ágio chegou a 150%, e nessas condições é certo que nenhuma transação cambial cursada no câmbio "oficial" era "o que estava escrito". O "jeitinho" havia se tornado a regra.

Note-se que a cotação do "paralelo" era considerada a "verdadeira", de tal sorte que a obrigatoriedade de transacionar pelo oficial se apresentava para o exportador, por exemplo, como um imposto. Por que ele estava obrigado a vender as divisas que produzia ao Banco Central "pela metade do preço"? Por que não subfaturar e receber "lá fora"? E o importador, para o qual o "ágio" era indicativo de subsídio?

Por que não importar muito e superfaturar suas compras, que seriam pagas com um dólar artificialmente baixo?

Isso tinha que ser transformado; e o sentido da mudança foi claro. De um lado, mais realismo na formação da taxa de câmbio, mediante o concurso obrigatório da Lei da Oferta e da Procura, e, de outro, menos proibições e embaraços ao funcionamento da referida lei. A desregulamentação trouxe mais e mais transações legítimas, antes proibidas, para a luz do dia. E de tal sorte que nenhum cidadão bem-intencionado precisasse mais dos serviços de um doleiro; bastava ir ao banco e se identificar.

O cidadão comum pode sim remeter dinheiro para o exterior, pois esse "fato cambial" em si nada significa se o indivíduo está em dia com o fisco. Não é crime de lesa-pátria, mas conversibilidade, uma realidade da qual é difícil escapar num mundo globalizado. É nesse contexto que a ênfase das autoridades se desloca do terreno cambial para o tributário, o que representa uma pequena revolução cultural ainda não inteiramente assimilada.

No plano técnico, a liberalização que se inicia em 1988 e avança paulatinamente desde então teve como um de seus pilares principais as chamadas contas "CC5", contas bancárias de não-residentes, veículos genéricos cujo princípio básico é a liberdade com perfeita identificação. As CC5 foram a chave para a redução do paralelo à aparente insignificância em que se encontra, restrito ao ilegal, e de onde não deve sair.

Esse princípio, e as CC5, são sempre questionados quando se descobre que a liberdade foi abusada, ou a identificação fraudada. É disso, entre outras coisas, que trata a CPI do Banestado. Graças ao fato de que tudo que transita pelas CC5 é visto pelo BC, foi do próprio BC que partiram as denúncias que trouxeram à luz o "Esquema Foz". Se não tivéssemos CC5, tudo teria se passado nos subterrâneos onde se movem os doleiros, nos quais tudo é sombra, e não teríamos ficado sabendo de nada.

(*Veja*, 23.07.2003)

O FALSO DEBATE SOBRE O CÂMBIO

Em artigo recente ("O câmbio em debate", *Folha de São Paulo*, 20.02.2006), Roberto Giannetti da Fonseca faz a defesa de um projeto de reformulação da legislação cambial patrocinado pela Fiesp que foi recebido com reservas por causa de seu radicalismo um tanto inesperado. Aliás, o mesmo pode ser dito do artigo de Fonseca, que começa pelo adjetivo, depreciativo, para tudo o que é passado: conforme o seu nada modesto ponto de vista, todos os regimes cambiais da história do Brasil, exceto o atual, de flutuação cambial, são "experiências desastradas". Além disso, é qualificada de "tola" a idéia, que está longe de ser apenas minha, segundo a qual "leis antigas não são necessariamente obsoletas ou ruins". Opiniões semelhantes (a minha) foram expressas nesta mesma *Folha* pelo colunista Luís Nassif ("Uma lei cambial antiindustrial", de 10/2) e em editorial do jornal *Valor Econômico*, de 13/2 ("Os riscos de uma reforma apressada da lei cambial"). É preciso ter presente, quando alguém propõe vastas alterações em leis, velhas e novas, especialmente no terreno monetário e cambial, que a história não começou agora, com esse súbito interesse da Fiesp em assuntos cambiais, nem em 2002 (como propunha uma certa escola de pensamento), e que a passagem do tempo serve amiúde para depurar, filtrar e tornar as normas mais adequadas a realidades cambiantes. No mérito, a objeção do signatário a essa proposta de lei cambial da Fiesp (PLCF) não é a mesma dos críticos da globalização, da abertura e do neoliberalismo. Muito provavelmente vejo virtudes onde eles vêem problemas, pois não estou entre os entusiastas da intervenção do Estado no domínio econômico, em particular nos terrenos cambial e das relações do Brasil com o exterior. Todavia, isso não significa que qualquer desregulamentação é sempre boa unicamente porque desregulamenta. O problema mais sério com o PLCF é que o seu real objetivo, meio corpo fora do armário, não é a regulamentação cambial em si, mas "consertar" a taxa de câmbio. Está se propondo substituir 60 anos de regulamentação por uma lei de nove breves artigos unicamente para produzir uma desvalorização do câmbio. Na verdade, quer-se promover a livre conversibilidade do real, uma medida muito polêmica mesmo dentro do campo dos economistas de formação convencional em vista de suas amplas e profundas implicações de médio e longo prazo exclusivamente para resolver um problema conjuntural. Isso não tem como dar certo. É difícil aceitar que a regulamentação cambial brasileira, em si, tenha um "viés" na direção da apreciação, de tal sorte que a formação da taxa de câmbio esteja "viciada". É plausível, inclusive, imaginar o exato oposto: a revogação de certas normas (as que vedam compensação privada de câmbio, por exemplo) pode representar uma facilitação à internação de capitais "exilados" que faria o câmbio cair ainda mais. Fundamentalmente, o artigo de Fonseca e o PLCF atacam uma entidade que não existe: o monopólio do câmbio. Essa figura é fictícia porque, na prática, tudo funciona como se operar câmbio fosse uma espécie de serviço público em que o Estado é o "poder concedente" e o "serviço" pode ser concedido a centenas de "concessionários", as instituições autorizadas pelo BC. O sofisma se constrói desancando o decreto-lei nº 23.238 de 1933, que definiria o monopólio ao estabelecer (art. 1º) que "são consideradas operações de câmbio ilegítimas as que não transitem pelos bancos habilitados". Ora, o PLCF (art. 2º) reproduz o mesmo comando: "As operações de câmbio serão realizadas exclusivamente por intermédio de instituições previamente autorizadas". Não deve haver dúvida de que o alegado monopólio, que fica do mesmo tamanho, é uma falsa questão, pois sempre será do Estado o poder de regulamentar, independente de sua capacidade de interferir na taxa de câmbio. Ademais, as obscuras distorções descritas como absurdos da legislação ("cobertura cambial" e "capital contaminado") são problemas técnicos muito específicos, de importância absolutamente menor e de modo algum servem como justificativa para esse "choque", que joga fora não apenas o bebê (um senhor de idade, na verdade), mas o hospital inteiro, junto com a água do banho. Em ambos os casos, um projeto de lei focado resolve amplamente as dificuldades sem revogar nem o velho decreto-lei nº 23.238 nem a íntegra das leis nº 4.131 e nº 4.390, que regulam o capital estrangeiro desde 1964 e são apreciadas, com todos os seus defeitos, pelo fato de simbolizarem a "estabilidade das regras" nesse delicado tema. Se o objetivo é depreciar a taxa de câmbio, está me parecendo que o caminho não deve ser o de distorcer a legislação cambial para provocar fugas de capital, mas o de acordar as importações, por exemplo, removendo barreiras como o PIS-Cofins nas importações, que retrocederam o nosso grau de abertura comercial ao ponto em que estava antes do Plano Real. Assim, ganha o consumidor e fica facilitado o combate à inflação.

(*Folha de São Paulo*, 23.02.2006)

Bancos, supervisão bancária, a grande crise que não houve, o *spread* e outros temas regulatórios

Bamerindus: quanto custou?

O interesse em alguns aspectos da venda do antigo Banco Bamerindus ao HSBC merece alguns esclarecimentos. Já são conhecidas as críticas, bem como as justificativas ao Proer. O que não se tinha questionado, até então, eram os *outros* aspectos das operações feitas ao amparo do Proer, especialmente os de natureza comercial.

A questão em tela é muito simples: quanto valia o antigo Banco Bamerindus e por quanto ele terminou vendido?

Primeiro de tudo, uma pergunta básica: como se faz a avaliação do preço de venda de um banco?

O primeiro elemento, sem dúvida, é o patrimônio líquido, ou seja, a diferença entre o ativo e o passivo. Quando se trata de bancos, para os quais o valor dos recursos de terceiros (passivo exigível) é um múltiplo dos recursos próprios, o ativo tende a ser muitas vezes maior que o patrimônio líquido, de modo que este termina sendo muito sensível a qualquer variação na qualidade dos ativos. Por isso, na venda de qualquer banco, o comprador sempre se cerca de enormes cautelas quanto ao real valor dos ativos que são comprados.

Um segundo elemento importante no valor de um banco é o que a linguagem bancária designa como o "*good will*", ou seja, um valor associado à "marca", ou aos elementos intangíveis associados ao "fundo de comércio" do banco. Um terceiro elemento, o que mais se considera, por exemplo, nas avaliações ligadas a privatizações, é o valor presente do fluxo futuro de lucros (ou prejuízos).

Agora vamos ao caso concreto. Sabe-se hoje que o antigo Banco Bamerindus tinha um patrimônio líquido *negativo* superior a R$1,5 bilhão e, pior ainda, vinha tendo prejuízos médios mensais superiores a R$80 milhões. É certo que o *good will* do banco tinha algum valor, mas dizer que o antigo Banco Bamerindus tinha valor positivo seria um equívoco, para dizer o mínimo.

Tínhamos, portanto, um grande problema. O Bamerindus caminhava para a liquidação, e seus controladores e administradores não tinham condições de reverter essa situação. As conseqüências de uma liquidação, convém enfatizar, seriam desastrosas. Basta ao leitor imaginar o seguinte: se é tão sério o drama da Encol, que tem menos de 50 mil mutuários, imagine o que seria dos 3,5 milhões de correntistas do Bamerindus (só de empregados o Bamerindus tinha 23 mil).

A operação Proer que se montou para salvar essa situação procedeu da seguinte forma: o antigo Bamerindus entra no regime de intervenção e, imediatamente, o interventor, na forma da lei, no resguardo da economia popular, vende um conjunto de ativos e de passivos do banco, em valor idêntico, a uma outra instituição, o HSBC. Entre esses passivos transferidos estão todas as obrigações com o público (depósitos, aplicações etc.) e entre os ativos estão as instalações e as agências, de tal sorte que, na manhã seguinte, nada acontece com os clientes do banco senão a troca da placa nas agências e postos de atendimento.

O HSBC, por sua vez, teve autorização para abrir um banco inteiramente novo, que capitalizou em cerca de R$1 bilhão trazido em dinheiro vivo do exterior. Foi esse novo banco que comprou o conjunto de ativos e passivos do Banco Bamerindus, como descrito acima.

Como foi essa compra?

O preço do "pedaço" do antigo Bamerindus que o HSBC comprou pode ser estimado, conforme explicado, em primeiro lugar, a partir do patrimônio líquido. Nesse sentido, note-se que o HSBC recebia ativos e passivos em valor igual, ou seja, recebia um banco de patrimônio líquido igual a zero. Isso foi possível porque o "rombo" patrimonial ficou no Bamerindus sob intervenção e terá que ser pago pelos responsáveis pela sua geração – controladores e administradores – com seus bens pessoais se necessário. Nesse domínio, a população deve confiar na Justiça.

Mas quanto valia esse banco sem patrimônio líquido que o HSBC comprava?

Três considerações eram importantes. Em primeiro lugar, o *good will* certamente era um componente positivo do preço, bem como a expectativa de receita líquida advinda dos ativos e passivos transferidos, que se convencionou estabelecer em R$381 milhões, os quais, todavia, não seriam desembolsados imediatamente pelo vendedor.

Como é comum em compras de bancos, existe, como já aludido, alguma incerteza quanto ao valor real dos ativos, bem como quanto à existência de passivos ocultos. A linguagem bancária designa como "contingências" essas obrigações cujos montantes não são bem conhecidos no momento da compra e que podem aparecer no futuro. A característica básica dessas "contingências" é que são obrigações decorrentes de atos e ações já consumados no passado, mas que somente se constituirão em obrigações no futuro (tipicamente ações judiciais e, mais freqüentemente, de natureza trabalhista).

Assim sendo, a segunda consideração quanto ao preço da parte do Bamerindus que era comprada pelo HSBC é que quem compra um banco, invariavelmente, faz constar no contrato alguma determinação para que as obrigações por "contingências" sejam do vendedor.

A terceira e mais importante consideração tem que ver com o fato de que, mesmo sem o desequilíbrio patrimonial e livre de "contingências", o Bamerindus dava prejuízo. Esse péssimo desempenho era explicado por custos administrativos exorbitantes relativamente a seus competidores: enquanto para os grandes bancos privados os custos administrativos não ultrapassam, em média, 10% do valor do passivo, para o Bamerindus esse número atingia

13,5%, o que representava cerca de R$400 milhões anuais a mais que a concorrência.

Nessas condições, seguindo a metodologia usual de avaliações em privatizações, o valor do banco seria fortemente negativo, pois o banco seria o veículo de um fluxo futuro de prejuízos que, trazido a valor presente, seria negativo e grande.

Sabia-se, por outro lado, que, com alguns investimentos e ajustes administrativos tendentes a reduzir despesas e com a troca da gestão e do controle acionário (e o ganho de credibilidade e de captação que isso representaria), o banco poderia eliminar os prejuízos e se reequilibrar no plano operacional. Deve ser claro, todavia, que a obrigação de entregar ao comprador um banco "equilibrado" do ponto de vista operacional, ou seja, um banco sem prejuízos continuados, era do vendedor, que recebia um valor positivo a título de *good will*. Por isso, o Bamerindus "velho" assumiu a obrigação de custear despesas relativas à reestruturação do novo banco. Essas despesas chegariam a R$376 milhões.

Teremos, portanto, diversos pagamentos e recebimentos entre o Bamerindus sob intervenção e o HSBC. O saldo desses pagamentos, ao cabo de um ano, poderá até ser favorável ao HSBC, pois o Bamerindus pode se revelar mais desestruturado e mais sujeito a "contingências" e passivos ocultos do que uma avaliação conservadora *a priori* poderia supor. Mas isso não invalida o fato de que, do ponto de vista do sistema bancário, o HSBC "pagou" R$1 bilhão pelo negócio ao capitalizar o novo banco. Ressalte-se que nenhuma outra proposta chegou tão longe.

Novamente, a analogia com a Encol é pertinente: se alguém resolvesse comprar a Encol hoje, assumindo todas as obrigações da empresa, teria de pagar algo aos controladores? Claro que não. O sujeito estaria comprando o direito de colocar muito dinheiro num negócio cheio de problemas e de retorno muito incerto. É muito caro e muito arriscado.

É possível que alguém com muito dinheiro, muito interesse de entrar no mercado brasileiro e, sobretudo, muita coragem queira encarar o desafio (receber a Encol em "doação", tal qual se alegou com relação ao Bamerindus). Mas será difícil dizer que essa pessoa recebeu um "presente".

(*Folha de São Paulo*, 31.08.1997)

Fundos e bancos

Os fundos mútuos cresceram de forma astronômica nos últimos anos: nos EUA os valores dos ativos nesses instrumentos dobraram de 1990 para 1994, e dobraram novamente daí até 1998, aproximando-se dos US$8 trilhões. Aqui no Brasil, o valor dos ativos da indústria de fundos (excluídos os fundos de pensão) deve andar em 1999 pelos R$150 bilhões, mais do dobro do que era em julho de 1994.

Esse extraordinário crescimento transforma de muitas maneiras o sistema bancário, e suas motivações dão a pista para os caminhos dessa mudança. Os fundos são instrumentos através dos quais conexões diretas podem ser feitas entre aplicadores e os investimentos especificamente demandados por esses senhores, sem que haja a interveniência de um banco, ou seja, são investimentos e riscos conduzidos "fora do balanço" do sistema bancário. Os fundos são condomínios cuja vantagem básica reside em juntar recursos da várias fontes e colocá-los sob a administração de profissionais operando conforme termos definidos pelos cotistas em assembléia ou em estatuto. O leitor que mora em apartamento deve conhecer os aspectos mais práticos desse tipo de relação: há um síndico que, nesse caso, é um profissional especializado, e há uma convenção que rege o funcionamento do fundo e cuida especialmente para que os condôminos sejam sempre tratados igualmente, na receita e na despesa, na fartura e na falência.

O Banco Central dispõe de forma genérica sobre fundos, criando alguns tipos ideais e fixando limitações prudenciais, mas dá considerável liberdade para as pessoas estabelecerem regulamentos específicos em especial no tocante às políticas de investimento da cada fundo. Essas informações devem ser do conhecimento do investidor (cotista), que, dentro do amplo espectro disponível de fundos, está livre para escolher aquele que melhor se adapta ao seu perfil. Deve haver muito empenho de todos os envolvidos (cotistas, administradores, bancos e o Banco Central) para que todos compreendam perfeitamente a natureza, os riscos e as formas de funcionamento dos fundos.

O fundo mútuo é um animal bastante diferente de um banco, tendo em comum, talvez, apenas o fato de ter ativo e passivo. O investidor que entra em um fundo compra uma cota, que representa uma fração de determinado ativo. O valor da cota é diariamente ajustado conforme a variação no valor do ativo, de tal sorte que, a qualquer momento, se o indivíduo resolver recuperar seu investimento, sua cota é recomprada pelo próprio fundo, com recursos oriundos da venda de fração dos ativos necessária para esse resgate. Dessa forma, os cotistas são sempre tratados igualmente, e ninguém é capaz de sair de um fundo "mais cedo", num momento de dificuldades, a fim de levar vantagem sobre os outros.

É próprio dos fundos que exista uma ligação direta entre o valor do ativo e o valor da cota (o passivo), e esta é uma diferença fundamental entre investir em um fundo e em um banco (num CDB, por exemplo): os passivos dos bancos são obrigações que não se alteram conforme o desempenho dos seus ativos. Essa importante diferença se faz clara especialmente quando as coisas vão mal. Quando os seus ativos, por algum motivo, diminuem de valor, os fundos reavaliam para baixo as cotas imediatamente, os bancos não. O passivo dos bancos fica do mesmo tamanho, e, como existem regras dispondo sobre a relação entre o ativo e o capital, o banco pode ficar desenquadrado e ter de aportar capital novo, vendo-se na contingência de uma liquidação, um processo sempre complexo, penoso e demorado.

Os fundos lidam bem com a volatilidade do seu ativo, ao contrário dos bancos, pois sempre são capazes de transferir lucros e prejuízos imediatamente aos "capitalistas", vale dizer, os cotistas. E não é por outro motivo que os bancos criam fundos para servir de veículo para investimentos de maior risco. Para o sistema financeiro, a evolução é positiva, pois faz todo sentido que os investimentos em ativos voláteis sejam predominantemente feitos através de fundos (e por profissionais), pois nos momentos de dificuldades há pouca contaminação para dentro do sistema bancário, que não precisa correr riscos que não são seus. Não é por outros motivos que a indústria de fundos está crescendo tanto.

O BC tem mostrado preocupação quanto à relação entre fundos, cotistas e administradores. Uma das medidas mais importantes nesse contexto foi o estabelecimento da chamada *chinese wall*, ou seja, a norma que criou a obrigatoriedade de as instituições financeiras segregarem a administração de recursos de terceiros (geralmente feita através de fundos) daquela referente a seus próprios recursos. Diversas distorções são evitadas, e, com isso, passa a ser possível que a tesouraria de um banco esteja operando de uma determinada forma e os administradores de fundos oferecidos pelo mesmo banco, de maneira oposta.

A separação entre bancos e fundos precisa ser aprofundada pelo BC: o ideal seria que os administradores de fundos não tivessem relação alguma com os bancos e mais, que fundos e administradores se organizassem formalmente como companhias de responsabilidade limitada. É claro que, num momento de perdas, os cotistas de um fundo podem e devem culpar os administradores, mas daí a fazê-los responder com seu patrimônio pessoal ou, se for um banco, buscar ressarcimento das perdas é um *non sequitur*. As pessoas são livres para estabelecer fundos onde os administradores se dispõem a dar seus bens em garantia, ou nos quais os bancos patrocinadores oferecem mecanismos especiais de indenização em caso de catástrofe. Mas ninguém está obrigado a fazer isso, e os fundos que concederem esse tipo de proteção vão, certamente, cobrar pelo seguro.

Na prática, o que temos visto é que os fundos não trabalham com garantias desse tipo, até porque a sua rentabilidade ficaria comprometida. Mas sempre que existem perdas pesadas há cotistas acionando bancos. Pode haver situações em que o gerente não explicou direito ao cliente o funcionamento de um fundo de alto risco. A solução seria alguma certificação de que o cliente foi informado dos riscos antes do investimento. Mas o caso mais comum é o do cliente que conhece o mecanismo, mas aciona o banco assim mesmo, com o propósito de constrangê-lo, e este, para tirar seu nome do noticiário, acaba fazendo acordos em que assume responsabilidades que, a rigor, não são suas.

Diante desse tipo de situação, a posição do BC deve ser uma de duas: ou aceita que bancos ofereçam garantias (aos fundos administrados pelas suas companhias ou administradores) e obriga que sejam formalizadas, e nessa circunstância estaríamos agregando responsabilidades contingentes que deveriam ser objeto de provisionamento ou capitalização de conformidade com a orientação do Comitê de Basiléia, ou, alternativamente, o BC deveria vedar expressamente o ressarcimento de prejuízos quando, evidentemente, forem cumpridos os regulamentos devidos, especialmente no tocante à informação para o investidor quanto aos riscos envolvidos.

(*OESP*, 11.04.1999)

O Banco Central e a supervisão bancária

Quando o Partido Trabalhista inglês venceu as eleições e Tony Blair assumiu a posição de primeiro-ministro, o "mercado" tinha várias dúvidas sobre como seria a tal "terceira via" na prática, e temia que se observasse uma espécie de "segunda via" mesmo. Numa jogada política magistral, o novo primeiro-ministro tomou a decisão de conferir independência ao Banco da Inglaterra, para o deleite do mercado, mas, como "compensação", retirou dele as funções de regulador e supervisor do sistema bancário em favor de uma nova agência criada para esse fim. As desconfianças amainaram, e o mercado acabou verificando que não havia nada de muito revolucionário no Novo Trabalhismo: na verdade, a "terceira via" é meio como a "primeira", e as diferenças são assim como as que separam democratas e republicanos nos EUA.

Em alguns anos talvez essa história não seja mais lembrada e o contexto seja perdido. Mas as alterações institucionais e o novo papel do Banco da Inglaterra estarão em plena vigência. Ou seja, motivos fugazes, ou circunstâncias políticas de ocasião, podem deflagrar mudanças duradouras, nem sempre para melhor, e que podem ser terrivelmente difíceis de reverter no caso de um insucesso.

No exemplo inglês, a mudança não teve efeitos negativos, e nem é tão claro que tenha melhorado alguma coisa (que já não estava acontecendo de qualquer jeito). Num país em que as instituições estão sobejamente amadurecidas, a troca de endereço da supervisão bancária não faz tanta diferença. Os canais de comunicação e a cooperação entre a nova agência e o Banco da Inglaterra permaneceram abertos, o sistema não tem grandes desafios a enfrentar (eles não têm bancos estaduais, nem consórcios, por exemplo), e até agora não houve sobressalto que oferecesse um teste verdadeiro para a nova configuração.

A prática internacional, nesse domínio, é ambígua: em metade dos casos a supervisão é separada do BC, na outra metade não é. Cada lugar tem a sua história e sua tradição, pois em cada país a experiência acumulada forjou instituições específicas. Isso serve para dizer que não há modelo institucional hegemônico, mas também para lembrar que o nosso caminho tem de ser construído a partir das lições da nossa própria experiência, que nem sempre é devidamente considerada em alguns de seus detalhes mais comezinhos.

No nosso caso, a agitação em torno da separação das funções de fiscalização bancária do Banco Central tem um grande ingrediente de oportunismo político e muito pouca reflexão sobre os temas envolvidos. Tal como no caso inglês, é uma sacada política para se fazer algo com um jeitão de iniciativa moralizadora e de aprimoramento institucional, mas, em contraste com o caso inglês, com um enorme risco de dar errado.

Há muitas dificuldades nessa proposta.

Em primeiro lugar, deve-se ter claro que, ao segregar a supervisão bancária da política monetária, é de se esperar que as definições nesse campo, em particular no tocante à taxa de juros e aos compulsórios, sejam feitas com menos atenção aos seus efeitos sobre a solidez do sistema bancário. O diretor de fiscalização é sempre uma voz conservadora quando se trata de subir juros, tendo em vista os danos que esses movimentos causam à qualidade dos ativos bancários. A separação, sem dúvida, cria um viés de alta na taxa de juros.

Segundo, enquanto as fronteiras entre atividades como crédito, valores mobiliários, seguros e previdência vão se tornando cada vez menos claras, no Brasil prevalece um modelo de agências reguladoras temáticas que têm um péssimo relacionamento institucional: BC, CVM, Susepe e SPC têm um diálogo reduzidíssimo e um relacionamento cotidiano freqüentemente hostil. Há disputa por espaços (produtos a serem regulados) e rivalidades associadas à posse da informação, que ninguém gosta de partilhar. A criação de mais uma agência significa a existência de mais uma autarquia disputando o seu lugar ao sol, com mais uma corporação, lutando pelo seu plano de carreira, e pela sua taxa de fiscalização (que passa a ser "receita própria" da instituição, desligando-a, em parte, do orçamento da União) e também por benefícios, como, por exemplo, tem a Receita, que transforma parte das multas arrecadadas em complementações salariais dos fiscais. Nesse contexto, me parece um total despropósito criar uma nova autarquia, para não falar de contrariar a tendência que deveria ser de maior coordenação e unificação dessas atividades, o que pode ser feito no nível de conselhos emanando diretrizes, mas, por favor, sem a criação de novas burocracias.

Terceiro, tenho certa dificuldade de vislumbrar como seria a condução das atividades de emprestador de última instância, a cargo do BC, mesmo nas suas manifestações mais simples, como, por exemplo, o redesconto. Essa é uma dentre muitas atividades do BC em que é preciso conhecer a freguesia por dentro, para saber se estamos tratando de uma instituição viável com problemas de liquidez, ou não. Se as informações necessárias para essa análise estão em outra autarquia, e se a cultura é a que descrevemos anteriormente, fica claro que a atividade vai ficar prejudicada: o BC tenderá a ficar ainda mais conservador do que já é no redesconto, o que resultará, não tenhamos ilusões, na virtual extinção do instrumento em vista do caráter de "beijo da morte", que ficará mais e mais reforçado no contexto da separação. O sistema ficará mais frágil e mais perigoso.

Há situações mais complexas em que o BC atua como emprestador de última instância, combinando o redesconto com gestões para capitalização ou venda do controle da instituição. Tudo fica mais difícil se é para ser conduzido por duas autarquias rivais. Num mundo mais organizado e monótono (e com um mecanismo sólido de seguro de depósitos), como o do Reino Unido, pode fazer sentido burocratizar o processo. Onde as necessidades de reestruturação bancária são mais prementes, onde existem entidades problemáticas como bancos estaduais e consórcios, a situação é bem diferente. Como seria a condução de um programa como o Proes (Programa de Incentivo a Redução do Setor Público Estadual na Atividade Bancária), ficando segregada a fiscalização? Como é que seria mesmo a fiscalização dos bancos estaduais no novo desenho?

Por último, resta lembrar que a hipótese de que a supervisão bancária vai funcionar melhor fora do BC é de uma ingenuidade a toda prova. Basta olhar, como lembrou recentemente o dr. Gustavo Loyola, para as atividades de fiscalização desempenhadas pelas agências acima citadas. Basta lembrar que há anos que o BC tenta se livrar da responsabilidade de fiscalizar consórcios, mas ninguém quer deixar, a começar pelo próprio setor, tendo em vista as alternativas.

(*OESP* e *JB*, 16.05.1999)

Idéias para a extinção dos bancos estaduais

Faz tempo que não se ouve falar no desaparecimento de alguma dessas criaturas, seja através da privatização, seja através de liquidação. É preciso não esquecer as razões pelas quais o governo decidiu extinguir os bancos estaduais: eles nunca foram capazes de separar a atividade de fomento da atividade bancária normal. Fomento é o que faz o Banco Mundial, por exemplo: uma instituição que consome o seu próprio capital para conceder empréstimos subsidiados ou a fundo perdido mesmo. E quando o capital termina ele pede mais dinheiro para seus acionistas. Qualquer um é livre para dispor de seu próprio capital. O mesmo não pode ser dito, evidentemente, quando se trata do capital de terceiros. Por exemplo, usar o dinheiro dos depositantes, que não pertence ao banco, para fazer fomento é basicamente apropriação indébita, pois trata-se de fazer caridade com o chapéu alheio. Como os bancos estaduais, como regra, nunca fizeram muito esforço para segregar o fomento de suas outras atividades, todos terminaram consumindo a quase totalidade de seu capital e mais um tanto dos recursos dos depositantes em créditos ruins. O prejuízo para o Brasil foi imenso. O Proes, o programa destinado a resolver essa imensa confusão, poderá levar a desembolsos superiores a R$50 bilhões, um montante várias vezes superior aos desembolsos do Proer, que provocou uma CPI que, curiosamente, não se interessou pelo Proes.

E não vamos esquecer que antes do Proes outros programas para salvar bancos estaduais devem ter custado mais que o próprio Proes. Não estaríamos longe da verdade em dizer que o prejuízo que os bancos estaduais deram ao Brasil está perto de R$100 bilhões. É preciso, portanto, acabar com essas criaturas, ainda que custe caro, e para tanto é interessante explorar algumas idéias para aperfeiçoar o Proes.

Na sistemática do programa, o estado recebe um financiamento do governo federal, na forma de títulos federais de alta liquidez, com os quais compra os "créditos podres" dos seus respectivos bancos e recompõe o capital do banco. Há vários pequenos problemas a atentar nesse processo, que seguem aqui com algumas sugestões de solução: primeiro, os estados sempre querem reconstruir um banco com um capital muito maior do que deveria ter, tendo em vista o potencial econômico da região. Possivelmente querem fazer vendas grandes, mesmo sabendo que o dinheiro vai todo para abater a dívida com a União oriunda do "rombo" original. Deveria haver, na lei, um limite para o capital desses bancos "ressuscitados", e um limite pequeno, algo como no máximo um terço do capital que tinham antes de destruí-lo, ou um décimo da carteira de crédito que sobrou depois da limpeza.

Segundo, o tamanho dos "créditos podres" a serem adquiridos aumenta bastante logo antes da aquisição pelo estado, aparentemente porque prevalece a sensação de que o Estado não vai cobrá-los e assim os devedores deixam de pagar. Como o resultado da recuperação desses créditos, conforme a lei, deve ser usado para cancelar dívidas, os estados não se interessam em cobrar, vender ou securitizar esses créditos. Deveria haver um incentivo para os estados cobrarem, talvez liberando uma parte do resultado, por exemplo, para a capitalização de suas agências de fomento. Do contrário, vários amigos de políticos nunca serão cobrados por dívidas que podem perfeitamente pagar.

Terceiro, existem alguns problemas na aplicação dos conceitos da lei geral de privatização nesses casos: é um absoluto desperdício de dinheiro contratar dois avaliadores (serviços A e B, como são chamados) para avaliar bancos, cada um custando uns R$5 milhões mais ou menos, tendo em vista que o BC sabe melhor do que qualquer um quanto vale um banco, ou qual a qualidade do ativo da instituição. Sem falar no tempo que leva para fazer as duas licitações. O ideal seria o BC fixar um preço que o CMN aprova ou não, com o TCU sempre podendo opinar, como faz hoje.

Quarto, há o problema do conceito de preço mínimo, que impede que sejam utilizados dispositivos comuns na venda de bancos, como contas gráficas para a realização, recuperação ou provisionamento de ativos que não se pode fazer com segurança no momento da venda. Dessa forma, todas as chamadas "contingências" precisam ser estimadas na partida, com enorme margem de segurança, do que resulta a formação de bancos que são, na verdade, "cascas", com montanhas de provisões e, portanto, cheios de reservas ocultas e praticamente sem nenhuma operação de crédito. A lei podia flexibilizar o conceito de "preço mínimo" quando se trata de bancos.

Quinto, os bancos acabam ficando muito caros também por conta das benesses aos funcionários, que invariavelmente ganham indenizações excessivamente generosas para ir para casa, ou para aceitar que seus planos de previdência mudem para o sistema de contribuição definida. A lei podia facilitar esse processo, com notáveis economias para o erário.

Quinto, o *pipeline* está ficando muito grande: os bancos dos estados do Ceará, Goiás e Amazonas foram federalizados. Dois estados que haviam optado pelo saneamento, e que iam colocar dinheiro novo nos seus bancos para impedir sua privatização, tiveram o bom senso de mudar de idéia: Espírito Santo e Santa Catarina. E além desses há também o Banestado, o Banespa e o Banco do Estado do Maranhão, em processos autônomos de privatização. Parênteses: os bancos dos estados de Brasília e do Piauí não podem ser exceções: se resolveram ficar fora do Proes, cabe ao Banco Central cumprir a lei, o que significa liquidá-los ou adotar um Raet (Regime de Administração Especial Temporária), sob pena de desmoralizar todo esse esforço. Fecha parênteses.

Não será fácil achar compradores para todos esses bancos, de modo que, a fim de aumentar o número de interessados, duas idéias me ocorrem: uma, que já vinha sendo estudada pela área jurídica do BC, é a de criar uma espécie de Certificado de Privatização, que deve ser comprado pelos bancos estrangeiros que vinham fazendo contribuições para o saneamento do sistema financeiro (pagamentos conhecidos pela deselegante designação de "pedágio"). Alternativamente, poderia ser permitido ao banco estrangeiro comprar diretamente lotes de ações dos bancos federalizados em troca da licença para operar no Brasil. Outra é relaxar as regras para a formação de consórcios para os leilões, encorajando investidores não-operadores, cujo interesse é o de arrumar a instituição para vender depois com lucro.

De toda maneira, o processo precisa ser retomado, pois, se ficar pela metade, vai ser um enorme desperdício de tempo e dinheiro, além de se perder uma oportunidade de ouro de erradicar essa doença chamada banco estadual.

(OESP e JB, 17.10.1999)

A CUNHA PRUDENCIAL

Faz tempo que a cunha entre os juros básicos e o custo do crédito bancário é muito grande. No estudo recentemente divulgado pelo Banco Central sobre o assunto, feito por encomenda do presidente da República, nada de novo emergiu. As causas são conhecidas: o sistema tem custos elevados oriundos de época em que era preciso construir grandes redes de agências para capturar depósitos e gerar *float*. Era o chamado "imposto inflacionário", que, ao fim das contas, terminou partilhado com o governo através de compulsórios, direcionamentos e de uma tributação especialmente pesada os bancos.

Além disso, as exigibilidades que acompanham os recursos da poupança, bem como o uso do compulsório para o crédito rural, criaram "vinculações " para esses recursos que são tão populares no mundo político, que não é realista pensar em sua eliminação. Ao longo de muitos anos e com muita paciência, talvez se possa transferir o *funding* do crédito rural para a esfera orçamentária, possivelmente mediante a criação de um fundo contábil como o Proex e também ver evoluir o SFI (Sistema Financeiro Imobiliário, criado em 1997), a ponto de se ter conforto político em se desmontar o SFH (Sistema Financeiro de Habitação), a poupança e seu direcionamento.

Há, todavia, uma outra cunha, já mais comentada nos dias de hoje. O nosso sistema bancário tem dificuldades em criar ativos em quantidade e velocidade, especialmente em vista do tamanho das cunhas acima mencionadas. A tentativa de expandir ativos velozmente nessas condições, como no início do Plano Real, resultou em criar ativos de baixa qualidade, que, na verdade, terminam "carregados" pelos ativos de melhor desempenho, que têm que trabalhar em dobro. Essa segunda cunha é, em parte, resultado da primeira, mas também da competição, e da enorme demanda reprimida que existe por crédito barato.

Essa segunda cunha pode ser ampliada se há uma deterioração generalizada na qualidade dos ativos, criando mais "peso", e ser carregada pelos bons clientes. Pode ser aumentada também pela ampliação do escopo de medidas prudenciais. Os eventos da Ásia fizeram os reguladores em toda parte mais propensos a aplicar os 25 Princípios da Basiléia de forma bastante estrita. Não pode ser esquecido que as medidas prudenciais trazem custos adicionais e, com isso, ampliam ainda mais a "segunda" cunha. Maiores exigências de capital mínimo como proporção ao ativo, a criação de estruturas de controles internos (*compliance*) e a adoção de regras mais severas de provisionamento são providências que vão produzir elogios de nossos sócios no BIS, mas não há dúvida de que deterioram a relação entre custos e capacidade de criar ativos. Será preciso achar a medida certa para as regras de ordem prudencial, tendo em vista que compulsórios e direcionamentos *já os substituem em certa medida*. O peso da regulamentação prudencial pode ser enorme e não provocar nenhum problema em sistemas sem compulsórios e direcionamentos. No nosso caso, todavia, exagerar a dosagem será não apenas um inútil excesso de zelo, como uma forte influência no sentido da desintermediação e do aumento da distância entre os juros básicos e o custo do crédito.

(*Boletim Tendências*, 16.12.1999)

Bancos estrangeiros e crise bancária

Existem pelo menos duas maneiras de enxergar o aumento observado nos anos recentes na participação estrangeira no sistema bancário: uma abstrata e outra considerando a situação concreta que se apresentava em julho de 1994, quando terminou a hiperinflação. No plano abstrato é que se localizam as alegações altissonantes de que estamos discutindo os destinos de um "setor estratégico", ou do "controle da poupança nacional". Mas, sem prejuízo do sempre sadio, e inconclusivo, debate ideológico, é mais produtivo nos debruçarmos sobre a realidade do que sobre versões parciais e hipóteses teóricas.

Em meados de 1994, no limiar da estabilização, era muito claro que tínhamos um problema seriíssimo no sistema bancário, e estavam presentes todas as condições para uma crise sistêmica de proporções gigantescas. O tamanho da crise latente em meados de 1994 pode ser aquilatado posteriormente, a julgar pelas liquidações e intervenções posteriores, tanto com bancos públicos quanto privados. No tocante aos primeiros, cumpre lembrar que apenas três dos mais de trinta bancos estaduais não entraram posteriormente no Proes, ou seja, todos os outros, em maior ou menor grau, tinham uma situação patrimonial muito difícil. Hoje já é possível estimar que o Proes vá envolver financiamentos da ordem de uns R$60 bilhões ou mais, ou seja, esse era o tamanho do capital necessário para resolver o problema dos bancos estaduais. E não deve ser esquecido que também tínhamos problemas na área federal. O Banco do Brasil precisou de capitalização de cerca de R$8 bilhões, sem a qual deveria ter sido liquidado.

A situação crítica dos bancos oficiais tinha raízes muito claras na incapacidade dessas instituições de separarem atividades de fomento das funções normais de um banco. O fim da inflação, como se sabe, prejudicou os bancos em geral, mas fez pouca diferença para os bancos públicos, que já estavam em situação patrimonial terminal antes mesmo de a estabilização se consumar.

No caso dos bancos privados, os efeitos da estabilização foram mais diretos. Diversos grandes bancos privados experimentaram dificuldades que já vinham de algum tempo: Econômico, Bamerindus, Nacional, além de Boavista, Bandeirantes, América do Sul, e pelo menos duas dezenas de bancos menores. A nenhum analista escapou que haveria uma profunda reestruturação no sistema, que tinha agências e gente demais e sistemas e ativos de menos. O desafio era enorme, e foi enfrentado com sucesso graças a quatro fatores fundamentais: o Proes, o Proer (Programa de Estímulo à Reestruturação e ao Fortalecimento do Sistema Financeiro Nacional), a revolução na supervisão bancária e o capital estrangeiro. Muito se falou sobre os três primeiros elementos, e quase nada sobre o papel crucial do capital estrangeiro em resolver a enorme encrenca que se avizinhava.

A Constituição de 1988 restringiu a presença do capital estrangeiro no sistema bancário, mas deu ao presidente da República a faculdade de remover a restrição em função do interesse nacional. Em 28/8/1995 o Ministério da Fazenda submeteu ao presidente uma Exposição de Motivos (EM) na qual se propunha que o capital estrangeiro poderia ajudar e muito na reestruturação e fortalecimento do sistema bancário se fosse direcionado para as áreas de fragilidade. O presidente aprovou a EM e também, individualmente, a presença estrangeira nas operações que envolveram a aquisição de cada um dos bancos mencionados. Deve-se ter clareza que o Proer não teria nenhuma eficácia se não houvesse algum banco disposto a adquirir a chamada "parte boa" da instituição em dificuldade. E nos casos em que não havia a necessidade de Proer, não havia comprador nacional para nenhum deles.

Nos casos acima, o papel do capital nacional não foi insignificante, tendo em vista que parte do grupo que adquiriu o Boavista é nacional, e o Unibanco, que adquiriu alguns ativos e passivos do Nacional, tem controle nacional. Nesse caso, todavia, é de se notar que a aquisição foi financiada principalmente por meio de uma bem-sucedida venda de ações do Unibanco na Bolsa de Nova Iorque, mediante autorização específica do presidente. O papel do capital nacional na reestruturação do nosso sistema bancário é mais visível no caso dos poucos bancos estatais privatizados (Meridional, Banerj, Bemge e Credireal, de Minas Gerais, Baneb, da Bahia, e Bandepe, de Pernambuco). Apenas este último foi adquirido por instituição estrangeira.

Nem sempre era possível dirigir o interesse estrangeiro apenas para instituições com problemas. Muitas vezes eram solicitadas autorizações para a abertura de uma nova instituição financeira estrangeira no Brasil. Até recentemente, e em obediência à EM de 1995, o Banco Central aceitava contribuições em dinheiro dessas instituições, que utilizava para se ressarcir de prejuízos advindos de liquidações passadas. Cerca de US$200 milhões foram arrecadados dessa forma. Houve, também, casos em que a instituição estrangeira desejava adquirir um banco nacional em perfeita saúde. Na maioria dos casos o interesse foi desviado para a aquisição de bancos com problemas. Em outros, como no caso do Banco Real, o procedimento foi um pouco diferente. Diante da proposta feita pelo ABN-Amro, o BC solicitou às maiores instituições nacionais que fizessem propostas competitivas, pelo que se verificou que o ABN oferecia quase o dobro da melhor proposta nacional. E mais: o ABN propunha-se a pagar US$200 milhões em dinheiro ao BC, a título de contribuição para o saneamento do sistema bancário nacional, e assumia um compromisso de adquirir bancos estaduais, que já cumpriu em parte, com a aquisição do Bandepe (para o qual foi o único a apresentar-se no leilão).

Em resumo, a desnacionalização ocorrida durante os últimos anos foi uma decorrência direta da fragilidade dos bancos públicos e de vários bancos privados de grande porte, no momento da estabilização. Os grandes bancos nacionais em boa saúde não dispunham dos recursos, nem da disposição, para utilizar suas energias para resolver todos os problemas que formam solucionados com o Proer, o Proes e pelo capital estrangeiro. Graças ao capital estrangeiro, algumas operações no âmbito do Proer puderam ser concluídas, e algumas aquisições sem necessidade de Proer lograram evitar liquidações que, não vamos esquecer, teriam privado uns três ou quatro milhões de correntistas de todas as suas economias. Cada uma dessas pessoas é capaz de dizer, portanto, quanto teria sido perdido se o capital estrangeiro no sistema bancário tivesse sido limitado.

(*OESP* e *JB*, 19.03.2000)

Bancos estaduais e federais

Faz alguns anos que o governo federal iniciou um programa para erradicar uma instituição que, nos últimos anos, impôs prejuízos aos cofres públicos que podem facilmente ultrapassar os R$100 bilhões: os bancos estaduais. Essas perdas poderão corresponder a algo entre 20 e 30 vezes os custos do tão mal-afamado Proer, e, no entanto, a má vontade com relação aos bancos estaduais não chega a um milésimo daquela exibida contra o Proer, especialmente se utilizarmos como indicador de mau humor o número de pronunciamentos no Congresso Nacional contra o Proer e, pasmem, em defesa dos bancos estaduais. Por que será?

Os bancos estaduais causaram todo esse dano basicamente porque se enxergavam como instituições de fomento regional, ou, mais precisamente, porque entendiam que podiam fazer fomento com um dinheiro que não era seu, mas dos depositantes.

Uma das mais importantes iniciativas do governo FHC foi o Proes, o Proer dos bancos estaduais, que consiste em o governo federal emprestar dinheiro aos estados para que eles paguem os prejuízos causados por seus bancos, desde que os mesmos sejam privatizados ou liquidados. Admitiu-se a hipótese de manutenção dos bancos estaduais se os estados pagassem com seu próprio dinheiro metade do custo da faxina. E surpreendentemente muitos governadores preferiram colocar dinheiro em seus bancos, a fim de evitar seu fechamento ou privatização, em vez de usar os recursos em escolas e hospitais. Há governadores para todos os gostos.

Mas e os bancos federais? Não terão problemas parecidos, cujo tratamento deve ser semelhante?

Repita-se que não há nada a se questionar em o governo federal possuir um banco de fomento, como o BNDES, alimentado por recursos de seu único controlador. Já quando se trata do Banco da Amazônia e do Banco do Nordeste, a conclusão é diferente: não há sentido em essas instituições funcionarem como bancos comerciais, e não há nenhuma surpresa em se verificar que essas instituições se comportaram exatamente como os bancos estaduais. Não era preciso gastar dinheiro com nenhuma consultoria de alto nível para saber que essas instituições devem ser transformadas em agências de (mui merecido) fomento de suas regiões.

Banco do Brasil (BB) e Caixa Econômica Federal (CEF) representam enormes desafios. O BB, como sabemos, necessitou de um aporte de capital de R$8 bilhões para não ser liquidado. A CEF poderá também necessitar ajuda semelhante, possivelmente maior, em futuro próximo. É provável que essas duas instituições sejam demasiadamente grandes e complexas para serem privatizadas agora, especialmente quando o governo não consegue vender nem o Banco do Estado do Maranhão.

Tudo o que não se deve fazer, todavia, é fingir que o problema não existe ou ocultá-lo por politicamente inconveniente. Os políticos governistas que se manifestaram nessa direção assinalaram com clareza a sua opção preferencial pelas corporações em detrimento do contribuinte, uma filosofia exatamente oposta à que norteou o Proes e que resulta prejudicial aos interesses do próprio governo. Afinal, o governo federal não pode exigir uma disciplina dos estados que ele não é capaz de praticar dentro de sua própria casa.

(*Veja*, 19.07.2000)

O GIGANTESCO CUSTO DO CRÉDITO

O leitor certamente já deve ter tido a irritante experiência de tomar conhecimento de que a taxa de juros básica fixada pelo BC, geralmente com grande alarde (conhecida como taxa Selic), é de 19% (para onde caiu nesta semana que passou), mas o que lhe oferecem no banco para aplicar dinheiro não é mais que uma fração dos 19%, e pior: quando se trata de tomar um dinheirinho emprestado, é sempre um múltiplo indecente dos 19%.

Conforme nos informa o BC, para agosto de 2003, quando a taxa Selic média esteve em 23,6%, as taxas médias de captação dos bancos estavam em 21,4%, e as taxas de médias para empréstimos eram de 36,3% para pessoas jurídicas e 74,5% para pessoas físicas.

Quais as causas desse fenômeno que, a despeito de bem brasileiro, curiosamente, é designado por uma expressão em inglês, o *spread*, talvez de propósito, para confundir?[6]

O *spread* bancário tem sido uma dor de cabeça de sucessivas diretorias do BC, e nenhuma delas, inclusive as em que este escriba participou, conseguiu muito progresso. Com efeito, como se verá, o problema é muito mais difícil do que parece.

Uma maneira de interpretar o fenômeno é que se trata de uma espécie de "imposto sobre o devedor", que se configura a partir de diversos encargos impostos aos bancos: tributos (maiores do que para as outras empresas), os chamados "direcionamentos" (obrigatoriedade de fazer empréstimos subsidiados em determinadas modalidades) e depósitos compulsórios (obrigatoriedade de recolher ao BC, sem remuneração, parcela relevante dos depósitos que recebem). Tudo isso por cima dos custos operacionais dos bancos.

Como ocorre em qualquer empresa, os bancos repassam esses encargos a seus preços, portanto quem acaba carregando todo esse peso é o consumidor do produto que os bancos vendem, o devedor.

Pode não ser uma conclusão muito popular, mas nem por isso é menos verdadeira: tributar banco é o mesmo que tributar o devedor, e quanto mais se tributa banco, maior ficará o *spread* e pior a situação!

A explicação sobre a existência de um *spread* tão alto nada tem de complexa. Como um exemplo vale mais que mil teorias, vamos imaginar um banco que captou R$100 mil e que sabe que começa a ganhar dinheiro quando remunerar esse dinheiro a uma taxa que ultrapassa a taxa Selic, pois esse é o custo da "matéria-prima" dos bancos, o dinheiro. Vamos imaginar que a Selic já chegou a 15% (é o que

---

[6] Uma tradução literal, pouco usada, seria "margem".

se espera para 2004), de modo que o banco precisa gerar ao menos R$15 mil de lucro para cobrir seus custos. A pergunta é quanto vai ser cobrado nos empréstimos, tendo em vista os custos dos compulsórios e impostos, para se obter esses R$15 mil.

Para fazer essa conta, vamos imaginar que os compulsórios sobre o montante captado sejam de 50% e que o conjunto dos impostos a serem pagos representam uma proporção do lucro bruto da ordem de 40%. Assim, a taxa de juros que o banco vai cobrar de forma a remunerar sua captação a 15%, depois dos impostos, é de exatos 50%, ou seja, mais de três vezes a taxa básica.

Se os impostos aumentam em 5%, a taxa vai para 54,5%. Se o compulsório sobe 5%, mas os recursos são direcionados, por exemplo, para o microcrédito, ao custo de 2% ao mês (26,8% ao ano), como recentemente implementado, a taxa sobe para 52,6%.

A conclusão é que o *spread* é gerado pelo governo via impostos diretos, indiretos e principalmente os ocultos sob a forma de compulsórios e "direcionamentos". O panorama fica pior se adicionarmos a inadimplência às contas, como enfatizam estudos do próprio BC. Mas, na minha modesta opinião, esse elemento é de ordem menor quando comparado aos encargos acima estudados. Exagerar a importância da inadimplência pode conduzir a ilusões sobre a influência da nova lei de falências sobre o *spread*.

Sem rodeios: para se reduzir o *spread* seria preciso deslocar os subsídios à agricultura e à habitação para o orçamento público, eliminar os compulsórios e "direcionamentos" e diminuir os impostos sobre os bancos. Dá para entender por que nunca se conseguiu avançar nesse assunto?

(*Veja*, 29.10.2003)

ONDE ESTÃO OS JUROS?

Estamos vivendo uma espécie de febre do parcelamento. Em toda parte o consumidor é confrontado com a opção de parcelar a compra, e, na maior parte dos casos, ao contrário do que ocorreu no passado, o parcelamento é sem juros. São vários cheques "pré", ou tantas vezes no cartão, e existem cartões de todo tipo. O fato é que o consumidor compra parcelado achando que está fazendo economia.

Quando havia desconto para pagamento à vista, os juros eram visíveis, embora difíceis de calcular. Só os letrados em matemática financeira eram capazes de atestar que os juros eram realmente exorbitantes e que o melhor a fazer era juntar o dinheiro para pagar à vista. Conselho que ninguém seguia.

E agora, que não vemos os juros e que as pessoas vão se endividando com a sensação de economizar?

O fato é que o varejo e os bancos aprenderam a trabalhar juntos, e dessa forma trazem um "pacote" – o "parcelamento sem juros" – que apela fortemente ao consumidor. É claro que os juros não desapareceram, a pergunta relevante é quem está pagando e de que forma.

Uma descrição simples é a seguinte: quando a loja vende parcelado está, na verdade, criando ativos de crédito para um banco, financeira ou *factoring*. Recebe à vista (com um desconto) desses intermediários, repassa-lhes o consumidor e sua dívida e repõe o produto na prateleira. A loja recebe comissão, quem sabe um pedaço dos juros, que são cobrados de quem comprou financiado, mas, como tudo isso está no preço, é o conjunto dos consumidores quem paga um bom pedaço da conta, e paga feliz porque não sente.

Nesse esquema, as lojas são muito mais "originadores de crédito" que propriamente comerciantes. Alguns gigantes do varejo já descobriram faz tempo que não se ganha dinheiro de verdade no comércio, mas no financiamento. Aliás, aí se perde também muito dinheiro quando as coisas vão mal. O que se passa agora é que essa parte do negócio, o financiamento, foi vendida aos profissionais desse assunto, os bancos, ou compartilhada com eles.

A experiência de 1995 é muito reveladora e vale recordar. O impulso consumista que se seguiu ao Plano Real foi ainda mais forte que o de hoje, mas com algumas fraquezas fundamentais: o varejo se meteu a financiar suas vendas com recursos próprios e com uma capacidade de análise de risco meio amadora. Bancos não-especializados resolveram entrar no negócio do crediário diretamente, captando dinheiro de terceiros em prazos curtos, ou indiretamente, estendendo linhas de crédito ao varejo. Os bancos, como se sabe, viviam um momento delicado, e o consumidor "empilhava" as prestações, tantas quantas coubessem no salário, ainda deslumbrado com a estabilidade.

Quando a economia desaqueceu, em virtude da freada imposta pelo Banco Central, a inadimplência subiu significativamente e pegou todos de calças na mão. Faltou capital para carregar ou renegociar os créditos em atraso e para suprir o giro das lojas. Muitos varejistas e bancos quebraram, e grande número de consumidores passou aperto.

Todos aprenderam lições, de sorte que a chance de essa história se repetir não é grande, embora não-desprezível. Os bancos estão muito mais capitalizados, e a seletividade na concessão do crédito é maior, em média. É verdade que consumidores continuam "empilhando" as prestações como em 1995, fenômeno que de modo algum se restringe às classes C e D. Isso significa que pequenos tropeços na massa salarial podem ocasionar grandes flutuações na inadimplência.

É verdade também que ainda existem lojas que expõem seu capital em financiamentos às suas vendas nem sempre dentro da melhor técnica bancária. Além disso, diferentemente de 1995, o impulso consumista não veio de aumento de renda real, mas de redução de juros e maior oferta de crédito.

Não há dúvida, por fim, de que os produtores de bens duráveis, e também as exportações, vivem uma exuberância, enquanto muitos outros setores ainda estão rastejando.

Por tudo isso, a freada do BC, se vier, terá de ser pequena e delicada, sendo esta sempre mais difícil de calibrar que uma grande.

(*Veja*, 15.09.2004)

Mercado de capitais, *crowding in* e o valor das empresas brasileiras

Uma nova existência para as bolsas

Uma das imagens mais impressionantes, e mais freqüentes, nos noticiários sobre as crises financeiras internacionais recentes era a da algazarra dos operadores de pregão, se empurrando e se esgoelando, como é típico em um dia nervoso. A televisão tinha na Bolsa de Valores de São Paulo um extraordinário aquário de imagens desse tipo, que, durante os piores dias das crises, chocavam os adultos e divertiam as crianças.

Ao leitor atento, todavia, não terá escapado que as imagens registradas a partir das bolsas asiáticas eram bastante diferentes: recintos grandiosos, repletos de terminais de computadores, que faziam submergir as pessoas e dos quais o máximo de emoção que a câmera conseguia capturar era a figura de um operador, na frente de seu terminal, arrancando os cabelos ou roendo as unhas. Nada que se parecesse com o furor do nosso empurra-empurra.

A diferença tinha uma boa explicação. No nosso caso, o pregão era, como se diz, "de viva voz". Os operadores credenciados pela bolsa são fechados em um recinto, devidamente armados de seus telefones, e passam a gritar uns com os outros seus lotes, seus preços de compra e venda, e a fazer negócios, que anotam em pedacinhos de papel (os boletos), que vão largando para trás, para alguém que os recolhe e digita os números ali rabiscados em algum sistema que executa a transação. É claro que isso tudo pode ter lugar de uma forma muito mais organizada e eficiente, como na Ásia, por meio de computadores: cada operador tem um terminal, no qual digita seus números ou estratégias, e programas especiais coordenam compras e vendas automaticamente, acionando as custódias, os pagamentos e a contabilidade. Tudo sem gritaria.

Assim é o pregão eletrônico, um avanço aparentemente inocente, mas cujas conseqüências são revolucionárias, e a principal delas é fácil de ser percebida: os operadores não precisam mais estar no mesmo lugar. Eles não se falam diretamente: o seu relacionamento, como num *chat*, ou num leilão eletrônico pela internet, passa a ser virtual e em tempo real. Isso quer dizer que o mercado se desterritorializa: perde sentido, a rigor, a noção de uma bolsa organizada, ou de um lugar onde as pessoas necessariamente se reúnem para esse tipo de comércio. Na verdade, basta um *site*, um "lugar virtual", onde quem entra tem de clicar que aceita certos termos (concernentes a pagamentos, entrega, garantias, custódia, liquidação e solução de controvérsias). Com isso, a bolsa deixa de existir como tal. Deixa de ser uma espécie de clube no qual só se pode entrar pela mão de um sócio, um corretor habilitado, o dono do lugar, o único que pode conduzir aquele jogo e para quem nós todos devemos pagar uma comissão em troca de algo que podemos perfeitamente fazer sozinhos. A internet está, com efeito, devastando a atividade de corretagem. Hoje em dia nos EUA, aliás, na internet, é possível acessar *sites* a partir dos quais o indivíduo pode fazer seus próprios negócios, pagando por transação feita, e tendo a opção de pagar só um pouquinho a mais para ter o privilégio de falar com um *broker*.

A corretagem de fato não faz mesmo muito sentido num mundo de informação total. Seu fundamento é o custo ou a dificuldade em obter a informação especializada, exatamente o que a internet está destruindo. A internet nos desobriga de recorrer a esses profissionais e aos lugares exclusivos desses senhores, as bolsas de valores.

Um parêntese: há outro fundamento, bem menos nobre, para a atividade de corretagem, que é a fixação de algum monopólio ou obrigatoriedade legal. No Brasil existem ainda leis que obrigam as pessoas a usarem corretores, e a pagar por isso, mesmo quando não querem esses serviços. A obrigatoriedade da interveniência de corretor em operação de câmbio, por exemplo, era fixada em uma lei que, com todo o merecimento, foi revogada em 1994 na primeira das medidas provisórias do Plano Real. A revogação produziu até ameaças de morte, mas foi mantida. No caso da corretagem de seguros, por exemplo, ainda permanece em lei (ainda por cima entendida como complementar) a esdrúxula obrigatoriedade da presença do corretor mesmo que as partes não queiram. Pior que isso só o *lobby* dos corretores de imóveis, que queriam colocar na Constituição a obrigatoriedade da contratação de seus serviços. Fecha parêntese.

É claro que as transformações trazidas pela internet geram enorme ansiedade nos funcionários e corretores das bolsas. Esse mundo está em rapidíssima transformação, e aqueles comprometidos com as maneiras antigas de se fazer as coisas estão em pânico. O presidente da Bovespa já é conhecido pela carranca com que exibe os números da "migração da liquidez" para Nova Iorque. É corretagem que se perde, é menos gente interessada em freqüentar aquele clube, cujo título patrimonial se desvaloriza, para o desespero dos sócios. O caso da Bolsa do Rio de Janeiro é ainda mais dramático: a liquidez acabou, os volumes negociados são ridículos, e a queixa é a mesma, só que contra São Paulo.

O problema, todavia, não está bem colocado. Os negócios não desaparecem, e não se trata propriamente da "transferência da liquidez" para um "outro" lugar, mas para nenhum lugar, um não-lugar, um mundo virtual em que, até segunda ordem, não há cartórios, exclusividades e privilégios, e no qual outros tipos de "bolsas" vão prosperar.

(*OESP* e *JB*, 13.06.1999)

O MERCADO DE CAPITAIS E O SUPERÁVIT PRIMÁRIO

Os números para o nosso mercado de capitais não são animadores, e não fazem justiça ao potencial de nossa economia. O valor de mercado das empresas *componentes* do Ibovespa era da ordem de uns R$ 300 bilhões (cerca de US$ 138 bilhões) ao final de 2001. O número de companhias *listadas* na Bovespa é maior que o das que compõem o índice, exatas 450, incluindo as que compõem o Ibovespa, e o valor de mercado desse conjunto maior chega a R$440 bilhões (cerca de US$205 bilhões). São números expressivos, mas que poderiam ser muito maiores se a avaliação das empresas, não levasse em conta que, no Brasil, o futuro é muito incerto (e às vezes também o passado) e alto o custo do capital. Tecnicamente, isso significa que a taxa de desconto utilizada para se "trazer a valor presente" fluxos futuros de receitas e lucros é muito mais alta do que poderia ser. Ou que os chamados "múltiplos", que dão o valor das empresas a partir do faturamento ou do lucro bruto, são pequenos. As empresas estão baratas, portanto. Em dólar então, nem se fala.

Os números para "lançamentos primários", ou seja, para empresas que abriram seu capital mediante, venda de ações em bolsa de valores, fornecem uma impressão ainda pior. Em 2000 foram seis operações apenas, alcançando a modesta soma de R$1,4 bilhão. No período 1995-98, a média anual para o número de operações de emissão primária de ações foi de 24, e o valor médio foi de cerca de R$8 bilhões.

Em 2000 a emissão primária de debêntures atingiu o valor total de R$8,7 bilhões em 42 operações, e o de notas promissórias chegou a R$7,6 bilhões em 44 operações. Nesses casos, os números são melhores que os observados em 1995-98, embora não muito. Ou seja, manteve-se, ao longo desses anos, certa atividade, embora não muito intensa, em lançamentos de instrumentos de renda fixa privados.

É difícil argumentar que as explicações para a pouca profundidade do nosso mercado de capitais tenham que ver primordialmente com temas regulatórios ou de legislação. Não deve haver dúvidas de que esses problemas existem e são sérios, mas é na macroeconomia que devemos encontrar as chaves do problema.

Uma pista importante para encontrar essas chaves está nos números para a chamada indústria de fundos mútuos no Brasil. De acordo com números da Anbid (Associação Nacional de Bancos de Investimento), existiam no país 3.420 fundos mútuos ao término de 2000, com um patrimônio líquido de R$293 bilhões. Desse valor, 87% (cerca de R$250 bilhões) estão alocados em fundos de renda fixa de liquidez diária, sendo que cerca de R$200 bilhões desse montante estão estacionados em títulos públicos. Apenas 7% do total do patrimônio dos fundos mútuos no Brasil, cerca de R$20 bilhões, está aplicado em fundos de ações. Registre-se também que o valor dos ativos dos fundos imobiliários no Brasil mal chega a R$1,5 bilhão.

Conclui-se, portanto, que esse universo de investidores institucionais é profundamente enviesado no sentido de carregar a dívida pública, e, como oferece liquidez diária a seus cotistas, não tem incentivos naturais a buscar títulos públicos mais longos, ainda que mais rentáveis. Reverter esse viés, de forma a empreender algum alongamento de dívida pública, não será fácil, nem rápido.

Num universo diverso de investidores institucionais, os fundos de pensão, cujos ativos já somam R$130 bilhões, há mais equilíbrio entre renda fixa e renda variável. O total de ativos de fundos de pensão em instrumentos de renda fixa é de R$63 bilhões e de renda variável, R$46 bilhões. É interessante observar que dos R$20 bilhões existentes em fundos de ações, cerca de R$15 bilhões (75%) pertencem aos fundos de pensão, que também possuem ações diretamente em um montante da ordem de R$ 31bilhões. Dos R$250 bilhões existentes em fundos de renda fixa, os fundos de pensão detêm cerca de R$48 bilhões (19%), além de carregar R$8,6 bilhões de títulos públicos diretamente. Há pouca informação consolidada sobre o prazo dessas aplicações de renda fixa, mas, tendo em vista a predominância de aplicações em fundos de renda fixa, é de se esperar que a duração seja curta. Portanto, mesmo nos investidores institucionais cujos horizontes são longos, há viés para aplicações de curto prazo.

Esse quadro revela os escombros deixados por um fenômeno de livro texto, já mencionado e de difícil tradução: o *crowding out*. Consiste em o governo "congestionar" a demanda por recursos financeiros em função de suas necessidades de financiamento, de tal sorte a "expulsar" o setor privado do mercado, geralmente por meio de taxas de juros elevadas. Ou seja, o Tesouro oferece taxas de juros tão atrativas para prazos tão curtos – liquidez diária –, que simplesmente faz desaparecer o interesse por outros instrumentos, notadamente as ações de empresas privadas.

É o déficit público, portanto, que "entorta" a indústria de fundos e a coloca a serviço do governo.

Existem muitas receitas em debate para fazer decolar o mercado de capitais no Brasil. Todas são boas, mas a mais importante era a erradicação do déficit público. Não basta o superávit primário que temos, que resulta em déficit nominal de cerca de 3% do PIB e estabilização da dívida pública como proporção do PIB. Estacionar essa proporção era uma necessidade da estabilização, que deveria ter sido atendida em 1995, e não em 2000. O custo desse adiamento do ajuste fiscal foi o aumento da dívida pública e a repressão do mercado de capitais.

O que muita gente não percebeu é que, uma vez consolidada a estabilização, o superávit primário tem de ser maior ainda, de forma a que, idealmente, tenhamos superávit nominal. É isso que vai permitir a "desintoxicação" do mercado de capitais pela progressiva redução da proporção da riqueza financeira nacional alocada em papéis públicos. É isso que vai permitir a redução da taxas de juros a níveis de primeiro mundo e o desenvolvimento do mercado de capitais.

Assim sendo, estão totalmente enganados aqueles que olham para o superávit primário que temos hoje como uma anomalia, ou como um sacrifício temporário a ser oferecido às conveniências internacionais enquanto aqui estiver o FMI. O nosso desenvolvimento econômico, no que depende de juros menores e do crescimento do mercado de capitais, requererá um superávit fiscal maior ainda.

(*OESP*, 29.04.2001)

POR QUE AS EMPRESAS BRASILEIRAS SÃO TÃO BARATAS?

Lembro-me que, em meados de 1998, quando presidia o Banco Central, declarei que as empresas brasileiras estavam muito baratas, e que esse era um fenômeno sobre o qual deveríamos refletir. Um líder empresarial, pertencente aos altos quadros do IEDI, em resposta, fez declarações deselegantes, alegando que as empresas estavam sim baratas em função da combinação, na visão dele, equivocada, de juros e câmbio praticada pelo BC.

O mundo deu várias voltas desde então, vale a pena revisitar o assunto.

Logo após nossa vitória sobre a Crise da Ásia, no primeiro trimestre de 1998, mais ou menos na época das declarações anteriormente mencionadas, o valor de mercado das companhias abertas componentes do Ibovespa estava se aproximando de US$200 bilhões. No primeiro trimestre de 1999, após a mudança da política cambial, com vistas a consertar o que o empresário dizia estar errado, esse número caiu para cerca de US$70 bilhões.

A recuperação foi lenta, especialmente ao longo de 2000, mas com a evolução do câmbio desde outubro do ano passado o valor foi caindo, de tal sorte a atingir, em setembro de 2001, o valor de US$96 bilhões.

As empresas brasileiras estavam baratas, em função de uma combinação supostamente errada de juros e câmbio. Agora, com a combinação supostamente correta, ou ao menos bem diferente da outra, as empresas valem metade do que valiam quando o empresário acima citado achava que estávamos vendendo o país a preços de ocasião. Curioso, não?

É útil refletir sobre o modo como as empresas brasileiras, e seus proprietários em particular, perdem dinheiro por conta de uma gestão macroeconômica indecisa entre "desenvolvimentismo" e "ortodoxia".

Quanto vale uma empresa?

Todo empresário sabe que é o fluxo de caixa trazido a valor presente, regra, aliás, adotada por lei nas avaliações das empresas públicas a serem vendidas no âmbito do Programa Nacional de Desestatização. Uma pergunta freqüentemente repetida nesse contexto é qual a taxa de desconto relevante para o cálculo do valor presente, e a resposta correta é que deve ser o custo de capital no país, ou a taxa de juros de mercado. Se a taxa de juros aqui é muito mais alta que no resto do mundo, então os fatores de desconto serão maiores e as empresas vão valer menos.

O empresário acima citado não estaria errado se parasse aí. O problema é não perceber por que o custo do capital no Brasil é alto. Não se trata de regime cambial, nem de vontade política; a formação da taxa de juros obedece a leis econômicas das quais não se pode fugir. Sendo o Brasil uma economia aberta, a taxa de juros aqui dentro *em dólares* tem de ser igual à taxa de juros americana (2,0%) mais o chamado "risco país", que anda pela casa de 1.000 pontos, como se diz, ou seja, 10%. No total, *grosso modo*, uns 12% em dólares, talvez menos. O passo seguinte é transformar essa taxa em dólares numa taxa em reais, o que se faz através dos mercados de *swaps*, em que se define o prêmio que, para prazos curtos anda pela casa dos 7%, quem sabe mais, dependendo da volatilidade. Ou seja, 12% mais uns 7%, o que nos leva mais ou menos aos 19% em que estamos.

Existem, portanto, dois fatores principais que fazem os juros brasileiros serem tão diferentes dos juros nos EUA: o "risco país", que agrega uns 10%, e a volatilidade do câmbio, que agrega uns 7%.

Essa é a sina de um país que não fez as reformas que deveria ter feito e, tem um nível de "classificação de risco" (*rating*) ruim. Ao caminhar com as reformas e melhorar seu *rating*, tudo melhora, pois existe uma relação quase linear entre *rating* e risco país. Um país como a

Espanha, tem *rating* de boa qualidade – "grau de investimento", como se diz –, e, por causa disso, o risco país é de uns 50 pontos, ou 0,5%. Sua taxa de juros em dólares deve andar pela faixa de 2,5%. Sua taxa de câmbio tem paridade fixa com o Euro, ou seja, o *swap* para taxas em dólar e em pesetas (euros) é baratinha, de tal sorte que a taxa de juros na Espanha é inferior a 4%.

A integração européia ajudou muito a Espanha a atingir um *rating* na faixa de AA ou mais. Parêntese: por isso é útil pensar a sério na Alca; há 25 anos a Espanha não estava tão diferente de onde estamos hoje. Fecha parêntese.

Pois bem, esse "banho de loja" que leva o país a um *rating* de primeira categoria reduz o custo do capital e, em razão disso, representa uma enorme valorização para as empresas do país. Por que será que, de um momento para o outro, as empresas espanholas começaram a comprar tanta coisa na América Latina, onde os ativos estavam baratos, e hoje estão mais baratos ainda?

Esses argumentos todos servem para ilustrar o fato de que as empresas brasileiras pagam um preço enorme, em termos de maior custo de capital e menor valor de suas ações, por estarem sediadas num país de *rating* ruim. Se o governo fizesse o seu dever de casa no domínio das reformas que nos levariam a ter um *rating* como o da Espanha, ou como o da Polônia, ou como do Chile, o valor das empresas brasileiras em dólar seria multiplicado, digamos, por três ou por quatro ou mais. Sairíamos da faixa dos US$100 bilhões, para as empresas do Ibovespa, para a faixa dos US$300 ou US$400 bilhões.

Tendo em vista a perspectiva e a magnitude desse ganho, pessoalmente nunca entendi por que o empresariado nacional não se esforça para que o governo e os senhores parlamentares façam o que têm de fazer para melhorar o nosso *rating*. Em vez disso, a representação empresarial fica encantada com temas como "política industrial" e protecionismo. Um lamentável desperdício de energia, e de dinheiro.

(*OESP* e *JB*, 23.11.2001)

O NACIONAL-EMPREENDEDORISMO

Nacional-desenvolvimentismo foi como ficou conhecido o sistema de crenças que apoiava o modelo de crescimento econômico adotado no Brasil a partir dos anos 30. Suas bases objetivas eram o financiamento do investimento público através da inflação e a busca da autarquia pela substituição de importações. Suas bases subjetivas foram construídas em torno do mito do Estado Redentor, o único Demiurgo do Desenvolvimento, o Leviatã que conduziria o país na senda do progresso, superando quaisquer obstáculos.

No meio século que vai da crise de 1929 até o início dos anos 80, a participação do Estado na economia cresceu muito, e a inflação também. Mas o crescimento foi tão espetacular quanto a ampliação da desigualdade, sendo esse o preço a pagar pelo rápido progresso, e também a chave para entender o colapso do modelo. A democracia fez crescer a resistência à inflação e decretou, quando da hiperinflação, a rejeição definitiva do velho desenvolvimentismo.

Não existe, nos dias de hoje, dúvida sobre o fato de que será o setor privado o demiurgo do próximo ciclo de crescimento, ou do próximo "modelo", se é que a expressão vale para o que virá. O Estado já cobra impostos demais e, endividado, mal consegue pagar suas contas. Como imaginar que vá ter papel muito relevante na próxima etapa do crescimento brasileiro?

O fato é que a tecnologia para fazer o setor privado investir é absolutamente diversa daquela que servia para o investimento público. A iniciativa não é do político, a partir de "planos de desenvolvimento", mas da figura do empreendedor, milhares e milhares deles, pequenos, médios e grandes, agindo de forma descentralizada, obedecendo a seus instintos e aos sinais do mercado. Esses agentes do progresso carecem de uma ideologia que os defina como tal, uma espécie de "nacional-empreendedorismo" que ocupe o espaço ainda habitado, ou invadido, pela velha ideologia desenvolvimentista.

Já são perceptíveis no mundo empresarial alguns novos valores estranhos aos modos de pensar do tempo de JK ou do general Geisel: por um lado, o desprezo pelo setor público, ou a postura de distanciar-se o mais possível desse gigante predador, que pode destruir o seu negócio num momento de distração, mudando um regulamento sem atinar para as conseqüências. Por outro lado, a meritocracia como paradigma, a excelência empresarial, a busca da produtividade, a falta de piedade com a concorrência, a ousadia e a criatividade.

Foi necessário que a abertura, a privatização e os investimentos diretos invadissem o Brasil para que o setor privado, ou as melhores partes dele, adotasse essa nova cultura de competência e competitividade, à moda de outros países que se sentem à vontade como economias de mercado, transição ainda incompleta no Brasil. Já com relação ao governo, as reformas não andaram nem de perto com a mesma rapidez, o que apenas fez aumentar o descompasso entre um novo empreendedorismo que cresce por sua própria conta e um Estado falido, decadente e ainda iludido com o seu gigantismo, como se isso representasse efetiva capacidade de conduzir os destinos econômicos do país.

Quem sai da faculdade hoje com uma boa idéia na cabeça e pensando em tornar-se um empreendedor, formar sua empresa e fazer fortuna pode começar a se desiludir ouvindo conselhos já clássicos: no Brasil o caminho mais seguro para uma vida sem sobressaltos sempre foi um emprego público, ou talvez um bom casamento. Outro, mais arriscado, é um empreendimento apoiado pelo governo. Mas, como essas prebendas não existem mais em quantidade suficiente, o nosso jovem empreendedor, ao insistir nessa vocação, terá de enfrentar um ambiente hostil, impostos e juros elevados, competidores na informalidade e falta de apoio até no plano subjetivo: que valor se dá ao empreendedor no Brasil? Ele é a chave do progresso, mas parece pairar sobre ele, por causa de velhas concepções, uma névoa de desconfiança, como se ganhar dinheiro criando empresas fosse "privatizar" indevidamente o progresso, função supostamente precípua do Estado.

(*Veja*, 04.08.2004)

Política industrial e a concorrência: velhas falácias e novos desafios

CADE: SEU FOCO E SEU LUGAR

O projeto que veio a se tornar a Lei 8884/94 – a legislação básica que rege a chamada "defesa da concorrência" – foi intensamente debatido durante o segundo semestre de 1993 pelas equipes do então ministro da Fazenda Fernando Henrique Cardoso, hoje presidente da República, e do então ministro da Justiça, dr. Alexandre Dupeyrat, hoje ex-secretário de Fazenda de Minas Gerais. Separando as duas equipes havia um tema explosivo: o controle de preços. A equipe da Justiça queria alguma base legal e algum braço operacional para combater os "preços abusivos" praticados especialmente pelos laboratórios farmacêuticos, uma conhecida obsessão do então presidente da República. O Ministério da Fazenda argumentava que controles de preços e ações policialescas contra "oligopólios" não apenas eram ineficazes como, naquele momento, seriam capazes de detonar uma hiperinflação. Infelizmente, foi nesse clima que um tema tão importante quanto a reforma da legislação antitruste, de modo a transformá-la em uma autêntica Política de Competição, terminou sendo definida.

O Cade (Conselho Administrativo de Defesa Econômica), naquela altura, era uma nulidade já amplamente consolidada. Tinha julgado apenas 150 processos nos seus vinte anos de existência, com apenas duas condenações sem importância. E não podia ser de outra forma! Como esperar que um órgão dedicado a zelar pelo bom funcionamento dos mercados pudesse funcionar num país em que o próprio governo era o meliante mais contumaz, ao conduzir políticas extremamente intervencionistas em todos os mercados onde podia?

Não se pode esquecer que essa atividade denominada "política industrial", freqüentemente invocada por certo tipo de empresário carente de carinhos estatais, nada mais consiste em intervir em mercados, por meio de mecanismos fiscais ou regulatórios, para favorecer alguém, e o cardápio é variadíssssimo: proteção tarifária (ou administrativa) "seletiva", subsídios creditícios ou fiscais, "regulação" de preços de insumos e produtos, barreiras à entrada, reservas de mercado, e por aí vamos.

Em bom português: a política industrial à moda antiga era, e continua sendo, totalmente incompatível com a "defesa da concorrência". A política industrial deve ser vista como um "ataque à concorrência".

Bem, mas não era propriamente no bom funcionamento dos mercados, nem numa legislação moderna de fomento à competição, que a equipe do Ministério da Justiça estava pensando, e o que eles estavam pensando precisava ser evitado a qualquer custo.

Ao fim das contas, o desastre foi evitado, mas a lei que resultou desse momentoso debate incorporou algumas distorções que está mesmo na hora de consertar, tendo em vista a passagem do tempo, o desaparecimento do fantasma do controle de preços e o notável crescimento das fusões e aquisições nos últimos anos.

Para começar, a Lei 8884/94 manteve a SDE (Secretaria de Direito Econômico) e o Cade (que foi transformado em autarquia) no Ministério da Justiça. Com isso ficávamos com duas estruturas para a "defesa da concorrência", ambas fora do lugar. O assunto a ser tratado é o bom funcionamento da economia de mercado, ou seja, um tema de especialização de economistas, e não de advogados e delegados de polícia. Faria muito mais sentido que essas estruturas estivessem vinculadas ou inseridas no Ministério da Fazenda, que já tem uma secretaria nessa área (a SAE, Secretaria de Acompanhamento Econômico), ou, talvez melhor, no Ministério responsável pela política industrial, o de Desenvolvimento, Indústria e Comércio (que também tem a sua Secretaria de Política Industrial). É de se presumir que os técnicos que entendem do (do bom e do mau) funcionamento dos mercados estejam nesses Ministérios e não na Justiça, de modo que existe considerável espaço para a racionalização dessas máquinas todas.

No mérito, foi terrível a luta para retirar da lei todos os extraordinários poderes e competências que se queria dar ao Cade, em especial no tocante ao controle de preços. Ainda assim, permaneceram algumas pérolas, que devem ser entendidas como ruínas das propostas intervencionistas que acabaram derrotadas. O Artigo 20 configura como "infração da ordem econômica" o ato de "aumentar arbitrariamente os lucros", sem obviamente indicar o que seria esse "arbítrio". O Artigo 21 faz o mesmo com "a imposição de preços excessivos, ou o aumento injustificado de preços".

(*OESP* e *JB*, 01.08.1999)

POLÍTICA INDUSTRIAL

Ninguém sabe dizer precisamente o que é isso, mas poucos assuntos são mais apaixonantes e controversos. Os presidenciáveis andam todos falando nisso, todos eles, atenção leitor, pois não se trata de interesse acadêmico: as campanhas precisam de dinheiro. Alguém malicioso poderá ponderar que esse já é um bom motivo para desconfiarmos do conceito: promessas eleitorais destinadas a arrecadar não devem ser, necessariamente, as que melhor atendem os interesses do povo. À luz do que se fez no passado mais remoto, um conhecido economista sempre repete que quando ouve falar de política industrial tem ânsias de proteger a própria carteira.

É fácil ser maldoso com a política industrial porque muita coisa cabe dentro de sua definição: quaisquer iniciativas que procurem elevar a produtividade ou o investimento na indústria merecem a designação. Podemos estar falando de coisas sensatas, como o apoio ao desenvolvimento tecnológico, ou de ações mais polêmicas como as dos bancos estaduais ou o protecionismo para a indústria de brinquedos. Por isso mesmo todo mundo é a favor da política industrial, ou contra, dependendo do programa ou do veículo específico de que estamos falando.

Por isso mesmo, tenho enormes dificuldades para aceitar duas acusações amiúde dirigidas contra o governo FHC. A primeira é a de que o atual governo nada fez nesse terreno por razões ideológicas, e a segunda a de que houve um intenso debate intramuros em que os autodenominados "desenvolvimentistas" perderam e em razão disso diversos planos de política industrial essenciais para o futuro do país deixaram de ser executados.

As duas acusações são falsas, e para mostrá-lo vamos, primeiro, aos resultados. A taxa de crescimento da produtividade do trabalho na indústria foi de cerca de 8% anuais na década de 1990. O professor Regis Bonelli chamou o fenômeno, totalmente atípico na experiência industrial brasileira, de "modernização defensiva", porque teve lugar num contexto de baixo investimento. O fato é que uma hora de trabalho na indústria em 1999 produzia 68% a mais em mercadorias do que em 1990, um resultado excepcional, fruto de políticas públicas, e pelo menos duas delas foram fundamentais: abertura e privatização. Se isso não é política industrial, o que poderá ser?

A abertura fornece um dos melhores exemplos de política industriais ditas "horizontais", aquelas "não-seletivas", ou "não-discriminatórias", pois alcançam todo mundo, e não apenas alguns preferidos da burocracia. A categoria de cidadãos beneficiados é numerosa, são conhecidos como consumidores e nunca foram levados muito a sério. Os sacrificados foram alguns empresários que acharam que uma década era pouco tempo para os preparativos.

A segunda, a privatização, por sua própria natureza, é "seletiva" pois está se tratando de um grupo pequeno de empresas, umas 120, porém responsáveis pela geração de cerca de 4% do PIB brasileiro. Quem perguntar a qualquer uma das 120 empresas privatizadas sobre o "antes" e o "depois" vai ouvir um bocado sobre investimentos, produtividade, lucratividade e impostos. Setores importantes, como a siderurgia e a petroquímica, estavam à beira do sucateamento, a Embraer prestes a fechar as portas. A privatização em telecomunicações foi muito bem tocada, e por desenvolvimentistas juramentados.

No tocante à segunda das acusações, a minha dificuldade, talvez de memória, é localizar bem onde eram exatamente as discordâncias. Leio o que dizem hoje os desenvolvimentistas e não consigo discordar de nada, exceto da descrição que eles oferecem sobre o que era o pensamento do resto da equipe econômica. Neste capítulo, todavia, o leitor estará mais bem servido com as fontes primárias, ainda disponíveis e falantes.

Muita coisa foi feita, e muito esforço foi colocado em não repetir as fórmulas viciadas do passado, e por razões que nada têm de ideológicas. Ninguém deve ser acusado de ter má vontade com a política industrial por desgostar de mecanismos como a Sudam e a Sudene, por exemplo.

(*Veja*, 07.11.2001)

POR UMA POLÍTICA NÃO-INDUSTRIAL

Nada contra a idéia de "política industrial", tema tão antigo e polêmico e sobre o qual tivemos recentemente mais uma variação. O impacto da iniciativa foi tão avassaladoramente insignificante que a sensação foi de que o governo errou o alvo e de que devia na verdade buscar caminhos novos, dedicando atenção a outros setores, como o vasto e inexplorado setor de serviços, em que se gera nunca menos do que a metade do PIB e em que estão três quartos dos empregos. Com efeito, um governo preocupado com geração de empregos devia estar preocupado em fazer crescer o setor de serviços, o que em si seria uma notável inovação em matéria de políticas públicas. Em vez disso, temos mais uma tentativa, depois de dezenas de fracassos, de reinventar a "política industrial".

Tornou-se um clichê entre lideranças industriais assumir ares de virtude ultrajada ao dizer que o Brasil não tem política industrial, tampouco se interessa pelo assunto. Bobagem. Basta pensar dois segundos sobre o que faz o BNDES, cujos empréstimos alcançam R$87 bilhões, representando cerca de 20% de todas as operações de crédito no país.

O BNDES faz política industrial, e muito bem, pois analisa projetos individualmente, com critérios bancários e sem privilégios, desembolsos condicionados a desempenho, assim cuidando do retorno do dinheiro que empresta; financia investimento, e não o capital de giro, e nunca a totalidade do projeto, a fim de que o empreendedor seja solidário no risco. O corpo técnico da casa é da melhor qualidade, e seu conhecimento da economia brasileira só fez melhorar com o tempo.

Note-se que o BNDES não faz apenas política industrial, mas políticas de fomento, pois não se restringe à indústria. Tem tido papel fundamental na infra-estrutura e em alguns setores de prestação de serviços, mas encontra obstáculos conceituais quando se vê diante de investimentos mais intangíveis, como em pesquisa e desenvolvimento, ou no que os economistas chamam de "capital humano", ou seja, em educação ou treinamento específico.

Esses são temas interessantes que se imaginaria pertencerem ao universo de preocupações que o governo colocou na rubrica "política industrial". Com efeito, nessa reedição recente da "política industrial" o governo anunciou 57 "ações" e R$15 bilhões de crédito do BNDES para setores "prioritários". A CNI, que ofereceu a plataforma de lançamento da iniciativa, fez circular em paralelo um documento seu apontando apenas três "méritos da iniciativa do governo" e 29 "pontos de atenção".

Não há incentivos fiscais "na veia", porque o ministro Palocci não deixou, mas lá estão os setores "especiais", sempre difíceis de explicar. O fato é que o anúncio veio cercado de mal-estar entre as autoridades anunciantes, e para o qual o presidente quase não veio, e nem sequer discursou. As indicações parecem ser no sentido de que a coisa não estava pronta; as intenções são boas, o Brasil, o país do futuro, mas tudo vai depender da operacionalização, sobre a qual ninguém sabe dizer muita coisa. Típico deste governo, não?

Contudo, inovar mesmo seria enunciar políticas de geração de emprego focadas no setor de serviços, que poderiam começar, por exemplo, atacando os preconceitos enfrentados pelo setor. O mais evidente, inclusive porque vem da indústria, é na verdade um truísmo: diz-se que não produz nada, ou seja, não produz mercadorias. Que bobagem. Dentro do setor de serviços estão a infra-estrutura, o setor financeiro, a "cadeia produtiva" da educação, o "complexo" do turismo e o trabalho intelectual em geral. Como dizer que aí não se produz "nada"?

Mas, tirando os serviços públicos e o sistema financeiro, todo o resto está no sereno, enfrentando um sistema tributário ultra-hostil, ou mesmo discriminatório, especialmente depois da nova Cofins e do aumento do escopo do ISS, e uma legislação trabalhista da era Vargas que simplesmente não ajuda as empresas do século XXI, em que predominam o "capital humano", a criatividade e o trabalho intelectual. Não há dúvida de que o setor de serviços é a grande fronteira de modernização da nossa economia.

(*Veja*, 14.04.2004)

Globalização: deslumbramento e catástrofe

Globalização: a mudança e a preguiça mental

As pessoas comuns não sabem bem o que é isso. Boa parte dos especialistas tampouco. Mas não se fala em outra coisa. Será mesmo alguma mudança fundamental, no ambiente internacional, vinda lá do Norte? Ou o velho imperialismo, na antepenúltima fase, ou, quem sabe, afinal, as tais "perdas internacionais"? Ou será apenas uma vocalização idiossincrática das ansiedades quanto ao fim do mundo, como é próprio do final do Milênio?

O que quer que seja, a fascinação é unânime, contra ou a favor.

Na ponta favorável, destaque-se o impacto dos novos produtos, tecnologias e modalidades de negócios, bem como as novas interferências cotidianas produzidas pela internet, pelos celulares funcionando em toda parte, pelos computadores multimídia, TV a cabo, noticiário em tempo real etc. Como não sucumbir a isso tudo? Simultaneamente (mas não independentemente), mercê do Real, o dinheiro recobrou o seu poder de compra, processo com enorme e pouco entendido impacto sobre o imaginário popular. Os horizontes de escolha disponíveis a produtores e consumidores se ampliam aos limites do planeta, e os laços comerciais e financeiros com o mundo exterior vão se multiplicando em escala sem precedente e mudando (sabe-se lá para onde) a natureza disso que os economistas chamam de "a inserção internacional".

Do lado negativo, o país também se assusta com novas e misteriosas ameaças. Subitamente, tudo que passa pelo mundo nos afeta: a crise do México, a falência dos Barings, o escândalo de Orange County. O anúncio das estatísticas norte-americanas move o preço dos T-Bills de trinta anos, que move o Ibovespa, e os mercados futuros para boi gordo cambial em São Paulo. Não há dúvida, o mundo parece tão absolutamente mais complexo do que jamais foi. O fascínio, compreensivelmente, cede lugar à insegurança. As cifras inacreditáveis, os jargões, os tais derivativos, a mobilidade do dinheiro, tudo isso parece assustador. Movem-se os trilhões no universo virtual dos mercados, desligados das realidades econômicas intuitivas, vale dizer, desligados do ato de produzir, da fumaça das fábricas e da mais-valia. Isso não pode ser coisa boa.

O mundo é diferente, não há mais Guerra Fria, o espectro do cataclisma nuclear parece afastado, mas surge, para tomar o seu lugar, o temor da catástrofe financeira. A Suprema Irracionalidade Capitalista, tão absurda quanto a corrida armamentista. O fim do mundo continua factível, mas agora como decorrência da Globalização e de seu fio condutor, o Neoliberalismo. Para qualquer um que conheça a explicação junguiana para os discos voadores, e que tenha ouvido o subcomandante Marcos (segundo consta, em entrevista para Régis Debray) dizer que não sabe como deve ser o Mundo Novo, fica clara a semelhança entre o Encontro Intercontinental pela Humanidade e contra o Neoliberalismo, recentemente promovido pelo Movimento Zapatista no México, e um grande congresso de Ufologia.

Não há conclusão sobre globalização. Resta apenas reafirmar que o Brasil era muito mais simples quando apenas produzia café, as cidades eram vilarejos familiares, e nos entusiasmávamos com a luta pela industrialização, pela superação da Dependência ou pelo "projeto nacional". A nostalgia é um excelente álibi para os críticos a "isso que aí está", essa gente que dá expressão a um ressentimento difuso pela idéia de mudança, à preguiça mental em entendê-la ou à frustração pela sua direção.

(*Carta Capital*, 21.08.1996)

A GLOBALIZAÇÃO É UM BOI VOADOR

A globalização, quando aqui aportou, criou uma entusiasmada legião de detratores e profetas do Mal. São sábios de ar circunspecto e contrariado, que alegam possuir as chaves secretas para decifrar os caminhos sempre maléficos do Capital. Especialmente esse capital financeiro fictício, virtual, imoral e assassino, que precisa ser aprisionado com urgência. A globalização, para esse povo, é uma mitologia, um embuste, uma conspiração, que precisa ser detida. Não se sabe bem o que é, afinal, essa tal de globalização, mas é como na música do Chico Buarque (*O boi voador*): "manda prender esse boi seja esse boi o que for".

Mas mesmo dentre esses sombrios rapazes de linguagem parnasiana e aspecto tísico, a todo momento desancando a globalização e "isso que aí está", o processo desperta fascinação e deslumbramento. Repete-se, assim, uma ambigüidade antiga como Marx, que em 1848 diria que "a moderna sociedade burguesa é como uma feiticeira incapaz de controlar os poderes ocultos desencadeados pelo seu feitiço". Mas o progresso gerado pelo capitalismo é descrito com requintes de encantamento: "nos últimos 50", anos ele diz, "a humanidade conheceu mais progresso material que em toda a experiência humana anterior". E a cada ano, desde então, era possível repetir essa mesma observação, geralmente numa das Exposições Universais, num reconhecimento de que o mundo havia entrado em uma espiral de progresso que se tornou contínua graças ao duradouro casamento entre a Ciência e a Produção.

Nos últimos anos os progressos foram mais acentuados no terreno das tecnologias de informação, cujas implicações têm sido experimentadas a todo momento e numa velocidade que não encontra paralelo. O tempo necessário para a internet unir 100 milhões de pessoas, de toda parte do mundo, será dez ou vinte vezes mais curto que o necessário para o rádio atingir essa mesma difusão, e sem a mesma dimensão planetária. As distâncias desapareceram, a informação circula na velocidade da luz, e o mundo parece um lugar diferente.

Mas por mais espetacular que possa ser, o progresso sempre foi e sempre será destruição criadora, ou seja, sempre fará vítimas ou, no mínimo, deixará excluídos, intocados pela sua mágica. Por isso mesmo, sempre estará sujeito à condenação moral, porque nunca será capaz de construir sem destruir, como insistiam Schumpeter e também Goethe, até de forma mais veemente. Por isso Mefisto diz a Fausto: "Como você pode ser tão ingênuo a ponto de acreditar que Deus realmente criou o mundo a partir do nada? Com efeito, nada provém do nada, e tudo é apenas função de tudo aquilo que você chama pecado, destruição, mal." Atrás de toda fortuna há sempre um crime, disse Lenin. Por isso, e desde que começou, o Progresso, qualquer que seja sua manifestação histórica específica – e a de hoje é designada como "globalização"–, sempre poderá ser descrito como "horror econômico", como ataque à Natureza e aos Deuses, como aquele encetado por Prometeu, o mortal que roubou o Fogo Sagrado, que era grotesco e monstruoso na novela de Mary Shelley (o *Frankenstein*, convém lembrar, tinha como subtítulo, o Moderno Prometeu, e, no fundo, nada mais descrevia que uma experiência genética), mas que hoje é celebrado como nos livros de David Landes sobre a história de tecnologia e da Revolução Industrial.

A globalização, como qualquer tipo de progresso, dá lugar a dúvidas. Os economistas parnasianos, e aqueles com as visões "alternativas" ou "perspectivas críticas", alegam que esse progresso advém de forças desligadas do mundo do trabalho e da fumaça das fábricas. Os valores criados pela globalização são fixados em entidades virtuais, mercados financeiros distantes da realidade e governados por especuladores. Os valores dessa sociedade não podem deixar de ser falsos, imorais e especulativos. Esses valores se sobrepõem de forma criminosa às culturas nacionais, e às identidades locais. Esses valores devem estar inflados, sobrevalorizados, e devem ser como uma dessas "bolhas" financeiras prestes a explodir por força de suas contradições inerentes, assim produzindo crises "financeiras" como as dos últimos anos, que servem para destruir artificialismos e colocar as coisas nos seus devidos lugares.

O verdadeiro progresso não pode ser gerado por esse capital vagabundo, especulativo e "de motel", que deve ser controlado, vigiado, preso e condenado. Apenas um Estado Redentor, agora supranacional, poderá enfrentar esse desafio. Será necessária uma mobilização planetária, a nova Revolução Mundial, para unir os governos, os movimentos sociais, as ONGs, numa imensa corrente, quem sabe uma CPI global, para desmontar essa imensa conspiração.

Desde que a moeda perdeu seu vínculo com a Natureza, seu lastro, sua conversibilidade em uma mercadoria sagrada, cujo peso era valor, a representação passou a predominar sobre a substância. O mundo da moeda fiduciária é uma terra de convenções, e de ilusões. A moeda passa a ser uma mercadoria profana, um mísero pedaço de papel assinado por um ministro ou um banqueiro, e, portanto, um valor ilusório e sujeito a manipulações e aos desígnios dos poderosos. A moeda-papel não tem valor intrínseco, assim como todos esses instrumentos financeiros, esse papelório sem lastro na realidade da produção, negociado nesses recintos pecaminosos de gente se empurrando aos berros. Todo esse movimento não pode deixar de ser falso e enganoso. Isso não pode ter valor, como o boi, que não pode voar, nem mesmo em letra de música.

(*OESP* e *JB*, 06.06.1999)

CAPITAIS DE MOTEL

Minha memória registra pela primeira vez o uso da terminologia acima pelo então senador Esperidião Amin, referindo-se a um dos mais contumazes vilões da globalização, os capitais voláteis, criaturas do mundo *off-shore*, sem raízes nem compromissos, e amaldiçoados, como o Holandês Voador, a errar sem jamais encontrar um porto. A expressão é um achado. É o capital em pecado, vagando sem destino, na sua plenitude, deixando evidente sua proverbial covardia, mesmo diante de elevados retornos.

A oposição, que por ofício não gosta mesmo do personagem, rapidamente se apropriou não tanto da imagem, mas do conceito. Muitas reuniões enfumaçadas devem ter ocorrido para que se decidisse finalmente cunhar a expressão "dependência de capitais especulativos" (afastando, assim, os motéis do assunto, pois, afinal, como ensina Marx, o capital é uma respeitável relação social). Com isso tínhamos uma sopa de letras com tudo que vinha trazendo ansiedade às pessoas, e uma palavra de ordem que era então distribuída por todos os núcleos e células partidárias. Depois de algum tempo, com a ação silenciosa e diligente da militância, tínhamos um mantra, recitado pelos garis e ascensoristas encantados com a sonoridade das palavras, assim como pelos professores de ensino secundário nas aulas de geografia Brasil afora.

O fato é que é tão destituído de significado falar nessa tal dependência quanto alegar que ela não existe mais. Palavras de ordem são tautologias: não podem ser refutadas, conforme ensina o filósofo Karl Popper, nem tampouco confirmadas. A realidade com que nos deparamos é que existe maior mobilidade de capitais, tanto para os especulativos e de motel, quanto para os de família, respeitadores e produtivos. Todos estão se movendo com extrema rapidez na economia da informação total e na superfície fluida da globalização que hoje vivemos. Para nós brasileiros isso é uma novidade, algo que vinha ocorrendo há mais tempo pelo mundo, mas que a hiperinflação não nos deixava perceber. Queiramos ou não, esses capitais, bons e maus, são parte da paisagem em qualquer economia de mercado aberta, normal e com saúde.

Todo o problema com essa novidade – e eu não estou certo se isso é um problema e não uma solução – é que a presença de capitais que se movem com grande rapidez, nacionais e estrangeiros, limita as alternativas de política econômica. Diz a teoria, e ensina a experiência (e não vamos aborrecer o leitor com as explicações técnicas), que, na presença de mobilidade de capitais, um país com as contas fiscais em ordem pode escolher uma dentre duas políticas: a monetária (a taxa de juros) ou a cambial. Para ter as duas, ao menos durante algum tempo, o país precisaria fechar a torneira dos capitais. Mas se não tiver contas fiscais em ordem, não vai conseguir nenhuma das duas.

Uma desconfortável implicação dessas leis da economia é que a presença dos "capitais voláteis" resulta em um constrangimento muito específico à soberania nacional: toda e qualquer irresponsabilidade fiscal será punida exemplarmente, seja sob a forma de ataques especulativos, seja pelo exercício da mais absoluta indiferença. A impunidade acabou. E se é isso que, ao fim das contas, perdemos com a globalização, a saber, a liberdade de fazer bobagem, fico me perguntando se tudo isso não é para o bem.

Por último, é necessário não esquecer que não faz muito sentido criminalizar os capitais estrangeiros de motel, quando os nacionais são chegados às mesmas práticas. Afinal de contas, a duração média da dívida mobiliária federal, que atingiu R$285 bilhões em agosto, é inferior a três meses. Uma interpretação meio matreira é a de que a poupança financeira nacional também é de motel. Outra é lembrar que o déficit público (no conceito nominal, sem truques) foi de 15% do PIB de janeiro a junho de 1999 e de 12% do PIB nos últimos doze meses. Que capital vai querer relações duradouras com um cliente assim?

(*Veja*, 29.09.1999)

MUNDO VASTO MUNDO

Andam populares os vaticínios de catástrofe vinda do exterior, qualquer que seja sua natureza. O tema é recorrente, e decorre de uma melancolia *fin de siècle* que elege como raiz de todos os males o fenômeno da globalização. Todos os ressentimentos derivados do processo de modernização acelerada que o Brasil vivenciou nos últimos anos se traduzem numa monótona pregação monotemática, cujo centro é a expressão "vulnerabilidade externa".

Há, de fato, enorme valor simbólico em colocar as limitações do nosso crescimento em fatores fora do nosso alcance. Apela-se ao nacionalismo, aos medos primordiais do desconhecido e do escuro e à irracionalidade em se admitir que somos afetados pelo que se passa na Indonésia, Turquia ou Afeganistão.

Um ingrediente mais recente nesse complexo de receios é o comportamento da economia americana. Nada pode fazer vibrar mais um economista do gênero "alternativo", desses que falam o idioma parnasiano, do que especular sobre um possível colapso dos EUA. Como seria doce esta vingança!

Mas será mesmo que a economia americana tem problemas?

Nos últimos anos os Estados Unidos estiveram crescendo a taxas na faixa de 4% a 5% anuais, um número considerado exuberante para quem tinha um média na faixa de 2,5% ou 3% na década anterior. Muito se falou sobre "exuberância irracional", sobre ações sobrevalorizadas, poupança negativa, fragilidades no sistema bancário, mas o fato é que os aumentos nas taxas de juros pareceram deixar para trás essas apreensões. O mercado pareceu localizar a "irracionalidade" no preço das companhias de tecnologia, listadas no Nasdaq, a bolsa eletrônica das empresas da Nova Economia. Nesse universo de empresas houve de fato uma "correção" de preço, e não quem diga que não era inevitável. Muitas empresas perderam 40%, 50% ou mesmo 80% de seu valor, e os efeitos da correção não pareceram extravasar as fronteiras dessa indústria específica.

Ficamos, portanto, assim: quando a economia americana está exuberante a ponto de provocar a irritação das hostes antiamericanas, cresce um tanto acima de 4%. Quando está em uma recessão que enche de alegria essas mesmas hostes, o crescimento é ligeiramente abaixo de 2%. Convenhamos, não é um ciclo econômico muito emocionante, embora seja suficiente para provocar um bocado de excitação nos mercados financeiros.

A Europa, por seu turno, poderá ter um bom ano e sobrepujar os EUA em crescimento. De todo jeito, o ânimo comprador, ou investidor, de portugueses e espanhóis continua elevado. O Japão continua estagnado, mas aparentemente livre de crises e sobressaltos, enquanto o restante da Ásia vem se recuperando com vigor. A Turquia tem problemas, isso é certo, e a Argentina parece encarar uma nova rodada de dúvidas sobre o seu futuro.

O mundo é muito vasto para que sempre haja alguma coisa posta em dúvida, algum país encrencado com sua dívida, sua taxa de câmbio ou sua política fiscal. Haverá sempre um governo sendo deposto, uma eleição surpreendente, um ministro corrupto e um banco quebrando. Como no famoso poema de Drummond, que nos emprestou o título deste artigo, "o bonde passa cheio de pernas: pernas brancas, pretas, amarelas. Para que tanta perna, meu Deus, pergunta meu coração". A novidade é que cada uma dessas pernas no bonde será tomada como demonstração de que existe "vulnerabilidade externa", e que, portanto, a modernização da economia brasileira foi apressada e imprevidente. Para muitos economistas o progresso será sempre uma irresponsabilidade.

(OESP e JB, 04.03.2001)

CONSEQÜÊNCIAS ECONÔMICAS DO 11 DE SETEMBRO

Não é muito o que já pode ser dito sobre os efeitos econômicos dos atentados de 11 de setembro, não apenas em razão da singularidade dos episódios, mas também, e principalmente, pela imprevisibilidade de seus desdobramentos. No plano estritamente econômico, a seqüência tem início nas companhias de seguros, passa pelo turismo, pelas empresas de transporte aéreo, de construção de aeronaves, e daí se espalha e se alimenta das conseqüências das iniciativas militares norte-americanas e respectivas represálias. Torna-se perigosamente crescente a complexidade nos relacionamentos com o mundo islâmico, que acha expressão no preço do petróleo, sempre uma dor de cabeça para a economia global em momentos de tensão no Oriente Médio.

Mais imprevisível que tudo isso, todavia, é o fato de que as possibilidades ensejadas pelas chamadas "armas de destruição em massa", disponíveis, sabe-se lá como, para grupos de fanáticos, permitem que se concebam novas e apavorantes formas de "guerra", não mais entre Estados nacionais, mas envolvendo países contra grupelhos, cartéis e quadrilhas, estas usando como principal recurso a capacidade de atacar populações civis indefesas com bactérias, gases ou drogas. São "guerras" com lógica de seqüestro, em que somos todos reféns, e no âmbito da qual a Segurança Nacional das potências militares hegemônicas subitamente se vê fragilizada, pois seus espetaculares arsenais parecem obsoletos e seu poderio diplomático, igualmente inútil. O inimigo está fora de alcance, nos subterrâneos, em cavernas na Ásia Central, nas selvas da Colômbia, ou na casa ao lado, disfarçado como uma pessoa comum, e sem limitações para o uso de armamento químico, biológico e nuclear, em alvos sem nenhuma lógica.

Diante disso, mesmo os mais frios e calculistas dentre os economistas não podem deixar de reconhecer a espantosa dimensão da Caixa de Pandora aberta em 11 de setembro. E pior: os efeitos econômicos já visíveis de todo esse complexo de fatores vão bem além dos impactos diretos, pois sacodem o imaginário, as bases subjetivas do capitalismo e da globalização. A maior economia do planeta se vê tomada por uma onda de insegurança, medo e desânimo, e também de chauvinismo, isolacionismo e ódio, ou seja, exatamente o pretendido pelos terroristas. A tradução desses sentimentos em termos econômicos não está descrita em nenhuma teoria conhecida: são fenômenos que o idioma economês apenas consegue empacotar numa expressão antiga, em que tudo é permitido, "deterioração da confiança".

Para o alívio dos analistas econômicos, existem, em vários países, estatísticas conhecidas como "índices de confiança" do consumidor, do produtor ou de gerentes de compras, que medem a disposição desses senhores em assumirem compromissos futuros, ou seja, mede-se a intenção de comprar. Graças a esses números a onda de insegurança econômica ganhou um termômetro e, com isso, certa concretude, ou ao menos certa manuseabilidade pelos analistas. Fica parecendo até que não é um problema no domínio da psicologia de massas, e que foi apenas mais uma estatística econômica ruim, aliás péssima, mas, como dezenas de outras, publicadas o tempo inteiro, sempre surpreendendo os mercados para baixo ou para cima em doses geralmente semelhantes.

As leituras pós-atentado das estatísticas medindo "confiança" vieram realmente horrorosas como em recessões passadas. Com efeito, como já se conhece a relação histórica entre esses indicadores ditos "antecedentes" e o PIB, já é possível aplicar as fórmulas econométricas e chegar-se a uma previsão para o crescimento, sujeita, evidentemente, a chuvas e trovoadas. Assim sendo, o PIB mundial, que vinha crescendo forte, 3,8% em 2000, puxado pelos EUA (4,1%) e pela Ásia emergente (7,2%), deve fechar 2001 com crescimento de 1,1% mas para 2002 os oráculos estão revendo suas previsões para baixo a cada semana, a mais recente chegando a 0,2%. O ano de 2002, portanto, visto assim, a distância, e já consideradas as respostas convencionais à crise, deve ser pior que 2001 para a economia mundial, provavelmente cheio de sobressaltos, escorregando para algo descrito como uma recessão suave. Não há dúvida, todavia, de que as previsões podem estar enviesadas para pior em vista da "sensação de depressão" provocada pelos atentados, ou seja, ao que tudo indica teremos crescimento baixo, mas combinado com os ventos gelados da "guerra" contra o terrorismo.

O que devem fazer os governos? Quando se pensa no papel do Estado numa conjuntura tão confusa e tão repleta de elementos estranhos aos manuais de economia, são necessários cuidados adicionais com os receituários conhecidos e com uma outra criatura perigosa, sempre presente em momentos de perplexidade, o "oportunismo ideológico". O mundo vive problemas inéditos, com os quais ninguém sabe como lidar, mas todas as correntes de pensamento econômico se igualam em alegar que vinham avisando há tempos que as coisas iam mal e que se tais e tais providências não fossem tomadas, ou desfeitas, íamos todos enfrentar dificuldades. É o velho sofisma das "perdas internacionais", ou seja, o axioma de que "alguma coisa sempre vai dar errado em algum momento", de modo que ao oportunista apenas cabe profetizar, aguardar o desfecho e alegar que sua visão crítica do universo estava correta, pois apontava naquela direção.

Todavia, é necessário deixar bem claro que o tumulto ora em andamento não fornece evidência do fracasso do Consenso de Washington, tampouco para o acerto das cosmologias e teorias conspiratórias antiglobalização que florescem em toda parte. Cá no Brasil isso é percebido no modo carrancudo porém benevolente como todos os candidatos de oposição, inclusive o governista, se referem à importância de se preservar políticas fiscais e monetárias responsáveis, e à eficiência na ação regulatória e compensatória do Estado. Não há Revolução alguma a ser feita, o pior que pode ocorrer é atrapalhação diante de uma conjuntura confusa.

Mas voltando à economia mundial, é certo que desde a crise da Ásia estamos perdendo parâmetros, certezas e convenções, numa extensão sem precedentes. A solidez do modelo econômico asiático, em que vários "milagres econômicos" ocorreram no pós-guerra, as esperanças abertas com "a Queda do Muro" e o processo de reformas nos países que pertenceram ao Império Soviético, a exuberância da economia americana, as incríveis promessas da Nova Economia, o sistema bancário internacional e suas inacreditáveis fusões, o potencial das economias emergentes da América Latina, a integração européia, a criação do Euro para equiparar-se ao Dólar, a tão esperada recuperação do Japão, a grande locomotiva do Oriente, quem poderia imaginar que teríamos dificuldades *em cada uma dessas áreas* a partir da maxidesvalorização da Tailândia, em 1997?

Jamais uma "reação em cadeia" se observou de forma tão avassaladora e rápida: uma borboleta no Oriente, uma crise no Brasil, como na famosa imagem da Teoria do Caos. Aqui como no resto do mundo, esses últimos anos pertenceram ao agente Mulder, personagem central do *Arquivo X*, na sua oitava temporada, personificação do crente em teorias conspiratórias, e também em alienígenas, paranormais, feiticeiros, mutantes todos bem conhecidos, e bem escondidos pelo sistema imunológico da Nação americana. Quis o destino, todavia, como disse uma autoridade brasileira, que todos os fantasmas aparecessem ao mesmo tempo.

O fato é que, diante da sucessão ininterrupta de más notícias, e especialmente desde os primeiros grande tombos do Nasdaq, os bancos centrais mundo afora vêm diminuindo os juros. Mensalmente, os presidentes de BCs acionistas do Banco de Compensações Internacionais (BIS) se reúnem na Basiléia para conversar. Até 1996 eram apenas as principais economias desenvolvidas, e daí em diante foram admitidos como "sócios" os principais países emergentes. Em conseqüência, jamais houve tamanha coordenação entre BCs, não apenas na fixação dos juros, mas também em atividades ligadas à supervisão e regulamentação bancária. De dezembro de 2000 até o começo de novembro de 2001, os juros mundiais (taxas para um dia, média ponderada pelos respectivos PIBs) caíram de 6,4% para 3,5%. Nos EUA a queda foi de 6,5% para 2,5%, na Eurolândia de 4,75% para 3,75% e no Japão de 0,26% para inacreditáveis 0,01%. Como os indicadores de atividade estão vindo piores e a inflação nunca foi tão baixa em toda parte, já se fala que as quedas serão ainda maiores. Nesse período, afora Argentina e Turquia, países em crise aguda, os juros subiram apenas no Brasil, Indonésia e Tailândia, onde as taxas alcançaram, respectivamente, 19,0%, 17,6% e modestos 2,5%.

Por que os juros subiram no Brasil? Bem, a única boa razão vinda do exterior é a Argentina. De resto, ao deixar o câmbio desvalorizar-se de forma absolutamente exagerada e indevida, o próprio BC fechou os espaços para acompanhar o resto do mundo na espiral descendente de taxas de juros. Pena.

No plano fiscal, observa-se fenômeno semelhante, vale dizer, uma movimentação coordenada, com vistas a reanimar a economia, mediante maiores déficits, porém de forma bastante comedida. O indicador coletivo para países da OCDE sugere a passagem de um superávit de 0,4% do PIB em 2000 para um déficit de 1,3% em 2001 e de 2,4% em 2002. Para os EUA, o superávit cairia de 2,3% do PIB para 1,6% e para um pequeno déficit de –0,2% em 2002. Parte disso é provocada pela própria desaceleração econômica, de modo que a efetiva mudança de "filosofia" da política fiscal é medida descontando-se esses efeitos. Dessa maneira, o crescimento do déficit de 2000 para 2002 seria de pouco mais de 1% do PIB para a OCDE e para os EUA. São números muito modestos para que neles se enxergue o início de uma nova era de keynesianismo. Exceto em países em que pensamento marxista tem mais adeptos, e de tradição populista, o tratamento do assunto foi mais para o banal que para o sério.

É certo que, desde Keynes, os governos sabem que a política fiscal serve para reanimar economias em depressão, mas o tempo mostrou que serve também para embriagar através da dívida pública e suas seqüelas. Em países como o nosso, os atentados não estão ressuscitando apenas Keynes, mas também seu "clone" de esquerda, bem menos conhecido, Michael Kalecki, economista polonês que muitos dizem que antecipou todas as descobertas de Keynes, mas aventurou algumas outras que habitam o folclore da Teoria Econômica. Em um de seus textos mais famosos, Kalecki dizia que, depois de a economia capitalista ter descoberto como manter-se permanentemente no pleno emprego, não necessariamente os comandantes do sistema o fariam, pois era necessário manter certo desemprego a fim de "disciplinar" a classe operária. É o agente Mulder da esquerda, sem dúvida.

É enorme assanhamento heterodoxo com Keynes, Kalecki, o crescimento dos déficits nos países da OCDE e a ajuda governamental às companhias aéreas, por exemplo. Qualquer pretexto nos serve para justificar a gandaia do gasto público, da política industrial, dos gastos militares e do "tudo pelo social". Um economista desses "alternativos", por exemplo, observou que "eles" estão fazendo exatamente o que "nós" (do PT, PC do B etc.) estamos preconizando faz tempo. O que é preciso atinar é que, partindo de superávits fiscais, "eles" podem tomar seu traguinho de política fiscal expansionista num momento de ventos frios e obter certo alívio, mas nós, ex-alcoólatras, não podemos porque não sabemos parar.

O que vai ser da economia? Não há dúvida de que o episódio do ataque às Torres Gêmeas, tal como o desastre do *Titanic* em 1912, permite leituras moralistas sobre os custos do progresso, o excesso de velocidade, a destruição de Paraísos Perdidos e de identidades nacionais, bem como o estupro da Mãe Natureza mediante a destruição das florestas, de espécies em extinção e do Protocolo de Kyoto.

Pode ser encontrada em vários lugares, à boca pequena, também a interpretação de que temos aí uma espécie de grito dos excluídos do processo de globalização, um aterrorizante aviso de que as crescentes tensões e desigualdades multiplicadas pela "ordem econômica internacional" terão conseqüências monstruosas nos atos de "radicais porém sinceros" como Osama Bin Laden. A militância antiglobalização, constrangida, pareceu cancelar as violentas demonstrações planejadas para o encontro anual do FMI e do Banco Mundial em Washington, antes mesmo de o próprio encontro ser cancelado. Por razões semelhantes, o IRA depôs seu arsenal.

A "hipermilitância" provou o seu ponto: seus poderes podem ser gigantescos, as "ruas" não podem deixar de ser ouvidas, e a exclusão ou os conflitos distantes não podem mais ser ignorados num mundo em que a chave para o sucesso de qualquer causa é obter a atenção da mídia. Com efeito, esta como a do Golfo são guerras travadas também e principalmente no terreno do simbólico, de modo que a mídia será fundamental, dessa vez não apenas para administrar o fluxo de informações sobre a guerra e satanizar os bandidos, mas também para repor o imaginário de uma sociedade multicultural democrática e cosmopolita no seu devido lugar. É inegável que o inimigo começa com uma enorme vantagem: as espetaculares imagens provocadas pela colisão dos aviões com as duas torres produziram uma ferida narcísica nos americanos, mas também no processo de globalização, que vai demorar a cicatrizar. Aviões suicidas, cartas com antraz, a varíola, a aids têm em comum os signos da globalização: o deslocamento de pessoas, o contato, o contágio, a circulação de informações. Não há dúvida de que a globalização está diante de um enorme desafio, que vai bem além da economia. É claro que tudo isso pode se dissipar gradualmente se a economia mundial se recuperar em resposta às ferramentas convencionais. Afinal de contas, não aconteceu nada que abalasse os "fundamentos" da economia capitalista ocidental. Mas se a medicina convencional não funcionar vamos ter uma encrenca inteiramente nova.

(*Veja*, 26.12.2001, edição
especial retrospectiva de fim de ano)

A ECONOMIA GLOBAL E O BRASIL

Uma fotografia simplificada da economia global, vista bem lá de cima, mostraria um sistema de trocas entre grandes blocos, no qual se destacam uma economia dita "central", os Estados Unidos, e duas áreas monetárias periféricas, que vamos chamar de "Oriente" e "Ocidente". Diferentemente do que se dizia no passado sobre economias pejorativamente chamadas de "periféricas", condenadas à mediocridade, os países nesses grupos estão ricos ou enriquecendo velozmente.

Parados estão os países "desintegrados", ou isolados da economia global, geralmente porque preferem assim.

A América Latina, junto com Canadá, Austrália e Nova Zelândia, faz parte da "periferia ocidental", cujo principal componente, todavia, é a Europa, aí incluídos a Rússia e seus antigos satélites.

Esse bloco tem superávit com o "Centro" e mantém taxas de câmbio flexíveis com relação ao dólar. Os "ocidentais", titulares dos dólares excedentes nessa região, e que o governo não compra (por isso mesmo o câmbio flutua), tendem a usá-los fazendo investimentos nos EUA, principalmente em ações e títulos de empresas privadas.

A Ásia, que também tem superávit com o "Centro", funciona um pouco diferente: lá o câmbio é controlado, bem como a conta de capitais, e o governo absorve os dólares que sobram, acumulando reservas que usa para comprar títulos do Tesouro americano.

Ou seja, o "Centro" compra mercadorias da "periferia asiática" e paga com instrumentos de sua própria dívida, que se vai acumulando nos bancos centrais da Ásia; já as mercadorias e ativos (empresas) que compra da "periferia ocidental" são pagos, tipicamente, com o produto da venda de ativos privados.

Não é um mundo tão complicado, tampouco parece instável como o "sistema" que ruiu em 1971, quando o dólar, quem diria, sofreu um ataque especulativo e foi forçado a flutuar. Mas estamos vivendo algumas tensões.

Tudo começou com um novo governo republicano no "Centro", que resolveu praticar políticas expansionistas (fiscal especialmente) e com isso ampliou seu déficit em conta corrente a partir de 2001 para algo na faixa de 400 bilhões de dólares anuais, um recorde.

Metade desse "rombo" tem sido absorvida em aumentos de reservas na Ásia sem maiores problemas e sem alteração substancial nas taxas de câmbio entre as várias moedas da região e o dólar. Todas, com exceção do iene, continuam fortemente subvalorizadas, o que tende a se corrigir com o tempo.

No "Ocidente", que absorve a outra metade do déficit americano, a dinâmica é diversa: os dólares do superávit acabam vendidos para quem se dispuser a adquirir ativos nos EUA, que vão ficando baratos por força do enfraquecimento do dólar, o que por sua vez tende a reduzir o déficit americano, mantidos os juros nos EUA. Nessa toada, as "periferias", a "ocidental" em particular, vão se integrando ao "Centro".

Assim tem sido na Europa, onde o Euro se valoriza e a comunidade aumenta, e, em boa medida, também no Brasil, que está diante da Alca.

Aqui há os que acham que deveríamos seguir um figurino "oriental", com mais desvalorização cambial, controles, poupança forçada, investimento público e afastamento do "Ocidente". É curioso: o mais perto que chegamos disso foi durante o "regime de exceção" comandado pelo general Geisel. Muita gente de esquerda, por estranho que pareça, sente saudade.

O fato é que hoje nos parecemos mais com a Espanha que com a Coréia ou a China. Como o restante da "periferia ocidental", estamos sentindo uma pressão para o fortalecimento do Real, porém duas oitavas abaixo do que se observa com o Euro, em parte porque a economia doméstica não anda muito vibrante, em parte porque o noticiário político está vibrante demais.

Mas, se essas vibrações se equilibrarem, a tendência é retomar um caminho de progressão semelhante ao da Espanha. Não temos as diretrizes nem os imperativos políticos criados pela unificação européia, mas sabemos bem quais são as reformas necessárias para a "convergência". A nos impedir de aprová-las só existe nossa incapacidade de enxergar, e aproveitar, a oportunidade.

(*Veja*, 31.03.2004)

MULTINACIONAIS

CAPITAL ESTRANGEIRO E A ECONOMIA NACIONAL

Nos últimos tempos tem havido muita agitação em torno da presença de um tipo de capital de que o mundo inteiro gosta e costuma batalhar para atrair: o investimento estrangeiro direto (IDE). Mede-se esse tipo de investimento pelo valor contábil (ou histórico) da parcela do capital das empresas funcionando dentro do país cujos donos são cidadãos de outros países. Em dezembro de 1995, 6.322 empresas com 10% ou mais de participação estrangeira responderam a um Censo feito pelo Banco Central, e os resultados foram extraordinários.

Ficamos sabendo que essas empresas tinham um patrimônio líquido de cerca de US$94 bilhões, dos quais os sócios estrangeiros detinham cerca de US$49 bilhões, ou seja, 52% do total. O Censo mostrou também que essas empresas tinham ativos de US$245 bilhões, faturamento de US$199 bilhões, podendo-se assim estimar que eram responsáveis por cerca de 10% do valor adicionado gerado, ou seja, do PIB do Brasil.

As exportações dessas empresas foram de US$22 bilhões em 1995, correspondendo a 47% do total. Seguramente, esse pedaço do Brasil é bem mais exportador (e importador) que o resto: cada US$1.000 de valor adicionado gerado dentro do país nessas 6.322 empresas geravam US$275 em exportações e US$242 em importações. Para o resto do Brasil, os números correspondentes seriam US$33 de exportações e US$42 de importações. Quanto às remessas de lucros, note-se que, como percentagem do estoque (médio para o ano), as remessas oscilam em torno de 5%: foram recordes em 1998, com 8%, mas não chegaram a 3,5% em 1999.

Essas empresas geravam 1.447 mil empregos diretos, cerca de 9% do total. Produziam US$55 mil de valor adicionado por trabalhador empregado, enquanto o resto do Brasil atingia US$49 mil. O hiato de produtividade não era, portanto, tão significativo quanto a diferença na extensão dos laços com o exterior.

É bastante ponderável, portanto, a contribuição para o desenvolvimento econômico brasileiro proporcionada pelos US$49 bilhões de IDE feitos no Brasil até dezembro de 1995. E pelo menos o mesmo pode ser dito sobre o IDE feito nos quatro anos posteriores, que ultrapassou a espantosa marca de US$83 bilhões, ou seja, 170% do estoque acumulado até 1995. São números para enervar nacionalistas à direita e à esquerda. Como essa nova onda de IDE, maior que tudo que tivemos antes, vai afetar a economia brasileira no futuro?

Basta imaginar o seguinte: se esse IDE "novo" gerar ativos, vendas, empregos e comércio exterior, exatamente nas mesmas proporções do IDE "velho", presumivelmente depois de algum tempo (10 anos, por exemplo) teríamos US$336 bilhões *adicionais* em faturamento, o que seria correspondente a algo como US$134 bilhões em valor adicionado. Isso seria suficiente, caso o PIB do resto do Brasil cresça 4% durante esses 10 anos, para elevar para 5,5% a taxa de crescimento para o conjunto do país e ampliar a parcela do PIB gerada pelas empresas estrangeiras para algo ligeiramente superior a 20%, ou seja, o dobro da proporção de 1995. Levando adiante o exercício, US$441 bilhões em ativos (investimentos) seriam gerados, junto com cerca de 2,5 milhões de novos empregos, além de exportações e importações adicionais de US$37 bilhões e US$32,5 bilhões, respectivamente.

É claro que esses números são meras extrapolações* e que o "novo" IDE tem muitas diferenças relativamente ao "velho". É muito mais concentrado em serviços, por exemplo, e compreende muitas aquisições de empresas existentes, em contraste com o "velho", que tinha que ver (em proporção maior, segundo se diz) com empreendimentos inteiramente novos. Mas isso não é necessariamente mau, pelo contrário, quer dizer que o "novo" IDE veio para os setores mais atrasados da economia (empresas privatizadas, a maioria caindo aos pedaços, e bancos quebrados, por exemplo), o que é ótimo. E os brasileiros que venderam suas empresas vão reinvestir no país e criar novas empresas e empregos, porque acreditam mais no Brasil que os estrangeiros, ou será que não?

(*Veja*, 02.02.2000)

MUITO MAIS QUE APENAS DÓLARES

Para muita gente tudo o que interessa quando se trata de investimento direto estrangeiro (IDE) são os dólares. Nada se fala sobre empregos, tecnologia, produtividade e globalização. Nada disso tem muita importância, pois toda a pobre ciência que se exige na análise dos impactos do IDE sobre a economia brasileira é uma planilha eletrônica com os fluxos gerados para dentro e para fora, considerando os influxos iniciais e saídas subseqüentes de dividendos, *royalties*, repatriações e reinvestimentos. Tudo como se fôssemos todos burocratas, no estilo anos 1950, tempos em que trabalhávamos com controles cambiais e "orçamentos de divisas" alocadas administrativamente.

Desde que foi criado o serviço de fiscalização e registro de capitais estrangeiros, o Banco Central, dentro da mais pura tradição de contro-

---

* Que, todavia, não ficaram tão distantes do ocorrido, conforme revelaram os dados do mesmo censo feito para o ano 2000, examinados adiante.

les cambiais, não observa o IDE diretamente, mas apenas os rastros que deixa nos fluxos cambiais. Pouco se sabia sobre esses investimentos até que o Censo de Capitais Estrangeiros, que o próprio BC conduziu, revelasse, como vimos, que os US$42,5 bilhões de IDE registrado no BC correspondiam a uma parte do capital de 6.322 empresas funcionando no Brasil, responsáveis por cerca de 10% do PIB, 1,5 milhão de empregos, 47% das exportações, 39% das importações e uma participação vergonhosamente grande nos impostos pagos no Brasil, além de vendas de US$243 bilhões e ativos de US$290 bilhões.

Mas se o que importa são os dólares, vamos deixar tudo isso de lado e observar apenas os fluxos cambiais durante o ano de 1995, para o qual o Censo nos fornece muitos detalhes. Nesse ano as empresas estrangeiras (definidas como aquelas com mais de 10% do capital votante) exportaram US$22,7 bilhões e importaram US$19,4 bilhões. Remeteram US$3,4 bilhões de dividendos, US$277 milhões de *royalties* e US$1,7 bilhão de juros. Sua contribuição para o déficit em conta corrente foi de US$2,1 bilhões, ou seja, 12% do total (que chegou a US$ 17,8 bilhões).

Do lado da conta de capitais, as amortizações de empréstimos (intercompanhias) foram de US$402 milhões, as repatriações, de US$1,2 bilhão e as novas entradas, de US$4,8 bilhões. A contribuição líquida para as reservas internacionais foi, em resumo, positiva em cerca de US$ 1,0 bilhão.

Em dezembro de 1995, o estoque acumulado de IDE era de US$42,5 bilhões. Comparando-se esse total com o valor dos dividendos remetidos, nota-se que a proporção foi de 8,1%, um valor, na verdade, extremamente alto considerando a nossa média histórica: os dividendos raramente ultrapassam 6% do estoque de IDE. Em 1999, por exemplo, foram remetidos US$5,5 bilhões, para um estoque de IDE de US$125, 4 bilhões, ou seja, a "rentabilidade" (no que pode ser medida por dividendos pagos) foi de 4,4%. Em tempo, é com esse tipo de proporção que a turma das planilhas tem de trabalhar quando for projetar os impactos cambiais futuros do IDE. Ou seja, a dura realidade para quem acha que o IDE vai acabar com o balanço de pagamentos brasileiro é que cada dólar de IDE que entra, tomando 1999 e a experiência histórica como referência, gera menos de cinco centavos de pagamentos anuais de dividendos.

Também para quem é bom de planilhas, lembrar que, se o IDE representa um acréscimo às reservas internacionais, é preciso considerar, para efeitos cambiais, a remuneração das reservas. Se, por exemplo, o IDE equivale a 130% do déficit em conta corrente, então, de cada dólar de IDE, 23 centavos são acrescidos às reservas, que rendem uns 7% anuais, ou seja 1,6 centavos para o balanço de pagamentos do país. Se a conta de dividendos é de cinco centavos, fica reduzida para 3,4 centavos, de modo que, segundo esses cálculos, a julgar pela experiência histórica, e desconsiderando qualquer outro efeito cambial do IDE, levaria 29 anos para um dólar de IDE produzir uma conta negativa na planilha. Portanto, quem acha que o IDE vai acabar com o balanço de pagamentos do Brasil precisa mostrar seus números e justificar suas hipóteses, coisa que eu não vi em lugar algum. Existem resmungos e alertas feitos com ar grave, mas não vi nenhum estudo digno desse nome que permitisse a conclusão de que o IDE vai gerar problemas cambiais mais à frente.

Nas contas acima não estão considerados os efeitos sobre o comércio exterior do novo IDE. Nem aos nossos velhos burocratas escapou esse importante detalhe. Tanto que antigamente se exigiam do IDE "índices de nacionalização" elevados, com grande prejuízo para a competitividade desses investimentos. Nos anos 1970, quando se quis que as multinacionais exportassem o que elas pediram (no âmbito de programas especiais de incentivo) foi muito simples: mais acesso a importações.

Hoje em dia esses expedientes caíram em desuso. E já foi argumentado aqui mais de uma vez que, mesmo que o IDE se dirija para serviços, isso terá um efeito sobre o que aqui chamamos de "custo Brasil" e que certamente será positivo para as exportações em geral, e não apenas as das empresas estrangeiras. Afinal todos acreditam que a elasticidade preço das exportações é positiva e significativa. Cada

1% de redução nos preços (custos) das exportações, provocado pelo IDE, deve aumentar as nossas exportações em pelo menos 1%, o que representaria uma receita cambial adicional de uns US$500 milhões.

Mas se nada se nada disso funcionar, ou seja, se essas contas estiverem todas erradas e o balanço de pagamentos começar a piorar mesmo, os pessimistas vão ter de rever uma importante e nem sempre revelada hipótese das suas projeções de contas externas para o futuro: a constância da taxa de câmbio real. Afinal, estamos num regime de taxas de câmbio flutuante, não estamos? Se as coisas começarem a apertar, o câmbio vai depreciar, e o déficit em conta corrente vai diminuir, de modo a acomodar os tais efeitos cambiais perversos do IDE. É para isso que temos taxas de câmbio flutuantes, não?

(*OESP* e *JB*, 11.06.2000)

O SEGUNDO CENSO DO CAPITAL ESTRANGEIRO NO BRASIL

Sem que tenha merecido a justa repercussão, foram divulgados os resultados do segundo Censo do Capital Estrangeiro no Brasil, trazendo um riquíssimo retrato da presença estrangeira no Brasil. Trata-se aqui do chamado "investimento direto estrangeiro" (IDE), ou de investimentos, por parte de não-residentes, em empresas situadas no Brasil.

Em 1996 o Banco Central conduziu o primeiro Censo, coletando informações, mormente de balanços para o ano-base de 1995, de 6.322 empresas com participação estrangeira de no mínimo 10% do capital votante, ou 20% do total.

Os resultados recém-publicados referem-se a um universo de 11.404 empresas – cerca de 80% a mais que em 1995 – que atendiam os critérios acima para o ano-base 2000. Sabe-se pelas estatísticas de balanço de pagamentos que cerca de US$100 bilhões em IDE entraram no Brasil nesses cinco anos, o que é mais que o dobro de todo o

IDE acumulado até 1995 (cerca de US$42 bilhões). Vivemos, portanto, em decorrência do Plano Real, uma extraordinária onda de entrada de capital produtivo no Brasil que pouco se viu afetada pelas crises da Ásia e Rússia).

O IDE no Brasil vinha sendo praticamente nulo durante o período da hiperinflação, e em poucos anos de estabilidade cresceu a US$30 bilhões anuais, sendo que a privatização não foi responsável por mais de um quarto desses recursos. O Brasil se tornou o terceiro destino preferencial de investimentos diretos no mundo, perdendo apenas para os EUA e para a China, posição que se consolida em 2001, conforme o levantamento regularmente conduzido pela A. T. Kearney entre as 1.000 maiores corporações deste planeta. É sempre bom lembrar desses fatos quando se fala em risco Brasil.

O segundo Censo não apenas confirma esses números como traz algumas importantes revelações sobre uma economia cada vez mais "globalizada".

As informações do Censo permitem que se construa um "balanço consolidado" para o conjunto das empresas estrangeiras funcionando no Brasil em 2000. O capital integralizado pertencente a não-residentes praticamente quintuplica relativamente a 1995, passando de R$40,5 bilhões para R$201,4 bilhões. Os ativos totais dessas empresas crescem de R$272,6 bilhões para R$914,0 bilhões, e o faturamento, de R$223,1 bilhões para R$ 509,9 bilhões.

As exportações das empresas do censo de 2000 somaram US$33,2 bilhões, representando 60,4% de nossas exportações totais, tendo sido de US$21,7 bilhões em 1995, equivalentes a 46,8% do total. As exportações das empresas do censo cresceram, portanto, bem mais que as vendas externas das empresas nacionais, o mesmo valendo para as importações: em 1995, as empresas do censo importaram US$ 19,4 bilhões, ou 38,8% do total, e em 2000 US$ 31,5 bilhões, ou 56,6% do total.

Esses números confirmam mais um vez um velho e conhecido resultado de inúmeros estudos sobre a conduta das empresas estrangeiras, ou seja, o de que essas empresas têm maior propensão a exportar e a importar que as empresas nacionais de mesmas características.

Outro resultado muito interessante, nesse contexto, é o notável crescimento do comércio intrafirma das empresas do censo. Trata-se aí de comércio exterior, em que a contraparte no exterior é controladora ou coligada. As importações intrafirma crescem de US$8,5 bilhões para US$18,2 bilhões, ou seja, passam de 44,0% para 57,8% das importações das empresas do censo.

As exportações intrafirma vão de US$ 9,0 bilhões para US$ 21,0 bilhões, passando de 41,7% para 63,3% das exportações das empresas do censo. Ou seja, *todo* o acréscimo observado nas exportações das 11.404 empresas do censo durante o período 1995-2000 é explicado pelas exportações intrafirma! As exportações totais do Brasil cresceram US$8,6 bilhões no período, enquanto as exportações intrafirma por parte das empresas do censo cresceram US$11,9 bilhões, ou seja, caíram as exportações das empresas sem participação estrangeira no período!

Antes de retirar conclusões sobre esses impressionantes achados a respeito da importância crucial do comércio que tem lugar no contexto da racionalização internacional de atividades dentro de redes de filiais de empresas globais, vale lembrar que a definição de "empresa do censo" inclui empresas controladas por residentes com participações estrangeiras pouco maiores que 10%, ou seja, trata-se de definição ampla que mistura grandes empresas nacionais, que geralmente têm pequenas participações estrangeiras, e filiais de grandes grupos multinacionais, que alguns gostam de chamar de "transnacionais".

Deve-se lembrar, por outro lado, que o Censo reporta que as exportações das empresas controladas por não-residentes atingiram US$ 22,7 bilhões em 2000, ou seja, 72% do total. As exportações intrafirma desse subuniverso de empresas do censo representam 70% do total, ou seja, uma proporção maior que a observada para o conjunto das empresas do Censo.

A conclusão óbvia e importante é que nenhuma estratégia que busque o incremento significativo das exportações brasileiras pode deixar de considerar que as empresas estrangeiras são um elemento crucial, talvez o principal, do desempenho exportador brasileiro. Quem gosta de política industrial devia prestar atenção a esses resultados do censo e ao fenômeno do comércio "intrafirma".

Por último, um par de comentários sobre os impactos cambiais supostamente adversos do aumento do "passivo externo", sendo essa a maneira tola e depreciativa pela qual muitos observadores gostam de se referir ao crescimento do IDE no Brasil. Qualquer empresário sabe a diferença entre capital que chega como participação acionária e o que chega como dívida. O mesmo vale para países.

Para os observadores de cacoete nacionalista, todavia, tudo é "passivo externo" e tudo igualmente ruim para a nossa alegada "vulnerabilidade externa". Os fatos, contudo, são reveladores: em 1995, os dividendos pagos a não-residentes como proporção do investimento estrangeiro nas empresas do Censo foram equivalentes a modestos 7,85%. Em 2000 essa proporção cai para 2,99%, ou seja, do ponto de vista "estritamente cambial", sendo esse o único ponto de vista para muitos observadores, o IDE é um capital muito barato e que não deveria ser tomado como um ônus para a economia, nem mesmo segundo essa obtusa ótica "estritamente cambial".

(*OESP*, 07.07. 2002)

MULTINACIONAIS, GLOBALIZAÇÃO E EXPORTAÇÕES

A empresa multinacional (EMN), além de principal ator, é também roteirista e produtor do processo de globalização. Para se conseguir um papel de destaque na economia mundial é preciso entender como funcionam essas entidades e como o Brasil pode tirar proveito da dinâmica de crescimento dessas empresas.

No ano 2000, o investimento direto estrangeiro global atingiu US$ 1,3 trilhão, dos quais US$240 bilhões vieram para a América Latina e

US$33,5 bilhões para o Brasil, ou seja, 2,6% do total. O normal seria algo como 4%, o peso da economia brasileira na economia global.

O Centro de Empresas Transnacionais das Nações Unidas reporta para 1999 a existência de 60 mil EMNs no controle de 800 mil filiais mundo afora. Dentre essas, as 100 maiores tiveram em 1999 um faturamento da ordem de US$4,3 trilhões, sendo que US$2,1 trilhões no exterior. Essas 100 empresas empregavam um total de 13,3 milhões de pessoas, das quais aproximadamente 6 milhões fora de seu país de origem.

Note-se que ao final dos anos 1940 praticamente não existiam EMNs, e em 1993 cerca de 1/3 do comércio mundial tinha lugar *entre empresas do mesmo grupo*, e outro terço entre EMNs e empresas não-relacionadas. Portanto, se em 1993 dois terços do comércio mundial era conduzidos por EMNs, é legítimo afirmar que uma porção dominante, senão a totalidade, do crescimento do comércio internacional na segunda metade do século XX foi gerada pelo advento das EMNs.

Note-se, ademais, que a natureza desse "novo" comércio estava e está ligada à racionalização internacional de atividades *dentro* das redes de EMNs. A linguagem mais utilizada para se descrever esse fenômeno é "globalização", mas mais correto seria usar, como é comum na academia, "produção internacional", ou "produção internacionalizada", algo que temos que entender melhor, pois é não muito condizente com "substituir importações com vistas à auto-suficiência", um velho hábito nosso que resiste ao desuso.

A "produção internacional" se dá quando as EMNs fazem uma transição de uma situação em que funcionam como uma espécie de federação de filiais independentes para uma outra em que a EMN assume uma identidade singular, essencialmente internacional, na qual o todo é maior que a soma das partes. Trata-se aí de racionalização administrativa, financeira e tecnológica, e não de se destruir ou enfraquecer os estados nacionais ou os vínculos de origem das matrizes, como sugerem algumas teorias conspiratórias. O fato é que a produção industrial se torna essencialmente um fenômeno internacional, e a forma cada vez mais dominante de comércio exterior é a do comércio intrafirma.

A expressão desses fenômenos no Brasil é muito claramente confirmada pelo segundo Censo do Capital Estrangeiro no Brasil recentemente publicado. Das 11.404 empresas "estrangeiras" (com mais de 10% de participação estrangeira) que responderam ao Censo, 9.712 são controladas por não-residentes, ou seja, são verdadeiras EMNs.

Para o conjunto maior, de 11.404 empresas, as exportações intrafirma vão de US$9,1 bilhões em 1995 para US$21,0 bilhões em 2000, como vimos anteriormente. Como as exportações totais do Brasil cresceram US$8,6 bilhões nesses anos, segue-se que o crescimento das exportações intrafirma das empresas estrangeiras, que foi de US$11,9 bilhões, "explica" 138% do crescimento das exportações brasileiras de 1995 a 2000!

As exportações brasileiras vinham crescendo 5,4% anuais no período 1995-98 (em índices de quantidade), e daí até maio de 2002, período de vigência do regime de flutuação cambial, o crescimento médio anual foi pouco menor que 7%. Muita gente achava que a flutuação do câmbio resolveria o problema, o que claramente não ocorreu até agora, passados 3 anos e meio da mudança. A aceleração da taxa de crescimento das exportações brasileiras passa por diversos temas que antigamente eram agrupados na rubrica "custo Brasil" e também por uma reflexão, que sequer teve início, sobre as EMNs em geral, e sobre as exportações intrafirma em particular.

(*Veja*, 17.07.2002)

MULTINACIONAIS BRASILEIRAS

A gênese da empresa multinacional (EMN) no pós-guerra tem sido objeto de muitos estudos. Os padrões nacionais são variados, mas a experiência parece demonstrar que tudo começa com a exportação.

Pertence a um estudante do MIT, de persuasão marxista, o pioneirismo em identificar as motivações do que tem sido chamado de a "primeira onda" de multinacionalização de empresas, notadamente americanas, mas também européias, nos anos 1950 e 1960. Esse estudante chamava-se Stephen Hymer e sua tese de doutorado sobre o assunto, de 1960, que permaneceu muitos anos sem publicação, acabou popularizada pelo trabalho de seu orientador, Charles Kindleberger, graças ao qual Hymer teve seu trabalho publicado 16 anos depois, e, com isso, o devido crédito pela sua descoberta.

O "modelo" Hymer-Kindleberger era muito simples: a EMN era, na origem, uma empresa multiplanta, ou seja, já treinada em coordenar diferentes unidades em diferentes lugares dentro de seu país, e exportadora. Em razão das dificuldades em abastecer seus mercados no exterior a partir de produção em seu país de origem, a empresa decide "pular" as barreiras tarifárias e produzir "de dentro" do mercado consumidor.

O exemplo mais evidente era o da espantosa penetração das EMNs americanas na Europa, o que deu origem a um *best seller* que despertou paixões – *O desafio americano* –, escrito por Jean-Jacques Servan-Schreiber, que assustou nacionalistas no mundo inteiro com algumas profecias sobre as conseqüências da desnacionalização da indústria francesa.

O Brasil também aparecia como exemplo desse investimento direto "atraído" por barreiras protecionistas. Ficou famoso, por aqui, um estudo de 1962 do professor Lincoln Gordon, então professor da Harvard Business School, depois embaixador dos EUA no Brasil, no qual se descrevia um feliz casamento entre a lógica Hymer-Kindleberger a governar as decisões do lado das EMNs e a lógica da política industrial de países como o Brasil, a saber, a da substituição de importações. Como resultado desse casamento de conveniência, naqueles anos, o Brasil foi invadido por EMNs nos anos 1950 e 1960 de maneiras muito mais profundas do que vemos hoje.

Nossa industrialização por substituição de importações foi, portanto, uma espécie de troca entre importação por investimento direto, disso resultando a predominância estrangeira nos ramos mais dinâmicos da indústria nacional, tendo lugar em um período de enorme fervor nacionalista.

É interessante também mencionar a experiência japonesa, na qual a multinacionalização ocorreu mormente nas indústrias intensivas no fator trabalho que perderam competitividade em razão do aumento do salário real e da apreciação da moeda no Japão. Nesse caso, toda a "cadeia produtiva" migrava, por exemplo, para a Coréia, Malásia e posteriormente para a China, que ofereciam plataformas de exportação de baixíssimo custo.

Nos anos que se seguiram, outras "ondas" de multinacionalização tiveram lugar, em função de outros mecanismos, mas em todos esses modelos tomava-se como um dado que já existiam redes de EMNs e que novos investimentos se davam pela competição entre EMNs, ou em decorrência da racionalização das atividades dentro das EMNs.

O que os modelos Hymar-Kindleberger e japonês ensinam é que, na origem, a EMN é uma grande empresa exportadora que, por algum motivo, se torna uma EMN a fim de preservar a capacidade de abastecer mercados que já conquistou, inclusive o doméstico.

Quando se pergunta por que não existem mais EMNs brasileiras, deve-se perguntar primeiro por que não temos um número maior de grandes empresas exportadoras. No número mais recente do *World Investment Report* – relatório anual do Centro de Estudos de Empresas Transnacionais das Nações Unidas – há um *ranking* das 25 maiores EMNs de países emergentes. Apenas duas empresas brasileiras são citadas: Petrobras e Gerdau. Seguramente existem outras, e no ramo das exportações de serviços de engenharia assistimos ao surgimento de diversas empresas com amplas atividades no exterior, como a Odebrecht e a Andrade Gutierrez, entre muitas outras.

Muitos dos grandes exportadores brasileiros vêm levantando o assunto de apoio do governo, e mais especificamente do BNDES, para o desenvolvimento de atividades no exterior, a fim de que se criem multinacionais brasileiras. Começa a ficar evidente que esse é um caminho estratégico correto para muitas das grandes empresas brasileiras se expandirem além de suas fronteiras num mundo em que, fora do comércio intrafirma, há barreiras protecionistas por toda parte.

Há poucos anos, todavia, a atitude de alguns segmentos do empresariado brasileiro diante do assunto era extremamente negativa.

Lembro-me de certa ocasião, em fins de 1994, quando era ministro da Fazenda o hoje candidato a presidente Ciro Gomes, em que houve uma reunião entre a chamada "equipe econômica" e representantes do Iedi (Instituto de Estudos para o Desenvolvimento Industrial), todos grandes empresários, a maior parte exportadores. Houve queixas com relação ao câmbio, mas também muitas com relação ao que depois ficou conhecido pela designação "custo Brasil" e também contra o protecionismo nos países ricos.

Em certa altura da conversa comentei sobre a experiência de multinacionalização americana e japonesa, e que o estabelecimento de plantas no exterior, ou de alianças com empresas estrangeiras, eram formas de se ganhar acesso a mercados, reduzir o custo do capital e ampliar mercados. Ninguém disse nada. Mas alguns dias depois a *Folha de São Paulo* trazia um artigo do ex-ministro Delfim Netto desancando a "equipe econômica", e este que vos fala em particular, porque sugeriu aos "vexados industriais" que "exportassem suas indústrias". É o pensamento maligno a serviço do atraso, ou, mais precisamente, da perda de tempo em matéria de idéias econômicas. Felizmente outros líderes empresariais passaram a pensar diferentemente desses.

(*OESP*, 21.07.2002)

GLOBALIZAÇÃO E PODER

As empresas multinacionais (EMNs) estão no epicentro da globalização, e elas são muitas: para 2001, o número estimado estava em 65 000, sendo de 850 000 o número de filiais (aproximadamente treze por empresa, em média). Esse conjunto empregava 54 milhões de pessoas (eram 24 milhões em 1990), muito pouco num planeta de 6 bilhões, mas suas vendas (internas e exportações) eram de US$19 trilhões, o dobro das exportações mundiais.

Embora a contribuição das EMNs para o PIB global fosse modesta, na faixa de 10%, era fenomenal no terreno do comércio mundial: dois terços do total, sendo que metade desse seu comércio era intrafirma, isto é, entre empresas do mesmo grupo.

Esses números são impressionantes, inclusive porque sugerem que a competitividade não pertence propriamente aos países, ou ao menos que a relação entre países e EMNs deveria ser mais bem compreendida.

Países e empresas vivem em dimensões diferentes, e são medidos com escalas próprias, os primeiros por meio do PIB, ou seja, pelo valor adicionado total gerado dentro de suas fronteiras, enquanto o tamanho das empresas é medido pelo faturamento. Conciliando as escalas, um cálculo para o ano 2000, feito pela Conferência das Nações Unidas sobre o Comércio e o Desenvolvimento (Unctad), mostrou que, entre os cinqüenta maiores países e empresas, há apenas duas empresas, mas, dentro dos cinqüenta seguintes, 27 são empresas. Ou seja, para o total dos 100 maiores países e empresas, 29 eram empresas, sendo que a maior delas, a ExxonMobil, tinha um "PIB" estimado em cerca de US$63 bilhões, ligeiramente inferior ao do Chile e das Filipinas e maior que o do Paquistão.

As maiores EMNs, portanto, são como países "pequenos", pelo menos por enquanto, pois, nos últimos anos, as EMNs têm crescido muito mais que os países: as 100 maiores respondiam por 4,3% do

PIB mundial em 2000, comparados com 3,5% em 1990. A diferença, cerca de US$600 bilhões, corresponde aproximadamente ao PIB da Espanha. A tendência de crescimento do tamanho das EMNs relativamente ao dos países parece apenas se acentuar.

Durante muitos anos discutiu-se apaixonadamente se as EMNs iam dominar o mundo, ou se serviam aos interesses imperialistas de seus países-sede, mas esses debates foram murchando, seja porque não fazia sentido econômico hostilizar as EMNs, seja porque elas pareciam, ao menos nas grandes questões, alheias e inofensivas ao mundo da política. Raramente uma EMN era encontrada se envolvendo indevidamente em política, ou seja, o crescimento da civilização das EMNs parece ter lugar num outro plano.

Na verdade, o crescimento das EMNs – espontâneo, cumulativo, não-planejado, freqüentemente afetado por fusões e aquisições – encontra certa semelhança com o crescimento da internet, o agregado de inúmeras redes que foram se conectando e formando um todo imensamente maior que a soma das partes.

O crescimento das EMNs, como o da internet, serviu-se e potencializou a internacionalização de padrões, o principal dos quais é o mercado como instrumento de coordenação de atividades e alocação de recursos. Mercados congregam redes de pessoas e empresas, são espaços virtuais por onde se escoa e se processa a informação e se fazem negócios. Na medida em que as redes adotam os mesmos "padrões", a interconexão é possível e extremamente vantajosa do ponto de vista econômico.

Para o estabelecimento da organização institucional dos mercados, e dos padrões contábeis, fiscais, bancários, macroeconômicos, contratuais, jurídicos, os países são necessários, pois é nesse plano que se fixam essas normas. Mas, uma vez estabelecidas as conexões, o mundo econômico parece adquirir uma autonomia inaudita. Parece se formar uma "comunidade", um "ente virtual" de enorme amplitude e vida própria, que se apresenta como o "interlocutor" dos governos, e que é normalmente designado como "o mercado", um Poder imenso, mas de modo algum irracional, nada que ver com uma conspiração de jovens operadores, mas algo muito mais profundo e em torno do qual as noções usuais de Poder precisam ser amplamente repensadas.

(*Veja*, 09.06.2004)

EUROPA E ESTADOS UNIDOS

A FEDERAÇÃO EUROPÉIA E A NOSSA

Mesmo depois da entrada em vigor do Euro, continua animada a discussão sobre a relação entre a (perda da) soberania monetária e a responsabilidade fiscal. Diversos estados europeus estão abrindo mão da sua capacidade de executar uma política monetária independente, passando a submeter-se às diretrizes do BCE (Banco Central Europeu), mas estão preservando a liberdade de executar suas políticas fiscais, ou seja, em tese, podem ter os déficits que bem entendem. Para os eurocéticos, esse é o grande problema que colocará tudo a perder em alguns anos, especialmente quando o número de adesões for maior. O raciocínio é o seguinte: um país membro elege um governante que tenciona levar adiante políticas fiscais "independentes", vale dizer, fortemente expansionistas e em desacordo com a orientação do BCE. Como o referido país não pode mais emitir seu próprio papel-moeda (as máquinas de impressão foram destruídas, e as do Euro estão sob o controle do BCE), terá de financiar sua expansão fiscal através de endividamento. Existem diversas maneiras pervertidas de fazer isso: uma é não honrar compromissos previamente assumidos, alegando vício de origem (na dívida) ou dano aos interesses do estado (como temos visto recentemente entre nós); outra é sair fora da União Monetária. Para os europeus, essas situações são tidas como inconcebíveis, mercê das seqüelas financeiras que o próprio mercado imporia ao(s) país(es) em questão, para não falar em vergonha na cara e outros fenômenos similares, encontráveis com freqüência no Hemisfério Norte.

Não há nada que impeça, todavia, o país "rebelde" de levar adiante sua expansão fiscal, e sem quebrar todas as louças da loja, obtendo financiamento por meio da venda de papéis em mercado (numa quantidade maior que aqueles que o BCE naturalmente compraria de conformidade com suas políticas), oferecendo taxas mais remuneradoras que as dos estados vizinhos, a fim de deslocar-lhes a demanda. Haveria uma pressão para cima no conjunto das taxas de juros, tão grandes quanto fosse o país indisciplinado e o tamanho de suas más intenções. Dessa forma, a soberania fiscal de um estado começaria a se tornar um problema para a política monetária do BCE, que é de todos. Circunstâncias desse tipo colocariam a Europa dentro de grande tensão.

Os arquitetos da Unificação Monetária européia pensaram muito no assunto e concordaram em estabelecer um mecanismo de defesa centrado na existência de sanções pecuniárias para os países indisciplinados, as quais, cumulativamente, podem chegar a 3% do PIB do país "rebelde". Essas sanções teriam gradações, seriam sempre votadas pelos estados membros (e aprovadas por maioria), e o dinheiro arrecadado seria revertido aos outros países.

O mecanismo é inovador, e nada desse tipo existe nos países com federações subnacionais importantes (como nos EUA, no Canadá ou no Brasil). Assim mesmo, muita gente (na Europa) acha pouco, e argumenta que isso não deterá desígnios nacionais expansionistas, quando eles realmente aparecerem. A eleição de diversos governos de esquerda nos anos recentes fez aumentar as ansiedades nesse campo, mas as teses pessimistas não têm encontrado nenhum vestígio de confirmação.

A experiência européia nos permite enxergar que o comportamento dos entes federados é profundamente afetado pelo modo como percebem a sua interdependência. Quando as federações não são concebidas para se tornarem mais que a soma das partes, ou seja, quando não existe governo central, o senso de responsabilidade e o mútuo policiamento (os americanos chamam de "*peer pressure*") são muito claros. Cada um dos membros se preocupa em não se ver passado para trás por alguém querendo "levar vantagem", daí a lógica das sanções. Sabe-se, também, que a "esperteza" é uma impossibilidade para todos ao mesmo tempo.

É diferente quando existe um governo federal de certo tamanho e, como no nosso caso, com tradição de ajudar aos necessitados, ou seja, cujo comportamento pregresso já produziu o fenômeno chamado "tentação do imoral" (os americanos, sempre eles, designam por "*moral hazard*" os incentivos que são criados para os bem-comportados em um grupo quando os bagunceiros não são punidos, ou seja, quando o crime compensa). Um ente federado (estado ou município) pode sempre querer depositar a conta de sua irresponsabilidade no governo federal, e desafortunada mas compreensivelmente isso não é visto pelos outros como um ataque às suas possibilidades econômicas: o pleito dos outros geralmente é no sentido de estender a prática irresponsável a todos, pela via da isonomia. E nessas condições, evidentemente, a federação serve como mecanismo da socialização dos custos da irresponsabilidade fiscal de alguns dos federados e não como instrumento para reforçar a disciplina.

Para que esse tipo de federação possa funcionar de forma européia, é preciso que seus membros percebam a natureza de sua interdependência ou, mais precisamente, que se enxerguem participando de um jogo de soma zero. A solução européia foi muito simples: sanções devem incidir sobre os malcomportados com o propósito de indenizar os prejudicados. Nada mais lógico: por que aquele que faz o que não deve na piscina do clube não deve levar uma multa do gerente?

Se tal coisa já está em vigor na Europa, num arranjo entre estados soberanos, por que não podemos adotar a mesma sistemática na nossa Lei de Responsabilidade Fiscal (LRF), ora em discussão? Na verdade, no projeto da LRF já estão previstos alguns impedimentos aos estados e municípios que mostrarem desvios significativos dos princípios de responsabilidade fiscal ali definidos. A LRF inova também em definir crimes de responsabilidade fiscal, o que, no limite, poderia ter a salutar implicação de colocar atrás das grades um administrador que "quebrou" um estado ou município, ou que fraudou precatórios, por exemplo. Acho que poderíamos ir mais longe, no caminho europeu: estabelecer multas em dinheiro vivo (por exemplo, para quem tem déficit primário além de certo valor ou para quem está estourado na Lei Camata) que irão compor um fundo a ser repartido entre os estados e municípios que tenham superávit primário, e na proporção deste. Com isso o governo federal criaria "sócios" para a sua cruzada no sentido de espraiar a disciplina fiscal entre os participantes da federação. Feito nas mesmas bases do mecanismo europeu, um fundo como esse poderia movimentar, no limite, 3% do PIB em transferências de estados e municípios indisciplinados para aqueles que elegeram administradores competentes para as suas contas. Tudo se passa como se houvesse uma espécie de imposto sobre a irresponsabilidade fiscal cuja receita serve como recompensa para quem faz as coisas direito. Com um mecanismo desse tipo, não há dúvida de que a nossa federação se tornaria mais responsável e vigilante. Por essas e outras, a LRF pode ser a verdadeira mudança no regime fiscal de que há tempos o país está a necessitar.

(*OESP*, 28.03.1999)

O EURO E O ESPERANTO

A idéia de que o mundo tem moedas demais, ou talvez, quem sabe, países demais se parece com outra, bem mais antiga, que remonta a Descartes e Leibniz, a de que, como temos línguas demais, um idioma completamente artificial, com uma gramática simplificada, poderia servir para unir as Nações. O mais antigo desses esforços é do bispo John Wilkins, de 1688, mas inúmeros outros se seguiram nos três séculos subseqüentes. A 14ª edição da *Enciclopédia Britânica* registra, por exemplo, o Solresol (1817), Lingualumina (1875), Blaia Zimondal (1884) além de uma dúzia de outras. A mais bem-sucedida delas todas, o Esperanto, de 1887, foi ganhando adeptos numa escala impressionante até os anos 1920. Mais de 30 mil livros foram traduzidos para o Esperanto, diversas variantes (Dutalingue, Adjuvilo, Intal, dentre inúmeras outras), e ainda hoje estima-se que mais de dois milhões de pessoas falem a língua ou alguma de suas variantes.

Algumas obras de ficção criaram idiomas artificiais, como a famosa Novilíngua do romance *1984* e o idioma de gírias falado em *A laranja mecânica*. Curioso mesmo é o caso da língua falada no Império Klingon, inventada em 1984 por um doutor em lingüística de nome Marc Okrand para o filme *Jornada nas estrelas III: À procura de Spock*. Fãs do seriado reúnem-se em inúmeros clubes, convenções e *sites* e patrocinam encontros, saraus e até casamentos em que se fala apenas Klingon. Existem jornais em Klingon, cursos da língua oferecidos por um Instituto sediado na Filadélfia, o qual está prestes a completar a tradução das obras de Shakespeare e da Bíblia.

Tudo isso é muito curioso, mas o fato é que os "idiomas artificiais mundiais", a despeito de todas as suas vantagens teóricas, não têm nenhuma utilidade prática. No terreno dos idiomas, como no das moedas, parece prevalecer uma espécie de meritocracia, que os economistas designam pela expressão "externalidades de rede", que estudiosos da economia da alta tecnologia conhecem muito bem. O conceito é simples: quanto mais gente usa, mais fácil e barato de usar. Esses "retornos crescentes de escala", para usar mais um vocábulo em economês (uma dessas línguas artificiais não tão malsucedida quanto as outras), resultam em estabelecer padrões. Como hoje são o dólar e o inglês. Por isso se usa o VHS (para os vídeo K-7s) e não o Betamax, que era melhor, e um teclado para máquinas de escrever cuja seqüência de letras (QWERTY, como está na segunda fila, da esquerda para a direita) que não tem nenhuma razão de ser.

Mas voltando às moedas do mundo: quando a União Soviética se desintegrou em duas dezenas de novas repúblicas, cada qual com sua moeda nova em folha, em substituição ao Rublo, ninguém achou que estavam sendo criadas "moedas demais". A tese apareceu pela mão dos defensores do Euro e da adoção de *currency boards* e agora está sendo atacada exatamente por esses dois caminhos.

Não há muito precedente para o que veio a ser o Euro, uma moeda artificial regional. Existiram muitas "moedas-convênio" de natureza escritural, que só serviam para comércio exterior. Ainda existem os Direitos Especiais de Saque (DES) junto ao FMI, que serviriam como uma "moeda internacional de reserva" inteiramente artificial. O FMI, ainda hoje, faz empréstimos e os contabiliza em unidades de DES, mas "emitir" DES eles não fazem desde muitos e muitos anos atrás.

O Euro é uma "moeda artificial internacional" emitida pelo primeiro banco central supranacional que se conhece. Diversos países são sócios e no sistema de um-país-um-voto. O mesmo que a Federação Carioca de Futebol adotou depois que a Guanabara fundiu-se ao Rio de Janeiro. Antes, os clubes votavam conforme o número de campeonatos, e os grandes mandavam. Depois, cada um dos sessenta e tantos clubes do interior passou a ter um voto, e o resultado foi a eleição e posterior perpetuação do popular Caixa D'Água. Com ênfase nos pequenos, o futebol carioca não experimentou muito progresso. O Banco Central Europeu pode ter de aceitar a Eslováquia, a Turquia e a Croácia, ao mesmo tempo que Dinamarca, Inglaterra e Suécia podem preferir ficar de fora.

O fato é que o famigerado mercado não achou o arranjo muito bom: o julgamento dado pelas cotações foi implacável.

(*Veja*, 01.10.2000)

O NOVO PROTECIONISMO AMERICANO

Uma interpretação simples para o virtual e surpreendente empate entre Bush e Gore é a indiferença. Afinal, menos da metade dos americanos sequer se apresentou para votar, e mais uma vez ficou patente a falta de nitidez quanto à personalidade dos candidatos e de seus partidos. Note-se que o fenômeno não é apenas americano, pois também na Europa já se diz a mesma coisa sobre oposição e situação, especialmente depois das expectativas frustradas pelo que, tempos atrás, foi chamado de "onda rosa" ou "terceira via".

Mas, a despeito convergência sobre grandes temas, existem algumas importantes diferenças entre democratas e republicanos que podem nos afetar de forma muito concreta. No plano comercial, por exemplo, deve ficar claro que os republicanos são mais genuinamente liberais que seus adversários. Na verdade, temos aí uma pista para se explicar o aparentemente paradoxal "insucesso" democrata em eleger facilmente Gore, como bem apontou Sergio Abranches. A teoria é simples: os democratas não se tornaram proprietários do portentoso desempenho da economia porque os americanos entenderam que as razões do sucesso são políticas de governo caracteristicamente republicanas. Assim sendo, e paradoxalmente, Bush pode ser visto como alguém tão comprometido com "isso que aí está" quanto o próprio Gore.

Com efeito, para as grandes linhas da economia, nada deve mudar numa administração republicana. No plano comercial, mais especificamente, o leitor pode já ter ouvido de um exportador brasileiro, ou do ministro Marcos Vinícius Pratini de Moraes, que este é o terreno em que os americanos menos praticam aquilo que pregam. Os democratas sempre foram mais protecionistas que os republicanos, e tem sido interessante a ginástica deles para justificar alguns absurdos perpetrados contra as exportações brasileiras. Todavia, o novo protecionismo do governo Clinton tem tudo para continuar.

O fenômeno interessante a apontar, nesse domínio, é que o protecionismo americano foi buscar no "politicamente correto" um conjunto de pretextos para recobrar uma legitimidade que perdeu diante da própria opinião pública americana. De uns tempos para cá, começaram a proliferar alegações de que tal produto, de determinado país, deve ser gravado por uma sobretaxa porque foi feito mediante degradação do meio ambiente ou fabricado conforme "padrões trabalhistas", ou de saúde pública, inferiores aos aceitáveis. A celulose brasileira, por exemplo, pode não obter um "selo ambiental" emitido por uma ONG financiada pelos produtores norte-americanos. O mesmo pode ocorrer com produtos de uma cooperativa nordestina que, na ausência de um mecanismo de "certificação" não inteiramente imparcial, acabam tendo o tratamento destinado às mercadorias feitas com trabalho infantil.

Mas além das restrições alfandegárias existe também o patrulhamento sobre o consumidor. Na loja de uma grande universidade da Califórnia, por exemplo, as camisetas trazem uma etiqueta em que se lê "*social awearness*", que se pronuncia da mesma forma que "*social awareness*", consciência social. "*Wear*" significa usar (uma roupa), e "*awearness*" é um neologismo muito bem urdido. Embaixo do título pode-se ler o seguinte: "Esta roupa foi feita nos EUA numa fábrica que foi aleatoriamente auditada pelo menos quatro vezes a cada ano por um consultor independente a fim de assegurar a completa obediência dos Códigos de Trabalho e Saúde dos EUA." Pergunta: o que faria um consumidor californiano, politicamente correto até a medula, se visse uma peça parecida ao lado, por preço inferior, mas com uma etiquetinha "*made in Brazil*" sem nenhum desses "enfeites"?

O uso da diplomacia, e mesmo da política comercial, para a defesa do meio ambiente ou para a repressão ao trabalho infantil, é altamente meritório. Mas o uso dessas causas para fins protecionistas é uma hipocrisia que teve seu momento de glória nos protestos de Seattle e que devemos nos esforçar para que não tenha continuidade.

(*Veja*, 22.11.2000)

As causas da riqueza ibérica

Muita gente tem se surpreendido com o apetite comprador das empresas portuguesas e espanholas. Com efeito, a participação dos países ibéricos nos fluxos de investimento direto estrangeiro no Brasil posteriores a 1995 foi muito superior à média histórica. Conforme nos informa o Censo do Capital Estrangeiro do Banco Central, portugueses e espanhóis juntos eram responsáveis por 0,84% do estoque de investimentos diretos no Brasil existente em dezembro de 1995. No ano de 1999, a participação desses países nos fluxos totais foi da ordem de 29,4%, ou seja, US$8,1 bilhões sobre um total de US$27,5 bilhões. Em 2000, a Península Ibérica trouxe 40,5% do investimento direto estrangeiro no Brasil, ou seja, US$12,1 bilhões de um total de US$29,9 bilhões. As aquisições por portugueses e espanhóis estão em toda parte, e os preços, às vezes, são mirabolantes.

O que aconteceu? Como explicar esse extraordinário aumento no interesse das empresas portuguesas e espanholas em investir no Brasil?

Existem várias razões, a maior parte delas tendo que ver, em maior ou menor grau, com o processo de integração européia, que teve como um de suas conseqüências enriquecer a Península Ibérica. Outras razões têm que ver com o Brasil como destinação preferencial de investimentos associados à internacionalização das empresas ibéricas.

Tratemos, em primeiro lugar, de motivações européias para o fenômeno, e nesse enredo a primeira parada é no assunto taxas de câmbio: ao longo do processo de integração monetária, as taxas de câmbio reais para o escudo e a peseta foram se fortalecendo relativamente a seus padrões históricos, de tal modo que ambas as moedas ibéricas entraram na União Monetária Européia em um nível alto, onde haveriam de permanecer.

As razões da apreciação não são propriamente surpreendentes: com a facilitação de movimentos de fatores de produção criadas pelo processo de integração, houve emigração e maciças entradas de capital não apenas para relocalizar fábricas atraídas pelos diferenciais de salários como para renovar a infra-estrutura local. As moedas ibéricas se fortaleceram, e dessa forma, evidentemente, ficava ampliado o poder de compra das empresas que tinham receitas em pesetas ou escudos.

Todavia, a integração monetária tinha aspectos mais profundos e importantes no tocante ao valor e ao custo de captação das empresas espanholas e portuguesas. Se Escudos e Pesetas vão desaparecer dando lugar ao Euro, o que se passa com essas economias é um processo semelhante a uma "dolarização", embora de uma forma bem mais charmosa e menos abrasiva. A começar pelo fato de que a moeda nacional não é substituída pelo Dólar no contexto de inflações destrutivas, como se observou na América Latina. Os integrantes da União Européia abriram mão da soberania monetária em um momento de prosperidade, coordenada e voluntariamente, e a favor de uma moeda "coletiva", definida como uma cesta ponderada de todas elas.

Portugal e Espanha, contudo, adotariam uma moeda que os mercados enxergavam como sendo "majoritariamente" o Marco alemão e o Franco francês que, com efeito, representavam pouco mais de metade da cesta que compunha o ECU (a Unidade Monetária Européia), uma espécie de URV que se converteu no Euro em 1998. Para Portugal e Espanha, todavia, o Euro era praticamente uma moeda estrangeira: a participação do Escudo no ECU/Euro era de 0,69% e a da Peseta era de 4,1%. Ou seja, para os países ibéricos a unificação monetária européia foi quase como uma "dolarização" mesmo.

Dessa forma, para as empresas portuguesas e espanholas, o resultado da adoção do Euro foi o de fazer com que suas receitas se tornassem receitas em moeda forte, algo que tinha enormes implicações no tocante ao custo do capital. Empresas com bons balanços em Pesetas e Escudos passavam a ter bons balanços em Euro, e portanto podiam ter acesso a um mercado de capitais pan-europeu, que não mais distinguiria empresas dentro da União Monetária pela localização de sua matriz.

O processo de convergência macroeconômica, pautado pelos critérios do Tratado de Maastricht, ainda por cima, fez convergirem os parâmetros macroeconômicos, melhorou a saúde de todas as economias envolvidas e também suas classificações de risco soberano (os chamados *ratings*). Era como se os países ibéricos estivessem sujeitos ao que alguns comentaristas brasileiros classificariam como um megaprograma-tipo-FMI, a partir do qual ganhariam a condição de pertencer à União Monetária Européia. Hoje em dia a Espanha tem um *rating* de AA+, um nível apenas abaixo do máximo, e Portugal, um de AA, um nível abaixo da Espanha.

Em resumo, a integração européia fortaleceu as moedas ibéricas, depois foi como se a Península Ibérica adotasse o Marco Alemão como moeda nacional, e assim reduziu substancialmente o risco soberano e o custo do capital para as empresas ibéricas, que, em conseqüência, passaram a valer muito mais. É tudo que está faltando para as empresas brasileiras.

Bem, isso tudo serve para explicar por que portugueses e espanhóis ficaram muito ricos. Por que resolveram gastar sua fortuna na América Latina, e no Brasil especialmente? Afinidades culturais são relevantes, sem dúvida, mas não decisivas. Talvez mais importante, além do fato de termos eliminado a hiperinflação e empreendido muitas reformas modernizantes tenha sido o fato de que as empresas na América Latina, talvez com exceção do Chile, estejam muito baratas, conforme já observado.

É verdade que o investimento direto estrangeiro vem crescendo extraordinariamente em escala global e no Brasil, onde tem andado entre US$25 e 30 bilhões. Mas descontados os efeitos da privatização, pelo lado da oferta, e do fenômeno do enriquecimento ibérico aqui discutido, pelo lado da demanda, os avanços não foram tão espetaculares. A continuidade desses fluxos dependerá da nossa capacidade de reconstruir o crescimento econômico, uma perspectiva ainda não muito nítida.

(*OESP* e *JB*, 15.04.2001)

Keynes e os gastos com a "Nova Guerra"

O nome de John Maynard Keynes, o mais celebrado economista do século recém-terminado, tem sido novamente invocado em vão, desta vez em vista dos possíveis efeitos expansionistas sobre a economia americana da "Nova Guerra" ora em preparação. Pouco se sabe sobre como será tal coisa, mas convém retirar Keynes desse assunto desde o início.

Seu livro mais importante, de 1936, é conhecido até hoje como *A Teoria Geral*, uma rara e merecida honraria para a obra em tudo brilhante exceto no fato de que não era realmente "geral". Keynes ensinou, para o horror de conservadores e deleite de heterodoxos, que havia certa racionalidade no desperdício de dinheiro público em obras inúteis, como a construção de pirâmides, ou em enterrar garrafas com dinheiro para que os desempregados as procurassem. Os exemplos são dele mesmo, mas o que se passava à sua volta, na época, em matéria de obras públicas, não era menos inusitado.

O governo brasileiro, por exemplo, ao longo da década de 1930, tocou fogo numa quantidade de café, estoques seus, equivalente a três anos inteiros de consumo mundial, uma irracionalidade que Celso Furtado descreveria nestes termos: "Estávamos construindo as pirâmides que anos depois preconizaria Keynes."

Como entender, com olhos de hoje, que o governo possa comprar café de fazendeiros paulistas e depois destruí-lo para fazer subir o preço? Certamente havia algo de excepcional naquelas circunstâncias, e por isso mesmo é que não é tão geral a Teoria Geral.

Naquela mesma época os nazistas, já no poder, levaram às últimas conseqüências essa lógica de usar dinheiro público para construir coisas a serem destruídas, para depois serem reconstruídas, e destruídas novamente. O gasto público como percentagem do PIB dobrou na Alemanha entre 1928 e 1939, o crescimento foi espetacular, 12% anuais para 1932-38, e o país montou a maior e mais destrutiva máquina de guerra até então conhecida. Com efeito, diante dos preparativos para a Guerra em grande escala, todos os outros remédios "keynesianos" para criar empregos pareciam homeopatia.

Isso não quer dizer, todavia, que a Guerra, ou qualquer outra forma de gasto público improdutivo ou irracional seja sempre justificável por motivos "keynesianos". Nada disso. O que fazia sentido durante a Grande Depressão pode ser totalmente descabido em nossos dias. Na verdade, várias guerras depois, tendo a participação do Estado na economia atingido limites incômodos em toda parte, em vista dos choques de oferta, dos capitais voláteis, das taxas de câmbio flexíveis e do fim da Guerra Fria, é certo que o mundo deixou de ser keynesiano. Em toda parte, inclusive no Japão, elevações no gasto público não necessariamente geram emprego, e freqüentemente trazem inúmeras problemas.

A "Guerra" contra o terrorismo que os EUA estão a preparar nem de longe parece ter os efeitos fiscais, ou a escala de mobilização, que tiveram as anteriores. Os montantes de gasto de que se fala nos EUA são ínfimos para reanimar a economia americana, cujos gastos do setor público são da ordem de US$3,2 trilhões anuais, e, ademais, nem está muito longe do pleno emprego.

Salta aos olhos que os US$40 bilhões já aprovados pelo Congresso americano devem ser o quádruplo ou mais do PIB do Afeganistão, mesmo contando a riqueza gerada pela heroína e pelo contrabando empreendido pelas máfias de caminhões dos estados mais ao Norte, ex-repúblicas soviéticas. Todo o capital que o Afeganistão recebe do resto do mundo consiste em ajuda humanitária e não ultrapassa US$150 milhões anuais.

Salta aos olhos também que nada seria mais danoso aos Talibãs e aos terroristas alojados naquela região que um agressivo programa de desenvolvimento, gastando-se uma fração do dinheiro que vai ser utilizado com as ações militares e de inteligência. Seria infinitamente mais barato, para não falar em razões humanitárias, e provavelmente muito mais eficaz para o combate ao terrorismo. Infelizmente, contudo, a guerra não é um assunto tratado por quem sabe fazer conta.

(*Veja*, 26.09.2001)

O EXEMPLO DO PLANO MARSHALL

Aberta a temporada de referências históricas úteis aos dilemas trazidos pelos atentados de 11 de setembro, vale a pena debruçar-se sobre um cidadão, pouco conhecido, mas cuja importância para a política econômica do mundo ocidental nos anos 50 é comparável à de Keynes para os anos 30. Trata-se do general George Catlett Marshall, comandante-em-chefe do exército norte-americano durante a Segunda Guerra Mundial, herói nacional, feito secretário de Estado do presidente Truman em janeiro de 1947.

Em junho desse mesmo ano o secretário Marshall entraria para a História em uma outra capacidade, ao proferir o principal discurso da cerimônia de formatura na Universidade de Harvard, anunciando as linhas gerais do que Churchill chamaria "o ato menos sórdido da História", e que logo adiante ficaria conhecido como o Plano Marshall.

O Plano resultou em doações para países europeus, entre 1948 e 1952, que somariam uns US$150 bilhões em dinheiro de hoje. O sucesso foi absoluto em reconstruir e reativar a economia européia, de cuja prosperidade dependia, em boa medida, a própria economia americana. Não deve haver dúvida, estava em jogo também, e principalmente, o objetivo de proteger a democracia do avanço do comunismo. É comum a percepção de que o Plano Marshall só fez sentido no contexto da Guerra Fria, mas muitos economistas enxergam algo bem maior na iniciativa. Mais especificamente, o que se pode perguntar é se não temos um exemplo a seguir nos dias de hoje. Ou seja, se doações em grande escala para reconstruir a Europa deram certo para fomentar a economia e conter o comunismo, o mesmo não valeria hoje para o mundo islâmico, tendo em vista o objetivo de conter o terrorismo?

Algumas lições da experiência do Plano Marshall ajudam a pensar sobre o problema. A primeira dificuldade foi apontada de pronto, no próprio discurso em Harvard: a iniciativa tinha de partir deles, europeus. Eles tinham que dizer o que fariam com o dinheiro, pois afinal o plano devia ser deles. Era preciso construir uma comunhão de interesses. A Europa tinha muitas necessidades, o presidente Truman e o secretário Marshall uma estratégia, e o Congresso americano estava interessado em democracia, multilateralismo, descolonização, e em que o dinheiro fosse usado para comprar produtos americanos. Nada de se estranhar, pois a ajuda, ainda mais nessa dimensão, não era nem poderia ser inocente ou desinteressada. Do lado europeu o assunto era mais simples: tratava-se de cavalo dado e, ademais, belíssimo animal. O fato é que o dinheiro do Plano Marshall caiu em solo fértil e produziu diversos "milagres econômicos", até hoje festejados.

Contudo, a experiência não deve ser tomada como o indicativo de uma regra geral. O dinheiro do Banco Mundial para países pobres, por exemplo, deveria funcionar da mesma forma, embora em miniatura. Mas não é isso que se observa. Muitos dos países potencialmente beneficiados não querem atender às condições necessárias para receber recursos das instituições multilaterais e também de investidores privados. As razões são variadas, mas não de todo desconexas: em maior ou menor grau, os países não querem a "dependência externa", rejeitam a globalização, as regras mais elementares do capitalismo e, às vezes, também a televisão e outras "invasões culturais" imperialistas. No Afeganistão, como se sabe, não há "dependência externa", nem capitais voláteis, mas também não existem capitais calmos e produtivos, nem vontade de mudar as coisas. O Afeganistão é uma tragédia econômica auto-infligida, como, aliás são os outros países que apóiam o terrorismo.

Os exegetas do Plano Marshall todos concordam que as coisas funcionaram porque a ajuda foi dada a quem queria ser ajudado, ambos concordando sobre a forma da ajuda. É difícil vislumbrar qualquer coisa que se pareça com isso no Afeganistão, para não falar em outros países pobres que acobertam terroristas. É pena.

(*Veja*, 10.10.2001)

A movimentação antiglobalização: esquisitice, bagunça e terror

A BATALHA DE SEATTLE

A pacata cidade de Seattle, berço da Boing e da Microsoft, testemunhou recentemente uma luta absolutamente desigual: um velho e vetusto conceito, o multilateralismo comercial, e junto com ele a credibilidade política da OMC (Organização Mundial do Comércio), foram ambos estraçalhados por uma criatura própria da volúvel atmosfera do fim do milênio e cujo poder é tão grande que dobrou facilmente as mais importantes lideranças políticas do planeta: o politicamente correto.

Na verdade, a vítima, dirão os diplomatas, era um alvo fácil. O multilateralismo nada mais é que um processo negocial já meio em desuso, tendente a funcionar quando há unanimidades em certa quantidade, e ressalvas a minorias. Nos anos 1950, com poucos países interessados no processo de liberalização comercial, uma forte liderança e muitas barreiras comerciais a derrubar, o processo multilateral de negociação empregado nas várias "rodadas" liberalizantes foi extremamente bem-sucedido, apesar da sua complexidade e das ressalvas. Algumas rodadas levaram anos para se completar, mas, com o comércio internacional sempre crescendo mais que o PIB mundial, havia um incentivo generalizado a participar dessa locomotiva em rápido movimento.

Desde a Rodada Uruguai, todavia, duas tendências têm sido claras: de um lado, amadurece o estatuto jurídico dos acordos sob a égide da OMC, e, com isso, os mecanismos de resolução de controvérsias se tornam efetivos. Em conseqüência, e por outro lado, na medida em que se tornam praticamente extintas as formas mais tacanhas de protecionismo, as rodadas vão enfrentando problemas de agenda e enveredando por caminhos novos e nem sempre tão produtivos no plano diplomático e econômico. Novos temas relacionados à alta tecnologia vão soterrando velhos problemas não-resolvidos, como o protecionismo agrícola europeu, ou como o mau uso das legislações antidumping, que parecem ficar ainda mais difíceis com o tempo. O número de países aumentou, as lideranças se enfraqueceram, e já não existem mais tantas barreiras comerciais como nos anos 1950. Muitos países fizeram aberturas unilaterais, entendendo que eram processos que melhor atendiam a seus próprios interesses. O protecionismo desenvolvimentista que praticamos durante tantos anos apodreceu e caiu de maduro, e o fenômeno está longe de ser apenas brasileiro.

Diante disso, todavia, tínhamos dois bons motivos para não deflagrar mais uma rodada: o processo decisório se tornou mais complexo e a agenda muito mais difusa, tirante os velhos impasses que continuavam do mesmo tamanho que sempre tiveram.

A experiência de Seattle mostrou que havia um terceiro problema a lidar, cujo tamanho foi amplamente subestimado: a hostilidade dirigida ao processo de globalização por parte de uma plêiade incrivelmente heterogênea de militantes e ativistas unidos apenas por um profundo e violento mal-estar com relação aos rumos das relações internacionais, seja porque estão prejudicando o meio ambiente, extinguindo os empregos, roubando a alma das pessoas, acabando com as especificidades culturais, ou algo no gênero. Talvez tenhamos aí uma espécie de neoludismo, ou de reação emocional a mudanças inerentes ao que tem sido chamado de a Era Moderna, ou de desamparo espiritual provocado pela rápida mudança tecnológica, pelo fracasso das utopias ou simplesmente pela solidão.

Talvez essa erupção devesse ocorrer nas reuniões anuais do FMI e Banco Mundial, nas quais os dirigentes das alucinantes movimentações de capitais se encontram para conversar, geralmente sem despertar muita atenção dessas ONGs mais performáticas. Vamos aguardar. Mas o fato é que foi no encontro da OMC que veio esse poderoso ataque do movimento anti isso-que-aí-está, e os estragos foram enormes. O maior deles talvez foi a facilidade com que os manifestantes, a despeito da falta de substância e coerência de suas demandas, encostaram contra a parede as mais poderosas lideranças do planeta. Foi surpreendente a reação de alguns desses governantes, que se entregaram vivamente ao mais absoluto populismo politicamente correto. Ficou aparentemente consagrada a tese de que a OMC não é transparente (!?), de que precisa tratar de delicadas questões trabalhistas (na verdade discriminar países em que existe trabalho infantil) e ambientais, além de consagrar sistemas de preferência para países muito pobres (e de comércio pequeno). Tudo muito politicamente correto, mas movido pela mais perversa comunhão de interesses entre ativistas do tipo rebeldes-sem-causa e *lobbies* protecionistas muito bem estabelecidos que souberam utilizar o politicamente correto a seu favor.

(*Veja*, 22.12.1999)

O General Ludd e seus imitadores

Existem registros de pelo menos três personagens que, durante os séculos XIII e XIV, podem ter sido a matriz para Robin Hood, que aparece em seu formato atual apenas em poemas narrativos, bem mais tarde, no final do século XV. Nessa ocasião, a Floresta de Sherwood estava se convertendo em pastagem, e Robin havia se tornado uma espécie de herói *folk* a representar a integridade da Natureza e a santidade da Tradição, ambas ameaçadas pelo Progresso. A literatura (Sir Walter Scott em *Ivanhoé*, por exemplo) e depois o cinema (Erroll Flyn,

Richard Gere, Kevin Costner) tratam Robin com extrema simpatia, o que definitivamente não ocorre com um outro herói *folk* da mesma região, porém de alguns séculos adiante: o general Ned Ludd. Pouca gente sabe o que fez esse general, que batalhas travou e contra quem.

A partir de 1811, diversos episódios de depredação e baderna, tendo sempre como alvos máquinas e fábricas, se multiplicaram em espantosa proporção na Inglaterra. A autoria dos atentados era difícil de asseverar; eram comunidades inteiras envolvidas no que parecia um movimento "orgânico" e espontâneo. Os eventos eram sempre precedidos ou seguidos de manifestos e ameaças assinados por um personagem imaginário, Ned Ludd, um pseudônimo adotado por vários líderes do movimento, depois promovido a general.

Em 1813 estimava-se que cerca 2.400 teares a vapor estivessem operando no país; em 1830, o número deve ter atingido 100 mil. Era a "revolução industrial", um processo que o historiador David Landes descreveria, em seu clássico estudo (*Prometeu desacorrentado*), como o início de um doravante indissolúvel casamento entre a Ciência e a Produção fadado a mudar o mundo.

Foi o próprio Marx quem chamou atenção em 1848 para o fato de que o progresso material da humanidade nos últimos cem anos tinha sido maior do que em toda a experiência humana anterior. Quem olhasse à sua volta, todavia, enxergaria uma nova e assustadora realidade: fábricas que pareciam masmorras, poluição, trabalho infantil, jornadas desumanas, desemprego tecnológico, todo o combustível necessário para alimentar os piores pavores sobre o futuro daquela "nova economia" que ali se constituía.

Naquele momento o homem parecia se sentir especialmente desconfortável com os avanços da Ciência, como bem demonstrava o ludismo. Os simpatizantes eram muitos. Lord Byron lhes dedicou um poema, e Mary Shelley, cujo marido andou organizado donativos para o movimento, levaria às últimas conseqüências os pavores com os rumos da Ciência, no que podemos tomar como uma angustiada metáfora dos dilemas hoje envolvidos na biotecnologia: *Frankenstein, o Prometeu moderno* (de 1818).

O fato é que a popularidade do general Ludd dependia muito de condições econômicas ocasionalmente desfavoráveis advindas, em particular, da guerra com a França e do bloqueio continental. Não eram contradições fundamentais do sistema, como supunham Marx e diversos outros inimigos do capitalismo. Encerrado o conflito, explode o crescimento inglês na segunda metade da década de 1810, e o general Ludd desaparece quase sem deixar vestígio.

Nos dias de hoje, a humanidade encara com muito mais naturalidade os avanços da Ciência, mesmo os que ocorrem no terreno onde Mary Shelley tanto se assustou. Por isso mesmo é patética e descabida a iniciativa desse senhor francês Jean Bové, herói de recente congresso em Porto Alegre, acompanhado de militantes do Movimento dos Sem Terra, de destruir uma plantação experimental de soja transgênica. Seria uma indulgência imerecida buscar o *pedigree* dessa iniciativa, ou de ataques às lanchonetes do McDonald's, no já esquecido general Ludd. Bové está mais para uma inversão de beijoqueiro de esquerda, a serviço do protecionismo agrícola europeu, destinado às páginas próprias ao grotesco. Infelizmente, Bové não conseguiu macular nossa reputação de impunidade diante de baderneiros, pois não foi obrigado, junto com seus cúmplices do MST, a ressarcir os prejuízos que causou. Pelo menos uma das lições que aprendemos desde os luditas é a de que a propriedade privada não é um roubo, e se foi danificada de má-fé o dano deve ser reparado pelo seu autor.

(*Veja*, 28.02.2001)

Praga sitiada

Tal como ocorreu em Seattle, durante a última reunião da Organização Mundial do Comércio, manifestantes de rua das mais diversas origens dominaram a mídia, e com isso dando a impressão de terem desarrumado a reunião do FMI e Banco Mundial em Praga e desnudado a fragilidade dessas instituições. Mais uma vez, segundo observadores simpáticos aos manifestantes, a "voz das ruas" estaria firmando posição contra a globalização, a pobreza, a injustiça social e a destruição do meio ambiente.

Será mesmo?

É claro que há muito o que se questionar se as ONGs, *punks*, esotéricos e esquisitos que foram brigar com a polícia em Praga podem ser tomados como amostra representativa da "opinião pública" nos temas de interesse dos manifestantes e também sobre os temas do encontro do FMI. Tomar conta das estreitas vielas de Praga é uma coisa; substância política é outra completamente diferente.

Todavia, um dos paradoxos da globalização, do mundo da internet e da informação total é que manifestações espetaculares – como atos terroristas, suicídios coletivos, ou embrulhar prédios com papel colorido – têm enorme impacto de mídia, a despeito de as causas defendidas pelos autores dessas ações não encontrarem necessariamente muita ressonância. A globalização cria uma espécie de sociedade do espetáculo, na qual a *performance* vale mais que a substância, e uma imagem, ou uma representação, vale mais que mil ações.

Os manifestantes em Praga teriam mantido confinados os participantes da reunião e provocado a antecipação do fim do encontro. São imagens fortíssimas, reforçadas pelas rusgas com a polícia sob a névoa do gás lacrimogêneo e pela visão dos poderosos comandantes das finanças internacionais se movimentando em meio a esquemas de segurança dignos de criminosos perseguidos por uma turba furiosa. Os manifestantes tomaram Praga, como em 1968 fizeram os tanques redentores da Pátria do Socialismo. Agora em 2000, pudemos ver o que sobrou desses tanques, no mesmo cenário.

De fato, em vista da dinâmica habitual dessas reuniões, e da decisão de realizar o encontro em Praga, é fácil ver como as manifestações poderiam arruinar o evento. As reuniões do FMI, do Banco Mundial e de suas empresas coligadas acontecem duas vezes a cada ano. A reunião de outono é a maior e já de algum tempo tem como característica principal o acessório e não o fundamental. As reuniões do chamado "setor oficial" são intermináveis, inconclusivas, e raramente têm algum "resultado" a ser exibido. Em volta desses encontros, todavia, há um verdadeiro festival de encontros de banqueiros, investidores, economistas, jornalistas, empresas e interessados em assuntos de finanças internacionais. Mesmo as autoridades ocupam a maior e melhor parte de seu tempo para contatos com o setor privado. São encontros de negócios, em que a alta finança internacional se reúne para trabalhar, como numa grande feira.

No cenário habitual dessas reuniões – Washington –, em que a polícia sabe tratar com manifestações de todo tipo, o resultado prático de bagunças de rua é dificultar o trânsito e, portanto, prejudicar os negócios. As pessoas não conseguem se movimentar, as conferências perdem platéias, os coquetéis não dão ibope, as empresas, bancos e investidores não conseguem se encontrar. São menos negócios, e portanto menos empregos, como certa vez ouvi dizer em Washington.

Em Praga, esses constrangimentos ficaram ainda mais dramáticos, o que obviamente resultou em esvaziar o encontro, especificamente no que tange ao setor privado. Com os negócios em segundo plano, ficam em evidência as autoridades, e mais especificamente os comandantes da FMI e do Banco Mundial. O encontro se politiza e se estrutura em volta de um diálogo improvável entre as burocracias dessas duas instituições e de ONGs voltadas para todo tipo de causa e mobilizadas para atrair a atenção da mídia. Desse diálogo resultam questões que o FMI e Banco Mundial não estão propriamente preparados para responder, pois, em boa parte dos casos, trata-se de assuntos externos às missões dessas instituições. O FMI, por exemplo, não tem que tratar de pobreza, meio ambiente e condição feminina. Sua missão é outra, bastante nobre, a de zelar, por exemplo, para que os países adotem a responsabilidade fiscal como cláusula pétrea de sua gestão macroeconômica. O FMI é um organismo que tem como sócios os bancos centrais, cuja responsabilidade social direta é com a saúde da moeda.

Já o Banco Mundial, que certamente pode fazer muita coisa no plano social, no nível de projetos específicos, não pode virar uma central de distribuição indiscriminada de dinheiro para governadores e prefeitos que não têm condições de pagar os empréstimos que recebem. Ao ver-se pressionado a terminar com a pobreza emprestando a rodo, acabaria solapando o trabalho da sua instituição irmã, induzindo governantes a se endividarem além da conta, além de executarem os projetos que o Banco Mundial acha bons, em vez dos que interessam ao país e às comunidades relevantes.

Portanto, diante de questões estranhas a seus mandatos, o pior que pode acontecer ao FMI e ao Banco Mundial é suas lideranças sucumbirem ao "politicamente correto" e passarem a emular uma retórica tipicamente terceiro-mundista, mais ao gosto de entidades como a Unctad, por exemplo. Isso sem falar no desastre que seria *atuar* na linha da demagogia politicamente correta com que parecem flertar.

Ademais, a submissão ao "politicamente correto" por parte do FMI e do Banco Mundial, além de revelar falta de clareza quanto às suas respectivas missões, é uma postura politicamente tacanha. Faz parecer que o distinto público assiste a demonstrações de sentimento de culpa: a pobreza, a desigualdade e a injustiça são assumidas indevidamente pelas instituições de Bretton-Woods, para o mais absoluto deleite da esquerda terceiro-mundista em toda parte.

Aqui no Brasil em especial, em que a resistência a tudo o que é progresso e mudança é das nossas mazelas mais antigas, a leitura é a de que não há mais "Consenso de Washington", que as culpas foram admitidas, e que a pobreza e a desigualdade no Brasil foram geradas pelas reformas neoliberais dos últimos cinco anos, e não pelas políticas populistas e inflacionistas praticadas nas últimas cinco décadas por muitos dos que hoje estão, ao menos em espírito, nas passeatas de Praga.

(*OESP* e *JB*, 01.10.2000)

Por um mundo melhor: Davos, Porto Alegre e o *Rock in Rio*

É extraordinária a estatura que assumiu o Fórum Econômico Mundial (FEM), ora em andamento em Davos, na Suíça, na sua trigésima primeira edição. De tão bem organizado, o FEM fez com que Davos deixasse de ser o cenário de *A montanha mágica*, o clássico romance de Thomas Mann, para se tornar o abrigo simbólico dos supostos condutores da globalização, uma parada obrigatória para a elite econômica internacional, tal qual as reuniões da OMC (Organização Mundial do Comércio) e do FMI (Fundo Monetário Internacional) e Banco Mundial. Poucos se dão conta de que o FEM é um de muitos eventos, nada mais que um megasseminário que gera livros, filmes, revistas, todos produzidos por uma ONG (organização não-governamental) muito rica, como tantas outras, e extremamente competente em cumprir seus propósitos estatutários.

Há certa malícia, mas boa dose de verdade em se dizer que os objetivos dessa ONG refletem a visão de seus patrocinadores, em geral grandes empresas internacionais, sobre o que deve ser um mundo melhor. Mas são muitas empresas, e o vulto do empreendimento é tal que já não mais possível enviesar grosseiramente a sua agenda como supõem algumas teorias conspiratórias sobre o que se discute de Davos. Não se imagina que Yasser Arafat, por exemplo, vá a Davos emular as conquistas da globalização.

Para colocar as coisas em seus merecidos lugares, tenha-se claro que o FEM é um evento que já se desdobrou em uma infinidade de produtos, extremamente bem-sucedido no plano do *marketing*, e que proporciona um dos mais relevantes *cases* de sucesso de empresas do Terceiro Setor. Na verdade, o FEM é a prova viva da extraordinária importância que hoje adquiriram algumas ONGs no cenário econômico internacional.

Cá no Brasil não passou despercebido dos especialistas em *marketing* o fenomenal crescimento do Terceiro Setor, vale dizer, o enorme interesse das pessoas em buscar participar de debates, ou apoiar ações que lhes interessam, fora dos eixos tradicionais de participação política. Todos querem um mundo melhor, mas ninguém tem interesse em inscrever-se num partido ou eleger-se vereador. Tanto que no Rio de Janeiro um festival de *rock-and-roll* foi empacotado como uma espécie de ONG e teve um monumental sucesso comercial. Durante o festival, abriram-se espaços para debates sobre um mundo melhor envolvendo representantes das Nações Unidas e também da Nação Yanomami, para não falar de inúmeras ONGs, bem como personalidades tais como Leonardo Boff, Paulo Coelho, José Ramos Horta, líder timorense, Nobel da Paz, dentre dezenas de outros. Tudo muito ordenado, sem conotações políticas, e até mesmo inocente em seus factóides, como os três minutos de silêncio por um mundo melhor no início dos trabalhos. E o Movimento Viva Rio levou um pedaço do faturamento para ajudar o belo trabalho que vem fazendo na área de educação de jovens carentes nas favelas do Rio de Janeiro.

O *Rock in Rio* foi um sucesso de público e de mídia, como provavelmente será o Fórum Social Mundial (FSM) em Porto Alegre, por razões em boa medida semelhantes e que podemos resumir observando que ambos absorveram as lições do sucesso do FEM em Davos. No caso de Porto Alegre a conexão é bem mais evidente, pois os termos de referência aludem claramente a um "contraponto" ou a "uma alternativa" a Davos. Na prática, o mais importante é que o FSM se apresenta como "um outro FEM", ou seja, um outro evento com a mesma receita, cujo propósito é atrair público e mídia, porém com temas diversos. Ótimo para a indústria de eventos, para a rede hoteleira e para a economia local. O governador compensa, dessa maneira, a perda da fábrica da Ford para a Bahia. Só é preciso avisar a alguns brutamontes dados a quebra-quebras que é preciso refrear os instintos para não prejudicar o *show*.

O evento de Porto Alegre merece apoio, portanto, como qualquer festival ou convenção. Fará bem para a cidade e para o país se criarmos aí uma atração turística internacional, como Davos, independentemente das conotações políticas. Some-se aos atrativos do evento o fato de que irá oferecer um canal de expressão para muitos que iam fazer baderna em Davos, o que não é pouca gente. Há, todavia, uma pequena e importante armadilha nessa equação. Vivemos numa cultura em que o espetáculo prevalece sobre a substância, de tal sorte que protestos regados a gás lacrimogêneo alcançam muito mais espaço na mídia do que áridas conferências propositivas com centenas de assuntos e comitês. O FSM terá mais de 400 "oficinas" discutindo temas que vão da globalização à produção social da loucura, passando pelo consumo ético, transgênicos, gênero, solidariedade, microcrédito, moedas sociais, os mais diversos temas ambientais e a resistência armada ao neoliberalismo.

Não é de se descartar a hipótese de que muitos dos condutores dessas sessões, em Porto Alegre ou em Davos, prefiram permanecer no sereno, brigando com a polícia, para alcançar os holofotes pelo caminho mais curto e para não se sentirem aprisionados em uma discussão a sério das suas propostas por um mundo melhor. É o espetáculo que importa, afinal, e por isso mesmo os dois fóruns inimigos vão até se falar: George Soros contra o MST em *webcasting* para todo o planeta, numa batalha por um mundo melhor. Quem poderia de perder esse evento, a primeira dentre várias "lutas do século", como tivemos no boxe? E o resultado, também como no boxe, deve ser meio combinado, a fim de alcançar o máximo de efetividade para ambos os lados.

(*OESP* e *JB*, 28.01.2001)

Davos em Nova Iorque: tolerância zero

Em razão dos eventos de 11 de setembro, o Fórum Econômico Mundial (FEM), normalmente organizado em Davos, na Suíça, está acontecendo no coração de Manhatan, na cidade de Nova Iorque.

Na última edição do FEM, em Davos, a violência dos movimentos de rua – os "*hooligans*" da globalização – ficaram na lembrança de todos. Os temidos torcedores ingleses, bêbados e desordeiros, não seriam capazes de fazer um papelão maior. A diferença é que os vândalos da globalização são tolos o suficiente para acreditar que representam "a voz das ruas", ou que a baderna que patrocinam pode ter alguma leitura que faça sentido.

Com efeito, essa impunidade é filha de uma distorção que está devastando muitos países desenvolvidos – o politicamente correto. Sendo "incorreto" botar em cana, por exemplo, um ambientalista que atira tijolos em vidraças para chamar atenção para sua bela causa, é normal de se esperar que essas atividades proliferem, como de fato tem ocorrido na Suíça, em Praga, Gênova, ou mesmo em Washington.

Nenhuma cidade se mostrava disposta a receber reuniões como as da OMC ou do FMI, o mundo parecia rendido a desordeiros. A própria Davos, berço do FEM por muitos anos, começou a encrencar com os organizadores do fórum em torno dos custos relacionados à segurança, estimados em cerca de US$7,5 milhões.

O professor Klauss Swchab, então, teve a idéia, e o prefeito Rudolph Giuliani aceitou sem pestanejar: vamos levar a globalização para a sua capital, e vamos discuti-la na mesma cidade que sofreu a maior e mais bestial de todas as agressões idiotas à globalização.

E assim, ao mudar o FEM para Nova Iorque, os seus organizadores prepararam uma espécie de armadilha para o vandalismo antiestablishment. O ataque terrorista de 11 de setembro, como se sabe, levou embora diversos quadros do Departamento de Polícia da Cidade de Nova Iorque, bem como de seu Corpo de Bombeiros. Há dias porta-vozes dessas organizações vêm dizendo que a tolerância contra qualquer espécie de indício de intenção de pensamento em violar a lei será exatamente igual a zero. Há dias as televisões vêm mostrando o treinamento antiprotestos, que tem ocorrido em um estádio de futebol, e, de fato, os ensaios parecem mesmo lembrar um jogo de futebol americano, ou um treinamento de fuzileiros. As equipes, a julgar pelas imagens, parecem estar não apenas preparadas, mas ansiosas pelo enfrentamento.

Na verdade, não será difícil para os policiais nova-iorquinos, que andaram lidando bem de perto com a tragédia das duas torres, enxergar nos manifestantes a mesma matriz ideológica, e o mesmo tipo de embocadura, dos terroristas que perpetraram a barbaridade de 11 de setembro. Todos estarão nervosos e irritados, e mais: não serão apenas as equipes responsáveis pela manutenção da ordem, mas o distinto público também. O cidadão comum, residente em Nova Iorque, está geralmente mal-humorado nessa época do ano, quando o inverno teima em não terminar. Eventos que atrapalham a rotina da cidade, e provocam engarrafamentos intermináveis, são sempre vistos com irritação, mesmo quando se trata de festas e *shows*.

Dessa vez, todavia, não é nenhum festival, mas a perspectiva de baderna provocada por gente não de todo antipática às causas extremistas. Diversas ruas foram fechadas em torno do Waldorf Astoria, na Park Avenue, e nenhuma localização poderia ser mais central. Portanto, mais engarrafamento impossível. Barricadas e policiais, detectores de metais, sirenes e comboios estão distribuídos por toda parte. Os transeuntes vêm sendo solicitados a mostrar documentos, e o estacionamento se tornou impossível nas cercanias. Os policiais andam colhendo o que há de pior em matéria do já proverbial mau humor tipicamente nova-iorquino. Com esse aparato de segurança, a impressão que se tem é que as manifestações de protesto podem perfeitamente ser trucidadas por cidadãos comuns irritados com mais essa invasão em sua cidade.

O prefeito Rudolph Giuliani fez um bom acordo com São Pedro, o qual, também solidário com a cidade, e provavelmente também irritado com essa confusão, resolveu mandar uma chuva fina e gelada e recolher o bom tempo que vinha fazendo dias antes do início do FEM.

Diante disso, os pronunciamentos dos grupos empenhados em promover manifestações têm sido de uma moderação exemplar. Mas a expectativa é grande, e o *New York Times* descreveu a atmosfera como a de uma estréia na Broadway. Se vamos ver manifestações civilizadas, ou uma pancadaria sem controle, com o possível envolvimento do público, não é possível dizer. O espetáculo estará na cidade por cinco dias apenas, a crítica e o público são sempre imprevisíveis.

Pelas ruas, é interessante ver que ninguém tem clareza nem interesse em saber o que mesmo esses chefes de Estado e presidentes de empresa estão fazendo. A resposta é meio vexaminosa mesmo: o FEM é um evento "comercial", ou seja, tudo é pago, e caro. Os fins não são lucrativos, mas nesse caso é difícil enxergar alguma diferença entre o terceiro setor e o segundo.

Quanto ao encontro mesmo, note-se que absolutamente nada é decidido, trata-se apenas de um seminário, com palestras, discursos e muito *networking*, ou seja, trocas de cartões e contatos empresariais. Para isso, um convidado normal, associado á fundação que promove o evento, paga uma anuidade de US$25 mil, ou US$6 mil pelo evento isolado. Será que vale?

Numa entrevista pelas ruas, alguém respondeu com propriedade, mas sem razão: "Tem coisas que só acontecem em Nova Iorque."

(*OESP*, 03.02.2002)

O FEIJÃO E O SONHO

As reuniões anuais dos acionistas do FMI e do Banco Mundial tornaram-se a Meca do mundo financeiro globalizado. Essa posição (na indústria de eventos) é disputada pelo Fórum de Davos, que, tenha-se claro, é um evento comercial, muito mais apelativo à vaidade das grandes corporações. Paga-se para estar dentro, e aí, sim, tem-se a mercantilização do debate sobre governança global ou sua transformação em espetáculo. Usando a imagem caracteristicamente marxista segundo a qual o capital é como se fosse uma pessoa, tal sua incontornável lógica de autovalorização, é nos encontros do FMI que ele (o capital) se senta (com seus reguladores) e assina cheques. Em Davos, o capital vai esquiar.

Em Washington, como em Davos, a mística dos encontros não está propriamente nas autoridades, mas no gigantesco festival de reuniões paralelas, medidas em bilhões de dólares, entre banqueiros, investidores, economistas, jornalistas, empresas e interessados em assuntos de finanças internacionais. Deve ser claro, por outro lado, que esse "público" é extremamente vulnerável às crescentemente violentas manifestações antiglobalização, que inclusive arruinaram algumas reuniões, como a do FMI em Praga, em 2000.

O fato é que depois dos atentados engendrados pela Al-Qaeda, ocorridos duas semanas antes do início da reunião do FMI de 2001 em Washington, todas as mudanças que vinham ocorrendo em resposta às manifestações, certas ou erradas foram estupidamente aceleradas. E a "voz das ruas" achou por bem silenciar. A reunião de 2001 praticamente não aconteceu, e Davos mudou-se para Nova York, numa combinação de homenagem e fracasso comercial.

No ano seguinte, 2002, em Washington, parecia claro que a Grande Feira tinha mudado sua química. Oprimido não tanto pelas multidões, mas pelos pesados esquemas de segurança, o encontro deixou-se dominar pelo "politicamente correto". Em paralelo, todavia, os mercados e a alta finança internacional não tiveram nenhuma correção em fugir do Brasil com medo da vitória do PT e de que Lula fosse um outro Fidel.

No encontro de 2003, lá longe em Dubai, já havia um misto de alívio e desconforto ao ver que o PT não era o de antigamente, mas foi apenas em 2004 que o Brasil experimentou a verdadeira glória. Por um lado, nos apresentamos como o melhor dos clientes do FMI, pois praticamos políticas ortodoxas e fazemos reformas que antigamente eram descritas como "neoliberais" (designação que vem caindo em desuso, à semelhança do que ocorreu com o adjetivo "pequeno-burguês", outrora aplicado a pessoas que depois, pensando melhor, não eram tão ruins assim). Por outro lado, nosso presidente se apossou do "politicamente correto", por absoluto merecimento, e não é outra coisa o que o Banco Mundial gostaria de encarnar. Temos, portanto, as duas metades da coisa, o feijão e o sonho, uma fórmula que FHC levou a Washington com igual sucesso em 1996.

São tempos curiosos os de agora: a reunião é do capital, mas tanto se fala em investimento "socialmente responsável", defesa do meio ambiente, governança corporativa e combate à fome, que o espectador inocente pode ficar com a impressão de que ganhar dinheiro não tem mais a menor importância.

O fato é que a febre do "politicamente correto", combinada com o profundo sentimento de culpa pelos maus-tratos ao Brasil em 2002, criou um pedestal maravilhoso para nós. Passamos à condição de exemplo de engenho ao combinar racionalidade macroeconômica e preocupação social, pouco importa se de forma planejada ou acidental. Grandes reputações podem ser construídas com um silêncio inteligente, ou com uma paralisia aparentemente deliberada e refletida, frequentemente pela falta do que dizer. O fato é que nada é capaz de conter os mercados financeiros quando eles querem ser felizes.

(*Veja*, 13.10.2004)

O Risco Brasil

O RISCO BRASIL E SEUS AVALIADORES

Causou grande alvoroço a notícia sobre uma visita ao Brasil dos analistas da Moody's . Não são muitas as pessoas que sabem dizer o que a Moody's faz exatamente e quem são esses "homens de preto", sem rosto e sem compaixão, meio que sacerdotes da globalização, e que estão prestes a nos dar uma nota, quem sabe mais alta, que o mundo inteiro vai adotar como padrão.

Afinal que espécie de nota é essa, e por que nos submetemos a tal coisa? O que é a Moody's?

Tudo começou, tempos atrás, com as empresas que queriam ir ao mercado de capitais para tomar dinheiro emprestado sem a interferência de bancos. Os potenciais compradores de bônus, notas promissórias, *commercial papers* e mesmo ações não eram investidores sofisticados, como bancos, que tinham a seu dispor todo um departamento de análise de crédito pronto a classificar qualquer empresa de zero a dez no quesito capacidade de pagamento. Para atender a esses investidores surgiu um tipo especial de empresa "classificadora de risco", cuja missão era avaliar, de forma independente, outras empresas e dar-lhes, dentro de uma escala adotada para todos, um conceito para a sua capacidade de cumprir obrigações.

O serviço, em geral, é tão útil para os investidores que as próprias empresas a serem avaliadas contratam as classificadoras de risco para dar-lhes uma nota. E num mercado de capitais grande como o dos Estados Unidos, é inconcebível que uma empresa não tenha uma nota. A nota é o que permite a quem não conhece a empresa fixar o "prêmio de risco" que se deve aplicar a empréstimos para essa empresa. Se a nota é ruim, mais alta é a taxa. É um mundo injusto esse: quem mais precisa é quem paga mais caro pelo crédito.

O tempo passou e a indústria de "classificação de risco" teve de lidar com um outro animal, um tanto mais complexo, o "risco soberano". Quando países, ou empresas sediadas em outros países, apareceram nos mercados de capitais dos países desenvolvidos para vender bônus (ou seja, tomar dinheiro emprestado) feito as empresas locais, os investidores se sentiram atraídos pelas polpudas taxas de remuneração, mas não tiveram muitos instrumentos de análise para avaliar os riscos envolvidos. E assim, com o tempo, floresceu a indústria de avaliação do "risco soberano", ou seja, o risco de países não cumprirem suas obrigações seja porque seus balanços de pagamentos encrencaram, ou porque o novo governo não quer pagar. Esse risco não deve ser confundido com o risco dito comercial de malograr a empresa, ou o projeto, para o qual o dinheiro foi dirigido. Risco comercial é microeconomia. Risco soberano é macroeconomia e principalmente política. São coisas diferentes.

Muitas instituições tratam de risco soberano nos dias de hoje. As classificadoras de risco, como a Moody's, a Standard & Poor, a Duff & Phelps e a inglesa Fitch, são as empresas especializadas mais famosas. Os Eximbanks dos países desenvolvidos todos têm seus sistemas de classificação de risco, pois estão, a todo momento, financiando exportações de empresas de seus países para o mundo inteiro. Os bancos comerciais privados têm os seus sistemas, e os bancos centrais adotam regras de provisionamento associadas a algum sistema de *rating*. Empréstimos de um banco francês para uma empresa na Itália não estão sujeitos a provisionamento. Goste-se ou não, esse não é caso para empréstimos para países como o Brasil, ou a Bulgária, ou o Cazaquistão.

Existem organizações não-governamentais que fazem *rankings* muito semelhantes aos de "risco soberano", como os de competitividade feitos pelo World Economic Forum, famoso pelas suas reuniões em Davos. Existem publicações como a *Euromoney* e o *The Economist Intelligence Unit* que também fazem *rankings*, *ratings* e relatórios sobre países e "risco soberano". No mundo globalizado, comparar países tornou-se uma febre.

Mais importante que todos esses concursos de beleza, ou festivais de música ou de cinema, é que, de uma década ou menos para cá, ganhou muita expressão e muita liquidez o mercado de títulos de dívida de todos os países que se puder imaginar. Há negociação, e preço para todo tipo de instrumento de dívida soberana que se puder imaginar. Ou seja, mais importante que as métricas específicas, os concursos e festivais, com seus jurados e patrocinadores sempre questionáveis, é a bilheteria. É por aí que se mede o sucesso do filme ou do livro. É no mercado que se observa o verdadeiro consenso entre compradores e vendedores acerca do preço do "risco soberano".

Houve uma época que alguém até poderia questionar o julgamento do mercado, alegando que os participantes não entendem de Brasil, ou de Malásia ou da Costa do Marfim. Hoje não. Os profissionais de mercado, dentre os quais estão brasileiros muito bem-informados, fazem seus lances e formam preços para o "risco soberano" do Brasil de maneira muito pragmática. Foi-se o tempo em que um professor do MIT podia alterar o mercado com previsões catastróficas feitas a partir de conhecimento superficial. Há muita capacidade de análise por toda parte, principalmente nas instituições que negociam os papéis, e dos próprios investidores. Num momento anterior, quando não havia muita "capacidade de análise" no mercado, as agências de classificação de risco eram muito influentes. Posteriormente as coisas mudaram.

Olhando mais de perto para os "classificadores de risco", duas observações são evidentes. A primeira, a de que elas, hoje, seguem o mercado muito mais do que o influenciam, ou seja, acompanham a horda apenas alegando que sua lentidão em mudar de opinião é conservadorismo. Quando fazem uma mudança de nota para cima, é claro que o mercado festeja, mas geralmente já está no preço.

A segunda é que a análise é espantosamente superficial. A pretexto de se buscar neutralidade, colocam-se argentinos para avaliar o Brasil, e vice-versa, assim como filipinos a examinar a Indonésia, e malaios para cobrir o Vietnã. Ao que parece, não há muita solidariedade regional na América Latina, ou há bem menos que na Ásia. Mas, essencialmente, o conhecimento desses analistas sobre os países que examinam é raso. E quando não é, o analista em questão é rapidamente contratado por um banco ganhando várias vezes mais.

Mercê dessas duas observações, é comum que se diga que a classificação de risco dada ao Brasil é injusta. Como seriam também os *spreads* que pagamos. Será mesmo? É dever das autoridades dizer que não. Mas há muitas razões na direção contrária, como veremos a seguir.

(*OESP* e *JB*, 20.08.2000)

O RISCO BRASIL: POR QUE TÃO ALTO?

No artigo anterior, procurei discutir alguns aspectos do funcionamento das empresas "classificadoras de risco", cujo trabalho é avaliar de forma independente a capacidade de cumprir obrigações de empresas e mesmo de países. Cada uma das principais agências – adota sua própria escala, na forma de umas letrinhas que nada mais expressam que uma nota de zero a dez. As classificações que correspondem a notas maiores do que cinco dizem respeito a riscos considerados de boa qualidade, ditos *investment grade* (ou *grau de investimento*), e notas menores que cinco são para investimentos ditos *especulativos* (*speculative grade*), ou seja, com alta probabilidade de calote.

A avaliação das agências é importante para quem quer participar de mercados de capitais, pois muitos investidores institucionais, como fundos de pensão e companhias de seguros, adotam regras para suas carteiras segundo as quais são vedados ou limitados investimentos em papéis abaixo de certa classificação (tipicamente, o *investment grade*).

É consenso que as empresas classificadoras de risco têm tido sucesso em lidar com o "risco comercial", pois, ao fim das contas, a análise em nada difere da que é feita em bancos desde tempos imemoriais. Já com relação à avaliação de países, e portanto do chamado "risco soberano", o desempenho é bem mais controverso. A medição da capacidade de pagar dos países depende de macroeconomia, tanto quanto de política, pois a capacidade de cumprir obrigações depende, para começar, da vontade de pagar. Se o devedor tem dúvidas se vai saldar os seus compromissos na forma acordada, evidentemente o risco para quem investe no país é maior, e as agências estão muito atentas para isso.

As agências têm políticas e vieses que é preciso considerar. Todas elas saíram bem machucadas da crise da Ásia, pois quase todos os países que colapsaram tinham classificações superiores ao mínimo para o *investment grade*. Quando a tormenta começou, as agências foram fazendo reclassificações para baixo sem nenhum traço da habitual lentidão, ou conservadorismo, como gostam de dizer. Foi patético e, pior que isso, traumático. Depois dessa terrível experiência, ficou evidente que os custos de não prever uma crise são infinitamente superiores para a imagem da agência que os custos de profetizar uma crise que não acontece. Ou seja, é sempre melhor para a agência adotar uma postura excessivamente defensiva, quase terrorista, pois assim minimiza o risco de errar por falta de conservadorismo.

A Moody's é a agência que pior classifica o Brasil (B2, ou seja, de zero a dez, nota 3,0), embora admita que o *rating* está sob revisão para possível *upgrade*. Somos B+ para a Standard & Poors (equivale a 3,5), mas com "perspectiva de melhora" (*positive outlook*), e BB- para a Duff & Phelps (equivale a 4,0), sem viés. Na melhor das classificações estamos a dois degraus do investment grade. Injustiça?

Julgue o leitor por si mesmo. Comecemos pelo desempenho do governo, nos últimos dez ou vinte anos, no cumprimento de suas obrigações externas. Nos anos 80, tivemos problemas com a dívida externa, e o custo de valentias infantis foi apenas o de tornar as coisas ainda piores aos olhos de quem observa nossa vontade de cumprir obrigações. O tempo passou, a dívida externa foi um pouco esquecida, mas foi somente em 1994 que completamos nosso enquadramento no Plano Brady e securitizamos todos os atrasados acumulados. Mesmo assim, só encerraríamos as pendências mais adiante, com o entendimento com a família Dart. Nesses anos, o tema nunca deixou de estar presente nos debates políticos. Nas eleições de 1989, os candidatos Lula e Brizola falavam coisas sobre a dívida externa que não eram propriamente tranqüilizadoras para os credores. O tema não estava tão quente nas eleições de 1994 e 1998, mas as "perdas internacionais" e idéias como *plebiscito* ou *auditoria* da dívida externa sempre estiveram presentes nos programas dos partidos de oposição.

Mais recentemente a CNBB vem acalentando a idéia de um plebiscito sobre pagar ou não pagar a dívida externa, com o apoio de pelo menos um partido de oposição. Pessoalmente, acho tolas essas posturas, porém não tenho nenhuma hesitação em defender o direito sagrado do PT ou da CNBB de expressar sua vontade de repudiar ou renegociar a dívida externa ou interna. Assim como o ministro da Fazenda tem todo o direito de criticar essas posturas nos termos que bem entender. A liberdade de expressão funciona nas duas direções, e cada lado deve enfrentar de frente as conseqüências de suas opiniões.

As agências de classificação de risco, por seu turno, não têm nada com isso, e assistem de camarote apenas anotando o óbvio, ou seja, que existem setores da sociedade que legitimamente gostariam de que as obrigações externas do país não fossem cumpridas. Deve ser claro que, se metade do país não quer pagar a dívida externa (mesmo sem saber do que se trata), a percepção das agências quanto ao risco Brasil fica pior. Elas não têm nada que se meter nos debates brasileiros, mas na hora de opinar de forma independente sobre a vontade de pagar do Brasil vão levar em conta o ponto de vista da oposição e suas possibilidades de chegar ao poder.

Convém observar também o panorama interno, uma vez que as agências também classificam o risco de não-cumprimento das obrigações domésticas do governo. Nesse sentido vale a pena indagar: quantas vezes o governo deu calotes totais ou parciais em suas obrigações domésticas nos últimos 20 anos? Quantas e de quantos tipos foram as tungadas em planos econômicos heterodoxos? Que dizer do FCVS, da correção do FGTS, dos precatórios, dos depósitos compulsórios da gasolina e das viagens ao exterior, dos créditos da Sunamam, da Siderbrás e, de tantos outros que o Tesouro levou anos para securitizar, com enormes perdas diante dos valores originais?

É preciso ter clareza de que a nota que recebemos dessas agências não tem nada a ver com belezas naturais, potencial econômico ou se o governo é de esquerda ou direita. As agências são contratadas por nós mesmos – e não pensem que é barato – para avaliar objetivamente a nossa capacidade de cumprir pontualmente nossas obrigações. Imagine o que as agências poderão fazer se o plebiscito da CNBB tiver como resultado que a dívida externa não deve ser paga. Ocorre-me perguntar o que o país vai ganhar com isso, além de um *rating* pior?

(*OESP* e *JB*, 27.08.2000)

OS MALDITOS RELATÓRIOS

De uns anos para cá, todavia, a temperatura das análises de risco soberana se elevou mais ou menos *pari passu* com o crescimento da importância do mercado secundário de títulos da dívida externa de países emergentes, notadamente os que aderiram ao Plano Brady no início da década de 1990. As "notas" dadas pelas agências perderam importância relativamente a medidas que capturam o sentimento instantâneo do mercado sobre determinado risco. Com efeito, em razão do crescimento dos mercados dos "bônus Brady" e seus sucedâneos, surgiu uma prática muito comum em mercados financeiros, a saber, o cálculo de um índice que resume o comportamento global do mercado, como o Ibovespa, por exemplo.

Foi, na verdade, uma instituição privada – o Banco J. P. Morgan – que concebeu o EMBI, abreviatura em inglês para "índice para bônus de mercados emergentes", que nada mais é que uma média ponderada, por país e por papel, da diferença entre a taxa interna de retorno e a taxa de juros do bônus do Tesouro americano de mesmo prazo, diferença esta conhecida como *spread*, ou prêmio de risco, ou "risco país".

Para o leitor que não é do ramo, vale pensar o seguinte: imagine um papel da dívida externa brasileira, oriundo do Plano Brady, que paga juros de 5%, mas é negociado a 60% de seu valor de face. Para quem compra por 60 e recebe 5 sobre 100 de juros, a "taxa interna de retorno", simplificadamente, é de 5 sobre 60 (8,33%). Se os juros pagos pelo Tesouro americano estão em 1,75%, então o "risco Brasil", no exemplo, é de 6,58% ou, no jargão financeiro, 658 "pontos-base". Esse é o número que o mercado observa diariamente, para uma média ponderada de papéis. Este é o famoso "risco Brasil" de que tantas falam.

Os telejornais argentinos, já de algum tempo, reportam o "risco Argentina", junto com o comportamento do Índice Merval (o Bovespa deles) e a taxa de câmbio. Aqui no Brasil a popularidade desse indicador é menor e mais recente. Mas não passou despercebido que o risco Brasil esteve em 1.250 pontos no auge da crise argentina, estava na faixa de 650 pontos e voltou para 900 pontos, onde se encontra atualmente. É um número muito alto, que reflete uma enorme incerteza sobre o próximo governo. Esta incerteza tem fundamento. Quem se deu ao trabalho de ler os relatórios recentemente publicados com recomendações negativas sobre investimentos em títulos da dívida externa brasileira vai ter dificuldades em achar manifestações de "terrorismo eleitoral", como sugerem alguns comentários sobre o tema. As análises são cuidadosas e sofisticadas, em nada diferentes das que são feitas pelos bancos e consultorias locais.

Nas reações, em boa medida, emocionais aos relatórios, perdeu-se a justa medida do fenômeno de que estamos a tratar. Os autores desses relatórios são gente preparada e bem paga, e seu público são investidores que têm muito dinheiro aqui investido e têm um legítimo interesse em entender o que se passa. Os autores não são observadores ocasionais emitindo opiniões superficiais, mas sim impressões de analistas de risco contratados para dizer, com todas as letras, o que pode dar certo, mas também o que pode dar errado. Esses analistas servem para isso e vão sempre existir, gostemos ou não.

Pode-se argumentar que eles têm um viés meio negativo, ou que fazem "hedge intelectual", o que faz muito sentido. Desde a crise da Ásia, que ninguém previu, parece claro ao analista de risco que é melhor prever dez das últimas duas crises internacionais do que deixar de profetizar uma meia crise. É injusto, mas o mercado sabe que é assim e dá o seu desconto.

Por fim, é sempre bom lembrar ao leitor de perguntar ao gerente do seu banco aqui no Brasil o que ele vislumbra como horizonte para os seus investimentos. Muitos talvez se surpreendam em ouvir mais ou menos as mesmas preocupações analisadas nesses malditos relatórios.

(*OESP*, 15.05.2002)

O OLHAR DISTANTE

Os concursos internacionais, no esporte ou na economia, são sempre empolgantes e freqüentemente exibem padrões que refletem competências específicas. O Brasil é o país do futebol (assim esperamos), a Venezuela trabalha bem os concursos de beleza, mas no terreno das comparações de indicadores econômicos, onde deveria haver um tanto mais de ciência, parece haver um hiato entre percepção e realidade.

Com efeito, nesses *rankings* o Brasil aparece muito mal, tanto que cabe refletir sobre os preconceitos a turvar esse olhar estrangeiro sobre o Brasil. O fenômeno, na verdade, não é novo. A breve resenha feita a seguir pode lembrar uma coletânea de insultos e imprecações dirigidas contra o Brasil organizada por Diogo Mainardi, em seu romance *Contra o Brasil* (1998), a partir de relatos de viajantes estrangeiros desde o século XVI. Nesses, o ódio é escrachado e genuíno, como se espera de todo legítimo detrator no exercício de seus direitos. Nos *rankings* seguintes esses sentimentos não deveriam existir.

A Fundação Heritage é uma das mais influentes organizações conservadoras dos Estados Unidos. Anualmente produz um *ranking* de países – o Índice de Liberdade Econômica (ILE) – organizados conforme indicadores de liberdade para se fazer negócios, na presunção de que por aí se explica "por que algumas nações florescem e outras ficam para trás". Na edição para 2002, organizada em conjunto com o *Wall Street Journal*, o Brasil aparece muito mal colocado, em 79º lugar, empatado com o Gabão, Madagascar e o Paraguai, dentre 155 países. Honk Kong está em primeiro, o Iraque em último.

A Transparência Internacional produz anualmente um Índice de Corrupção Percebida (ICP), cuja edição para 2001 nos coloca em um quase ultrajante 46º lugar, entre o Peru e a Bulgária: de zero a dez, nota 4. A Finlândia está em primeiro, ou seja, é o país mais "limpo", e Bangla Desh o mais corrupto, seguido de perto pela Nigéria. O nível global de corrupção sofreu significativa elevação em 2001, informa o relatório.

A competitividade é objeto de toda uma família de índices. O Fórum Econômico Mundial, de Davos, patrocina a confecção do ICG – Índice de Competitividade para o Crescimento –, privilegiando fatores macroeconômicos, e coordenado pelo professor Jeffrey Sachs, e também do ICC – Índice de Competitividade Corrente – a partir de fatores microeconômicos e criado pelo professor Michael Porter. No ICG estamos num modestíssimo 44º lugar, e no ICC em 30º, dentre

75 países. A Finlândia está em primeiro em ambos, e em último estão o Zimbábue e a Bolívia.

No plano do "risco soberano", ou da capacidade do país, cumprir seus compromissos, as avaliações das agências especializadas – Moody's, Standard & Poors, Fitch e mesmo a SR Rating, que é brasileira – nos dão uma classificação que equivale, numa escala de zero a dez, a algo entre 3,5 e 4,0.

A revista *Euromoney*, semestralmente, transforma diversos indicadores de risco em uma nota de zero a cem, e agora em março de 2002 ganhamos um 49,5, o que nos coloca em 69º lugar, entre El Salvador e Colômbia, num universo de 184 países. Em primeiro está Luxemburgo, em último há empate entre Somália e Serra Leoa.

Mas, a despeito de toda essa ignomínia atirada contra nós, existe um índice que serve para nos lavar a alma: uma das maiores empresas internacionais de consultoria, a A. T. Kearney, constrói periodicamente um Índice de Confiança para o Investimento Direto (ICID), que consiste em perguntar a 1.000 dirigentes das maiores empresas do mundo qual a sua disposição de investir e onde. Na edição de 2001, o Brasil aparece em terceiro lugar, isso mesmo, terceiro lugar, tendo, em 2001, ultrapassado a Inglaterra. Perdemos apenas para os Estados Unidos e a China.

Curioso esse olhar estrangeiro sobre o Brasil. Faltam-nos liberdade, honestidade, competitividade, somos uma terra cheia de perigos, mas ainda assim estamos entre os três melhores lugares do mundo para o investimento produtivo. Talvez haja, no olhar distante, um problema de miopia. Ou quem sabe, à distância, nos enxerguem em perspectiva, de forma mais nítida.

(*Veja*, 22.05.2002)

FMI – Acordos e desacordos

MEMÓRIAS DA DÍVIDA EXTERNA*

Foram freqüentes, em 1993 e 1994, as tratativas com o Fundo Monetário Internacional (FMI) e com a Secretaria de Tesouro dos EUA. O Brasil era o último país ainda a completar a renegociação da dívida externa no âmbito do Plano Brady. Esse processo tinha de ser concluído para que o país retomasse relações normais com a comunidade financeira internacional, um longo caminho havia sido percorrido, mas diversos obstáculos ainda persistiam, um dos quais o próprio FMI.

O figurino adotado para todos os outros países que aderiram ao Plano Brady era relativamente simples: a dívida "atrasada" existia sob a forma de depósitos em moeda local, de propriedade dos credores mas não conversíveis em dólares. Juros e amortizações eram capitalizados ou mesmo pagos em parte, e a renegociação consistiria em extinguir esses depósitos (aqui conhecidos como MYDFAs ou DFAs) e dar aos credores uma cesta de bônus de longo prazo denominados em dólares.

---

* Para uma narrativa um tanto mais apimentada dos eventos narrados a seguir o leitor está convidado a ler: *3000 dias no bunker: um plano na cabeça e um país na mão*, de Guilherme Fiuza, Editora Record, Rio de Janeiro 2006.

Cada um dos credores deveria escolher a sua cesta de bônus a partir de um "cardápio" previamente acertado, no âmbito do qual alguns dos instrumentos oferecidos, como, por exemplo, o "bônus ao par" e o "bônus com desconto", teriam uma garantia do Tesouro americano na forma de títulos de sua emissão guardados em caução. Na verdade, o grande problema na conclusão das negociações era exatamente a constituição dessa garantia, ou mais precisamente o fato de que o figurino do Plano Brady previa que a garantia seria adquirida com os recursos de um empréstimo do FMI, no âmbito de um programa abrangente de ajuste e estabilização.

Os títulos do Tesouro americano para esse fim seriam de uma variedade especial, conhecida como "*zero coupon bonds*" (ZCBs), que são títulos que não pagam juros e cujo principal é pago de uma só vez no vencimento. Esse tipo de título, para os prazos desejados, ou seja, 30 anos, costuma ser vencido com grande deságio. Em 1993/94 compravam-se ZCBs em mercado no valor nominal de, digamos, US$1 bilhão por cerca de US$160 milhões, ou seja 16% do valor de face. *Grosso modo*, o Brasil precisaria de cerca de US$3,8 bilhões para comprar as garantias necessárias para os cerca de US$17 bilhões de bônus ao par, com desconto e outros com garantias de principal ou de juros na forma de ZCBs. Daquele valor, US$2,8 bilhões deveriam ser entregues no momento da troca de depósitos por bônus e o restante em quatro prestações semestrais.

Ao longo do ano de 1993, e especialmente quando a construção do Plano Real parecia mais próxima, ficou claro para as autoridades brasileiras que não haveria maiores dificuldades de se usar os recursos das reservas internacionais para esse fim, ou seja, não precisávamos de nenhum empréstimo do FMI para adquirir os ZCBs. Isso se tornava especialmente relevante tendo em vista que a missão do FMI, no Brasil desde meados de 1993, não parecia satisfazer-se com nada do que lhe era mostrado. O chefe da missão, doutor José Fagenbaum, possivelmente em função de sua extensa experiência anterior com cartas de intenção não-cumpridas, não demonstrava nenhuma receptividade diante das primeiras explicações sobre o Plano Real. Em face disso, as autoridades brasileiras se convenceram de que era preciso ir adiante com a estabilização e com a renegociação da nossa dívida externa sem a ajuda do FMI.

Enquanto prosseguíamos com os preparativos para a Medida Provisória criando a URV, finalmente publicada em 28 de fevereiro de 1994, nos ocorreu que poderíamos comprar em mercado os ZCBs de que precisávamos, dessa forma tornando o acordo com o FMI inteiramente desnecessário. Não era uma operação fácil, e talvez mesmo se revelasse impossível, mas qualquer quantidade que pudéssemos comprar facilitaria a negociação com o Tesouro americano para a conclusão do Plano Brady sem passar pelo doutor Fagenbaum. O Conselho Monetário Nacional autorizou então o Banco Central a utilizar as nossas reservas, que vinham crescendo velozmente em antecipação ao Real, para comprar os ZCBs. A tarefa, como já observado, não era simples. Na época o Tesouro americano emitia esses títulos trimestralmente, e nós precisávamos comprar uma quantidade próxima de três emissões inteiras sem sermos notados, fosse nos leilões primários ou no mercado secundário.

O tempo foi passando, a URV foi para a rua, e os ZCBs foram sendo comprados. Já não se dava muita atenção à missão do FMI, que ia perder sua razão de ser em breve, e cujo entendimento do mecanismo da URV era muito difícil. A má vontade da missão continuava intacta, mas de nossa parte o desejo de se fazer entender era proporcional à necessidade de dissimular o que fazíamos no mercado de ZCBs.

Logo adiante, em abril de 1994, fizemos a troca que selava nossa renegociação, entregando US$2,8 bilhões em ZCBs para constituir as garantias e sem nenhum acordo com o FMI. O Tesouro americano percebeu nossas intenções quando já tínhamos comprado mais de 70% dos ZCBs de que precisávamos, e não fez nenhuma objeção à nossa pretensão de evitar o FMI.*

---

* Chegamos a oferecer ao FMI um acordo sem empréstimo, ou seja, grátis para o FMI. E nada.

Fomos adiante com o Plano Real, e com o Plano Brady, sem o FMI, que conseguiu apoiar boa parte das tentativas anteriores de estabilização que deram errado, e, proeza maior, não quis apoiar a única que deu certo, mesmo grátis.

(*OESP* e *JB*, 25.02.2001)

Os "programas preventivos"

As autoridades brasileiras só encontraram simpatia, em setembro de 1998, quando vieram negociar um programa com o FMI e declararam que seu desejo era prevenir uma crise e não "resolvê-la" depois da ferida aberta, como tinha sido o caso da Coréia do Sul. O presidente Clinton já tinha se manifestado genericamente sobre o assunto durante a reunião do FMI de abril, e mais adiante, na Reunião do G-22 em outubro, propôs abertamente a criação de um "Fundo de Reservas para Contingências" (*Contingent Reserve Facility*) com o intuito de insular países que estavam perseverando na direção de reformas liberalizantes, protegendo-os de eventos ocorridos noutros países experimentando crises.

Um ano depois, e com o benefício das lições da experiência brasileira, a primeira na qual se tentou construir um "programa preventivo", o mesmo tema é trazido para o centro das discussões da elite dirigente das finanças internacionais no contexto da edição de 1999 da reunião de primavera do FMI em Washington.

Uma lição muito importante da experiência brasileira é que o "programa preventivo", ou "contingente", cria enormes problemas políticos para os países do G-7, geralmente em torno de duas famílias de acusações: a primeira, mais geral, a de que o "salvamento" de um país gera indisciplina em outros países através do mecanismo clássico do "*moral hazard*" (que pode ser traduzido como "risco moral" ou "tentação do imoral"), que consiste em perceber que, se um indisciplinado não é punido, a propensão à indisciplina se eleva dentro do grupo. A operação de apoio ao México, segundo se diz, teria gerado leniência em outros países, nem tanto na Ásia, mas provavelmente na Rússia, para a qual se dizia que um salvamento não deixaria de ocorrer em função do seu arsenal nuclear. Conta-se que a ex-primeira-ministra Thatcher, que é conselheira de um famoso *hedge fund*, teria dito que os americanos gastaram vários trilhões de dólares para se defender da União Soviética e portanto não deixariam de usar algumas dezenas de bilhões para resolver os problemas financeiros da Rússia. Ainda que robusto do ponto de vista geopolítico, o argumento não sensibilizou a comunidade de bancos centrais do G-7, que parecia muito preocupada com a idéia de que se estava a proteger investidores de tino especulativo à custa do dinheiro dos respectivos contribuintes. A Rússia estava sob os cuidados do FMI, o qual, evidentemente, estava ciente da moratória que os russos estavam preparando. É mais delicado supor que tenha havido um *apoio* do FMI, embora isso faça sentido se a idéia era a de lembrar ao sistema financeiro internacional que os salvamentos não são obrigatórios nem automáticos, e que existem riscos que devem ser avaliados quando se lida com mercados emergentes.

A idéia pode não ter sido essa, mas a imensa repercussão que a moratória russa veio a ter parece supor que foi assim mesmo que o sistema entendeu o que se passou. A contração de crédito e o crescimento da aversão ao risco foram monumentais, muito maiores do que nas crises anteriores (México e Ásia). Não se imaginava, por outro lado, que os perdedores com a moratória russa tivessem tanta capacidade de transmitir o ônus para outros países e com tanta rapidez. O uso dos títulos da nossa dívida externa, em particular o *C Bond*, para *hedge* contra perdas na Rússia, resultou em transferir a pressão da Rússia para o Brasil, que não tinha nada que ver com a história e não podia ser acusado de indisciplina gerada pela sensação de que um salvamento viria em caso de necessidade. Criou-se, assim, uma espécie de obrigação de se ajudar o Brasil e de forma preventiva, e não era difícil enxergar uma ponta de sentimento de culpa nos apelos (deles) de que era preciso evitar o contágio da moratória russa no Brasil.

Mas quando começaram as discussões objetivas sobre o "programa preventivo" para o Brasil apareceu uma segunda família de dificuldades dentro do G-7. O "programa preventivo" envolve a restauração da confiança e não um reescalonamento, o que é ótimo e deixa bem clara a diferença entre esse tipo de programa e o tradicional, geralmente feito depois de uma moratória. O "programa preventivo" necessita, por outro lado, que haja uma mobilização bastante substancial de "dinheiro novo" a fim de manter o *status quo*, mas que, idealmente, não é para ser utilizado. Falava-se, inclusive, que a medida do sucesso de um programa desse tipo era a *não-utilização* do dinheiro. Todavia, o dinheiro precisava estar *utilizável*, ou seja, à disposição do usuário, pois só assim deixariam de existir dúvidas se a comunidade internacional apoiaria mesmo o Brasil *em caso de necessidade.*

Assim sendo, vastas quantidades de dinheiro terminam sendo colocadas à disposição do país para que ele se defenda *no caso de um ataque*. No papel, o compromisso é "contingente", mas na prática é difícil imaginar que, no nosso caso como no de qualquer outro, não se tenha de usar o dinheiro para mostrar que ele é de verdade e que o governo e a comunidade internacional estão, de fato, comprometidos com o programa. Nesse momento, o dinheiro entra na defesa da moeda sob ataque, e verifica-se que é muito fácil acusar o FMI de estar apoiando a sustentação do insustentável e, pior, que o FMI está usando o dinheiro do contribuinte (do G-7) para permitir a fuga de capitais dos bancos que investiram no país sob ataque (e também a fuga dos capitais de residentes). Seria dinheiro público (deles) para prevenir prejuízos dos bancos (deles), uma acusação que movimenta preconceitos e paixões semelhantes aos que, aqui em casa, são mobilizados pelos debates, por exemplo, sobre o Proer.

É claro que sempre será matéria de julgamento se o programa em tela é sustentável ou não, mas, mesmo que todos os envolvidos estejam convencidos, as acusações podem continuar e os políticos nos países do G-7 ficam incomodados e determinam a seus ministros que encontrem maneiras de envolver o setor privado no processo de forma a "compartilhar os custos" do processo (*burden sharing*, é o nome do jogo). Essas tentativas resultam em movimentos hostis na direção dos banqueiros, exatamente no momento em que as autoridades do país em tela (nós, por exemplo) estão tentando recobrar a confiança desses senhores. Esses movimentos hostis no sentido de encorajar, ou mesmo forçar, os bancos a manterem sua exposição no país são, por outro lado, contraditórios com os movimentos dos bancos centrais desses mesmos países, que, com freqüência e por força de seus mandatos, determinam maiores provisões para créditos concedidos a países emergentes, pois os riscos são maiores, ou seja, forçam um comportamento contrário ao que os políticos gostariam de ver e amplificam a contração da liquidez para mercados emergentes.

Não tem nada de simples, portanto, a mecânica dos "programas preventivos", daí a observação de que, na prática, este "novo" tipo de programa é indistinguível do velho.

(*OESP*, 25.04.1999)

Faz sentido renovar o acordo com o FMI?

Desde quando foi contratado em fins de 1998, era possível ver que o acordo com o FMI terminaria num momento delicado, a saber, no limiar do último ano de governo. Dessa forma, as convicções do governo no campo fiscal enfrentariam o mais duro dos testes, uma eleição presidencial, quase que imediatamente após a despedida dos técnicos do FMI. O problema parece ainda mais sério em agosto de 2001, em virtude da crise argentina e da necessidade de proteger-nos de qualquer contágio.

Para refletir sobre as vantagens de se renovar o acordo convém recordar o que buscávamos no acordo original: de um lado, reservas em abundância para defender a moeda, e de outro, um "tratado internacional" que nos obrigava a fazer o ajuste fiscal de que não tínhamos chegado nem perto de fazer naquela altura, apesar de toda a saliva despendida sobre o assunto. Naquela altura, os progressos no plano fiscal tinham sido "conceituais", para não dizer pífios, e o fiasco do "Pacote 51" nos impedia de superar sozinhos a crise da Rússia como tínhamos vencido a da Ásia.

Mas a despeito disso, o acordo foi fácil de fazer por dois motivos: em primeiro lugar, havia uma genuína convergência de interesses entre o FMI, os governos do G-10 e a área econômica do lado brasileiro em que a Responsabilidade Fiscal era um imperativo, e que deveria ser permanente e não o curativo para uma crise.

Em segundo lugar, o FMI, o Banco Mundial e os vinte países que nos apoiaram achavam que nós devíamos defender o Real, pois, como nós do lado de cá, tinham medo das conseqüências de não o fazer, e nos deram os elementos para tal. Em troca, queriam apenas que continuássemos com as reformas e a defesa da moeda, exatamente o que já vínhamos fazendo. Esses temas tinham sido amplamente debatidos no contexto de duas eleições presidenciais, ambas decididas no primeiro turno, nas quais o país escolheu soberanamente seu Presidente e um programa de governo baseado exatamente em reformas e na defesa da moeda. Não havia, portanto, motivos para brigar com o FMI, como no passado, quando a organização nos exigia Responsabilidade Fiscal e as nossas autoridades achavam que isso contrariava o que entendiam como "interesses nacionais". É de toda forma lamentável, portanto, que essa triste circunstância tenha sido lembrada pelo presidente do PT, que fez um patético e deslocado elogio ao ex-ministro Delfim Netto pela sua "resistência" em submeter-se ao FMI.

Hoje em dia parece claro que, abandonada a defesa da moeda, perdeu importância o acesso às reservas adicionais proporcionadas pelo acordo, que foram, inclusive, devolvidas. Porém, tornou-se ainda mais importante o papel do FMI como "âncora fiscal", ou seja, como antídoto contra pendores populistas brotando dentro e fora do governo. Com efeito, o cumprimento do acordo tem sido crucial para reconstruir nossa credibilidade em matéria de política fiscal. Mas como os mercados têm memória, não há como ocultar a dúvida: o que ocorrerá quando o FMI for embora, especialmente às vésperas de uma eleição? A disciplina fiscal existe em respeito ao acordo com o FMI, ou porque genuinamente acreditamos nas virtudes dessa conduta?

Nos meios políticos o sussurro tem sido, há tempos, de que, com o fim do acordo, as coisas "voltariam ao normal". Na área econômica, por outro lado, tem-se observado um esforço no sentido contrário: uma corrida contra o tempo com vistas a institucionalizar o ajuste fiscal e criar constrangimentos permanentes contra a irresponsabilidade fiscal.

O ideal seria, portanto, que o acordo tivesse já terminado, e que tivéssemos já demonstrando que a Responsabilidade Fiscal é uma nova e preciosa cláusula do Contrato Social entre Estado e Sociedade, e não a imposição de um tratado internacional com data para terminar. Se tivéssemos já avançado nessa demonstração, o dólar teria um motivo a menos para subir, mesmo diante dos problemas da Argentina, pois o contágio não é um determinismo geográfico, mas um fenômeno relacionado com baixas defesas imunológicas.

Essa opção, todavia, se perdeu. E o agravamento da crise argentina parece levar as autoridades para a direção oposta, ou seja, no sentido de estender o acordo, inclusive para dentro do mandato do próximo presidente. Dessa forma o risco de uma deterioração fiscal seria reduzido pela presença do FMI, o que é crítico se a área econômica não se sente segura de que manterá as contas fiscais em ordem daqui para a frente.

A decisão, todavia, provavelmente será movida por considerações políticas, e o cálculo aí é complexo. Uma premissa é a de que faz sentido político comprometer ao máximo o próximo presidente com políticas e posturas típicas deste, a fim de maximizar o ônus do desmanche ou santificar de vez o que foi feito. Outra é que não é bom negócio para o governo, pois o FMI, ou, mais precisamente, "o rompimento com o FMI", se tornaria um tema da campanha, um presente para a oposição. Se os mercados estão nervosos com a mudança de governo, é difícil imaginar que um acordo que a Oposição revogará, caso vença, possa trazer um acréscimo significativo de tranqüilidade.

(*OESP*, 22.07.2001)

FMI, ELEIÇÕES E OS INTERESSES NACIONAIS

Dizem que um raio não cai duas vezes no mesmo lugar, mas não parece impossível que tenhamos uma segunda eleição presidencial em meio a uma crise importada de outro país. Em boa medida podemos reclamar da sorte, pois afinal são circunstâncias fora do nosso controle. Pode-se dizer, por outro lado, que não estamos inteiramente inocentes, nem agora, nem em 1998, pois o contágio apenas se estabelece quando as defesas estão baixas. Em 1998 dizia-se que o problema era a falta de reformas, a fragilidade do ajuste fiscal e o regime cambial. Hoje se diz exatamente a mesma coisa, a despeito das mudanças ocorridas nesses três campos, especialmente no terceiro.

Hoje, como em 1998, a pergunta relevante é se a presença de eleições prejudica a nossa capacidade de tomar as medidas ditas impopulares necessárias para se superar uma crise. Não deve haver dúvida de que o precedente é plenamente favorável ao governo. Em meados de 1998, o presidente Fernando Henrique, diante dos efeitos da crise da Rússia, não interferiu no Banco Central quando os juros foram elevados para mais de 40% e não hesitou diante da decisão de ir ao FMI.

Quantos presidentes de República, ou aspirantes ao cargo, teriam a coragem de tomar essas iniciativas a poucos meses de uma eleição?

Na ocasião, o presidente observou que as implicações políticas e eleitorais de entender-se com o FMI eram mínimas. E provavelmente continuam sendo. Embora a militância de esquerda possa ir à loucura com esse assunto, o interesse das classes C, D e E no tema é basicamente nulo. E nas classes A e B não parece que as demandas do FMI – responsabilidade fiscal e reformas – estejam em desacordo com a vontade da maioria e, em conseqüência, com os interesses nacionais.

Na verdade, o resultado das eleições de 1998 permite uma boa reflexão sobre o que realmente são medidas "populares", especialmente num momento de crise, ou sobre o que o país espera de seus governantes em momentos difíceis.

Não se deve perder de vista que a função primordial do FMI é emprestar dinheiro para países impondo-lhes condições. O tempo e a experiência serviram para aprimorar a qualidade dessas recomendações, o que, todavia, não garante que as exigências sejam sempre 100% corretas. Com freqüência, a taxa de acerto é bem menor, e elevá-la depende muito dos negociadores do lado de cá. Mas mesmo que tudo esteja correto e adequado, tecnicamente, um acordo com o FMI é uma violação consentida à soberania, da mesma forma como se observa com outras convenções internacionais de que o Brasil é parte, referentes, por exemplo, a direitos humanos, armas químicas, comércio internacional e emissões de carbono.

Abster-se de emitir sua própria moeda, por exemplo, pode parecer um dano irreparável à identidade nacional. Mas diversos países europeus o fizeram, e em benefício de um banco central supranacional e totalmente independente.

Muita poesia assim como muitos paradoxos podem ser construídos sobre a a autonomia das noções e os danos a ela causados pelos acordos com o FMI. Mas o problema concreto a debater aqui é o que exatamente o FMI está exigindo de nós. Se os requisitos consistem em programas que já estamos tocando, inclusive porque fazem parte da plataforma de um presidente eleito na plenitude democrática, qual o problema em contar com apoio internacional para ações que estão em linha com os interesses nacionais?

A expressão "interesses nacionais" foi seqüestrada faz tempo por minorias radicais que formulam suas próprias interpretações nesse campo sem se dar conta que esse é um assunto decidido nas urnas, e que o presidente Fernando Henrique é quem tem a autoridade para estabelecer se um acordo com o FMI é de interesse para o país.

(*Veja*, 01.08.2001)

CHEGA DE FMI

O Brasil iniciou negociações com o FMI em setembro de 1998, e em janeiro de 1999 o acordo teve início. A data prevista para o seu término é 15 de dezembro de 2002. Portanto, dos quatro anos do segundo mandato do presidente Fernando Henrique, apenas os 15 dias finais serão vividos sem a companhia do FMI. E se for celebrado o tal "acordo de transição", nem mesmo essas duas semanas, que incluem as festas de fim de ano e os preparativos para a posse do novo Presidente, serão integralmente nossas.

Em outra época seria inconcebível imaginar um acordo tão longo e, mais surpreendente ainda, um acordo cumprido de forma tão tranqüila. Ao FMI se deve, em boa medida, a consolidação do *mix* composto de flutuação cambial e de metas de inflação e de superávit primário. Aqui no Brasil não se ouve que o programa é conceitualmente equivocado e desconhece realidades locais. Na Ásia, por exemplo, a reclamação é geral contra a ênfase fiscal do FMI, pois os problemas estariam em outros domínios. Já no Brasil, essa ênfase é mais do que apropriada.

Tínhamos uma doença fiscal terminal, que começava na mente de "formadores de opinião" que durante muitos anos pregaram a irresponsabilidade fiscal como se fosse "keynesianismo" ou uma visão "estruturalista-desenvolvimentista" da economia.

O acordo com o FMI em 1998 veio em decorrência de o país estar mudando o seu ponto de vista sobre o problema fiscal, estando o "inflacionismo desenvolvimentista" em avançado estado de decomposição conceitual. É esse momento em que o governo concorda em fazer a Lei de Responsabilidade Fiscal e, mais que isso, adota essa encantadora designação de forma mais abrangente, assim introduzindo a dimensão ética na discussão sobre política fiscal e redefinindo os termos desse debate.

Tudo isso não obstante, já se passaram quatro anos, e não há cabimento em se imaginar que o FMI tenha aqui uma missão permanente a fim de auxiliar a administração da política monetária e cambial. Um acordo com o FMI é um regime de exceção, que implica uma rotina enjoada, beirando o impertinente, de consultas e prestações de contas. Por mais afinados que estejamos na partida, o acordo tem prazo para terminar e deve dar problema no caminho. Ademais, já não está mesmo na hora de andarmos com nossas próprias pernas?

Com efeito, a vantagem do acordo num mundo confuso como o de hoje não é propriamente o dinheiro, que vem cheio de restrições de uso. Onde o acordo é importante é no terreno das expectativas e da credibilidade na medida em que assegura a prática de uma política fiscal ao menos no limite da responsabilidade e de uma política monetária conservadora. O acordo é tanto melhor quanto mais difícil é a situação internacional, mas será muito mais importante e útil para o país se formos capazes de fazer sozinhos o que o acordo preconiza, ou seja, se praticamos a austeridade não por obrigação, mas porque a Nação genuinamente acredita em responsabilidade fiscal e moeda sadia.

Encerrar o acordo com o FMI, portanto, jamais deve ser visto como o sinal para a retomada do velho "oba-oba" desenvolvimentista, mas, pelo contrário, deve ser a oportunidade que temos para demonstrar que este país não precisa de um tratado internacional para forçá-lo a se comportar de forma civilizada no domínio fiscal e monetário. Talvez o risco Brasil esteja alto justamente porque estamos sob a disciplina de um acordo com o FMI, o que pressupõe que, se deixados à nossa própria sorte, rapidamente sucumbiríamos a velhos e maus hábitos. No próximo governo, precisaremos demonstrar que é falsa essa pressuposição.

(*Veja*, 31.07.2002)

Um acordo singular

São pelo menos três as singularidades do nosso acordo com o FMI, recentemente renovado, a fim de assegurar uma passagem tranqüila do segundo governo FHC para o próximo presidente.

Primeiro, deve-se ter claro que temos, na verdade, um acordo e meio: um de US$6 bilhões para vigorar em setembro, após a aprovação pelo *board* do FMI, e outro de US$24 bilhões que funciona como uma espécie de opção, que o próximo Presidente poderá ou não exercer. A inteligência política dessa estrutura está em reduzir a ansiedade do mercado sobre o próximo governo, pois encosta contra a parede os candidatos nos quesitos básicos de responsabilidade macroeconômica. Nenhum deles se arriscará a recusar o acordo, pois a opção é gratuita, cavalo dado. Cavalgá-lo ou não é outra conversa, pois essa decisão somente poderá ser tomada pelo presidente eleito, e comprometer-se agora, para o sim ou para o não, é sentar na cadeira antes do tempo.

Mais à frente, todavia, o novo presidente terá dificuldade em deixar de exercer a opção, pois teria de abandonar a bagatela de US$24 bilhões. Seria preciso que seu programa fosse robusto o suficiente para dispensar essa luxuosa ajuda. Pode muito bem acontecer. Caso o próximo presidente resolva, por exemplo, elevar a meta de superávit primário de 3,75% do PIB para uns 5%, ganhará a possibilidade de reduzir os juros de forma muito mais vigorosa do que seria possível na vigência de um acordo com o FMI. Faria, assim, um programa de "déficit zero", à la Bill Clinton, e com esse cacife de credibilidade poderia caminhar sem o FMI. É factível, mas leitor enxerga alguém que se habilite?

Um segundo detalhe interessante é o de que o mercado fez uma festa em torno de o BC ter aumentado sobremodo a sua capacidade de intervenção no mercado de câmbio, uma vez que ganhamos uma redução nas reservas internacionais "caucionadas" (ou no "piso" para as reservas líquidas) e também um dinheiro novo para usar já. Curioso esse nosso regime de "flutuação cambial" em que se festeja o fato de o BC ganhar condições de mitigá-la através de intervenção. E para evitar que o mercado pense que o BC vai atuar para trazer o câmbio para níveis razoáveis, tendo em vista os altos custos gerados pela volatilidade e pela sobredesvalorização cambial, anuncia-se que não vai haver intervenção necessariamente. Deu para entender?

Um terceiro aspecto interessante é a surpresa positiva representada pelo tamanho avantajado do acordo, ou o tratamento privilegiado do Brasil relativamente, digamos, à Argentina. Tal como no acordo de 1998, uma explicação possível, e interessante, tem a ver com sentimento de culpa. Naquela ocasião, os países desenvolvidos (o G-10 em particular) tinham provocado uma crise ao recusar ajuda à Rússia, assim criando um tumulto financeiro mundial que atingiu uma "vítima inocente", o Brasil, que vinha fazendo tudo direito lá do outro lado do oceano.

Hoje, fomos vítimas de uma esquizofrenia institucional do lado deles, que também existiu em 1998, mas agora foi levada a extremos impensáveis. Os bancos centrais do G-10 desandaram a fixar regras mais rigorosas de provisionamento para créditos concedidos para países emergentes por bancos sob sua supervisão. Nesse domínio, os BCs deles funcionam para nós exatamente como as agências de *rating*, ou seja, fazendo as coisas piores quando elas já estão ruins. Isso funciona mais ou menos assim: num quadro de pressão contra o Real e elevação do risco Brasil, os BCs deles elevam o rigor nas provisões, o que provoca o encolhimento ainda maior da exposição dos bancos internacionais aos países emergentes em geral e ao Brasil em particular. Dessa vez o rigor foi tamanho que fez desaparecerem as linhas que abastecem o nosso comércio exterior.

Com isso, verificou-se que, ao contrário do alegado pelo secretário do Tesouro americano Paul O'Neill, quem estava tirando dinheiro do Brasil eram os bancos deles, por ordem dos reguladores deles. Apontada a inconsistência, ficava, assim, desmoralizada a objeção republicana aos acordos do FMI em geral e a esse em particular. Cabe às nossas autoridades agora usar as reservas recém-adquiridas para irrigar as nossas exportações até que se normalize o estado das linhas comerciais.

(*Veja*, 14.08.2002)

Nacionalismo e protecionismo: o atraso reciclado

ABERTURA: AINDA FALTA MUITO

As pessoas que não gostam dos rumos da economia mundial nos últimos anos são capazes de desancar a globalização de muitas formas e em muitos idiomas. Mesmo no domínio das estatísticas, em que a embromação é mais difícil, essa gente é capaz de produzir alguns truques. Argumenta-se, por exemplo, que o grau de abertura comercial nos dias de hoje mal alcançou os píncaros de 1914, época de ouro da formação da economia internacional. E por isso a globalização nada mais seria que uma ideologia, uma enganação, essa coisa toda.

Com efeito, as exportações dos países da OCDE como proporção do Produto Interno Bruto (PIB) em 1913 tinham atingido 11,9%, proporção que ainda não havia sido alcançada em 1973, quando chegou a 11,7%. Em 1993 a proporção já era de 17,1%. Para os EUA vistos isoladamente os números são ainda mais contundentes: em 1913 a razão exportações/PIB era de 6,1%, o que seria ultrapassado apenas em 1980, quando atingiu 8,3%. Em 1990 a proporção seria, inclusive, menor: 7,0%.

De fato, esses números são muito modestos para explicar toda essa extravagância em torno da globalização. Qual a explicação?

Simples: o extraordinário crescimento do setor de serviços durante esses anos todos.

Se os serviços crescem mais rapidamente que os outros componentes do PIB, a parcela do PIB correspondente a atividades nas quais *pode* haver comércio exterior – indústria e agricultura – fica menor. O "grau de abertura" medido da forma como fizemos fica menor mesmo que a agricultura e a indústria se tornem atividades muito mais voltadas para o exterior. Tudo porque é muito difícil haver comércio exterior em serviços. Os economistas dizem que os serviços são, na sua maior parte, *non tradables*, ou seja, não comercializáveis internacionalmente. Evidentemente, se as economias deste planeta passam a ter o valor adicionado em serviços crescendo mais rapidamente que o na indústria ou na agricultura, as economias vão ficar *ceteris paribus* mais "fechadas".

É claro que isso pode mudar, e está mudando. Serviços como, por exemplo, um corte de cabelo ou uma massagem dificilmente poderão ser importados: o consumidor pode estar no Rio de Janeiro e o prestador do serviço na Tailândia. Mas as novas facilidades nas comunicações poderá fazer com que muitos serviços se tornem comercializáveis, ou seja, vendidos a consumidores de países diferentes do prestador do serviço, especialmente quando se tratar de serviços que não impliquem o contato entre produtor e consumidor, ou que tenham como escopo o fornecimento de algum texto, parecer ou conjunto ordenado de informações, como num *call center*, por exemplo.

Mas para se enxergar o processo de globalização tendo lugar nos dias de hoje, antes de o *e-commerce*, e também do *outsourcing*, explodir, a chave é a crescente e nem sempre percebida importância do comércio exterior *dentro dos setores em que pode haver comércio*, ou seja, dentro dos setores que os economistas chamam de *tradables*, vale dizer, agricultura e indústria. O grau de abertura para esses setores, tomados conjuntamente, para os EUA em 1913 era de 13,2%, o dobro da razão exportações/PIB mencionada acima. Os 13,2% são ultrapassados já no final dos anos 1960, e em 1990 a proporção já atinge 31,4%, mais do quádruplo do "grau de abertura" medido da forma convencional. Que quer dizer isso?

Quer dizer que as exportações dos EUA de produtos da indústria, agricultura e mineração correspondem a quase um terço do valor adicionado nesses setores. Ou seja, ruiu o argumento de que um país dito "de dimensões continentais" tem uma vocação natural à autarquia (auto-suficiência, no idioma local). Foi-se o tempo. O grande país continental lá do Norte, os EUA, se globalizou tremendamente na sua manufatura e agricultura, e as medidas convencionais de abertura encobriram esse fato.

Que dizer desse outro país "de dimensões continentes" aqui mais ao Sul, recentemente envolvido em um processo de abertura, para muitos tido como excessivamente agressivo e mesmo contrário à nossa vocação de país "baleia" e à cultura da auto-suficiência?

Os números para o grau de abertura do Brasil medidos da forma convencional são como os números americanos, ridiculamente baixos: 6,6% do PIB para 1998. Essa proporção teria sido de 14,8% do PIB em 1913, segundo uma estimativa minha mesmo, de qualidade duvidosa diante dos dados disponíveis. Faz sentido, todavia, argumentar que o grau de abertura no Brasil só teve motivos para diminuir desde 1913: além do crescimento do setor de serviços, como em qualquer parte, tivemos aqui um processo deliberado de busca da auto-suficiência. Pior para nós.

As coisas mudaram apenas no início dos anos 1990, e em particular depois do Plano Real. Não existem para o Brasil cálculos comparáveis aos que anteriormente foram mostrados para os EUA, ou seja, para o grau de abertura dos setores *tradables*. Temos, todavia, alguns números bastante informativos sobre tendências recentes na indústria. O "grau de penetração das importações de manufaturas", por exemplo, é a proporção que as importações ocupam no total da oferta desses produtos (que é igual à produção mais as importações menos as exportações). Essa proporção era de 8,5% em média para 1991-93 e alcançou 20,5% em 1998. Um notável avanço, mas que nos coloca em um nível ainda bem distante do que se observa para outros países "de dimensões continentais", tomando os EUA como base de comparação.

A conclusão aqui é simples. A abertura no mundo e nos EUA é muito maior do que se pensa, e a nossa é ainda muito inferior à que se observa, por exemplo, nos EUA. A idéia de se retroagir à substituição de importações e "retornar à normalidade" no tocante a "graus de nacionalização", idéias geralmente empacotadas dentro da expressão "adensamento das cadeias produtivas", e outros coquetéis retóricos de substância meio rala, não se enquadram nas tendências internacionais e precisam ser consideradas com muita cautela.

(*OESP* e *JB*, 04.07.1999)

Sururu da Tailândia e rapadura na Bélgica

Certa vez, não faz muito tempo, tive de comparecer a uma audiência no Senado, não me recordo a que propósito, e no caminho ia lendo uma matéria sobre a exportação de algumas partidas de rapadura para a Bélgica, as primeiras de que se tinha notícia. A matéria descambava mais para a curiosidade que para as reais perspectivas de diversificação da pauta de exportações brasileiras, mas, ainda assim, era simpática.

O assunto no Senado não era comércio exterior, mas, inesperadamente, um senador fez um pronunciamento indignado sobre a importação de sururus, vindos de algum lugar da Ásia. Parênteses: o sururu, que o Aurélio também define como uma gíria já meio antiga para confusão, é uma espécie de mexilhão, muito semelhante aos que são típicos da região de origem do referido senador. Pois bem, o que poderia lhe parecer mais supérfluo? Que irracionalidade poderia ser maior que ver "exportados" os empregos na indústria do sururu nacional para a Tailândia?

O tema é tão antigo quanto caro ao imaginário protecionista: o supérfluo é o inimigo número um da indústria nacional, um desperdício com tonalidades de luxúria, uma imoralidade. O Brasil sempre foi competente na sua retórica protecionista, e conseguiu macular quase todos os importados como supérfluos: o leitor por acaso se lembra da "Lei do Similar Nacional"? Pois então, tudo que tem "similar" é supérfluo, não?

O senador teve de ouvir uma rápida revisão sobre as vantagens da abertura, mas o que realmente lhe causou a maior impressão, e algumas risadas de seus colegas, foi uma pergunta muito simples: o que estarão dizendo os ilustres senadores belgas das importações de rapadura que estão a ameaçar os empregos na indústria do marzipã?

O exemplo serve para ilustrar uma das características mais importantes do comércio internacional nos dias de hoje: a especialização "intra-industrial" pela via da diferenciação de produto. Antes de o leitor abjurar o economês e mudar o canal, aqui vai a explicação: o padrão dominante no comércio de manufaturados nos dias de hoje é o de países que importam e exportam *coisas muito parecidas*. Esse tipo de comércio é bem diferente daquele descrito por David Ricardo ou Raul Prebish, cujos interesses recaíam sobre as conseqüências da especialização, "trocas desiguais" que levavam a um divisão internacional do trabalho "perversa", cristalizando uma ordem internacional "injusta". Essas teorias ficaram para trás, sobrestadas pelos fatos, sobrevivendo apenas no submundo das escolas "alternativas". Após a Segunda Guerra Mundial, o crescimento do comércio internacional foi enorme, e as pautas de comércio dos países industriais foram convergindo, o que indicava a vitalidade desse comércio de bens de consumo "supérfluos" movido pelo gosto pela variedade de caprichosos consumidores sempre dispostos a buscar novidades onde marcas atrativas e indicações de qualidade (tecnicamente, a diferenciação de produto) podiam ser identificadas com clareza: perfumes, bebidas, comestíveis finos, *lingerie*, vestuário. Nada inacessível ao exportador brasileiro.

Na verdade, os obstáculos aqui são dois: *marketing* e logística. Por um lado, o produtor precisa desenvolver uma marca, torná-la conhecida e apetitosa às centenas de milhões de consumidores potenciais mundo afora, o que não é barato nem simples. Pode ficar bem mais fácil, graças à internet e ao florescimento do *e-commerce*, por meio dos quais, com efeito, o consumidor poderá livrar-se da tirania das grandes marcas fixadas pela mídia e abrir novos nichos.

Já no campo da logística, a situação é mais complexa. Os problemas incluem os portos e aeroportos, com seus despachantes, fiscais, atravessadores, sindicatos, a burocracia das normas cambiais e tributárias, dos cadastros, formulários e dificuldades de pagar e receber nos bancos. Pesa extraordinariamente nesse domínio o pavor que as autoridades têm de simplificar as coisas e verem os seus esforços servirem, ainda que marginalmente, aos malandros de plantão: para evitar dois tostões de esperteza, atrapalha-se a vida de uma infinidade de exportadores potenciais.

(*OESP* e *JB*, 11.07.1999)

FRANCESES, CHINESES E BRASILEIROS

O mundo está cheio de diferenciais de produtividade, de competência e de salários. Os chineses ganham muito menos que os franceses, mas sua produtividade é muito menor. O que fará os chineses mais ou menos competitivos diante dos franceses é a combinação entre salários e produtividade na formação de seus custos de produção. Se os preços dos chineses, ou dos brasileiros, forem mais competitivos que os dos franceses, o comércio entre essas regiões terá como resultado a aumento do salário e do emprego (ou a instalação de fábricas) na China (ou no Brasil) e o efeito contrário na França. Assim funciona a globalização, desde o tempo de David Ricardo.

É difícil argumentar que esse processo seja injusto ou excludente. Pelo contrário, as duas regiões ficam mais parecidas no que toca a salários e emprego. Os salários no país pobre vão subir, e no país rico terão de cair. Nada mais justo, não?

É claro que no país rico, a França no exemplo, o movimento sindical não terá incentivos para enxergar benefícios no processo de globalização pois verá a si próprio como vítima. Ademais, a força dos sindicatos, aliada à extrema rigidez da legislação trabalhista, evitará maiores variações nos salários, mas ao custo de um desemprego muito maior que o necessário. Os trabalhadores sindicalizados e estáveis no emprego não vão aceitar reduções de salário e com isso fazem com que as empresas parem de contratar. O desemprego entre jovens se torna assustador, sem precedentes. Eis aí o "horror econômico", uma espécie de "sistema centro-periferia" de cabeça para baixo, em que é o Sul que devasta o Norte.

Daqui do Brasil não pode deixar de soar um tanto curiosa essa tentativa de enquadrar a China, ou o Brasil, como vilões das mazelas francesas, e que são "hipercompetitivos" apenas por que a legislação trabalhista chinesa seria mais "primitiva", os sindicatos pouco relevantes, o governo conivente, para não falar de trabalho infantil, danos não-contabilizados ao meio ambiente e o *dumping* social.

Mas se é duvidoso que nos tomem como causadores do "horror econômico" na França, e mais ainda é verificar que os protecionistas locais são capazes de reconstruir essa mesma tese para argumentar que a globalização aumenta a exclusão no Brasil.

É interessante explorar um pouco o modo como a abertura veio a afetar o relacionamento entre regiões ricas e pobres dentro do Brasil. Em São Paulo, diante da força do movimento sindical, da maior obediência à letra de uma pesada legislação trabalhista e também das economias de aglomeração e da proteção tarifária, tínhamos uma situação em que a competição com os importados era irrelevante, e os lucros de monopólio (ou oligopólio) eram tais que o salário era entre três e quatro vezes o salário na região Nordeste. Criava-se assim um incentivo irresistível para a migração na direção de São Paulo, agravando o problema urbano, o desalento e a pobreza.

Diante da abertura, do desafio competitivo que ela provocou, desapareceram os lucros extraordinários, e a necessidade de reduzir custos em indústrias previamente preguiçosas, por conta da proteção do Estado, resultou em enormes crescimentos na produtividade e levou diversos segmentos intensivos em mão-de-obra da indústria paulista (no ramo têxtil, por exemplo) a fechar plantas em São Paulo e reabri-las no Nordeste.

Enquanto os episódios vão se acumulando, observa-se um acentuado processo de descentralização industrial, que resulta em criar empregos e elevar salários na região Nordeste, mas também em outras regiões "fronteiriças" no Sul, em detrimento das regiões industriais mais antigas do estado de São Paulo. O país, indiscutivelmente, se torna mais homogêneo, mais justo e mais eficiente. Os fluxos migratórios seculares na direção de São Paulo são enfraquecidos e mesmo revertidos, pois a desigualdade regional, que décadas de subsídios não foram capazes de minorar, está sendo solapada pela abertura.

É difícil, a meu juízo, reafirmar o nexo entre globalização e exclusão, quando o resultado do processo é desconcentrador e para o benefício das regiões e estratos mais pobres da população. Talvez tenhamos aí um problema de terminologia: trata-se das dores da inclusão e da correção das desigualdades regionais.

Todavia, por mais socialmente justo que o processo possa parecer visto globalmente, e que se possa dizer que empregos apenas *mudam de endereço*, o desemprego nas áreas mais atingidas, na região metropolitana de São Paulo em particular, atinge números assustadores. Nessas circunstâncias, os benefícios para o país e a melhoria na distribuição da renda nacional parecem irrelevantes para os que ficam desempregados. O problema é sério, e poderia ser muito menor se o governo decidisse avançar nas reformas já propostas na legislação trabalhista.

(*OESP* e *JB*, 25.07.1999)

Fragmentos de um discurso nacionalista

A linguagem é um elemento essencial para os embates políticos. Tanto que no mundo orwelliano de 1984 foi criado um idioma especial em que certos significados (ou conteúdos, para usar o termo da moda) não encontravam nenhum modo de expressão. O uso da linguagem para o mal também se dá mediante a utilização de clichês e palavras de ordem de significado preestabelecido (e geralmente errado), de forma a apelar às massas incautas e abastecer os usuários de palanques e tribunas. Vamos a um exemplo de retórica vazia muito encontradiça:

"Precisamos de um projeto nacional que reverta a africanização do país, reduza nossa dependência, apóie as empresas nacionais nos setores de alto valor agregado e nos restitua o superávit comercial e a soberania."

Quantas vezes e em quantos formatos mais burilados o leitor já se deparou com esse discurso? Quantas pessoas de bom senso já não escorregaram na direção dessas teses apenas porque lhes pareceram intuitivas?

Pois bem, para o benefício do leitor não-versado nas armadilhas retóricas dos economistas, vamos produzir um pequeno dicionário para ajudar a interpretar o trecho acima.

Projeto Nacional – designação dada *a posteriori*, geralmente por historiadores, a episódios de mudança econômica bem-sucedida em que se arrolam elementos de um passado bem remoto que apontavam na direção que efetivamente as coisas tomaram e se procura construir uma teoria segundo a qual não haveria outra forma pela qual as coisas poderiam ter ocorrido. Supõe-se, também, que o processo foi compreendido por lideranças visionárias cuja influência para o curso dos eventos teria sido crucial. Deve ser claro, todavia, que isso é basicamente um romance. Os economistas são excelentes médicos legistas, e sabem explicar o passado tão bem que fornecem a ilusão de que entendem sua lógica e, portanto, podem não apenas prever como intervir positivamente no nosso futuro. Como não podem, o enunciado de um Projeto Nacional não passa de programa político.

Desconfie sempre do messianismo econômico e de determinismos históricos leis de movimento e projetos salvadores.

Africanização – Não quer dizer rigorosamente coisa alguma, mas o discurso nacional-oposicionista precisa apavorar, chocar, falar em "horror econômico", "sucateamento" e "destruição", pois funciona muito bem nos palanques e nos programas de TV no gênero "mundo cão", ainda que politicamente incorreto. A Oposição precisa de atenção, e, faltando-lhe conteúdo, resta a apelação.

Dependência – Designação depreciativa usada para relações entre pessoas, coisas e países na qual se presume existir alguma assimetria. A relação entre o homem e a televisão, entre a mulher e a moda, entre o Brasil e os EUA pode sempre receber esse nome. A dependência tanto pode ser viciosa como virtuosa, como pode não querer dizer coisa alguma. Dizer que hoje o Brasil tem "dependência zero" de capitais de curto prazo é tão tolo quanto dizer que o Brasil tinha uma enorme dependência de "capitais de motel". Esses tais capitais continuam existindo, entrando e saindo cada vez mais livres e audazes, e fazem parte da nossa realidade, queiramos ou não. O termo é usado de forma ampla para criminalizar as relações com o exterior, como se fossem sempre prejudiciais. Nos dias de hoje, pode-se dizer que o oposto tem lugar: as relações com o exterior são quase sempre vantajosas para os dois lados.

(Alto) Valor Agregado – Rigorosamente, é o valor bruto da produção menos os valores pagos pelos insumos, valor que é distribuído aos fatores de produção trabalho e capital. No imaginário nacionalista a definição é diferente: tem a ver com o "grau de nacionalização" ou com a porcentagem dos insumos comprada dentro do país. Quando se fala em indústrias "com alto valor adicionado" presume-se que sejam aquelas em que exista maior valor adicionado por trabalhador: uma pesquisa para os EUA (ano-base 1988) mostra, por exemplo, que a indústria de maior valor adicionado por trabalhador é a de cigarros (US$488 mil *per capita*). A segunda é a de extração de petróleo (US$283 mil), seguida da automobilística (US$99 mil) e siderurgia

(US$97 mil). A média para a indústria é de US$66 mil por trabalhador. Ninguém seria tonto de sugerir uma "política industrial ativa" com vistas ao cigarro e ao petróleo, mas aqui no Brasil é comum ouvir que devemos favorecer os setores de "alto valor adicionado". Na verdade, o que o movimento nacional-intervencionista procura é um critério, ou um pretexto para que burocratas iluminados escolham setores nos quais colocar o dinheiro do contribuinte na presunção de que eles sabem mais que os próprios empresários.

Superávit comercial (e soberania) – Antes de a economia surgir como uma disciplina digna desse nome em 1776, com a publicação da *Riqueza das Nações*, prevalecia uma doutrina conhecida como "mercantilismo", segundo a qual o superávit comercial era a origem da prosperidade das nações e, por conseqüência, da soberania. Adam Smith demoliu essas idéias, mas é surpreendente como uma bobagem reembrulhada é capaz de sobreviver ainda por mais dois séculos. Se o leitor não estiver disposto a encarar as 1.000 e tantas páginas do maravilhoso livro de Smith, basta lembrar que os EUA nos dias de hoje têm o maior déficit comercial do mundo, e não lhes faltam soberania nem riqueza. Enquanto isso, aqui no "patropi", tanta gente faz ares de resignada indignação ao justificar o retrocesso do Brasil depois do Plano Real apontando para a transformação do superávit comercial em déficit. E quantos jornalistas não falam no "rombo" das contas externas? Infelizmente, a economia não é tão intuitiva, de tal sorte que não é verdade que toda grandeza econômica que tenha sinal negativo seja ruim e deva ser chamado de "rombo". De um modo ou de outro, os nacionalistas há dois séculos se recusam a parar de usar a falácia mercantilista para enganar o povo, mesmo sabendo que estão dizendo bobagem.

Diante dessas definições, é possível desconstruir o fragmento de discurso nacionalista anteriormente citado, e reescrevê-lo como se segue:

"Precisamos nos livrar de projetos messiânicos conduzidos por burocratas intervencionistas, e seus chavões apelativos de qualidade duvidosa, e aprofundar nossos vínculos com um mundo em expansão e rápida

transformação, e apoiar as empresas com sede no Brasil de forma horizontal e democrática, sem discriminações contra quem quer que seja, ou a favor dos amiguinhos da burocracia, e administrar o balanço de pagamentos com prudência, sabendo que o déficit comercial é o estado natural de uma economia em desenvolvimento."

(*OESP* e *JB*, 27.02.2000)

O MENINO E A DÍVIDA

Uma das cartas (e-mail, na verdade) mais extraordinárias que esta coluna [Em Foco, na *Veja*] já recebeu veio nesta semana de um menino de 13 anos, de Goiânia, que está vivendo um drama: "Estou precisando de material para um trabalho de escola: dívida externa do Brasil, FMI etc. Esse trabalho vale nota, e, como está difícil encontrar, minha mãe indicou o senhor. Ela lê sua coluna toda semana e diz que o senhor é fera."

A despeito do fantástico elogio, a carta me deixou angustiado, pois não vou conseguir ajudar. Tenho dois filhos mais ou menos da mesma idade e que também têm professores que, às vezes, lhes dizem barbaridades sobre o governo, os bancos, a taxa de juros e a privatização. E não há nada o que se possa fazer. É difícil encontrar algum material de boa qualidade para estudantes do curso secundário sobre temas de economia, especialmente os do noticiário.

Mas, de novo, lá fui eu vasculhar minha biblioteca, dessa vez para ajudar Diego, o menino de Goiânia, e novamente saí frustrado. Voltei a encontrar *O Capital* em quadrinhos e alguns volumes de uma coleção de livretos "O que é?", sobre "imperialismo", "mais valia" e coisas do gênero. Doutrinação de quinta. Exultei quando encontrei um *ABC da Dívida Externa*, escrito em 1989, por Celso Furtado, exatamente com o propósito de usar de uma "linguagem simples" para explicar o problema. Mas depois de ler, e com todo o respeito ao mestre, devolvi o fino volume à estante. O problema do Brasil, conforme ali se explica, é a vultosa e absurda "transferência de recursos ao exterior", um conceito popular naquele tempo e que corresponde ao que hoje chamamos de superávit comercial. Curiosamente, até 2002, tinha muita gente dizendo que o problema do Brasil é *a falta* de superávit comercial.

É claro que, no mundo dos economistas, tudo tem pelo menos duas explicações inconsistentes entre si e uma terceira, bem mais simples e errada. As querelas podem ser instigantes, mas o menino tem 13 anos. Pensei então em indicar um livro de época: nossa experiência com dívidas no exterior é muito rica. Jorge Caldeira bem que podia escrever sobre isso, mas sei que ele já está bem ocupado em revisar as trinta e oito camadas de interpretações marxistas da história econômica do Brasil.

Algumas alternativas me ocorreram até que, diante de um estalo, parei o que estava fazendo: esse menino não tinha nada que estar trabalhando nesse assunto. Na faculdade de economia o tema entra em pauta lá pelo quinto ou sexto semestre, quando os alunos já aprenderam contabilidade nacional e macroeconomia, já dirigem automóveis e estão estagiando em empresas que tomaram dinheiro emprestado no exterior. Alguns já têm empregos em que ganham mais que o professor.

É aceitável o argumento de que pré-adolescentes devam tomar algum contato com as grandes questões de nosso tempo. Mas a dívida externa está longe de pertencer a essa categoria. Podemos estar na presença de um erro de dosagem do professor, semelhante ao da própria CNBB, que traz um tema complexo para o foro errado e acaba causando confusão e fornecendo alento ao oportunismo político dos velhos caloteiros de sempre. Ou não. Incomoda-me deveras a possibilidade de algumas escolas secundárias estarem impingindo a meninos de treze anos as visões obtusas e amalucadas que aparecem, por exemplo, no "Veredicto" do "Tribunal da Dívida Externa" que o leitor poderá encontrar no *site* do plebiscito da CNBB. Pergunto-me que espécie de material está sendo disponibilizado para Diego e seus colegas de Goiânia e de outras partes do país, e também que tipo de aprendizado sobre o ser humano a CNBB espera promover com o esforço de "conscientização" que parece acompanhar o plebiscito.

De toda maneira, fracassei em indicar material para o trabalho do menino, pois tudo que pude aconselhar foi o exercício do senso crítico, inclusive quanto ao professor, sem dúvida, uma responsabilidade um tanto pesada para um menino dessa idade.

(*Veja*, 13.09.2000)

ALCA: UMA MARAVILHOSA OPORTUNIDADE PERDIDA

Passada a reunião de Quebec, que tratou da Área de Livre Comércio das Américas (Alca), ficou a sensação de uma enorme distância entre a coisa em si e o imaginário construído em torno dela.

Ao leitor distraído, e incomodado com o barulho, pode parecer que a Alca é a mãe de todas as batalhas contra o imperialismo ianque, mas, felizmente, não é nada disso. Pode até parecer, tendo em vista o inevitável interesse da mídia no espetáculo das manifestações, regadas a gás lacrimogêneo, e nas *performances* de grupos ecológicos, esotéricos, *punks* e bagunceiros mesmo. Mas não é.

Parecem existir dois fenômenos diferentes a merecer estudo: um é a evolução do futebol inglês, outro, o vandalismo dos torcedores. O fato de haver pancadaria nas arquibancadas e imediações dos estádios em nove entre dez partidas importantes de times ingleses contra os de outras nacionalidades não diminui os méritos esportivos do Manchester United. Ou seja, se "alternativos" de todas as tribos possíveis se colocam a protestar contra a Alca e a OMC, sobre as quais os reclamantes nada sabem, o que temos é um desafio antropológico, ou uma espécie de Woodstock político, e não a evidência de que há algo de podre no processo de integração hemisférica ou global.

Mas, voltando à Alca, uma primeira observação sobre a forma é que estamos tratando de uma negociação que vai começar, talvez, em

2005 e irá tomar vários anos para se transformar em um acordo, cuja implementação completa será lenta e gradual.

No mérito, existem enormes ganhos em caminhar para um mundo em que existem mais regras de natureza internacional, ou seja, mais "governança global", para usar o termo da moda. Nada poderia atender melhor à ansiedade derivada da redução dos poderes regulatórios dos Estados nacionais mercê da globalização. A esses ganhos que pouco têm de "conceituais" devem ser acrescentados outros advindos especialmente do maior acesso que poderemos ter ao mercado americano.

É claro que vamos ter de oferecer contrapartidas. Nesse domínio, tem sido escassamente notado que a oportunidade oferecida pela Alca ocorre num momento em que não vão doer nada as "concessões" que teremos de fazer sob a forma de mais abertura em nosso mercado. Um exemplo simples é o fornecido pelas tarifas de importação: no Brasil a média está em torno de 14%, enquanto nos EUA deve ser algo como 4%. Ora, o Brasil acabou de implementar uma desvalorização cambial real que, dependendo da maneira de calcular, foi superior a 50%. Ou seja, com o câmbio no nível em que está, uma redução geral de nossas tarifas para o nível americano apenas comeria um pouquinho da gordura, reconhecidamente excessiva, provocada pela maxi. Seria exótico se aparecesse alguma empresa dizendo que esses 10% são fundamentais para sua capacidade de competir com o produto estrangeiro, estando o câmbio onde está.

Não vamos nos iludir, é claro, com as tarifas americanas "médias": existem diversos expedientes pelos quais alguns de nossos mais importantes produtos de exportação são atingidos na veia. É disso que precisamos cuidar, e, novamente, quanto mais rápido melhor. O tema aqui é o da limitação ao uso de medidas antidumping, bem como de "padrões" sanitários, trabalhistas e ambientais, para fins protecionistas. Se a negociação fosse hoje, poderíamos atacar esses assuntos de forma agressiva, tendo em vista a facilidade em reduzir nossas tarifas como *quid pro quo*. Dificilmente, no futuro, teremos condições tão boas. Mas o fato é que nossa diplomacia acha que obteve uma vitória em jogar o assunto para 2005 ou, quem sabe, para depois. Que tolice. Perdemos uma boa negociação, uma boa oportunidade de dobrar a aposta em cima de nossos interlocutores exatamente quando eles não esperavam e nosso cacife era alto. Perdemos a oportunidade de ampliar o escopo do acordo e de tornar a ALCA, ao menos em parte, o motor de modernização e enriquecimeto que a unificação européia foi para Portugal e Espanha.

(*Veja*, 06.05.2001)

Argentina: variações sobre o que poderia ter ocorrido conosco

COMO TERMINAM OS *CURRENCY BOARDS*

O leitor que não conhece a expressão inglesa do título, e que implica com essa onda de termos em outros idiomas que ninguém tem obrigação de conhecer, fique avisado de que não há mesmo nenhuma tradução decente, e é de propósito: como se trata de abrir mão da sua soberania monetária, por que traduzir?

O *currency board* chegou a existir aqui no Brasil no começo do século, numa de nossas fugazes passagens pelo chamado padrão-ouro, com a denominação de Caixa de Conversão. Era uma entidade que emitia notas com poder liberatório, a única que podia fazer isso, contra um depósito de valor igual em ouro. Era um mundo mais primitivo, em que o ouro era a moeda internacional de reserva e as nações civilizadas tinham de amarrar sua moeda a essa dádiva da natureza, a qual, todavia, tinha de ser obtida pelo balanço de pagamentos.

É curioso que, anos depois, numa época em que se diz que os regimes cambiais devem ter mais flexibilidade, seja porque os capitais são mais velozes e espaçosos no seu movimento, seja porque as intervenções em mercado sempre envolvem o risco de falha humana, tenha crescido o prestígio dos *currency boards*. Eles podem ser encontrados na Argentina, em Hong Kong, em algumas das novas repúblicas no Báltico (Estônia e Lituânia), em Brunei e em Djubuti. É uma plêiade. No pós-guerra, eles chegaram a existir na Malásia e em Cingapura, que abandonaram o sistema em 1973, e na Irlanda, que deixou o sistema gradualmente até entrar no Sistema Monetário Europeu em 1979.

Parte dessa paradoxal popularidade dos *currency boards* não tem nada que ver com eles, mas com a unificação européia, na qual os países membros renunciaram à sua soberania monetária e muita gente achou que seria um excelente exemplo para alguns países meio confusos na administração de suas moedas. Com efeito, no *currency board* típico, o país está em processo de estabilização e, com esse fim, adota como sua uma moeda estrangeira, o Dólar geralmente, e as razões nada têm de edificantes: são países que perderam a capacidade de gerir sua própria moeda em função das bobagens que fizeram ao longo do tempo. Não é claro para mim que faça muito sentido um país escolher esse tipo de regime senão em uma situação em que as alternativas se esgotaram. Amputações raramente são voluntárias.

Mas será que o *currency board* é o fim da linha? Com ele todos os problemas estão terminados, e esse é um preço justo a pagar pela perda da soberania monetária?

Nada disso. O *currency board* pode se esboroar tanto quanto qualquer outro regime cambial, apenas a forma da explosão é diferente.

É justo que se argumente, no entanto, que são regimes mais resistentes ao colapso, mas por uma única e exclusiva razão: como os governos não podem mudar de opinião, têm de lutar até o último homem para sustentar o regime. A Autoridade Monetária de Hong Kong fez coisas inacreditáveis para defender sua moeda, numa luta quase que corpo a corpo contra os *hedge funds*. Se o governo pudesse mudar de idéia, dificilmente deixaria de fazê-lo, e a história teria sido outra. Difícil dizer se pior ou melhor: dependeria muito da fórmula de saída. Mas o fato é que a tempestade passou e tudo ficou como estava. Os *currency boards* continuam invictos, por ora, e o jogo continua.

Nossos vizinhos ao Sul são exímios propagandistas do *currency board*. Tanto que fazem parecer que o adotaram em uma decisão consciente, e voluntária, como se tivessem muitas possibilidades. Dos argumentos a favor, há um que se tornou muito popular e que vale tanto quanto uma cédula de quatro dólares. É mais ou menos assim: se as coisas ficarem realmente difíceis, a receita infalível para evitar a desvalorização da moeda é simplesmente a sua abolição. A economia se "dolariza", ou seja, coloca dólares em circulação, incinera o papel-moeda anterior (vai precisar combinar com o Fed a criação de uma logística de fornecimento de meio circulante: a vida média de uma cédula é de 10 meses), redenomina os contratos e os depósitos nos bancos, e não há que falar em desvalorização. O país se torna uma espécie de província (monetária) dos Estados Unidos e o problema acabou. Acabou?

A falácia de todo o argumento consiste em achar que as províncias não quebram. Ultimamente, as brasileiras andam tendo problemas. Alagoas, por exemplo, diante da dificuldade em honrar os pagamentos de seus residentes para com os residentes no restante do Brasil, não pode, de fato, desvalorizar a sua moeda, posto que não a tem. Mas poderia perfeitamente fazer uma bela moratória: para pagar seus compromissos com não-residentes emitiria um bônus de reestruturação de dívida (em condições "de pai para filho", por exemplo, prazo de 30 anos, juros de 6% e limitados a 12% da sua receita, imaginem ...) e com esse instrumento pagaria todos os seus credores. Após algum tempo, retomaria os pagamentos em reais e a vida continuaria.

Pois é. O fim de um *currency board* não envolve necessariamente desvalorização, mas certamente há de ter calote, após o qual, é provável que venha a desvalorização. Mas a verdade é simples: o fim de um *currency board* pode ser muito parecido com uma moratória alagoana.

(*OESP* e *JB*, 23.05.1999)

COMO SAIR DE UM *CURRENCY BOARD*?

O *currency board*, como anteriormente explicado, é um arranjo em que a moeda nacional é 100% lastreada no dólar, tal qual um certificado de depósito em dólares de igual valor, e conversível a qualquer instante. Daí, inclusive, a denominação original do arranjo argentino: Plano de Conversibilidade.

Não creio que haja nenhuma grande diferença prática em um arranjo como esse e o que foi também adotado pelo Equador, que foi mais direto ao assunto: aboliu a moeda nacional e adotou o Dólar como o seu padrão monetário. Existem muitos defensores desses arranjos, especialmente nos países que os adotaram, mas uma coisa é certa: nos dois casos, o desaparecimento da moeda nacional foi conseqüência da hiperinflação, como, aliás, ocorreu em quase todos os outros casos de hiperinflação de que se tem notícia. Tudo que fizeram os governos que "dolarizaram" foi desmonetizar oficialmente o padrão monetário nacional, explícita ou implicitamente conferindo "poder liberatório" (ou a obrigatoriedade de aceitação em pagamentos) a um outro padrão, geralmente o Dólar.

Uma tese sobre dolarização que entendo como equivocada, a despeito de muito popular, e que gostaria de discutir neste artigo, é a que reza que a dolarização é o "fim da linha", o último truque, ou seja, a opção pela dolarização é irreversível, inclusive porque são raríssimos os casos de "saída" de um *currency board*. O título do artigo anterior – "Como terminam os *currency boards*" – de fato não era inteiramente adequado, pois, na verdade, descrevia o modo como uma reestruturação das obrigações externas poderia *manter* o *currency board* em vez de terminar com ele. Para sair do arranjo o processo, sem dúvida, seria outro, mais parecido com o que ocorreu na Rússia em 1922, com a Alemanha em 1923 e com o Brasil através da experiência da URV em 1994. Como seria?

A chave para o problema é a criação, por lei, de um sistema bimonetário. Não importa que a outra moeda seja o dólar, adotado oficialmente (via *currency board* ou diretamente) ou uma moeda fiduciária nacional em estágio final de decomposição, o plano todo começa com a criação de uma segunda. Esta, em alguns casos (Rússia e Alemanha), vem acompanhada da fundação de um novo banco central que nasce dotado de condições especialmente favoráveis para emitir a nova moeda dentro de limites muito rígidos. Note-se que, no caso brasileiro, criamos apenas uma segunda "meia-moeda", a URV, em 28 de fevereiro de 1994, que serviria apenas como "moeda de conta". Depois de emitida em 1º de julho, e assim tornando-se uma "moeda inteira", a URV teve seu nome trocado para Real e, junto com isso, novas condições foram dadas ao Banco Central do Brasil para sustentar a estabilidade.

Na Alemanha e Rússia foram fundados novos bancos emissores, criando-se uma duplicidade de bancos centrais, e esses novos bancos emitiram logo de uma vez "moedas inteiras", que tinham poder liberatório, ou seja, serviam como meio de pagamento de aceitação obrigatória dentro de território nacional e também serviam como unidades de conta. Nesses casos, o truque básico foi emitir pequeníssimas quantidades das novas moedas e utilizar como lastro um título indexado do Tesouro Nacional. Em função dessas características, essas novas moedas circularam juntamente ao Dólar e o mercado acabou lhes dando uma cotação estável com relação a ele.

É claro que até aí tudo que se tinha era um instrumento monetário de valor estável emitido em escala muito limitada. O passo seguinte, a ser executado depois de algum tempo, era tornar esse novo instrumento (o *Rentenmark* alemão e o *Chervonetz* russo) a moeda nacional. Para isso, os limites de emissão da nova moeda deveriam ser aumentados, embora sob limites rígidos, a serem salvaguardados por um banco emissor independente e com estatutos obrigando um presidente com mandato de dez anos a dar tudo de si pela estabilidade do novo instrumento. O lastro poderia continuar a ser o original, títulos públicos indexados, mas, no momento em que a nova moeda fosse se tornar a número um, o Tesouro teria de ser aprisionado por algum dispositivo idealmente constitucional que o impedisse de elevar a dívida pública. Com isso teríamos a garantia de que o novo banco não emitiria demais e, portanto, a nova moeda poderia ter uma cotação estável com relação ao dólar ou com relação aos pesos conversíveis.

No caso argentino a novidade poderia ser que a nova moeda, desde a partida, ficaria livre para flutuar relativamente ao Dólar. Estável não quer dizer fixa. Enquanto isso, as pessoas ficariam livres para fazer contratos na nova moeda, desde que não indexados ao Dólar. Não deveria haver restrição à indexação por índice de preços medidos na nova moeda, desde que anual, por exemplo. Depois de algum tempo o setor público poderia reescrever seus contratos na nova moeda e deixar que o setor privado criasse seu próprio *timing* para começar a estabelecer contratos e preços na nova moeda. Tudo muito parecido como foi a adoção da URV. A diferença é que, nesse caso, é possível que dois meios de pagamento coexistam sem problemas, pois os dois seriam de boa qualidade e pouco vulneráveis a uma fuga maciça na direção do outro porque nenhum dos dois estaria vulnerável a ser fulminado por uma hiperinflação.

Os detalhes podem variar, mas não há muito mistério no processo, que já ocorreu em outras partes. Num contexto de disciplina fiscal e um planejamento cuidadoso para a reconstrução de uma nova moeda nacional, não há nenhuma impossibilidade técnica a uma saída ordenada do *currency board*.

(*OESP* e *JB*, 17.09.2000)

O "PATACÃO" E A CONVERSIBILIDADE

Algo de novo está se passando na Argentina em matéria monetária, e atende pelo nome de "patacão". É cedo para dizer, mas a conjectura é legítima: essa inovação somada ao antes improvável pacote com o FMI pode mudar a direção do vento.

Como funciona essa nova mágica?

Simples: o governo federal reconheceu recentemente que deve certa quantidade de dinheiro às províncias, mas, em vez de pagar em Pesos, pretende emitir um título, as Lecop (Letras de Cancelación de Deudas Provinciales). Diante desse crédito contra o governo federal, a província de Buenos Aires emitiu um título seu, o Patacão, que rende juros de 7% anuais, mas foi emitido em pequenas denominações e ao portador. Parte dos salários dos funcionários da província foi paga em Patacões, os quais, com espantosa rapidez, já estavam disponíveis em caixas eletrônicos e circulando como se fossem dinheiro.

Simultaneamente, o governo federal deu aos Patacões poder liberatório, ou seja, declarou que os aceita para pagamentos de impostos a valor de face. Em função disso, o comércio aceitou os Patacões com entusiasmo, a começar pelas lanchonetes McDonald's que tomaram a iniciativa de aceitar os Patacões como Pesos numa de suas promoções.

Buenos Aires está autorizada a emitir Patacões até o limite de seus créditos em Lecop, que atingem US$400 milhões, e as outras províncias podem emitir até US$600 milhões. No futuro, nada impede que o governo federal estipule limites maiores, ou que permita que as províncias, ou mesmo as empresas, que são detentoras de outros títulos da dívida pública, emitam Patacões com esse "lastro". Note-se que, em tese, a dívida pública não é aumentada com a emissão de Patacões "lastreados" em títulos federais já existentes, havendo apenas "monetização", ou seja, algo semelhante a uma operação de "mercado aberto". O FMI não teria muito o que dizer contra isso, especialmente num contexto de severa contração monetária.

Com efeito, uma vantagem imediata desse arranjo é justamente reverter a contração e reativar a economia, o que, todavia, pode assustar os puristas em matéria de conversibilidade. Na verdade, é como se tivéssemos um regime de padrão-ouro, mas com um mecanismo monetário anticíclico, ou seja, uma "conversibilidade keynesiana". É claro que há um truque, aliás muito simples: os Patacões não podem ser usados para comprar dólares, de tal sorte que a emissão desses instrumentos teoricamente não aumenta a pressão sobre as reservas. Ou seja, os Patacões são moeda inconversível lastreada sobre dívida pública doméstica, como eram os Mil-Réis emitidos pelo Banco dos Estados Unidos do Brasil, criado por Rui Barbosa em 1890, ou como os Dólares emitidos nos EUA em 1863 no sistema dos chamados bancos nacionais. Portanto, o que se tem é um sistema monetário em que a conversibilidade será, na prática, diminuída, ou "alavancada", e nesse terreno conceitual podem sim aparecer objeções sérias por parte do FMI.

A conversibilidade em nada se altera para os poucos pesos em circulação, mas continua uma miragem não apenas para o estoque total de moeda, agora aumentado pelos Patacões, e ainda mais para os chamados "Argendólares", vale dizer, os depósitos em dólares em bancos argentinos, que andam em cerca de US$50 bilhões; as reservas internacionais do país estão na faixa de US$15 bilhões. Tudo muito parecido com a Grã-Bretanha de 1914, para a qual a relação entre as reservas em ouro e a moeda em circulação era perto de um para dez.

É claro que nada muda no tocante ao regime cambial, mas é forçoso reconhecer que uma janela foi aberta: se o poder liberatório dos Patacões for restrito, eles vão flutuar com relação ao Peso. Desnecessário dizer que esse movimento requereria gigantescas cautelas, pois, ao contrário do que aqui ocorreu com a URV, a nova moeda, o Patacão, ficaria pior que a velha, o Peso, o que não ajudaria a adoção daquela. De um modo ou de outro, há um fato novo sobre a mesa, e novas alternativas a explorar.

(*Veja*, 26.08.2001)

Lições da experiência argentina

Brasil e Argentina viveram hiperinflações quase que ao mesmo tempo, mas a Argentina fez seu Plano de Conversibilidade cinco anos antes do nosso Plano Real. No caso deles, é certo dizer que a economia dolarizou quase que integralmente antes de 1990, ao passo que aqui o desfazimento da moeda nacional foi diferente: diversas moedas de conta, assim como diversos ativos capazes de preservar valor, tomaram o lugar da moeda oficial.

Por isso mesmo acho curiosa a sentença proferida em toda parte, nos dias de hoje, de que uma das alternativas da Argentina é dolarizar. Isso não faz sentido nenhum: a Argentina já dolarizou faz mais de uma década. Na verdade, justamente em função dessa circunstância, estabilizar, para eles, era fixar a taxa de câmbio, como no caso de diversas das hiperinflações européias. No nosso caso era preciso reunificar as moedas de conta, alinhar os preços na mesma unidade, desindexar ativos e contratos e estabelecer as "âncoras" monetária, fiscal e também a cambial. Tudo mais complicado na ausência de dolarização.

Mas praticamente todas as estabilizações de grandes inflações, em maior ou menor grau, usaram essa ferramenta chamada "âncora cambial". Alguém poderia observar as estabilizações dos anos 1920, incluindo as cinco hiperinflações, e afirmar que a estabilização tem como requisito a fixação do câmbio e a adesão ao padrão-ouro. Essa era, todavia, uma circunstância histórica específica na qual ainda se acreditava que o padrão-ouro era um dos pilares da civilização. Seguramente esse não era mais o caso na América Latina nos anos 90.

O fato é que, todavia, os argentinos fizeram uma estabilização no estilo "anos vinte", e muito bem-sucedida. As razões para essa escolha são menos óbvias do que parecem. A versão mais simples é a de que a credibilidade do governo em administrar a moeda estava esgotada. É correto, mas havia mais. Na verdade, a conversibilidade era um trabalho pela metade, pois consistia em usar a dolarização para estabilizar, mas depois de vencer a hiper era preciso reconstruir uma moeda nacional e desdolarizar, retirar o artificialismo. O Peso, vamos ter claro, não é uma moeda nacional, mas apenas um certificado de depósitos em Dólar.

Mas a vida política, na Argentina, sempre foi muito mais caótica que a nossa, acreditem se quiser, e não houve consenso para dar esse segundo passo. Alguém poderia lembrar, é claro, que a solução "provisória" estava indo bem e que não se deveria arriscar qualquer mudança. Era um argumento ponderável, tendo em vista os traumas da hiper e os riscos de mexer errado.

Logo adiante, para reforçar essa postura de inação, começava um ciclo de abundância de capitais estrangeiros que permitiu que o regime se mantivesse sem maiores sobressaltos nos primeiros anos e que a inflação fosse dominada. Mas ainda havia fragilidades estruturais sérias, e a crise do México teve um efeito devastador sobre a Argentina. Não fossem os efeitos do Plano Real sobre o balanço de pagamentos argentino, eles certamente teriam sucumbido em meados dos anos 1990.

Hoje, muitos "economistas de obra feita" alegam que essa sobrevida devia ter sido aproveitada para preparar a saída da camisa-de-força em que se meteram. Escrever um obituário é infinitamente mais fácil que prescrever receitas corretas para curar doenças. No quinto ano da conversibilidade argentina, o *currency board* era um extraordinário sucesso de público na academia e nos círculos internacionais, e assim permaneceria ainda por muitos anos. Foi ficando para trás, esquecido, o fato de que a estabilização argentina era um "trabalho pela metade", e que faltou consenso político para fazer o resto. Mas como se dizia em Wall Street, numa tradução literal: não se pode discutir com um sucesso, o arcaico regime do tipo "padrão-ouro" estava funcionando, o besouro voando.

Aqui no Brasil, em 1993, muita gente dizia que nosso destino também era o *currency board*, incluindo consultores internacionais. Foi animado no seio da chamada equipe econômica o debate sobre esse tema, mas acabamos começando o Plano Real com um regime de câmbio flutuante, como o de hoje. Passamos para "bandas" porque o câmbio não parava de cair, e porque vivemos boa parte do período que vai de 1994 até a crise da Ásia, em fins de 1997, sob extrema abundância de capitais, ou seja, um ambiente muito diferente do que temos hoje. Como diferentes regimes funcionam melhor em diferentes circunstâncias, foi muito bom para o Brasil ter preservado a liberdade de mudar.

Tivemos sorte de poder fazer nossa estabilização durante o momento de abundância de capitais, tudo seria muito mais difícil nas circunstâncias de hoje. Mas não nos enredamos no modismo do *currency board*: nosso regime cambial pode ser modificado conforme as circunstâncias. É verdade que a transição de volta para a flutuação não foi propriamente um exemplo de planejamento e boa execução, mas aterrissamos bem, depois de solavancos desnecessários e custosos.

Os argentinos, por sua vez, não tinham essa flexibilidade. Os ventos mudaram para muito pior depois da crise da Rússia, e após as duas megadesvalorizações no Brasil, o *currency board* se tornou insustentável. O desafio de mudar, todavia, requeria um grau de consenso e de capacidade decisória que o sistema político argentino não era capaz de exibir. Não apareceu espontaneamente um "plano de saída", nem do Governo, nem da Oposição, embora ambos soubessem, no fundo, que algo teria de acontecer. A torcida era para uma virada para muito melhor nos mercados internacionais ou um grande pacote de ajuda oferecido pelos americanos que, de fato, eles teriam obtido se os democratas tivessem ganho.

Até determinado momento, os passos do ministro Cavallo pareciam apontar na direção de um plano de saída nos moldes do que foi sugerido neste mesmo espaço em pelo menos duas ocasiões. Boa parte do trabalho "sujo" de reestruturar as dívidas já está feita, assim como foi implementada a solução radical para os "argendólares" na forma do congelamento dos depósitos. Foi admitida a monetização de créditos das províncias contra a União, criando-se, assim, os "Patacões", e também os *quebrachos, bonfes, boncadores, bocades, cecacores, lecos*, moedas fiduciárias regionais, que deveriam ser unificadas numa emissão federal de uma única moeda fiduciária, que flutuaria em relação ao Dólar e ao Peso, que morreria abraçado com o Dólar, bastando para isso que o governo lhe retirasse o poder liberatório, mas não a conversibilidade.

Mas o plano não andou, e não apenas o ministro mas o próprio presidente teve de renunciar. Tecnicamente, a solução está alinhavada, continua faltando a capacidade de decidir, e enfrentar as conseqüências.

(*OESP*, 23.12.2001)

Argentinos e cretenses

A experiência argentina vem ocasionando em muitos de seus observadores um certo estado de excitação cujo resultado tem sido, em geral, o de maltratar a teoria econômica e principalmente a experiência histórica. Com efeito, um olhar ainda que superficial sobre a História ajudará bastante a entender os dilemas monetários e cambiais de Argentina, do Brasil e de outros países emergentes.

Mas não vamos enganar o leitor: quando o economista apela para "as lições da História" procede mais ou menos como o jurista que busca, em uma metade de sua biblioteca, elementos para provar uma tese. Com efeito, a História não é uma superfície plana, tampouco neutra. Verdades de uma época não servem necessariamente para outras, sendo essa, aliás, sua principal lição. Num sentido quase matemático, a História é um sistema auto-referenciado, e portanto sujeito ao famoso Paradoxo de Epimênides, segundo o qual todos os cretenses são mentirosos, sendo ele próprio, o locutor, um cretense.

É falsa ou verdadeira a afirmativa de Epimênides?

Na minha modesta opinião, o meio século que antecede a Primeira Guerra Mundial é especialmente relevante para a compreensão do mundo globalizado em que vivemos. É interessante observar que existem enormes semelhanças, e também alguns belos paradoxos, nas experiências monetárias e cambiais de diversos países ditos periféricos, ou emergentes, como Argentina, Brasil, África do Sul, Austrália, Canadá, Chile, Colômbia, Portugal, Espanha e Rússia, para ficar em alguns mais estudados.

Todos tiveram dificuldades com o chamado "padrão-ouro", a saber, um regime monetário-cambial semelhante ao que a Argentina vinha adotando até pouco tempo: taxas de câmbio fixa com plena conversibilidade, inclusive na conta de capitais. Os controles cambiais seriam inventados apenas décadas depois.

A experiência desse grupo é de crônicas dificuldades de adesão ao padrão-ouro, o que tradicionalmente se atribui à instabilidade da receita de exportações, geralmente agrícolas, e das entradas de capitais. Nos dias de hoje, caíram em desuso as teses malignas sobre os "termos de intercâmbio", mas a importância da volatilidade da conta de capitais é muito maior.

Tipicamente, em períodos de fartura cambial, seja porque o café estava caro, ou porque o dinheiro externo estava barato, a taxa de câmbio apreciava e terminava por facilitar e determinar a fixação do câmbio. Na análise pioneira de Celso Furtado destaca-se o componente de economia política desse movimento: entrávamos no padrão-ouro a fim de *interromper a apreciação cambial* e o crescimento dos salários reais, dois fatores a estrangular a rentabilidade do setor agrário-exportador. Aqui, como na Argentina e na Austrália, e geralmente juntos.

Mas a fixação do câmbio não resolvia inteiramente o problema, pois a continuidade da fartura produzia a acumulação de reservas, inflação e apreciação real. A abundância cambial, numa leitura australiana, ou canadense, da situação, gerava riqueza. Numa leitura brasileira, gerava a semente da crise. Numa perspectiva, a globalização era benigna, na outra um problema, pois, em essência, todos os cretenses são mentirosos.

Diversos países emergentes daquela época se tornaram países desenvolvidos, outros não, e esse destino pouco ou nada teve que ver com taxas de câmbio e com a insistência *generalizada* em buscar o padrão-ouro. Para Furtado, todavia, a obsessão com o padrão-ouro se devia à "inibição mental para captara a realidade de um ponto de vista crítico-científico", que enxergava como "óbvia" no "homem público brasileiro da época". Escrevendo numa época em que o paradigma era o dos controles e da planificação, a experiência de se construir uma economia globalizada parecia fútil, pois todos os cretenses são mesmo mentirosos.

O fato é que a fartura sempre terminava de forma abrupta, e logo adiante as pressões sobre o balanço de pagamentos forçavam o abandono do padrão-ouro e a desvalorização. Para Furtado, esta cumpria o papel de "socializar as perdas", vale dizer, proteger a rentabilidade do setor agrário-exportador diretamente via câmbio e indiretamente via arrocho salarial. No Brasil, como na Austrália ou em qualquer parte, pois todos os cretenses são, basicamente, mentirosos.

A Argentina, nos dias de hoje, protagoniza o mesmíssimo drama. Aderiu ao "padrão-ouro" para terminar com a hiperinflação e rapidamente ingressou num momento de fartura de capitais internacionais. Viveu alegremente a fase de auge do ciclo, tal qual se observou tantas vezes no passado. Mais adiante, em 1997, a bonança se inverte, mas a Argentina resiste em mexer no câmbio até mais do que na época em que o "padrão-ouro" era o paradigma das boas maneiras em relações internacionais. Como o inverno se revelou muito longo, e o vizinho e parceiro fez duas maxis, a Argentina acabou bandeando-se para a flutuação, e permitindo uma enorme desvalorização. Todos os cretenses são, inevitavelmente, mentirosos.

A experiência histórica serve para demonstrar que, durante o período de fartura e auge, o "padrão-ouro" parece ser a melhor coisa a fazer, o que deixa de ser o caso quando a situação externa se inverte. No auge, eram populares as teorias exaltando as virtudes da estabilidade cambial. Quando as vacas emagreciam, outras teorias emergiam, louvando as virtudes da flutuação cambial. Os consensos sobre regimes cambiais dependem muito do período que alguém escolhe para estudar. Todos os cretenses são, portanto e por tudo isso, grandes mentirosos.

(*OESP*, 20.1.2002)

ARGENTINA, RÚSSIA, UCRÂNIA...

A gravíssima patologia monetária vivida pela Argentina no presente momento teve início com a desastrada saída do regime de "conversibilidade com câmbio fixo", mas já sofreu mutações de tal sorte que a definição do novo regime cambial se tornou um problema menor diante da confusão reinante.

Foi-se o tempo em que se podia especular sobre uma saída ordenada da conversibilidade, como se fez logo acima. No centro da crise está um elemento novo: o *corralito*, a partir do qual estão em andamento um colapso quase que total do sistema de pagamentos e uma crise sistêmica no sistema bancário.

Parênteses: para quem andou ouvindo críticas ao Proer durante tantos anos, vale lembrar que a CPI sobre o tema, em seu relatório final, reabilitou o programa, entendeu seus méritos e mostrou compreensão sobre o que representa o risco de uma crise sistêmica. Bastava olhar para o país vizinho.

Mas voltando à Argentina, temos uma situação em que a desagregação da moeda atingiu tamanha dimensão, que o único paralelo que me ocorre explorar é o das crises monetárias das economias em transição do socialismo para o capitalismo, especialmente Rússia, Ucrânia e Bielorrússia, mas em menor grau todas as outras.

Lá, durante o experimento socialista, o escambo era muito utilizado, e bem desenvolvido em sofisticados mecanismos de compensação em redes de endividamentos, contas correntes, moedas regionais, privadas, tudo incentivado pelo fato de o sistema bancário estar atrofiado, posto que reprimido pelo Estado. Os ditadores socialistas, por um lado, não tinham como desenvolver instituições financeiras no país e, por outro, enxergavam um enorme risco político em ver a desagregação da moeda, ou sua regionalização, se tornar veículo da afirmação da identidade das várias repúblicas.

Movendo-se para a economia de mercado a "Rússia-Mãe", assim como repúblicas que foram suas, pôs-se a monetizar transações e a introduzir e desenvolver bancos a fim de oferecer facilidades de pagamento, intermediação financeira, desconto de duplicatas, cartões de crédito, enfim, serviços financeiros implícitos e auxiliares à própria moeda. Fazer desabrochar o sistema financeiro significava enriquecer esta importante instituição – a moeda –, essencial para a divisão do trabalho e o bom funcionamento de qualquer economia.

Muitos acharam que isso ocorreria naturalmente, pois são óbvias as vantagens de se usar a moeda, cheques, bancos, caixas eletrônicos em uma economia caracterizada pelo escambo, pela escassez generalizada de produtos, de liquidez e de dinheiro.

Mas o processo resultou mais complexo. Primeiro pela incapacidade de se administrar as novas instituições bancárias, a começar pelos bancos centrais, daí resultando a ocorrência de hiperinflações: Rússia (2.502% anuais em 1992), Ucrânia (10.155% anuais em 1993) e Bielorrússia (1.838% anuais em média para 1992-4), por exemplo. As inflações acabaram sendo dominadas pela via da asfixia monetária – em 1998 as taxas anuais foram, respectivamente, 150%, 22% e 60%, respectivamente –, mas em conseqüência foi praticamente destruído o sistema bancário. Em 1998, na Ucrânia, o crédito bancário como proporção do PIB chegou a espantosos 2%. Chegou a 9% na Rússia e 10% na Bielorrússia, provavelmente contando formas não-bancárias de crédito.

A doença da inflação foi posta sob relativo controle, mas outra patologia emergiu: o desaparecimento da moeda. O escambo se generalizou novamente, passo a passo com a inadimplência generalizada nos circuitos comerciais e financeiros e com a falência do sistema bancário. A extensão do escambo variava conforme a amostragem de empresas observadas, mas jamais se mostrava inferior a uns 60%, isso mesmo 60% do total das receitas das empresas tinha esse formato, dependendo da definição de escambo. Em sua forma mais clara, a empresa recebia em mercadorias, que tratava de usar para pagar suas compras. Recebia também em *zachety*, que eram promessas de entrega em mercadorias, que circulavam com endosso, e em *veksels*, que eram notas promissórias ao portador emitidas por empresas, mas sem data de vencimento, ou vencidas mesmo. Eram, sem dúvida, "dinheiros privados", de variadíssima qualidade e preço.

Em todos esses métodos de pagamento estavam implícitos descontos e barganhas, cuja característica mais proeminente era a de que todos estavam inadimplentes, não havia moeda disponível e quem tinha não a utilizava. Nesse curioso mundo havia "liquidez", pois qualquer coisa podia ser trocada com alguém por alguma outra coisa. O desespero era a fonte básica da inovação. A economia "informal", na nossa acepção, se tornou dominante, inclusive com a participação do Estado, que não pagava seus fornecedores e via-se forçado a aceitar em pagamento de impostos os *zachety* ou *veksels* dessas mesmas empresas.

Em resumo, um caos, como não poderia deixar de ser uma economia sem bancos e sem moeda.

Será esse o futuro da Argentina?

Na Rússia e na Ucrânia, a situação passou a fase crítica de 1998, mas não se resolveu. A doença se tornou crônica, e a cura tem que ver com uma tarefa monumental: a reconstrução do sistema bancário, simultaneamente ao fornecimento de uma solução para essa imensa bolha de inadimplência, sonegação, iliquidez e a desconfiança com relação à moeda, bancos e sobretudo com relação ao crédito público.

Na Rússia como na Argentina, existem muitos caminhos de solução, mas nenhum deles é óbvio, nem pode ser encontrado nos manuais, ou resumido em duas linhas. As soluções ditas "convencionais" – uma securitização confiscatória dos depósitos bancários, acompanhada de restrição fiscal e de liquidez – provavelmente levarão a

Argentina mais para perto das patologias próprias das ex-repúblicas soviéticas. Essas situações são singulares, e carecem de soluções inovadoras, para as quais é preciso coragem, imaginação e paciência. Destruir o crédito público parece fácil e rápido, reconstruir, dificílimo e muito mais demorado.

(*OESP*, 28.04.2002)

Índice Onomástico

A

Abranches, Sergio – 493
Ades, Alberto – 256, 257
Alencar, José de – 94
Amin, Esperidião – 451
Andrada, Antonio Carlos – 371
Andrade, Carlos
    Drummond de – 36, 37
Andrade, Mário de – 37
Arafat, Yasser – 513
Aurélio (dicionário) – 70

B

Bagehot, Walter – 288, 289
Barbosa, Rui – 36, 371, 580
Barros, Luiz Carlos Mendonça
    de – 240
Beira-Mar, Fernandinho – 42
Berzoini, Ricardo – 174
Bin Laden, Osama – 260, 261, 461
Blair, Tony – 77, 373, 402

Blinder, Alan – 288, 289
Bodin, Pedro – 130
Boff, Leonardo – 514
Bonelli, Regis – 440
Bové, Jean – 509
Brady, Nicholas – 528, 529,
    530, 537-540
Brasil, Vital – 37
Brizola, Leonel – 528
Bulhões, Otávio Gouveia de – 237
Bush, George – 493, 501
Byron, Lord – 508

C

Cabral, Pedro Álvares – 320
Caixa D'Água – 492
Caldeira, Jorge – 262, 567
Calógeras, Pandiá – 371
Calvino, Esther – 49
Calvino, Italo – 49
Calvo, Guilhermo – 360

Camata, Rita – 116, 158, 161, 216, 217
Campos, Roberto – 237
Cardoso, Fernando Henrique – 26, 34, 40, 60, 74, 84, 85, 88, 89, 91, 96, 115, 147, 153, 174, 175, 194, 239, 241, 244, 245, 258, 276, 305, 308, 341, 350, 414, 440, 437, 520, 546, 548, 550
Cascudo, Luiz Câmara – 37
Castelar, Armando – 207
Cavallo, Domingo – 355, 639
Chagas, Carlos – 36
Churchill, Winston – 500
Clinton, Bill – 120, 493, 540, 550
Coase, Ronald – 207
Coelho, Paulo – 514
Collor, Fernando – 37, 41, 60, 149, 207, 238, 316, 348
Colombo, Cristóvão – 320
Costner, Kevin – 508
Cruz, Oswaldo – 36
Cukierman, Alex – 306
Cunha, Euclides da – 67

D

DaMatta, Roberto – 73, 388
Dart (família) – 528
Debray, Régis – 448
Deirdre (v. Donald Mc Closkey) – 320
Descartes, René – 490
Di Tella, Rafael – 256, 257
Diego – 566, 567
Dornbush, Rudiger – 335

Drucker, Peter – 164, 165, 166
Dudu do Vidigal – 42
Durkheim, Émile – 113

E

Epimênides – 584

F

Fagenbaum, José – 538
Farias, PC – 32
Fiuza, Guilherme – 537
Flyn, Errol – 507
Fogel, Robert – 319, 320
Fonseca, Roberto Giannetti da – 390
Forrester, Vivienne – 67
Fraga, Armínio – 350, 355
Franco, Gustavo – 19, 20, 22
Franco, Itamar – 180, 202
Friedman, Milton – 288, 306
Furtado, Celso – 329, 330, 374, 375, 498, 566, 585, 586

G

Garotinho, Anthony – 183
Garrincha, Mané – 184
Geisel, Ernesto – 59, 238, 433, 464
Gere, Richard – 508
Giuliani, Rudolph – 515, 517
Gleizer, Daniel – 383
Goethe, Johann Wolfgang von – 309, 310, 450
Goldemberg, José – 200, 201
Goldfajn, Ilan – 358, 361, 363

Gomes, Ciro – 480
Gonzalez, Felipe – 246
Gordon, Lincoln – 478
Gore, Al – 493
Goulart, João – 24
Gramm, Phil – 112
Greenspan, Alan – 278, 289

H
Hawtrey, Ralph – 288
Helena, Heloísa – 97
Henry, Emile – 260
Hitler, Adolf – 42
Holanda, Chico Buarque de – 449
Horta, José Ramos – 514
Hymer, Stephen – 478

J
Jefferson, Roberto – 102
Jereissati, Tasso – 189
João VI, d. – 371
Jobim, Nelson – 209
Jonze, Spike – 59

K
Kalecki, Michael – 460
Kearney, A. T. – 473, 533
Keynes, John Maynard – 240, 247, 288, 460, 498, 499, 500
Kindleberger, Charles – 478, 479
Klitgaard, Robert – 256
Krugman, Paul – 79, 343
Kubitschek, Juscelino – 60, 62, 121, 231, 433

L
Lalau (juiz) – 32
Landes, David – 450, 508
Leibniz – 490
Leitão, Miriam – 19
Lenin – 450
Lessa, Carlos – 80
Lobão, Edison – 198
Lopes, Francisco – 350
Loyola, Gustavo – 117, 361, 405
Ludd, Ned – 508, 509
Lula da Silva, Luiz Inácio – 20, 24, 43, 79, 80, 89, 90, 91, 100, 101, 174, 210, 248, 274, 387, 519, 528

M
Machado de Assis – 36
Maciel, Marco – 94
Mainardi, Diogo – 532
Malan, Pedro – 77, 219, 239, 242, 315, 350
Malkovich, John – 59
Mann, Thomas – 513
Mantega, Guido – 189, 190
Maquiavel – 274, 275
Marcos (subcomandante) – 448
Marshall, George Catlett – 500, 501
Marx, Karl – 76, 101, 449, 452, 508, 509
Mature, Victor – 36
McAfee, R. Preston – 320
McCloskey, Donald (Deirdre) – 68, 320, 321
Meirelles, Cecília – 36, 37
Meirelles, Henrique – 87, 88
Mello, Marco Aurélio – 291

Mencken, H. L. – 315
Mendes, Laudelino da Costa – 222
Mercadante, Aloísio – 90
Merquior, José Guilherme – 69
Molière – 261
Mozart, Wolfgang Amadeus – 241
Murtinho, Joaquim – 247

N

Nakano, Yoshiaki – 240
Nascimento, Milton – 240, 241
Nash, John – 241, 243, 244
Nassif, Luis – 390
Netto, Delfim – 33, 93, 309, 339, 340, 348, 350, 480, 544
Newton, Isaac – 246
Nietzsche, Friedrich – 101
Nóbrega, Maílson da – 200
North, Douglas – 207

O

O'Neill, Paul – 551
Okrand, Marc – 491

P

Palocci, Antônio – 26, 77, 87, 88, 336, 443
Passarinho, Jarbas – 200
Pelé – 59
Pereira, Luiz Carlos Bresser – 207, 240, 331, 340, 341, 342
Peres, Jefferson – 276, 284, 286
Perón, Evita – 71
Pinho, Demóstenes Madureira de – 383
Popper, Karl – 452

Porter, Michael – 532
Portinari, Cândido – 36
Pound, Ezra – 240, 241
Pratini de Moraes, Marcos Vinícius – 493
Prebish, Raul – 559
Prolla, João Carlos – 315

R

Racy, Sonia – 355
Rafaela – 119, 120
Rebelo, Aldo – 352
Ricardo, David – 265, 559, 560
Rimbaud, Arthur – 67
Rondon, Cândido – 37
Rubin, Robert – 343
Rudman, Warren – 112
Ruschi, Augusto – 36, 37

S

Sachs, Jeffrey – 532
Salieri, Antonio – 241
Santos, Joaquim Ferreira dos – 59
São Pedro – 517
Sarney, José – 238, 330
Sauer, Wolfgang – 349
Scheinkman, José Alexandre – 361
Schumpeter, Joseph – 79, 450
Scott, Walter – 507
Serra, José – 24, 239, 240, 241, 276
Servan Schreiber, Jean Jacques – 478
Shakespeare, William – 260, 491
Shelley, Mary – 450, 508, 509
Simonsen, Mario Henrique – 78, 147, 237

Smith, Adam – 118, 565
Soares, Delúbio – 26
Sokal, Alan – 68, 69
Soljenitsin, Alexander – 260
Soros, George – 500, 515
Souto, Luiz Rafael Vieira – 371
Stevenson, Robert Louis – 101
Suplicy, Eduardo – 357
Swchab, Klauss – 516

T

Tavares, Maria da Conceição – 61, 97
Teixeira, Anísio – 37
Thatcher, Margaret – 541

Timm, Luciano Benetti – 211
Truman, Harry – 500

U

Unger, Roberto Mangabeira – 67

V

Valério, Marcos – 26
Vargas, Getúlio – 220
Vuitton, Louis – 205

W

Weber, Max – 68, 248
Wilkins, John – 491
Williamson, John – 55, 63, 359, 373

O AUTOR

GUSTAVO H. B. FRANCO, nascido em 10 de abril de 1956, é carioca, casado, tem quatro filhos e mora no Rio de Janeiro. Bacharel (1979) e mestre (1982) em Economia pela PUC/Rio de Janeiro, e M. A. (1985) e Ph.D. (1986) pela Universidade de Harvard. É professor e pesquisador do Departamento de Economia da PUC/Rio desde 1986, e possui extensa produção acadêmica nos campos da macroeconomia, história econômica, e economia internacional.

Em maio de 1993 deixa a universidade e assume o posto de secretário-adjunto de Política Econômica do então ministro da Fazenda, Fernando Henrique Cardoso. Em outubro de 1993 assume a diretoria para Assuntos Internacionais do Banco Central do Brasil, e em agosto de 1997, aos 41 anos, a presidência da instituição, que ocupa até 1999. Teve participação central na formulação, operacionalização e administração do Plano Real, e extenso envolvimento nos mais diversos temas pertinentes à política econômica e às reformas conduzidas neste período.

Foi "Central Banker of the Year", prêmio concedido pela revista *Euromoney* em setembro de 1998 (para dirigentes de bancos centrais do mundo inteiro), e "Economista do Ano – 1997", em eleição entre os membros da Ordem dos Economistas de São Paulo.

Ao deixar o serviço público em janeiro de 1999, retorna à PUC/Rio como professor e pesquisador para um "ano sabático". Em seguida, na iniciativa privada, funda a Rio Bravo Investimentos (2000), empresa de serviços financeiros, investimentos e securitizações, onde hoje tem a sua ocupação principal. Participou e participa de diversos conselhos de administração e consultivos, e de eventos corporativos como palestrante; paralelamente, mantém alguma atividade acadêmica (aulas e pesquisas) e escreve com freqüência para jornais e revistas.

O autor de *Crônicas da Convergência* tem os seguintes livros publicados: *Reforma monetária e instabilidade durante a transição republicana* (BNDES, Rio de Janeiro, 1ª edição: 1983; 2ª edição: 1987, vencedor do Prêmio BNDES de Economia, 1983); *Foreign direct investment and industrial restructuring: issues and trends*, com a co-autoria de Winston Fritsch (Development Centre Studies, OECD, Paris, 1991); *A década republicana: o Brasil e a economia internacional – 1888/1900* (IPEA-INPES, Rio de Janeiro, 1991); *Cursos de Economia*, catálogo de listas de leitura de cursos oferecidos em centros membros da ANPEC (ANPEC, 1992, editor); *O Plano Real e outros ensaios* (Francisco Alves, Rio de Janeiro, 1995); *O desafio brasileiro: ensaios sobre desenvolvimento, globalização e moeda* (Editora 34, São Paulo, 1999).

Gustavo Franco também é autor de dezenas de artigos acadêmicos nas mais prestigiosas publicações nacionais e internacionais, e de centenas de artigos para jornais e revistas de grande circulação. Boa parte de seus escritos pode ser encontrada em sua *home page*: www.econ.puc-rio.br/gfranco.

Impresso nas oficinas da
SERMOGRAF - ARTES GRÁFICAS E EDITORA LTDA.
Rua São Sebastião, 199 - Petrópolis - RJ
Tel.: (24)2237-3769